KB175644

피플
애널리틱스

PEOPLE

피플

: 탁월한 피플 애널리틱스를 위한
9가지 관점

애널리틱스

ANALYTICS

조나단 페라, 데이비드 그린 지음
최태경 옮김 | 윤승원, 한승현 감수

PlanB
DESIGN

<추천의 글>

이 책은 이전에는 없던 매우 뛰어난 서적으로 피플 애널리틱스의 표본이
될 것이다.

미시간 앤아버 경영 대학원Ross School of Business, University of Michigan, Rensis Likert Professor, |
알비엘 그룹The RBL Group, 파트너 데이브 얼리치Dave Ulrich

피플 애널리틱스는 기업 임원진에게 전략과 기업경영 활동을 개선할 또 다
른 수단을 제공한다. 조나단 페라와 데이비드 그린은 관련 주제 이외에도
피플 애널리틱스가 사람과 성과에 미치는 영향력을 심오하게 꿰뚫고 있다.
전 세계에 있는 기업들과 함께 했던 여러 작업이 기록되어 있어서 여러분
은 훌륭한 여러 사례연구와 실제적인 조언을 통해 통찰을 얻을 수 있다.

USC 마샬 경영대학원Marshall School of Business, University of Southern California,
명예교수 존 부드로John Boudreau

선도 기업들이 사람과 비즈니스 영역에서의 문제 규명과 개선을 위한 도구
로서 애널리틱스를 적용해 비용을 절약하는 방식이 제시된다. 이는 차별적
우위를 확보하는 새로운 방식이다.

펜실베니아 와튼 경영대학원 인적자원 연구센터Center for Human Resources, The Wharton School,
University of Pennsylvania, George W Taylor 교수 및 연구센터장 피터 카펠리Peter Cappelli

상당한 영향력을 피플 애널리틱스에 미치고 있는 주요 인물인 두 사람이 저술한 이 책은 사람에게서 잠재력을 끌어내는 데이터 기반의 접근 방식에 관심을 가진 기업 현장의 누구든지 반드시 읽어야 할 서적이다. 저자들은 광범위한 영역에서 얻은 현실적인 깨달음이외에도 근거와 함께 권고사항을 제시하여 우리가 오늘날 인적 자본 영역에서의 필수 불가결한 사안들인 개인정보보호, 윤리, 통제와 관리체제 등을 해결하도록 돕는다.

컬럼비아 대학 및 런던 공립 종합대학Columbia University and University College London,

교수 토마스 차모로 프리뮤지크Tomas Chamorro-Premuzic

교육자로서 인사, 인재, 직원경험 담당자를 위한 필수 입문서로 이 책의 출간 소식이 반갑기만 하다. 피플 애널리틱스는 21세기 경영학 교육에서의 핵심 교과과정으로 포함되어야 한다. 역사적 개요와 사례연구가 전반적으로 훌륭하게 제시되어 있어 뉴욕 대학의 수업 교재로 채택할 예정이다.

뉴욕 대학교 인적자본 관리 학과장Human Capital Management Department, New York University,

안나 타비스Anna Tavis

조나단 페라와 데이비드 그린은 이 책을 통해 피플 애널리틱스 핵심이 무엇인지 보여 준다. 피플 애널리틱스에서 최신 소재를 다룬 사례는 근거를 기반으로 업무를 수행하는 여정에서 기업 가치를 창출하려는 피플 애널리틱스를 포함한 HR 팀에게 도움이 될 수 있다.

레고 그룹The LEGO GROUP, 최고 인사책임 임원Chief People Officer, 로렌Loren |

기업 대외협력 담당Head of Corporate Affairs 슈스터Shuster

디지털화가 진행될수록 기업들은 사람을 더욱 중요시 여겨야 필요가 있다. 최고 인사책임 임원으로서 지금까지 발견한 사실은 애널리틱스가 구성원과 기업에 동일한 이점을 제공하고 있다는 점이며 이 책은 모두의 필요를 충족시키고 있다. 사람이 중심이 된 기업경영을 고민할수록 애널리틱스는 분명히 가치가 가장 높은 하나의 도구이며 HR기능이 재직인재군과 개인을 고려한 개인화personalization를 추구하며 근로자를 소비자consumerization로 보고 직원경험을 제공할 수 있게 한다.

유니레버Unilever, 최고 인사책임 임원Chief Human Resources Officer,
리이나 내이어Leena Nair

저자들은 훌륭한 안내 지침을 기업에 제공하는 동시에 근로자 및 노동자와 연관된 피플 데이터가 가진 잠재적인 가치를 영리적 가치로 고려하려 할 때 유용한 프레임워크를 제시한다.

파이 메트릭스pymetrics 공동창업자이자 CEO
프리다 폴리Frida Polli

모두가 HR에 관심을 가지고 있는 현재가 기회를 포착해 보다 전략적으로 행동할 때이다. HR 기능은 그 어느 때 보다 비즈니스 현업 가까이에 있다. 이 책은 피플 애널리틱스가 실제 가치를 창출하는 기업경영 활동의 일환으로서 어떻게 존재하는지를 보여준다.

스포티파이Spotify, 최고 인사책임 임원Chief Human Resources Officer,
카타리나 버그Katarina Berg

상당한 통찰을 제공하면서 실질적인 효과를 창출하는데 도움을 주는 서적이다. 이 책은 사람의 과업 수행 능력을 향상시키기 위한 사업 및 기업경영 활동을 강조하는 피플 애널리틱스 분야의 기본서다.

아마존 웹서비스AWS, 인재관리 및 육성 부사장VP Talent and Development,

마이클 제이 아레나 Michael J Arena

역자
서문

이 책을 번역하면서도 몇 가지 의문이 늘 상념으로 머리 속에 자리잡고 있었다. 한국 피플 애널리틱스 실무자가 경험하는 현실적인 여러 제약 요인을 해결할 수 있는 근본 기제fundamental mechanism가 마련될 수 있을까? HR 담당자가 경영 활동의 투입 요소로서 사람이 생성해 내는 피플 데이터를 축적하는 방식을 이해하고 데이터를 토대로 인재경영과 연관된 여러 사안에서 의사결정을 내리는 방식을 파악할 수 있을까? 인재경영에 관심을 가진 사람이라면 누구나 성과 창출 과정에서의 투입요소로서 사람 요소가 가진 인적 요인이 가치를 구현하는 방식에 대한 아이디어의 단초를 마련할 수 있을까?

2021년 어느 날 피플 애널리틱스 실무자들의 모임에서 내가 보고 느낀 자조적인 절망감은 몇 가지 원인에서 기인되는 것으로 보였다. 한국 기업의 피플 애널리틱스 담당자들은 개인정보보호, 마스터데이터와 연결되는 레거시 시스템이나 클라우드 기반 HR 코어와 그 외 HR 애플리케이션 간 데이터 통합이나 다양한 데이터 출처의 확보, 데이터 전처리와 가공data engineering, 비즈니스 현업과의 협업, 경영진의 스폰서십 영역에서 어려움을 겪으면서 피플 애널리틱스 프로젝트들을 다양하게 시도하지 못하고 있었다.

한국 기업의 피플 애널리틱스 실무자가 겪는 어려움은 IT 영역과 기업 조직문화와 연관된 문제와 맞물려 발생한다. 이 외에도 직무기반 인사체계와 직무를 기반으로 인력을 운용하는 방식이 한국에서 예상보다 빠르게 성숙되지 않아 사람, 직무, 비즈니스 영역에서 생성되는 데이터를 연결해 분석을 다양하게 못하는 데에서 생겨나는 어려움이기도 하다. 다시 말해, 직무관리(직무분석, 직무평가, 직무체계)와 함께 이를 기반으로 한 역량모델에서 파생되는 데이터를 HR 하위 기능 영역(성과평가, 역량평가, 보상, 채용, 선발, 이동과 배치, 승계계획, 육성, 역량개발, 학습조직)에서 생성되는 데이터와 연계할 수 없는 경우가 많다. 이러한 현황으로 인해 피플 애널리틱스 담당자와 HR 담당자 모두가 HR 기능에서 생성되는 여러가지 피플 데이터를 비즈니스 현업 기능의 데이터와 연계해 다양하게 분석하는데 어려움을 겪는다.

이러한 문제의식이 깊어지던 여름에 Excellence in People Analytics: How to Use Workforce Data to Create Business Value를 집필한 저자가 게시한 HR 영역의 애널리틱스 발전사를 접하게 되었다. 자그마한 희망을 가지고 판권까지 확보하고 난 뒤에 출판사와 협력 하에 그 고민에 대한 답으로 피플 애널리틱스: 탁월한 피플 애널리틱스를 위한 9가지 관점을 이제 여러분께 선보인다. 확신을 가지고 결론부터 말하자면 피플 애널리틱스: 탁월한 피플 애널리틱스를 위한 9가지 관점은 HR 기능이 데이터를 토대로 의사결정을 수행하여 사업 성과 창출에 기여할 수 있도록 만들고 싶은 누구에게나 여러 관점에서 해답을 찾을 수 있도록 도와준다.

피플 애널리틱스: 탁월한 피플 애널리틱스를 위한 9가지 관점은 최고 인사책임 임원CHRO을 포함한 HR 비즈니스 파트너, HR 오퍼레이션 담당자, 최고 정보책임 임원CTO을 포함한 IT 실무자와 관리자, HR 소프트웨어 기업 재직자, 스타트업 경영진을 포함한 운영과 인사 부문 실무자들이 읽어 보면 좋은 책이다. 국제표준 HR 보고서 가이드 ISO30414의 인적자본보고 human capital reporting의 일환으로 인적자원관리를 인적자본관리 차원의 진일보한 형태로 국내외 투자자에게 제공하려 고민 중인 기업 어디에서나 필수로 봐야 할 서적이다. 스타트업 출구 전략을 고려해 보았을 때에 자사가 보유한 인적자본의 역량을 객관적 수치로 투자자에게 제시하고 싶은 스타트업 경영자라면 그 기초 인프라를 구축하면서 참고하기에 좋은 책이다. 마지막으로 미래 HR 기능영역의 발전 방향성을 가늠해 보고 싶으신 학계분들에게도 좋은 책이다.

피플 애널리틱스: 탁월한 피플 애널리틱스를 위한 9가지 관점은 피플 애널리틱스를 실무에 바로 적용할 때 필요한 통계기법과 분석기법을 다루지 않는다. 대신에 사업을 포함한 기업 경영활동에서 투입물로서 사람요소가 가진 인적 요인이 사업 성과에 기여하는 가치를 중간 산출물과 최종결과물 도출 단계에서 가늠해 보도록 사고의 전환을 유도한다. 또한 구성원의 자발적 참여에 의한 공헌을 유도해내기 위해 무엇을 실천할 것인지 파악하도록 돕는다. 이외에도 저자의 의견과 함께 읽어 보면 좋을 여러 서적을 추천

하고 있다. 단지 사람요소와 관련된 비즈니스 문제를 HR 애널리틱스와 피플 애널리틱스 관점에서 해결한 방법을 제시하고 있지만 구체적이지 않을 뿐이다.

이 책에 제시된 30여개 사례연구는 피플 애널리틱스를 통해 사람 요소가 사업 성과 창출에 기여하는 효과를 확인하고 싶어하는 임원진과 비즈니스 현업 리더가 HR, 피플 애널리틱스, IT, 재무의 관점에서 사람요소를 비즈니스 사안과 연관시켜 당면한 전략과제나 도전과제를 해결한 방식을 다양하게 보여준다. 이 책은 인적자본 측정이라는 최종 목적지로 도달하는 여정에서 고려해야 할 여러 필수사항을 조직 운영, 조직구조, 역량(지식, 스킬, 사고방식), 실행방법론 관점에서 이해하기 쉽게 안내서로서 다양하게 제시한다. 피플 애널리틱스: 탁월한 피플 애널리틱스를 위한 9가지 관점이 제시하는 필수 고려사항은 HR 실무 도구나 매뉴얼 또는 HR 애플리케이션으로 구체화되어 진일보한 재직인재군 직원경험을 위해 확장되는 업무 자동화 및 추가 데이터의 채집과 분석에도 적용된다. 이러한 접근 방식과 방법론은 피플 애널리틱스 구조와 운영방식에서의 토대와 기틀을 제시하여 재직인재군이 가진 인적자본이 최적화되도록 직원 경험이 설계되고 운용될 수 있게 한다.

여러분은 피플 애널리틱스: 탁월한 피플 애널리틱스를 위한 9가지 관점이 제시하는 접근 방식과 방법론을 훌륭하게 성취하는 과정에서 구성원의 자발적인 참여에 의한 공헌을 유도해 내어 성과 창출에 기여하는 가치를 창조할 것이고 더 나아가 탁월한 피플 애널리틱스의 단계를 넘어서 인적자본 애널리틱스의 단계로 넘어가게 될 것이다.

　이러한 내용들이 여러분에게 충실하게 전달되도록 하기 위해 내부 노동시장의 참여자이자 피플 데이터 생산자인 구성원을 지칭하는 용어를 구분했다. 특정 기업 (비)재직자 구별을 돕기 위해 재직인재군과 노동자로 분류했다. 노동자는 자사 기업에 소속되지 않은 타사에서 근무하거나 외부 노동시장에서 근로형태, 계약형태에 따라 달리 분류될 수 있는 잠재적 지원자들이다. 재직인재군은 자사 기업에 소속된 일정한 유형의 그룹으로 분류될 수 있는 인재군이다. 재직인재군의 분류 기준은 근로계약, 근로시간, 감독과 통제의 소속기업 구분, 직군, 직종, 직무, (비)관리계층, 매출이나 비용 단위의 비즈니스 단위나 지역 등으로 최종결과물 영향 범위를 고려해 비즈니스 사안과 분석 목적에 맞춰 분류될 수 있다. 자사에 소속된 직원 개인 모두를 지칭할 때는 근로계약으로 맺어진 전체 그룹을 지칭하는 근로자나 구성원을 사용했으며 그 외 개인을 구분해야 할 때는 직원 개인이라는 단어를 사용해 데이터 분석 시 고려하는 층위 분류를 반영해서 개념 정립에 혼란이 없도록 했다. 그 외에 용어 사용 관행에서 서구권이 지칭하는 개념이 한국 HR 실무 관행과 달라 본문을 이해할 때 혼란이 발생할 여지가 있는 곳에서는 추가 문장으로 설명을 보태어 독서 흐름이 끊기지 않도록 했다.

　미국 석사학위과정에서 HR Analytics 과목의 통계기법을 활용한 데이터 분석 이외에도 Talent Development 과목의 근로자 대상 경력개발과 역량

개발을 HRIS로 구현한 IBM의 사례를 접한 뒤 컨설팅 프로젝트에서 선진사례를 시도해 보려 노력했던 과정에서 나 또한 좌절을 경험했다. 그래서 현재 피플 애널리틱스 실무자가 경험하는 좌절의 원인이 한국 HR 관행을 고려했을 때 어디에서 기인하는지는 너무나 잘 인식하고 있다. 그럼에도 불구하고 한국 HR 부문은 진화를 거듭해서 현재 모습이 되었고 앞으로 계속 진화할 것이라고 믿는다. 아무쪼록 이 서적이 그 진화와 발전 과정에 초석을 놓는 유용한 서적이 되어서 고민을 가진 어느 누구에게나 도움이 되는 참고 서적이 되길 희망해 본다.

한국 HR 실무 관행의 진화와 발전에 기여하고 싶은 분들과 교류를 환영합니다. 추가 질의나 의문은 이메일 taerakindle@gmail.com을 통해 전달해 주실 수 있습니다.

번역자 소개

최태경

일터의 진보Advancing the World of Work를 사명으로 삼고 언제든지 서구권 HR 서적을 한국에 소개하고 싶은 번역가. 서강대 경영대학원 MBA와 코넬대학교 노사관계 대학원에서 HR 분야 석사학위 취득 후 전략 컨설팅과 HR 컨설팅에서 인재전략을 포함한 인재육성, 교육체계수립 프로젝트를 다수 수행한 바 있으며 리더십, 핵심인재, 조직설계, 경력개발, 조직문화 영역을 포괄하는 조직개발 분야의 실무 이력을 외국계 기업에서 쌓았다. 이 외에도 HR 소프트웨어기업에서 HR 어드바이저를 수행했다.

감수와
추천의 글

윤승원 (Texas A&M University)

한승현 (University of Georgia)

4차 산업혁명으로 인한 다양한 기술혁신과 디지털 전환 시대를 맞아 빠른 변화에 기민하게 대처해야 하는 환경에 살고 있다. 이러한 상황에서 시장을 선도하고 주도한 기업들, 특히 위기 대처와 혁신의 모범인 조직들은 예외 없이 조직의 리더십과 기술 역량이 탁월한 곳들이다. 이러한 경쟁력은 데이터와 애널리틱스analytics를 이해하고 적극 활용하는 인재(혹은 인적자원)에서 비롯된다. 데이터와 정보가 21세기의 석유라면 (래리 엘리슨, 오라클 CEO), 애널리틱스는 연소기관과 같다. 즉, 데이터 애널리틱스는 축적된 데이터를 활용하여 비즈니스적 가치를 창출하는 분석을 일컫는다.

앞선 경쟁력을 보여주는 글로벌 IT기업들과 유니콘 스타트업들은 제조부터 마케팅, 유통, 판매와 같은 모든 비즈니스 영역을 축적된 데이터를 통해 소비자의 경험을 혁신시켰고 시장의 규칙마저 바꾸고 있다. 바야흐로 기업 경쟁력의 원천은 이러한 가치 사슬value chains을 이해하고 부가가치를 창출할 수 있는 리더십(내부 임직원들)의 통찰력을 강조하고 있다. 지금까지 기업은 소비자의 경험customer experience 혁신을 위해서 모든 자원을 최우선으로 투입해 왔다. 그러나 더욱 중요한 것은 아이디어를 통해 지식을 공유하고 동료들과 협업하며 가치사슬을 결정하는 조직 구성원들의 경험employee experience이다.

피플 애널리틱스people analytics는 이러한 패러다임의 변화를 주도하고 있다. 피플 애널리틱스는 갑자기 등장한 유행이 아니다. 사람과 일을 분석하고 데이터에 기반한 의사결정을 하려는 시도는 테일러의 작업 공정라인assembly line이나 누군가 지켜볼때 달라지는 개인의 행동을 본 호쏜Hawthorne 연구처럼 경영, 인사, 조직 행동, 사회 심리학등 탄탄한 학문적 기반을 갖고 있다. 최근 데이터 과학과 인공지능, 컴퓨팅 기술의 발전은 애널리틱스라는 통계와 머신러닝이 접목된 고도의 데이터 분석방법들을 가능하게 해주었다. 피플 애널리틱스는 이러한 배경을 바탕으로 테크와 플랫폼, 데이터 중심 기업과 조직에서 매우 빠르게 확산되고 있다.

사람을 분석하는 일은 결코 쉬운 일이 아니다. 하지만 정확한 진단과 분석이 없으면 조직은 물론 개인의 성장 또한 어렵다. 인사가 만사라고 하지만 공정한 인사관리와 동기를 부여하고 적합한 지원을 하는 인재육성 시스템을 만들어 가는 사례는 놀랍게도 찾기가 쉽지 않다. 모든 기업과 조직은 자신들에게 적합한 인사관리와 인재육성 시스템이 필요하다. 같은 제도라도 조직마다 운영하는 방법과 효과는 매우 다르다. 개인도 유사하다. 같은 제도일 지라도 개인마다 선호와 만족의 정도가 다르다. 존경받는 기업이나 일하고 싶은 조직은 더이상 높은 매출이나 시장점유율을 자랑하는 기업이 아니다. 개인은 이제 미래를 볼 수 있는 조직을 택한다. 조직과 구성원들의 동반 성장을 돕는 체계적 인사관리와 인재육성은 어느때보다 중요한 화두가 되었다.

이 책은 데이터 애널리틱스를 사람의 영역에 적용하고 싶은 조직, 인재육성과 인사관리를 데이터에 기반해 체계적으로 접근 하고 싶은 전문가, 그리고 무엇보다 피플 애널리틱스를 인사전략과 조직의 핵심 운영전략으로 가져가고 싶은 리더와 관리자들에게 단비 같은 책이다. 피플 애널리틱스는 인사부서나 인사담당자에게만 해당되지 않는다. 거의 모든 비즈니스 부서의 고민은 사람이다. 인력 부족, 인재 확보, 인력 지원같은 이슈들이다. 피플 애널리틱스는 조직에서 가장 중요한 사람을 이해하고 관련된 결정을 할 때 개인의 직관과 경험에만 의존하지 않고 보다 적합하고 다양한 데이터들을 분석하여 증거 기반의 의사결정data-informed decision making을 할 수 있도록 도와 줄 것이다.

책을 저술한 저자중 한명인 데이비드 그린David Green은 피플 애널리틱스 분야의 최고의 큐레이터curator로 불린다. 우리는 그가 주최한 컨퍼런스나 수많은 피플 애널리틱스 리더들과의 인터뷰 동영상, 뉴스레터를 통해 수많은 선도적 기업사례들을 접했다. 조나단 페라Jonathan Ferra 역시 업계에서 주요 매체들을 통해 연관된 연구와 사례들을 많이 발표한 베테랑이다. 이 둘은 피플 애널리틱스의 태동과 확산에 가장 큰 기여를 했다고 해도 과언이 아닌 IBM에서 만났고 그간의 경험과 노하우know-how를 이책에 담고 있다. 탁월한 피플 애널리틱스는 어떻게 만드는가?

저자들은 최고의 피플 애널리틱스는 분석의 일부 영역을 잘 하는 것만으론 충분하지 않고 분석의 포괄적 접근을 강조하며 책을 시작한다. 사실 많은 사람들이 피플 애널리틱스나 데이터 애널리틱스를 데이터 분석이나 인공지능같은 기술 분석으로 오해한다. 전체 챕터들을 통해 저자들은 피플 애널리틱스가 조직에서 성공하려면 비즈니스 역량과 데이터 역량이 하나로 융합돼야 함을 다양한 산업군의 기업사례들을 통해 보여주고 있다. 책의 구성 역시 피플 애널리틱스의 기반을 정의하는 조직의 관리체계와 우선순위의 결정에서 시작한다. 이어 피플 애널리틱스를 수행하기 위해 필요한 팀의 역량과 도구 및 데이터에 대한 이해, 그리고 피플 애널리틱스를 통해 얻게될 직원경험과 비즈니스적 가치, 조직 문화적 가치를 다룬다. 책을 읽다보면 현재 속한 조직에서 일어나고 있는 수많은 사람에 대한 고민들을 이렇게 풀어가면 좋겠다라고 생각하는 자신을 발견 할 것이다.

감수자들은 인적자원개발 및 조직개발과 더불어 데이터 분석을 오랫동안 연구하고 있다. 우리는 또한 산학협업을 통해 피플 애널리틱스의 확산과 중요성을 실감하고 있다. 물론 데이터 분석이나 기술혁신technology이 모든 조직의 해답이 아님을 잘 알고 있다. 조직의 변화는 리더십, 문화, 직무, 성과관리, 다양한 데이터와 협업 시스템, 그리고 구성원들간의 관계처럼 수

많은 변인들이 실타래 처럼 얽혀있다는 것을 잘 알고 있다. 이러한 조직의 복잡성에도 불구하고 그 안에서 효과적인 패턴을 찾아내어 탁월한 성과와 혁신적인 직원 경험을 만드는 기업과 조직들을 우리는 발견한다. 우리는 이들에게서 리더십, 사람에 대한 신뢰와 투자, 비즈니스에 대한 신념, 그리고 기술과 데이터 활용의 선순환을 보게 된다. 피플 애널리틱스는 조직이란 맥락에서 사람과 기술을 연결한다.

마지막으로 이 책을 통하여 역자와 감수자, 그리고 플랜비가 얼마나 정확하고 좋은 번역을 위해 노력했는지를 꼭 나누고 싶다. 최신 용어와 기술적 전문용어가 많은 원서를 번역하는 작업은 쉬운 일이 아니다. 이 책을 인사업무와 현지 생활 경험을 갖고있는 최태경님이 번역을 해주셔서 감사할 따름이다. 기술 용어나 외래어, 관용어구가 가득한 원서를 우리말로 옮길경우 문맥의 전달이 잘 안되는 경우가 생기는 데 여러번의 확인과 문맥적 추가 설명을 원문을 최대한 유지하며 작업을 했다. 아무쪼록 이책이 피플 애널리틱스를 도입하고 활용하고자하는 독자들에게 훌륭한 길라잡이가 되길 바란다.

1부 피플 애널리틱스 사례   59

2부 탁월한 피플 애널리틱스를 위한 9가지 관점   105

머리말

여러분의 지난 24시간을 회고해 보자. 여러분은 삶을 살아가며 스스로 그 시간을 어디서 보낼 것인지, 누구와 보낼 것인지, 자기관리 방법은 무엇일 지(몸단장, 음식, 상황 등)와 같은 수많은 의사결정을 내리지 않았을까? 연구를 보면 개인이 행한 선택 중 60~75%가 습관에서 비롯된다고 하지만 어떤 선택들에 대해 우리는 개인 목표를 현실화하기 위해 의식적으로 결정한다.

이처럼 비즈니스 현업 리더들과 HR 리더들은 인적자본 서비스를 제공하는 방식과 관련해 매일 의사결정을 내린다. 그들은 조직의 정책과 절차에 포함된 일상적 반복 행위로서(예: 개인 습관) 많은 부분에서 의사결정을 내리지만 사업목표 달성과 그 속도를 높이기 위해 의식적인 선택 활동에 의해 의사결정을 수행한다.

피플 애널리틱스는 인적자본 투자와 관련해 정보에 입각하여 보다 나은 판단을 내리는데 큰 도움을 준다. 나는 비즈니스 현업 리더들과 HR 리더들에게 인적자본 기획안을 다른 기획안보다 먼저 선택하는 이유를 자주 묻는다. 질문에 돌아오는 대답은 이런 식이다. '우리는 항상 이렇게 해왔으니까요', '다른 사람들이 이것을 하고 있으니까요', '우리는 다른 조직보다 낫거나 더 진일보하고 싶거든요.', '누군가가 우리에게 그렇게 해야 한다고 하니까요'

이에 대한 답을 찾도록 도와주는 피플 애널리틱스 ― 탁월한 피플 애널리틱스를 위한 9가지 관점에 감사를 돌린다!

조나단 페라Jonathan Ferrar와 데이비드 그린David Green은 근래에 높은 호평을 받으며 그들이 가지고 있는 전문경력을 비즈니스 현업과 HR 리더가 피플 애널리틱스를 활용해 가치를 창출하도록 돕는데 쓰는 동료들이다. 특히 인상적인 것은 피플 애널리틱스와 관련된 자신들의 작업에서 의사결정을 개선하기 위한 정보 사용을 주제와 연관된 연구를 유형화해서 모델로 만든다는 점이다.

이 책에 실린 30개의 놀라운 사례연구는 오늘날 세상에서 가장 혁신적인 애널리틱스 작업 중 일부에 대해 깊이 있는 관점을 제공한다. 선도 기업에서부터 도출된 통찰은 인적자본 의사결정 활동에서 정보 제공을 목적으로 피플 애널리틱스를 적용하기 위해 할 수 있는 일을 연속해서 사례로 제공한다. 연이어 제시되는 사례는 아이디어를 폭넓게 발견하고 공유하는 귀중한 기회를 제공해 주기도 한다.

게다가 조나단과 데이비드는 이러한 흥미로운 사례연구 외에도 자신들의 모델인 Insight222 Nine Dimensions for Excellence in People Analytics®
를 사용해 피플 애널리틱스 작업을 수행하면서도 지속이 가능한 애널리틱
스 수행 능력을 개발하기 위해 논리적이고 측정이 가능한 프레임워크를 제
시한다.

이 책은 구조화되지 않은 사례연구와 구조화된 9가지 관점의 모델을 결
합해서 사업 성과 창출로 이어지는 실용적이며 구체적인 도구를 비즈니스
현업리더와 HR 리더에게 제공한다는 점에서 우리를 놀라게 한다. '피플 애
널리틱스'는 조나단과 데이비드의 통찰에 힘입어 데이터 수집 활동에서 정
보에 입각한 선택과 의사결정을 위한 정보 사용 활동으로 진화할 것이다.
두 사람의 작업은 다음을 포함해 여러 면에서 나에게 정보를 제공해왔고
나의 연구와 필적하는 수준으로 발전해 왔다.

1 HR기능은 HR이 아니라 사업을 포함한 기업 경영활동과 이와 연관된
사안을 다룬다. 피플 애널리틱스는 성과표scorecards나 대시보드에서 발
견되는 HR 활동 또는 흥미로운 통찰 사항이나 통찰 결과 혹은 간단한
토픽을 측정하는 행위가 아니라 최종결과물을 실현하는 행위를 지원
한다.

2 피플 애널리틱스는 이해관계자가 원하는 최종결과물을 정의하는 행
위로부터 시작한다. 모든 조직에는 직원, 전략, 고객, 재무, 조직 전반
적 결과와 같은 5개 영역에서의 최종결과물을 포함하는 균형 성과표

balanced scorecards가 일정한 버전으로 존재한다. 이와 같이 목표로 하는 최종결과물이 명확해지면 가장 중요한 사항(애널리틱스 용어로 종속 변수)에 대한 명확한 선언문이 제시된다.

3 피플 애널리틱스는 이해관계자가 원하는 최종결과물을 제공할 경로나 계획안에 대한 이해를 필요로 한다. 내가 주도해서 인적자본을 주제로 작업을 했을 때에 우리는 계획안initiatives 설계와 이행을 가능하게 하는(애널리틱스 용어로 독립 변수) 4가지 영역(인재, 리더십, 조직, HR 기능)을 파악했다.

4 인적자본 계획안initiatives에서 우선순위는 균형성과표의 5가지 주요 결과에 미치는 각 계획안의 상대적인 성과에 따른 효과를 기준으로 결정될 수 있다. 정제된 일정한 방법론을 제시하는 조직 지침 체계 Organization Guidance System, www.rbl.ai는 가치를 가장 많이 증가시키는 인적자본 계획안에 투자하여 균형성과표 5가지 영역의 최종결과물을 달성하는 시기를 앞당기는 방법을 정보에 입각해서 선택하게 한다.

원활하게 수행된 피플 애널리틱스는 기업 하나를 다른 기업들에 비교하는 방식인 벤치마킹만 아니라 다른 기업이 수행해왔던 모범적 업무관행을 채택하는 베스트 프랙티스에서 한 단계 더 나아간다. 피플 애널리틱스는 수행할 사안을 중심으로 이해관계자 모두가 사업 성과에 기여하는 가치를 창출하게 하기 위해 여러 비즈니스 현업리더와 HR 리더의 자유재량에 따라 변화할 수 있는 지침과 같은 모습으로 변모해 나간다. 독자들이 이 책에서 발견하겠지만, '왜 이러한 계획안을 선택했는가?'에 대한 정답은 바로 그 계획안이 성공을 결정짓는 최종결과물에 가치를 제공하기 때문이다!

전사적으로 일상에서 반복되는 행위routine는 개인 습관처럼 조직이 생각하고 행동하며 느끼는 방식에 지속해서 영향을 미친다. 반면에 탁월한 피플 애널리틱스는 그 상황에 적합한 비즈니스 사안이 구현되도록 조직 유기적으로 연계된 여러 사항을 최적으로 선택하여 의사결정을 하게끔 정보를 제공할 것이다. 이 책은 모든 인적자본 영역의 전문 종사자들이 극적으로 변화하도록 돕고 성공을 결정짓는 최종결과물에 이르는 여러 산출물에 그들 스스로가 연계되도록 이끌어 성공적인 결과를 달성할 시기를 앞당길 것이다.

데이브 울리히Dave Ulrich,
Rensis Likert 교수, Ross School of Business,
University of Michigan,
Partner, The RBL Group
dou@umich.edu
April 2021

최고 인사 임원의 관점

이 책에서 논의된 기업 중 눈에 띄는 기업은 Microsoft이다.[1] Microsoft는 피플 애널리틱스와 그 통찰이 기업 운영활동과 전략에 흡수되어 온 방식을 보여주는 가장 좋은 사례이다. HR 기능은 애널리틱스를 통해 근로자와 사업에 맞는 가치를 찾아 드러내 보일 수 있었다. Microsoft의 피플 애널리틱스 접근 방식에 대한 자세한 사례연구는 5장(테크놀로지)에 포함되어 있다. 우리는 리서치 기간 동안 해당 주제와 관련한 자신의 통찰을 아낌없이 공유해 주었던 최고 인사책임 임원인 캐서린 호건Kathleen Hogan[2]에게 매우 감사함을 느낀다.

'조직에서 하나의 기능인 HR로서 우리 사명은 지구에 힘을 불어넣는 사람들에게 스스로 힘을 발휘할 수 있도록 하는 거예요. 우리가 그 사명을 지원하려면 우리 회사 근로자의 의견을 듣는 활동이 중요해요. Microsoft는 매년 백만 명 이상의 직원 의견을 분석해요. 우리는 맥락을 설명하고 조직 내부에서 우리가 경험하는 것들의 동향trends을 파악해서 궁극적으로 올바른 의사결정을 내리는데 유용한 통찰 사항이나 통찰 결과를 제공할 목적으로 데이터를 사용하거든요. 흔히 "사람이 사업에서 가장 중요한 자산"이라고 하지요. 이 말은 Microsoft에 완벽하게 맞아 떨어져요. 그래서 자사의 인재경영 의사결정이 자사 사업에 미치는 독특한 성과에 따라 영향력을 갖게 되는 것이거든요.'

피플 애널리틱스는 사업을 포함한 기업 경영활동에서 상당히 많은 영역으로 현실적 가치를 세세하게 전달할 수 있어요. 그 가치를 전달하는 사례는 이직 감소, 다양성의 향상이나 채용 활동에서의 선별 과정 개선hiring funnel같은 분명한 사안들이지요. 조직에서 하나의 기능으로서 HR 기능이 데이터를 활용하는 방법에 대한 하나의 예시는 모집활동 분야이거든요. 과거로 거슬러 올라가 보면, HR 기능은 컴퓨터 공학 인재에 특화된 일련의 최상위 학교school[3]에 초점을 맞추고는 했어요. 엔지니어링 리더와 후보자의 직속보고라인이 될 관리자hiring manager가 HR 기능이 최고의 컴퓨터 공학 인재를 확보하고 있는지 여부를 나타내는 지표로 이러한 학교들을 고려했거든요. HR 기능은 고용 후 2년 뒤 데이터를 분석하면서 다른 많은 학교들도 성과를 동일하게 성공적으로 내는 직원을 배출했다는 사실을 깨닫게 되었어요. 우리는 그 데이터를 최고 경영자와 임원진에게 공유하고 모집을 할 대상 학교 목록을 확장하는 것과 관련해 동의를 이끌어 냈지요. 데이터를 토대로 하여 의사결정을 하는 이러한 방식 덕분에 더 많은 선택권을 인재경영 의사결정 사안에서 만들어 낼 수 있었고 훨씬 더 다양한 인재 풀을 확보할 수 있었어요.

HR 기능은 직원경험 분야에서 직원의 개인 경력에서 중요한 순간을 더 파악하기 위해서 데이터를 지금까지 활용하고 있어요. 동시에 입사 첫날 근로자가 생산적으로 업무에 임할 수 있게끔 비중을 두어야 할 영역을 파악하려고 온보딩 영역에서 분석을 구체화해서 수행하고 있지요. 더 나아가 HR 기능은 근로자 복지well-being와 같은 중요한 주제 영역에서 데이터와 애널리틱스를 활용할 수 있는 많은 기회를 발견하고는 해요. 일과 삶의 균형에 대한 인식에 영향을 줄 수 있는 행동을 파악하는 것은 시작에 불과하지요. 그래서 근로자와 관리자에게 자신의 데이터에 대한 접근권한을 부여하는 것은 이와 관련되기도 해요. HR 기능이 클릭 하나로도 제공이 되도록 하고 있는 것은 근로자와 관리자가 팀과 동료들에게 긍정적인 경험을 만들어 내는 행동을 파악해서 비

효율적인 행동을 스스로 수정하면서 긍정적인 행동을 강화하게끔 돕는 통찰 사항이나 통찰 결과예요.

하지만 피플 애널리틱스가 현실적인 차이를 만드는 눈에 덜 띄는 영역은 생산성에 영향을 미치는 활동과 관리자의 효율성을 개선하는 활동이거든요. 현재 Microsoft의 HR Business Insights 팀은 영업 기능 조직과 협력해 영업 전문가의 생산성을 높여 매출 성과 향상에 기여하는 효과를 도출할 특정 행동을 파악할 수 있어요.

피플 애널리틱스는 기업 내부에서만 중요한 것이 아니라 외부 고객에게도 중요해요. HR 기능은 고객이 Workplace Analytics, LinkedIn, Glint, Power BI, Azure를 통해 피플 애널리틱스를 적극적으로 수용하고 재직인재군 파악으로 제공이 가능한 가치에서 오는 혜택을 누리는 과정을 더 쉽게 만들고 있어요. 이 과정에서 외부 고객과 이야기할 때 발견하는 사실은 내부에서 이러한 테크놀로지가 가치를 창출하는데 도움을 주는 방식과 방법을 설명해 주는 것도 정말 도움이 된다는 거예요.

많은 기업 및 그 내부 기능들과 마찬가지로 HR 기능도 디지털 혁신의 추세를 쫓아 르네상스를 경험하고 있어요. 기업들이 더 많은 디지털 시스템을 수용하면 할수록 더 많은 데이터를 얻게 되겠지요. 제가 생각하기에 우리는 매우 흥미로운 시기의 시작 지점에 이른 것 같아요. 지금의 이 시기는 매우 흥미로운 시기로 진입하는 지점으로서 점점 더 전략적인 역할을 담당하는 동시에 성과, 인재관리, 민첩성agility, 직원경험, 생산성 중심의 주제 영역에서 관련 정보에 입각해 의사결정 활동을 수행하면서 더 많은 경험적 데이터를 사용할 수 있는 능력을 갖춘 리더들에게 흥미를 불러 일으키지요.

이러한 변화의 르네상스가 HR 기능의 궤적을 더 나은 방향으로 바꿀 수 있을 뿐만 아니라 또 바꿀 것이라고도 생각해요.

각주

1 Microsoft Corporation은 미국 워싱턴 주 레드몬드에 본사를 두고 컴퓨터 소프트웨어, 소비자 전자 제품, 개인용 컴퓨터 및 서비스를 개발, 제조, 라이선스 지원과 판매를 하는 다국적 기업이다.
   (https://www.microsoft.com/en- 참조). gb/about/(https://perma.cc/SXU4-3EV2에 보관됨), 2021년 3월 20일 최종접속).

2 캐서린 호건은 2015년부터 Microsoft에서 최고 인사책임 임원과 인사 담당 수석 부사장으로 재직 중이다. 그 이전에 그녀는 Microsoft Services의 기업부문 부사장을 역임했으며 McKinsey & Co.의 파트너이자 Oracle Corp.의 개발 기능의 관리자이기도 했다. Harvard University의 응용 수학과와 경제학과에서 학사 학위를 취득했으며 Stanford University의 경영 대학원에서 MBA를 취득했다. 이 외에 Alaska Air Group과 National Center for Women & Information Technology의 이사이기도 하다.

3 미국에서 '학교(school)'라는 용어는 고등 교육 기관을 설명하는 데 사용된다. '학교(school)'라는 용어는 '종합대학(university)'이나 '단과대학(college)'으로 다른 국가에서 자주 사용된다.

머리말:
저자의 전언

2015년 런던의 맑고 밝은 2월 아침에 런던 타워 그늘에서 두 사람이 만나 피플 애널리틱스를 논의했다.

Jonathan Ferrar는 IBM 인적자본관리 부문 임원이었고, David Green은 Cielo에서 채용 프로세스 아웃소싱에 참여 중이었다. 한 명은 양복을, 다른 한 명은 청바지를 입고 있었다. 우리는 HR 기능을 기준으로 보다 더 다양한 영역에서 일을 해 볼 수는 없었지만 애널리틱스를 중심으로 열정을 공유했고 운명적인 소셜 미디어 관계로 하나가 되었다.

결국 소셜 미디어로 형성된 관계는 IBM에서 함께 했던 협업으로 이어졌고 (다른 사람들과 함께) 피플 애널리틱스를 사업의 핵심 영역으로 삼은 Insight222 설립으로도 이어졌다. 피플 애널리틱스를 향해 우리가 가진 열정이 최근 몇 년간 빠르게 단단해지면서 서적 집필의 서막이 2016년 5월 시드니 왓슨스 베이에 있는 비치 클럽의 따뜻하고 즐거운 저녁에서 열리게 된 것이었다.

우리는 그날 저녁 이후 피플 애널리틱스를 주제로 100개 이상의 조직들과 협업하며 리서치를 수행했다. 우리가 전 세계 모든 주요 국가와 산업에서 실행중인 피플 애널리틱스를 경험해 본 것은 사실 행운이다.

거의 모든 조직에서 집중할 영역 또는 대상을 선택하는 비중이나 초점설정, 사업에 기여하는 성과창출 활동을 통해 도출된 생산성 향상과 지속가능성 확보 등의 효과와 피플 애널리틱스 적용 범위 확대, 가치가 창출되는 양상과 크기라는 세 가지 주제를 반복해서 접하고는 했다.

- 무엇에 선택적으로 집중해 초점을 맞추거나 비중을 조정해야 하는가? 기업의 사업전략과 연계된 전략과제에 집중하는 실무자가 노력한 만큼 더 성공적인 결과를 보이고 있다.
- 어떻게 하면 사업 성과 창출에 기여하는 효과가 도출되게끔 성과 창출 활동을 발굴하고 피플 애널리틱스를 적용하는 대상 범위를 확대할 수 있는가? 견고한 기반을 구축하더라도 IT테크놀로지, 분석 방법론, 데이터 관련 사안 해결에만 몰입하지 않는 조직이 장기적으로 사업전략과 연계되고 재무적 가치로 이어지는 효과를 담보한 최종 결과물을 더 많이 만들어 낸다.
- 어떻게 해야 재무, 위험관리, 고객 이외에도 근로자와 노동자의 조직몰입을 유도해 사업에 기여할 더 많은 가치를 새롭게 이끌어 낼 수 있는가? 이러한 최종 목표를 염두에 두고 본인의 작업 우선순위를 정하는 리더가 자신의 비즈니스와 근로자를 대상으로 더 많은 가치를 전달한다.

우리는 2018년 5월 함부르크에서 휴식하면서 이 세 가지 질문의 맥락에서 지난 몇 년간의 모든 작업을 복기했다. 함부르크는 비틀즈 같은 밴드들의 창의적 사고에 있어 중요한 역할을 해 주고 있는 장소였고 우리에게도 마찬가지였다. 함부르크는 이 책에서 논의된 프레임워크를 개발하면서 영감을 주었던 장소이다.

위 세 가지 질문들에 대한 답변은 기초, 자원, 가치라는 세 가지 범주로 9가지 관점을 그룹화해서 요약할 수 있었다.

우리는 이를 Insight222 Nine Dimensions for Excellence in People Analytics® 모델이라고 부른다. (그림 A.1 참조).

그림 A.1　Insight222 Nine Dimensions for Excellence in People Analytics®

피플 애널리틱스를 가장 성공적으로 수행하는 조직은 9가지 각각의 관점에서 탁월함을 추구하고 자사에 적합한 방식으로(그리고 적절한 순서로) 9가지 관점에서 자사에서 대상이 될 사안을 찾는다. 그리고 우리는 사업 성과 창출에 기여하는 성과창출 활동을 피플 애널리틱스를 통해 발굴하고 실행해 온 기업들이 세 가지 범주 모두 동시에 집중하는 사실을 발견했다. 9가지 관점 모델은 순차적이지도 않을 뿐만 아니라 특정 순서로 '완료'될 필요도 없다. 동시에 한 차원에서 다음 차원으로의 전환이 일정 수준의 '성숙'을 담보하지 않고는 일어나지 않는다는 것도 아니다.

여러분이 책을 읽을 때 스스로에게 한 가지 질문을 던져라. 자사 구성원과 자사를 위해 사업 성과에 기여하는 가치를 증가시키려면 재직인재군 데이터를 어떻게 활용할 수 있을까?

우리는 비즈니스 현업 리더, 최고 인사책임 임원, 애널리틱스 실무 전문가가 재직 기업과 구성원을 위해 그 기업을 더 나은 일터로 만들 수 있도록 돕고자 한다. 더 나아가 우리는 그 결과가 이해 관계자들 모두에게 보다 더 많은 가치로 전달되도록 지원하려 한다. 그래서 우리는 2019년 여름과 2021년 초 사이에 최고의 피플 애널리틱스 사례들을 탐색했고 이 중 많은 부분을 30개 사례연구로 구체화했다.

모델과 프레임워크가 이론적 지침을 제공한다면, 사례연구는 주제에 생명을 불어넣는다. 우리는 이 책의 실용적인 조언으로 비즈니스 현업 리더와 HR 기능의 임원진이 영감을 받고 피플 애널리틱스에 투자하게 될 것이라고 확신한다. 또한 우리는 영감을 얻은 임원진이 피플 애널리틱스에 투자를 하게 되면 그 기업의 피플 애널리틱스 팀은 더욱 집중해서 더 많은 성과를 제공하고 해당 조직에서 더 많은 가치를 실현할 것이라고 자신한다.

Insight222
탁월한 피플 애널리틱스를 위한
9가지 관점

기초

피플 애널리틱스 작업이 지나치게 복잡하게 변하기 전에 미래의 성공 요건을 확보하려면 상황에 적합한 요소를 갖춘 견고한 기반이 마련되어야 한다. 견고한 기반은 강력한 통제와 관리체제governance, 명확한 방법론, 효과적인 이해관계자의 관리를 바탕으로 한다.

관점 1 통제와 관리체제(governance)

통제와 관리체제는 피플 애널리틱스가 작동하는 목적 달성 방법, 처리 과정, 절차를 말한다. 통제와 관리체제는 모든 애널리틱스를 뒷받침하며 역할에 적합한 자격을 갖춘 구성원이 작업 방향을 제공하도록 만든다. 또한 데이터와 프로젝트 관리를 위해 구조와 사회적 책무에 의한 관리책임 소재가 구현되어 적용되도록 함으로써 애널리틱스로 발생할 수 있는 위험이 적절히 관리되게끔 한다.

다음 사례연구로 강력한 통제와 관리체제, 사회적 책무에 의한 관리책임에서의 실행과 가치를 강조한다.

- Novartis International AG (노바티스) 사업전략에 피플 애널리틱스 연계하기
- Trimble, Inc (트림블) 신뢰성을 향상시키는 피플 애널리틱스 브랜드 창조하기
- Lloyds Banking Group (엘로이드 은행 그룹) 피플 애널리틱스의 윤리 기준 구축하기

관점 2 — 방법론(Methodology)

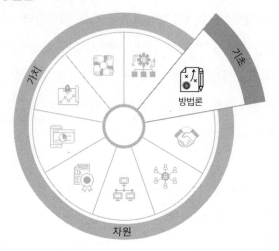

방법론은 동적이며 반복 가능한 특징을 가진 피플 애널리틱스 정립 절차와 프레임워크에 초점을 맞춘다. 이외에도 피플 애널리틱스를 통해 사업 성과 창출로 이어지는 성과 창출 활동을 발굴하여 영향력을 창출하고 가치를 전달하는 작업의 우선순위 지정 방식, 후원자의 참여, 효과적이고 투명한 범주의 사용, 팀이 피플 애널리틱스 작업의 비중을 정하는 방법을 2장에서 다룬다.

다음 사례연구로 효과적인 방법과 후원을 현실화하는 실용적인 적용법을 탐색한다.

- Merck & Co., Inc(머크 앤드 컴퍼니)의 전염병 확산으로 우선순위를 지정할 때 기민함agile을 유지한 방식
- American Eagle Outfitters(아메리칸 이글 아웃피터스)의 피플 애널리틱스 선언문 개발하기
- Swarovski AG(스와로브스키)의 적합한 후원자로 매출 성장 실현하기

관점 3 ― 이해관계자 관리

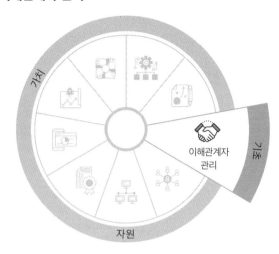

이해관계자 관리는 피플 애널리틱스 팀이 성과를 창출하고 가치를 제공하기 위해 상호 작용할 다양한 유형의 이해관계자에 대해 논의한다. 3장 이해관계자 관리는 특히 중요도와 범주를 고려한 이해관계자 지도 구축, 회의 참여를 효과적으로 유도하고 수행하는 방법, 모든 이해관계자와의 효과적이고 지속 가능한 관계 구축을 위해 장기적으로 해야 할 사항에 초점을 맞춘다.

다음 사례연구로부터 이해관계자 참여 확보 방법에 대한 고위 리더 세 명의 경험을 학습해 본다.

- Johnson & Johnson(존슨앤드존슨) 최상위계층에서 최상의 이해관계자 개발하기
- Viessmann Group(비스만 그룹) 분석적 성향의 최고 인사책임 임원의 가치
- Syngenta AG (신젠타) 성공의 기초로서 비즈니스 현업 이해관계자 참여의 중요성

자원

피플 애널리틱스는 사업 성과 창출에 기여하는 효과를 도출할 성과 창출 활동을 발굴하여 영향력을 갖추고 신뢰를 받을 수 있어야 한다. 이를 위해 피플 애널리틱스는 팀 자체의 전문성, 적합한 테크놀로지, 강력하고 광범위한 데이터를 포함한 자원을 상황에 적합하게 균형감을 유지하며 조정해야한다.

관점 4 — 스킬

스킬은 피플 애널리틱스 팀 자체에 초점을 맞춘다. 이 관점은 팀 운영 모델과 해당 비즈니스 현업, HR 언어를 분석 언어 혹은 역으로 번역하기 위한 핵심 스킬 세트와 함께 피플 애널리틱스 리더의 책임과 스킬을 중점적으로 다룬다.

다음 사례연구를 통해 피플 애널리틱스 팀을 성공적으로 구축한 기업으로부터 시사점을 얻도록 한다.

- Standard Chartered Bank(스탠타드 차타드 은행) 피플 애널리틱스 리더
- Capital One(캐피털 원) 피플 애널리틱스 팀 확장
- Royal Caribbean Cruise Ltd(로얄 캐리비안 크루즈) 훌륭한 통역자의 중요성

관점 5 ― 테크놀로지

테크놀로지는 성공적으로 피플 애널리틱스를 활용하기 위해 필요한 모든 유형의 애널리틱스 테크놀로지를 다룬다. 5장 테크놀로지는 애널리틱스 솔루션을 확장하는 IT 테크놀로지, 데이터를 수집하고 분석하여 도출한 통찰 사항이나 통찰 결과에 의한 산출물, 데이터 범용화를 가속화하는 새로운 IT 테크놀로지를 고려해 '구축 대 구매'라는 주제를 간략하게 설명한다.

다음 사례연구로 피플 애널리틱스 테크놀로지를 활용한 경험을 실사례로 제시한다.

- Vertex Pharmaceuticals(버텍스 파마슈티컬스) 테크놀로지 구매하기
- Bosch GmbH(보쉬) 사업 전략과 연계된 재직인재군 인력 운용 계획strategic workforce planning을 위한 스킬 영역의 컴퓨터 시스템 구성 설계와 구축
- Microsoft Corporation(마이크로소프트) 전사로 애널리틱스 확장하기

관점 6 — 데이터

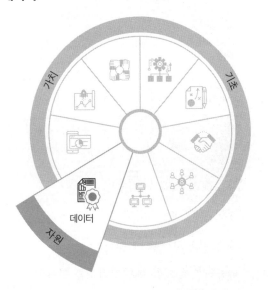

데이터는 사회적 책무에 따른 데이터 관리책임data stewardship, 데이터 관리, 비즈니스에 더 많은 가치를 제공하기 위해 데이터를 사용하는 방법을 다룬다. 현재 무엇보다도 데이터 출처data sources를 활용해서 새로 등장하는 데이터를 사용하는 것이 중요해지고 있다. 데이터가 새롭게 등장하고 그 가치

가 점진적으로 증가하면서 피플 애널리틱스 역할로서 비중을 두는 영역은 HR 정책과 HR 기능의 절차를 넘어서 사업을 포함한 기업 경영활동에서 가장 복잡한 사안을 해결하는 것으로 확장된다.

다음 사례연구에서 데이터 통제와 관리체제, 데이터 관리가 영향을 미친 방식이 부각되어 있다.

- HSBC(홍콩 상하이 은행) 사업 성과에 기여하는 가치를 목적으로 데이터 관리하기
- Nokia Corporation(노키아) 뛰어난 데이터 인프라로 발굴되는 가치
- Tetra Pak(테트라팩) 주요 사업목표와의 데이터 연계와 표준화를 위해 재무 기능과 파트너되기

가치

피플 애널리틱스에는 조직과 자사 근로자와 직원 개인에게 가치를 제공할 책임이 있다. 피플 애널리틱스가 제공하는 가치는 재직인재군을 대상으로 한 향상된 직원경험, 사업을 포함한 기업 경영활동에서 전략과제나 도전과제를 해결하거나 혹은 비즈니스 사안에서 성과 창출 활동을 발굴하여 사업 성과 창출에 기여하는 비즈니스 최종 결과물, 데이터를 토대로 업무를 수행하는 방식과 같은 조직문화 개발로 이어진다.

관점 7 — 재직인재군 직원경험

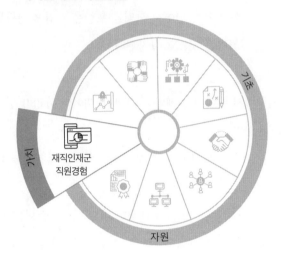

재직인재군 직원경험은 조직 전체 주요 인사들이 피플 애널리틱스로 얻게 되는 이점을 설명한다. 재직인재군 직원경험은 직원경험의 소비재화와 개인화, 모든 관리자를 대상으로 한 데이터 접근성 확대, 대화형 애널리틱스를 통한 경영진 흥미 유발 방법, 전체 직원경험 개선을 위해 조직 프로세스를 변경하는 방법의 틀을 제시한다.

다음 사례연구로 피플 애널리틱스가 강력한 경험을 제공할 수 있는 방법을 흥미로운 이야기로 공유한다.

- ABN AMRO Bank N.V.(에이비엔 암로 은행) 직원경험 측정하기
- FIS(에프아이에스) 데이터를 활용한 전사 성과관리 시스템 변경
- Banco Santander S.A.(방코 산탄데르) 임원진 앞에서 애널리틱스에 생명을 불어넣기

관점 8 — 비즈니스 최종결과물

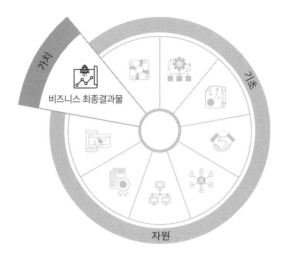

비즈니스 최종결과물은 피플 애널리틱스를 사용해 성과 도출로 이어지는 논리적 근거와 테크놀로지를 말한다. 피플 애널리틱스 활동으로 도출되는 산출물인 성과 결과는 실행 가능한 통찰과 권고사항, 재무적 가치, 전사 차원의 실질적 비즈니스 개선 등이다.

다음 사례연구로 사업을 포함한 기업 경영활동에서 성과를 실현하면서 솔루션을 확장하는 방법에 대해서 알아본다.

• Metlife, Inc (메트라이프 생명 보험) 피플 애널리틱스 용도로 투자 확보하기;

• Nestle S.A. (네슬레) 해당 비즈니스 기능의 언어로 말하기;

• IBM (아이비엠) 어드밴스드 애널리틱스와 테크놀로지로 가치 확장하기

관점 9 – 조직문화

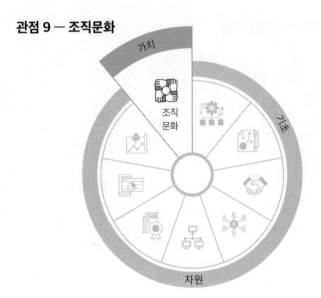

조직문화는 분석에 의지를 가지고 숙달하려는 사람들을 HR 기능 전반에서 육성하는 활동에 초점을 맞춘다. 조직문화는 미래 HR 담당자들이 필요로 하는 스킬과 사고방식, 혁신, 호기심 이외에도 그들이 가치 실현 토대를 구축하는데 필요한 스킬과 사고방식을 개발하고 습득하도록 이끄는 방법을 검토한다.

다음 사례연구로 피플 애널리틱스가 지속 가능하도록 만드는 분석지향적 조직문화 속성을 집중 조명한다.

- Merck KGaA(머크) 피플 애널리틱스 조직문화의 전사 내재화하기
- Rabobank(라보은행) HR 기능이 데이터가 주도하는 조직문화를 시도해 보도록 유도하는 환경 만들기
- PepsiCo(펩시 보틀링 그룹) 글로벌 범위로 구축하고 현지에서 실행이 가능하게 하기

감사의 말

이 책은 제안부터 출판까지 3년이 넘게 걸렸다. 그 기간 동안 우리에게는 피플 애널리틱스 영역에서 100개가 넘는 글로벌 조직과 협력하고 연구할 수 있었을 정도의 행운이 함께 하기도 했다. 우리는 피플 애널리틱스 영역을 주제로 전 세계 모든 주요 국가와 산업의 수십 명의 임원진과 리더, 그리고 실무자와 이야기하고 협력하고 있다. 우리 동료, 친구, 고객 그리고 파트너 모두와 소셜 미디어의 모든 팔로워에게도 감사드린다. 주어진 3년이란 기간 동안 아주 사소한 온라인 댓글부터 고객과의 가장 광범위한 상호 작용에 이르기까지 모든 상호 작용 하나 하나가 사고방식의 틀을 만드는데 도움이 되었고 서적 집필에도 기여했다.

서적 집필 과정에서 인터뷰에 응해 주신 모든 분들께 감사드린다. 특히 본 서적의 30여개의 사례연구들은 탁월한 피플 애널리틱스 방법론이 실제로 적용된 것들이어서 생생한 현장의 소리를 전달한다. 이러한 점에서 사례연구 정의에 도움을 준 기업들과 소속 구성원들에게 진심을 담은 감사를 전한다. 이 작업과 우리에게 신뢰를 보여준 기업들과 리더분들께도 감사함을 전해 드린다.

또한 커스틴 레버모어Kirsten Levermore에게도 고마움을 전한다. 그녀의 끈기, 헌신, 그리고 영감이 없었다면 이 책은 여전히 '초고' 상태였을지도 모른다. 커스틴은 본 서적의 대다수 부분에서 첫 번째 버전을 작성하여 아이디어를 구체화하고 그 아이디어들이 글로 표현될 수 있도록 해주었다. 그녀는 아이디어에서 원고에 이르기까지 30개 사례연구 각각을 관리하는 데 상당히 도움을 주었을 뿐만 아니라 본 서적을 완성하기 위해 지치지 않고 기업들과 협력을 개별로 나누어 진행해 주었다.

우리 리서치 활동의 많은 부분과 원고 완성에 도움을 주신 Insight222의 동료들 모두에게도 감사함을 전한다. 특히 수치 영역에서 우리를 도와준 아나스타샤 크테나Anastasia Ktena, 테크놀로지와 데이터 관련 장들을 검토해 준 이안 바일리Ian Bailie, 그리고 피플 애널리틱스의 전직 실무자로서 용어집을 작성한 나오미 버르지스Naomi Verghese에게 특히 감사함을 전해드린다.

마지막으로, 피플 애널리틱스 분야를 향한 열정으로 영감을 제공주신 현재 또는 과거 고객분들 모두에게 감사드린다.

Jonathan Ferrar and David Green

Elena의 사랑과 격려, 그리고 본 서적을 완성할 수 있었던 시간을 허락해주어 감사하다. 최종 원고가 완성되는 동안 겨울 저녁에 탁구를 치는 것으로 도움을 준 아들 Arthur에게도 감사하다. 내가 내 아이디어와 경험을 공유할 수 있는 동기를 제공하는 많은 수학 책의 저자인 William Ferrar와 그의 저서인 Great Uncle Bill은 나에게 지속해서 영감을 준다. 또한 타이핑하는 동안 책상에 누워 나와 함께 있어준 고양이인 클리오Cleo와 젤다Zeldaa에게도 특별히 감사 메모를 남긴다.

Jonathan Ferrar

잉글랜드 남동부에서 생활하는 동안 비가 자주 오는 주말에 집필할 시간을 허락한 멋진 아내 사라와 내 아이들인 알렉산더와 이사벨라에게 감사의 말을 전하고 싶다. 동시에 강한 직업 윤리를 심어 주신 어머니Ann와 아버지Richard에게도 감사함을 전한다. 마지막으로 피플 애널리틱스 커뮤니티에도 감사드린다. 그분들의 열정, 에너지, 그리고 피플 애널리틱스 분야를 공유하려는 의지는 우리 분야를 기대감과 보람이 주어지는 영역으로 만들어 나갈 것이기에 그 수고에 감사의 말을 전한다.

David Green

Insight222 Nine Dimensions for Excellence in People Analytics®은 핵심 모델로서 Insight222 Limited의 등록상표이다.

본 서적의 다음 모델은 조나단 페라와 데이비드 그린 그리고 Insight 222 Limited의 지적 자산이며 사용권의 적용을 받는다.

- DRIVE: Five Ages of People Analytics
- Focus–Impact–Value Model
- Seven Types of Stakeholders
- The Four Responsibilities of People Analytics

다음 모델은 Insight 222 Limited의 지적 자산이며 사용권의 적용을 받는다.

- Insight222 Operating Model for People Analytics
- People Analytics Value Chain
- Nine Skills for the Future HR Professional

다음 모델은 Nigel Guenole, Jonathan Ferrar and Sheri Feinzig의 사용권을 획득했으며 승인 후 인용되었다.

- Eight Step Model for Purposeful Analytics
- Seven Forces of Demand
- Complexity–Impact Matrix
- Six Skills for Success

위 모델들은 The Power of People: Learn how successful organizations use workforce analytics to improve business performance (Pearson, 2017)에서 처음 언급된 것으로 본 서적에서 인용되었다.

Part 1

피플
애널리틱스
사례

피플
애널리틱스
개관

피플 애널리틱스는 HR기능에만 연관되어 있지 않다. 피플 애널리틱스는 사업 성과 창출에 기여하는 가치를 자사에 제공하는 활동과도 연관되어 있다. 피플 애널리틱스는 근로자와 재직인재군을 대상으로 직원경험을 제공해서 사업 성과에 기여하는 가치를 유도해내고, 관리자와 임원진을 대상으로 데이터 중심의 사실을 토대로 사람 요소와 관련된 의사결정 활동을 지원하여 사업 성과 창출에 기여하는 가치를 구현해낸다. 최상의 환경에서 피플 애널리틱스는 기업 생산성 향상과 지속가능성 확보로 생성된 강력한 영향력을 경영이사회, 투자자, 사회 등의 보다 넓은 범위로 전달하기도 한다.

피플 애널리틱스 수행 활동은 견고한 기초, 지성적 판단에 따른 자원 사용, 사업 성과 창출에 기여하는 가치를 추구하는 열정을 필요로 한다. 이러한 모든 조건들을 확보하는 것도 중요하지만 기업이 동시에 수많은 관점을 반영해 집중할 영역을 선택하는 환경 여건에서는 어느 기업이든 가치를 즉시 실현하기 위해 피플 애널리틱스를 사용할 수 있기 때문에 순차적 성숙도 모델Sequential Maturity Model 적용은 더 이상 유효하지 않다.

일반적으로 학문 분야로서 피플 애널리틱스는 HR기능과 비즈니스 영역 전반에서 그 중요성을 확대하고 있다. LinkedIn(2020)에 따르면 HR 분야에서 분석 스킬을 가진 사람 수는 그 어느 때보다도 많고 전문성의 깊이도 매년 증가 중이라 한다. 고위 리더들도 자사 인재경영 기능people function의 데이터로 일을 추진해 가는 방식이 예전보다 더 중요하다고 인식하고 있다. 피플 애널리틱스에 투자하는 HR 리더들은 기업이 시장에서 경쟁력을 갖추도록 새로운 지원 방법을 탐색하는 중이다.

다음 장은 피플 애널리틱스 취지를 세밀하게 포착해 비즈니스 현업 리더가 피플 애널리틱스에 투자한 사례로 구성되어 있다.

Reference

LinkedIn (2020) Global Talent Trends 2020 [Report] Available from: https:// business. linkedin.com/talent-solutions/recruiting-tips/global-talent-trends-2020 [Last accessed 7 February 2021]

피플 애널리틱스가
사업 성과에
기여하는 가치

피플 애널리틱스는 기업 매출과 수익에 수억 달러(약 수 천억원) 가치로 기여한다.

IBM 전 CEO Ginni Rometty는 '인력감소 예측 프로그램predictive attrition program으로 거의 3억 달러(약 3500억원)의 인재유지 비용'을 절약했다고 언급했다(Rosenbaum 2019). 피플 애널리틱스를 사용해 회사를 떠날 위험이 가장 높은 사람을 식별하고 여러 조치를 사전에 전달해서 관리자가 적절한 의사결정을 내리도록 지원했다.

Google은 신입직자 조직 사회화 프로그램onboarding 기간을 9개월에서 6개월로 단축해 약 4억달러(약 4700억원)를 절약했다(McAleer, 2018). Google은 높은 성과를 보여주는 구성원의 행동패턴을 정기적으로 부각시켜 입사한 사람이 본인 역할에서 성공하도록 지원하는 역할을 하는 E-mail Nudge(답신 또는 후속조치 필요 표식을 가진 이메일)를 만들어 냈다.

피플 애널리틱스를 통해 그 이점을 경험한 기업은 IT 기업만이 아니며 현재도 여러 산업과 업종에서 기업들은 피플 애널리틱스를 활용하여 재무적 성과를 얻고 있다. 구두 소매업체인 Clark는 1%의 직원 몰입이 0.4% 정도의 사업성과 향상으로 이어진다는 사실을 발견했다. Clarks 2019년 연례 보고서를 바탕으로 보면, 1%의 직원 몰입은 거의 6천만 파운드(약 950억원)로 추정된다.

피플 애널리틱스로 사업 성과에 기여하는 가치를 산출하는 기회는 더 크다.

2019년 Accenture의 연구 보고서는 구성원의 신뢰를 기반으로 피플 데이터를 책임감을 가지고 사용한다는 조건하에서 결론 하나를 내렸다. 리서치 표본 집단인 대형 상장 글로벌 기업 6,000 개사의 피플 데이터에서 발굴되지 않은 상태로 잠재되어 있는 미래 매출 성장 가능성이 3조 1천억원 달러(약 3600조원) 가치에 이른다는 점이다. 피플 애널리틱스를 통해 창출될 수 있는 3조 1천억원 달러(약 3600 조원)는 기업별로 평균 5억 달러(약 5900억원)정도이다.

그간 다양한 연구에서 선진화된 피플 애널리틱스 역량을 갖춘 기업이 재

피플 애널리틱스 사례

무적 측정지표 전반에서 더 높은 성과를 보이는 경향성이 드러났다. 예를 들자면 피플 애널리틱스 역량을 갖춘 기업이 그렇지 못한 기업 보다 3년 기준 30% 주가(Bersin by Deloitte, 2013), 79% 자기자본이익률(return on equity, Sierra-Cedar, 2014), 3년 기준 96% 매출액(Chhakrabarti, 2017), 56% 순이익율 등에서 더 높은 성과를 나타냈다.

피플 애널리틱스를 통한 더 높은 재무적 성과들은 피플 애널리틱스 영역에서 탁월함을 만들어 내려는 열의가 커지는 더 강력한 이유이기도 하다.

피플 애널리틱스는 무엇인가?

피플 애널리틱스 정의는 여러 사례에서 발표되었다. 다음은 피플 애널리틱스에 대해 내린 핵심 정의다.

> 사업성과 향상을 목적으로 통찰 사항이나 통찰 결과insights를 발굴해서 제안을 제시하고자 직원과 재직인재군 데이터를 분석함

그림 0.1처럼 본 도서에서 사용하는 피플 애널리틱스 정의는 다음 활동들의 모음으로 구성된다.

• 대시보드와 보고 — 피플 데이터에서 얻은 정보와 통찰로 발굴한 사항

그림 0.1　여러 활동과 최종결과물로 구성된 피플 애널리틱스

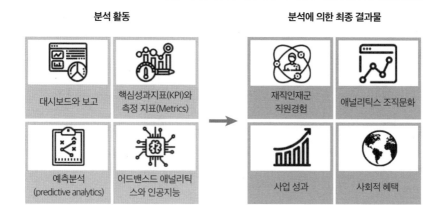

들을 형식화되고 반복적 형태의 표준 보고서와 대시보드 형태로 공유하는 활동

- 핵심성과지표KPI와 측정지표Metrics — 전사 차원의 가장 중요한 측정 지표와 C-레벨 임원진, 이사회 그리고 투자자에게 가치 있는 측정 지표를 측정하는 활동

- 예측 분석 — 미래 시나리오를 예상해 예측하고 계획할 목적으로 통계 기법과 기타 수학적 분석 기법을 활용하는 활동

- 어드밴스드 애널리틱스와 인공지능AI — 통찰로 발굴한 시사점을 바탕으로 제안을 제공할 목적으로 머신러닝, 인공지능, 딥러닝, 인지처리 컴퓨팅을 사용해 진일보한 기법과 테크놀로지를 적용하는 활동

위 활동을 시행하여 다음 최종 결과물들이 도출된다.

- 재직인재군 직원경험 — 직원경험, 관리자 대상의 데이터 범용화, 통찰
에 의해 발굴되어 임원진에게 제공되는 시사점과 고려사항 그리고 재
직인재군 전반의 성과 향상. 재직인재군 직원경험은 애널리틱스가 제
공하는 인간 중심적 경험 개선에 의한 더욱 진전된 최종 결과물도 포함
한다. 인간 중심적 경험을 개선하는 진전된 최종 결과물은 7장(재직인재
군 직원경험)과 끝맺는 말epilogue에 논의되어 있다.

- 애널리틱스 조직문화 — HR 기능이 가지는 피플 애널리틱스에 대한 인
식 형성, HR 담당자를 대상으로 한 분석 스킬 개발, 그리고 기업 관리
자 모두를 대상으로 피플 애널리틱스 확대. 자세한 내용은 9장(조직문화)
참조.

- 사업 성과 — 재무적 성과, 위험 관리 활동과 규범 준수compliance, 시장
점유율 성장, 사업 전략 수립 활동에 정보 제공과 영향력 행사. 관련 내
용은 8장(비즈니스 최종 결과물)에 논의되어 있다. 또한 사업 성과로 CEO가
고민하는 스킬 영역에서의 도전과제와 투자자 요구 사항이 포함된다.

- 사회적 혜택 — 피플 애널리틱스 활동에 의한 결과로서 포용, 공정한
평등equality, 성별 급여gender pay 등의 보다 더 진화된 결과물 관련 내용은
끝맺는 말Epilogue에 논의되어 있다.

일반적으로 선도적인 피플 애널리틱스 조직은 사업성과 도출 목적의 전략과제에 초점을 맞추어 주요 전략과제를 후원하는 비즈니스 현업 임원의 참여를 유도하면서 해당 비즈니스 현업 전체의 동료와 협력해서 전사로 유의미한 가치를 제공한다.

가장 진일보한 피플 애널리틱스 조직은 일정한 비즈니스 우선 중심의 접근 방식을 사용한다. 즉, HR 임원진만 아니라 경영 임원진과도 협업한다. 선도적인 피플 애널리틱스 조직은 사업에서 가장 전략적이며 운영상 중요한 구성원과 연관된 주제에 집중한다. 이러한 피플 애널리틱스 조직들은 작업 산출물을 정량화하고 비즈니스 현업 임원이 더 많은 것을 필요로 하도록 일정한 ROIreturn on investment를 산출한다. 그리고 이들은 고객관계 관리, 고객 유지, 재무적 수익성, 생산성, 협업, 혁신, 영업 성과, 직원 역량개발에서 통찰력을 갖도록 돕는다.

이러한 선도적 피플 애널리틱스 팀들은 자사 재직인재군 직원경험에서 차이를 만들어 내고 피플 애널리틱스 조직문화를 전사로 구축해서 보다 사회 공동체적으로 복합적인 화제에 비중을 둔다. 이들은 일정 사안에 대한 해결책을 최고의 솔루션들로 상품화한 후 전사로 이러한 솔루션들을 확장하거나 적용 범위를 확대해 적용해서 기업 경영활동business operations의 일부가 되게 한다. 이러한 과정을 통해 리더들과 관리자들은 손쉽게 데이터를 분석해서 도출한 통찰 사항에서 시사점을 도출해 자신의 비즈니스 현업 운영 활동과 사업 성과를 개선할 수 있게 된다. 선도적 피플 애널리틱스 팀들은 본질적으로 그림 0.1에 강조 표시되어 있는 분석에 의한 최종결과물 모두에 비중을 둔다.

DRIVE: 피플 애널리틱스의 5가지 시대적 변천

시대가 변화하면서 피플 애널리틱스가 발전하는 과정을 다루는 글들이 많이 등장하고 있다. Guenole, Ferrar 그리고 Feinzig (2017)의 글과 Forbes 2015 'The geeks arrive in HR: people analytics is here' (Bersin, 2015)에서 피플 애널리틱스 진화를 다룬 주제가 충분히 논의되었다.

그림 0.2   DRIVE:피플 애널리틱스의 5가지 시대적 변천

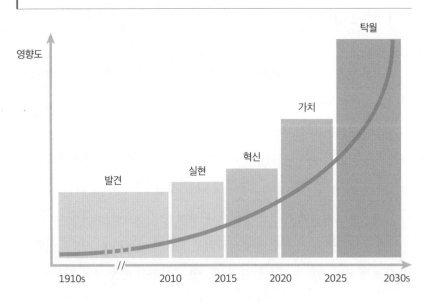

우리는 조사와 분석을 하면서 피플 애널리틱스의 역사와 미래를 설명하는 대략 5가지 시대가 존재한다고 판단했다. 우리는 이를 DRIVE: 피플 애널리틱스의 5가지 시대적 변천(그림 0.2 참조)이라고 부른다.

여기서는 5가지 시대 중 앞선 4가지 시대를 자세하고 깊게 고찰해 보고자 한다. 탁월의 시대는 끝맺는 말에 소개되어 있다.

발견의 시대: 1910년대 — 2010년 이전 시대

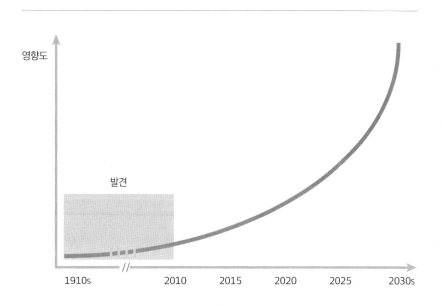

피플 애널리틱스 사용은 점진적으로 증가해왔다. 실제 피플 애널리틱스의 기원은 100년 전 프레드릭 테일러가 저술한 과학적 관리의 원칙Principles of Scientific Management으로 거슬러 올라간다. 테일러가 제시한 아이디어는 근로자가 수행하는 모든 개별 작업을 측정해 작업을 최적화해서 효율성을 추구하도록 하는 것이어서 생산성이 극대화되도록 만들었다. 당시 주목할 만한 테일러주의자였던 포드 자동차는 과학적 분석을 사용해 자동차 제조 공정 과정을 자동화하고 그에 의해 효율성을 상승시켜 생산 속도를 높인 것으로 유명하다.

발견의 시대는 오늘날 우리가 알고 있는 피플 애널리틱스로 이어지는 시대이다. 이 시기에 또 다른 유의미한 발전 양상이 1940년대 전후 많은 기업들이 대량 산업화를 확립하면서 나타났다. 산업 조직 심리학자의 역할도 등장했다. 오늘날 산업 조직 심리학자는 피플 애널리틱스가 정교화 되는 과정에서 필수적인 부분을 담당한다.

1980년대에서 1990년대로 넘어가는 시기를 보면 HR 기능이 오로지 인사 행정 기능에만 집중하다가 채용, 육성과 개발, 보상, 성과관리로 그 영역을 확대하는 모습이 나타난다. HR 기능적 역할 변화에 따라 재직인재군 전체를 대상으로 채용, 배치, 육성 영역에서 HR 업무 수행과정과 그 업무 활동의 효율성을 측정하고자 하는 필요성이 대두되었다. HR의 기능적 역할 변화에 영향을 준 교과서는 HR 스코어카드HR Scorecard: Linking people, strategy and performance (Becker, Ulrich and Huselid, 2021)이며 HR이 사업 성과에 영향을 주는 방식을 증명하는 측정 체계가 이를 통해 도입되었다.

21세기로 진입한 시점부터 첫 10년 동안 정형화된 HR 애널리틱스나 직원 몰입employee engagement 기능으로 사람들을 모집했었다. 인터넷이 등장하고 양적 및 질적 데이터를 대량으로 취합하는 능력을 갖게 되면서 HR 업무 과정만 아니라 그 이상의 것을 측정하려는 필요와 능력에서 변화가 일어났다. 대형 다국적 기업 내부 초기 팀은 극히 소수 인력으로 일반적으로 구성되어 있었고, 연례 직원 몰입도 조사 같은 업무를 수행했다. 전반적으로 이 시기의 피플 애널리틱스 기능은 상세 세부 사항까지도 일일이 챙기는 기능 white-glove functions이었기 때문에 데이터 수집, 통계, 보고, 비즈니스 진단을 소수 고위 임원진을 대상으로 주로 수행했고, CEO의 간헐적인 지시에 따라 복합적인 사업적 주제들의 분석을 수행했다.

실현의 시대 2010-2015

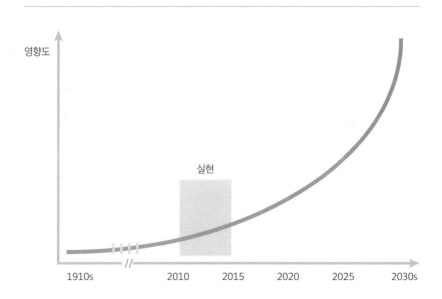

피플 애널리틱스 사례

피플 애널리틱스 영역에서 개별적인 사항 모두를 바꾸어 놓은 것은 2008년 세계 금융 위기였다. 빅데이터의 도래 이외에도 마케팅 같은 비즈니스 기능이 애널리틱스를 활용하던 양상이 적정 수준의 효율성과 효과성으로 모든 개별 사항을 측정하고 모니터링하려는 HR 기능의 욕구와 합쳐지면서 애널리틱스가 필요하다는 깨달음으로 이어졌다. 고위 임원진에게 통찰을 제공했던 다국적 기업의 애널리틱스 팀들은 글로벌 금융 위기 이후 소속 기업의 지속적인 성장과 발전을 가능하게 만들었다. 실현의 시대는 성숙 모델 maturity model의 진전과 특히 대형 IT 기업의 선도 실행 사례 출현으로 특징지어진다.

Google, Microsoft, IBM 같은 기업에서 정립된 대규모 애널리틱스 팀은 외부 제품팀들의 전문성을 활용하여 자사 근로자를 대상으로 마케팅의 고객경험과 유사한 경험을 제공할 수 있었다. 대형 IT 기업의 애널리틱스 팀은 빠르게 성장했고 복합적인 예측 분석 프로젝트에 종종 초점을 맞췄다. 그 다음 이들은 고위 임원진의 후원을 받아 예측 분석 프로젝트를 통해 솔루션을 확장하고 자사 테크놀로지를 활용하면서 유의미한 가치를 제공할 수 있었다.

세계 금융 위기로 촉발된 피플 애널리틱스의 급격한 성장은 Harvard Business Review 표지의 인재 분석 경쟁(Competing on talent analytics, Davenport, Harris and Shapiro, 2010)의 논문에서 설득적 논조로 포착된다. 이 논문은 당시 거의 모든 피플 애널리틱스 실무자에게 괄목할 만한 영향을 미쳤다. Google,

Starbucks 그리고 AT&T와 같은 기업이 '차별적 우위 강화를 위해 직원 데이터를 분석하는 정교한 분석 방법론을 점증적으로 채택했던 방법이' 명료하게 설명되어 있다. 또한 Best Buy[1]가 직원 몰입도 대비 달러 가치를 산정한 방법론이 부각되어 있다. 이러한 내용은 피플 데이터를 이용해 영리적 가치를 실현한 사례를 발표한 가장 최초의 사례 중에 하나였다.

2010년대 중반에 이르러서야 피플 애널리틱스 팀들이 다수의 다국적 기업에서 등장했다. 피플 애널리틱스 팀들은 시니어 HR 비즈니스 파트너 이외에도 경우에 따라 고위 임원진과 이사회의 수많은 요청을 주로 다루는 서비스 팀이었다. 이들이 수행한 작업은 보고, 대시보드, 데이터 요청에서부터 매우 복합적인 어드밴스드 애널리틱스 프로그램까지 모두를 포함한다. 어떤 경우는 (비)자발적 이직을 포함한 근로자 감소, 고객 유지, 리더십 행동, 다양성에서의 동인을 파악하여 상당한 재무 가치를 창출하기도 했다. 가장 진보된 기능을 갖춘 애널리틱스 팀들은 자사 내외부 정보 출처 sources에서 취득한 다양한 피플 데이터와 다른 비즈니스 현업 데이터를 활용하였다.

2010년대 초에 Google은 Project Oxygen(Garvin, 2013)을 수행하면서 관리자의 자질에 대한 통념을 구글의 기업 언어인 과학적 방식으로 소통하였다. 이 계기로 피플 애널리틱스는 시대적 트렌드로 진화했다. Project Oxygen 사례 덕분에 비즈니스 현업 임원이 HR 업무 프로세스의 가치를 보는 방식과 차별적 우위 전략을 달성하는데 필요한 수행 역량치와 행동

피플 애널리틱스 사례

양식을 예측하는 방식이 변화했다. 이 프로젝트 덕분에 지난 수십 년 동안 사람을 개괄적으로 이해하던 방식이 Google만의 구체적이고 과학적이며 가치 지향적인 통찰 방식으로 변화했다. 동시에 그 결과가 주요 미디어에서 공개적으로 발표되면서 전세계 고위 임원들의 관심을 사로잡게 되었다. Google은 정밀성을 확보한 후 후속 프로젝트로서 완벽한 팀을 구축하는 방식에 대한 연구 활동 형태로 Project Aristotle(Duhigg, 2016)를 시작했다. Google의 피플 애널리틱스 여정은 당시 People Operations 담당 수석 부사장이던 라즐로 벅Lazlo Bock이 2015년에 저술한 서적인 'Work Rules! Insights from Inside Google that will transform how you live and lead'에 회고되어 있다.

Google같은 일부 기업이 현저한 작업 성과를 내고 있는 동안 대부분 피플 애널리틱스 팀들은 보고 역할에만 머물러 있었다. 주요 실무자인 토마스 라무센Thomas Rasmussen과 최고의 경영 사상가인 데이비드 울리치Dave Ulrich는 2015년 'Learning from practice: how HR analytics avoids being a management lad'라는 제목으로 논문을 저술했다. 해당 논문에서 눈에 띄는 두 가지 사항은 '사업적 사안을 가지고 피플 애널리틱스에 착수하라'는 것과 'HR 담당자가 분석적 태도와 사고 방식을 갖추도록 훈련하라'는 것이다.

해당 논문은 '현재 형식의 HR 애널리틱스는 기업에 실질적 가치를 더하는 데 계속 실패할 것이다.'라고 경고한다.

보다 전문화된 피플 애널리틱스 접근 방식이 등장하면서 실무자들은 현장을 지원하려 자신의 업무를 문서화하기 시작했다. 그 예로 벤 웨버Ben Waber는 소셜 센싱(사람이나 기기로부터 사람과 연관된 데이터 수집 및 데이터 인식과 판단 활동)으로 사람들이 작업하고 협업하는 방식에 대한 통찰에 의한 신선한 시사점을 제공하는 방식을 자신의 저서인 'People Analytics: How social sensing technology will transform business and what it tells us about the future of work, 2013'에서 상세히 조사했다. 피플 애널리틱스의 수행 방법론과 관련해 도움이 되는 여러 서적이 출간되었다. 대표적 저서로는 마틴 에드워드 Martin R Edwards와 커스틴 에드워드Kirsten Edwards가 2019년 저술한 'HR 예측 분석론: Mastering the HR metric(2019)'이다. 이 서적에는 SPSS 통계 패키지를 활용해서 분석을 실행하는 단계별 가이드가 제시되어 있다.

단계별 분석 가이드를 제시하는 도서가 출간된 2019년 전까지 피플 애널리틱스의 위상은 성숙도 모델maturity models의 영향을 받았다. 2010년도 초반과 중반까지 성숙도 모델은 점점 더 대중화되었다. 일반적으로 성숙도 모델이 다양한 비즈니스 혁신 여정의 초기 단계에서도 유용하게 사용할 만한 특성을 가지고 있어서 명확한 측정 기준을 개발해 진척 상황을 측정하려는 경영 컨설팅 기업이 성숙도 모델을 광범위하게 사용해왔다.

피플 애널리틱스 분야 실무자인 독자는 인재 애널리틱스 성숙도 모델 (Talent Analytics Maturity Model, Bersin by Deloitte, 2013 and Chakrabarti, 2017)을 알 것이다. 인재 애널리틱스 성숙도 모델과 다른 모델들 다수가 진화했다. 이 모델들은 일반적으로 4단계인 운영 영역에서의 보고operational reporting, 어드밴스드 보고advanced reporting, 어드밴스드 애널리틱스advanced analytics, 예측과 처방적 솔루션 애널리틱스로 구성되어 있었다. 최근 몇 년간 발표된 모델들은 성숙도 5번째 단계를 포함하며 이 단계는 인공지능AI과 인지 컴퓨팅 테크놀로지에 초점이 맞춰져 있다.

그러나 성숙도 모델을 사용하여 2020년대 피플 애널리틱스 분야에서 요구되는 사항을 논의하려 할 때 성숙도 모델에서 몇 가지 결함이 발견된다. 가장 치명적인 결함은 피플 애널리틱스의 수행 능력치 구축 활동이 점증적 성장 곡선 형태의 모습을 보여 주어야 한다는 것이다.

점증적 성장 곡선 형태의 수행역량 구축은 유용하지도 않고 이제는 생산적이지도 않다.

점증적 성장 방식을 취하는 피플 애널리틱스는 빠르게 변화하는 세상에서 비즈니스 현업 리더를 대상으로 사업 성과 창출에 기여하는 전략과제나 도전과제와 연결된 성과 창출 활동을 발굴하여 효과를 담보한 영향력을 신속하게 만들어 낼 수 없다. 한 기업이 자사 보고 목적의 측정 지표와 대시보드 구축 전까지 예측 분석을 수행할 수 없다고 표명하는 행위는 근본적으로 문제가 있다. 실제 성숙도 모델의 각 분석 단계는 병렬적으로 동시에 발생할 수 있다. 그 이유는 피플 애널리틱스 조직에 대한 기대치가 대상 영역 전체에서 가치를 빠르게 실현해 내는 것이기 때문이다. 분석 초점을 비즈니스 문제를 해결하는데 맞출(맞춰지는 것이 좋지만) 경우에서는 모든 형식의 피플 애널리틱스가 동시에 필요할 수 있다. 이 점이 바로 앞서 논의한 피플 애널리틱스의 정의가 다양한 활동과 최종 결과물을 포함한다는 이유이기도 하다. 다양한 활동과 최종 결과물은 동시에 발생할 수 있다.

애널리틱스에서 성숙도 추구도 좋지만 그보다는 탁월함 추구가 더 낫다.

혁신의 시대: 2015-2020

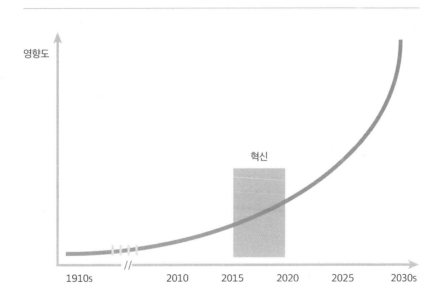

2010년대 중반에 피플 애널리틱스 분야의 궤적에서 변화가 나타났다. 변화를 일으킨 주요인은 고위 임원진의 기대 사항이었다. 최고 경영자는

시장 변화에 대응해 자사 재직인재군의 현대화를 최고 인사 임원에게 지속해서 더 많이 요구하면서 변화가 나타났다.

혁신의 시대는 신모델, 테크놀로지의 새로운 사용, 전문화, 피플 애널리틱스로 진입하는 실무자 수 증가, 사업 성과에 기여하는 가치를 창출하기 위한 새로운 접근 방식이 특징이다.

피플 애널리틱스를 사용해 사업 성과를 진일보하게 하는 새로운 모델들이 빈번하게 나타났다. 새로운 모델들 중 하나는 알렉 레벤슨Alec Levenson의 모델이다. 그는 이 모델에서 HR 애널리틱스와 피플 애널리틱스를 함께 통합해야 한다고 주장한다. (Levenson, 2015).

많은 기업의 주목을 받아왔던 또 다른 사례는 피플 애널리틱스 기능을 일정한 사업 기능처럼 운용하자는 아이디어다. 이 내용은 'The Power of People: Learn how successful organizations use workforce analytics to improve business performance(Guenole, Ferrar and Feinzig, 2017)'에 상세히 설명되어 있다. 저자들은 대형 다국적 기업 조직을 50개 이상 상세히 연구하면서 피플 애널리틱스 기능이 활발한 기업은 데이터 분석이 아닌 비즈니스 현업 문제 해결을 목적으로 일을 착수한다는 사실을 밝혀냈다. 또한 선도 기업들이 피플 애널리틱스를 위한 강력한 운영 모델을 갖추고 데이터가 주도하는 업무 수행 방식을 따르는 조직문화를 HR기능 전체로 확장해 구축하는 데에 적극적으로 참여 중이었던 사실을 발견했다.

사업 성과에 기여하는 가치에 중점을 두고 사업을 영위하는 조직처럼 피플 애널리틱스를 실행하는 모습이 현재까지 강화되면서 이어지고 있다. 유용한 사례로 선정되어 연례 컬렉션에 공표된 피플 애널리틱스 사례들 중 영향력이 큰 사례는 호기심을 가진 사람들을 대상으로 한 자원resources을 포함하고 있으며 피플 애널리틱스 분야의 발전 양상에 대해 매우 흥미로운 통찰 사항들을 제시한다(Green, 2017, 2018, 2019a, 2020a and 2021).

한편, 소셜 미디어와 네트워크 같은 새로운 정보 출처에서 빅데이터를 수집해 분석하는 새로운 IT 테크놀로지와 분석 방법이 등장했다. 새로운 IT 테크놀로지와 분석 방법 이외에도 이를 비즈니스에 사용한 사례들이 대중화되기 시작했던 것이다. 새로운 IT 테크놀로지와 분석 방법을 비즈니스에 적용한 초기 개척자 중 한 사람은 마이클 아레나Michael Arena이다. 그는 저서 'Adaptive Space: How GM and other companies are positively disrupting themselves and transforming into agile organizations(2018)'에서 사람과 조직 사이의 네트워크가 유의미한 가치를 전달하는 방식을 탐색한다.

특히 스킬을 중심으로 특화된 다른 분야들이 등장하기 시작했다. 그 중 중요한 분야는 데이터에 생명을 불어넣는 스토리텔링이다. 데이터 분석 맥락을 과학에서 비즈니스 현업으로, 탐색과 연구에서 실행으로 스토리텔링을 적용해 전환한다. 데이터 분석 맥락을 비즈니스 현업과 실행으로 전환하는 것을 주제로 다룬 영향력이 가장 큰 도서는 콜 누쓰바우머 내플릭 Cole Nussbaumer Knaflic의 저서인 'Data: A data visualization guide for business

피플 애널리틱스 사례

professionals by Cole Nussbaumer Knaflic (2018)'이다. 현재 저자는 다른 전문가들과 함께 시각화 스킬을 HR 실무자들에게 가르치면서 HR 전문 영역 전반에서 분석 업무 수행 역량을 향상시키고 있다.

혁신의 시대에서 피플 애널리틱스는 HR 내부 보조 기능에서 HR 전체 HR 전략의 핵심 구성요소로 변모했다. 피플 애널리틱스 덕분에 사업과 연계된 HR 기능들이 전 세계적으로 새롭게 등장하게 되었다. 이러한 현상은 'Corporate Research Forum, Strategic Workforce Analytics(Levenson and Pillans, 2017)'의 보고서에 부각되어 있는데 이 보고서는 근로자가 10,000명 이상인 조직 69%가 일정한 피플 애널리틱스 팀을 보유하고 있다고 밝혔다. 2010년대 말에 이르러 피플 애널리틱스는 조직 규모, 산업, 지역 상관없이 모든 기업에서 나타나고 있었다.

동시에 급격한 수요 증가를 해결하는 과정에서 피플 애널리틱스 분야로 입성하는 인재가 급증했다. 2018년 Linkedin 조사에 따르면 링크드인 프로필에 애널리틱스 스킬을 나열한 북미 HR 전문가 수가 2013년에서 2018년 사이 3배가 증가했다고 한다.

이러한 현상은 북미에만 국한되어 있지 않다. 아시아-태평양에서는 2013년에서 2018년 사이 70%, 유럽, 중동, 아프리카에서는 2017년에서 2018년 사이 61%로 유사한 증가세를 나타냈다(LinkedIn Talent Solutions, 2018a, b). 이러한 증가 추세는 애널리틱스 기술을 습득 중인 HR 전문가와 재무, 마케팅, 운영 같은 다른 비즈니스 영역에서 HR로 유입된 데이터 과학과 데이터 분석 전문가의 수가 더해진 결과이다.

데이터 과학 및 분석 전문가와 피플 애널리틱스 HR 실무자의 증가 모두가 비즈니스에 미치는 영향은 앞서 강조한 2019년 Accenture 보고서에 작성되어 있다. 13개 주요 기업의 1400명 C-suit 비즈니스 현업 리더들을 대상으로 한 조사에서 91%가 새로운 IT테크놀로지와 분석 방법에 더불어 사업 현장 데이터의 출처sources를 사용해 전사적으로 묻혀져 있던 가치를 발굴할 수 있다고 답했다. 또한 보고된 바에 따르면, 13개 기업 중 62%는 이미 재직인재군 데이터의 새로운 출처들을 대규모 또는 유의미한 결과가 나올 정도로 사용 중이었다(Shook, Knickrehm and Sage-Gavin, 2019).

피플 애널리틱스가 급증했다는 또 다른 증거는 2018년 Deloitte 컨설팅사 글로벌 인적자본 트렌드 보고서로 조명되기 시작했는데 11,000명 이상의 응답자가 피플 데이터를 가장 중요한 공통 트렌드로 인식하고 있었다. 피플 애널리틱스 분야에서 5년 이상 근무한 저자들에게 이런 인식은 기념비적인 순간처럼 느껴졌다.

돌이켜 보면 놀랄 이유가 없기도 하다. 피플 애널리틱스로 파생된 사업성과에 기여하는 가치를 강조하는 사례연구가 주요 학술 발표에서 증가한 것을 보면 말이다.

피플 애널리틱스 사례

피플 애널리틱스를 적용해 사업 성과에 기여하는 가치의 본질을 부각시킨 매우 확실한 사례는 IT 테크놀로지 산업이 아닌 글로벌 데이터 기업 Nielsen[2]이다. Nielson은 (비)자발적 이직을 포함한 근로자 자연 감소율 1%당 500만 달러(약 59억원)의 사업 비용 예방이 가능하다는 사실을 발견해 냈다. 분석 사례에서 인재를 유지하는 주요 요인이 내부이동이라는 통찰 결과를 도출했다고 해도 경영 임원진이 피플 애널리틱스와 연결해 환호했던 것은 바로 구성원과 관련된 통찰 결과들과 재무 측정 지표 간의 직접적 연결 고리였다. Nielsen은 통계에 이해관계자의 강력한 의사소통과 더불어 사업 성과에 기여하는 가치와 근로자가 누릴 혜택들에 대한 명확한 스토리텔링을 함께 결합시켰다.

애널리틱스가 가치를 정량화 하는 방법과 관련된 진일보한 혁신 사례는 Unilever이다. Unilever의 최고 인사 임원은 직원 복지 $1(약 1,200원) 투자가 $2.5(약 2,900원) 수익을 제공한다고 설명한다(Green, 2019b).

Nielsen과 Unilever 사례 모두 기업체와 직원 모두를 대상으로 피플 데이터가 이행 가능한 수행 역량을 강조한다. 그 수행 역량에 의해 우리는 가치의 시대로 진입하게 된다.

가치 시대: 2020-2025

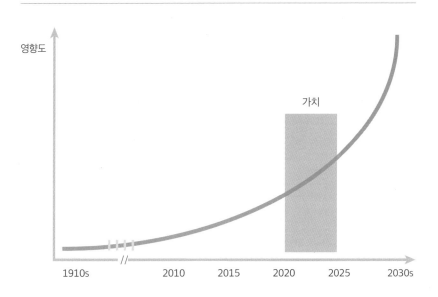

비즈니스 현업 리더들과 최고 인사 임원들이 피플 애널리틱스가 제공 가능한 가치를 광범위하게 인지하고 있듯이 HR 담당자들도 그 가치를 인정하고 있다. 2019년 실시된 리서치 결과는 HR 실무자의 82%가 그림 0.3 (Styr, 2020)에서 보이는 바와 같이 피플 애널리틱스를 사업 성과에 기여하는 가치 창출의 동인이라고 생각한다는 사실을 보여준다.

2019년 세계 경제포럼World Economic Forum에서 발간한 보고서로, 4차 산업 혁명에서의 HR 4.0 실행 프레임워크HR 4.0: Shaping people strategies in the Fourth Industrial Revolution는 미래 HR 기능의 6가지 필수 요소를 명시하였다. 6가지

그림 0.3 질문: 피플 애널리틱스가 사업에 기여하는 가치를 생성하는 데에서 동인이라고 생각하는가?

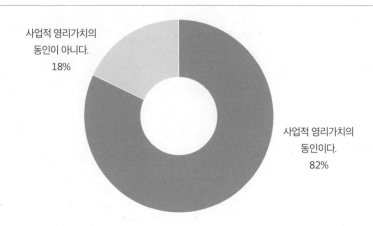

사업적 영리가치의
동인이 아니다.
18%

사업적 영리가치의
동인이다.
82%

필수 요소의 근간은 피플 데이터와 피플 애널리틱스이다. 세계 경제포럼 보고서에서 제시된 관찰 결과는 2020년 Global Talent Trends 라는 제목의 링크드인 보고서에서도 발견된다. 해당 보고서는 모집 등의 채용 활동과 HR의 미래에서 가장 중요한 4가지 트렌드 중 하나로 피플 애널리틱스 순위를 매겼다.

피플 애널리틱스가 폭발적으로 증가했다는 것에 대한 또 다른 지표는 피플 애널리틱스를 주제로 한 컨퍼런스가 갑자기 증가했다는 사실이다. 2016년 24개에서 2020년 150개로 컨퍼런스 개최가 일정으로 정해졌다. 일정을 잡은 컨퍼런스 중에는 권위있는 피플 애널리틱스 컨퍼런스인 Warton People Analytics, People Analytics and Future of Work 와 UNLEASH도 포함된다. 디지털 러닝과 훈련에서의 성장을 언급할 필요 없이 단지 48개월 만에 컨퍼런스 수요가 500% 증가한 것이다.

보고서의 자세한 설명처럼 HR 테크놀로지 시장도 급성장했으며, 그 중 피플 애널리틱스 테크놀로지 공급업체 수는 놀라울 정도로 증가했다. 주요 인수 투자 건으로 보면 피플 데이터 기업의 인수 가격은 상당히 큰 금액으로 제시되었다. 실제 2016년 Microsoft가 인수한 링크드인의 인수가는 262억 달러(약 30조 5400억원)로 피플 데이터 분야에서 첫번째 사례이다(Microsoft News Center, 2016).

1957년부터 1963년까지 생존했던 영국 수상 헤롤드 맥밀란Harold MacMilan 의 말을 인용하자면 2019년에서 2020년으로 넘어가면서 피플 애널리틱스 분야는 '이렇게 좋았던 적이 없었다.'

2020년은 피플 애널리틱스에 획기적인 해였다. 세계적인 전염병인 코로나-19, 인종 불평등, 재정의 불확실성 등 3가지 위기로 피플 애널리틱스 기능이 더 강화될 필요가 있었기 때문이다. 피플 애널리틱스 기능은 세계적 전염병에 신속하게 대응하기 위해 원거리 근무, 감염, 결근, 정신적 건강 등을 주제로 데이터와 정보를 C-레벨 임원진에게 제공해야 했고, 신속하게 위기를 대응하는 과정에서 일상적인 기업 경영활동 영역의 의사결정과 장기적 전략 시나리오 계획에서 신속성과 정확성을 새로운 수준으로 향상시켜야 했다.

피플 애널리틱스 사례

이에 따라 피플 애널리틱스가 조직 내 일정 기능으로서 증대된 요구사항들을 해결하기 위해 인력과 IT 테크놀로지 모두에 투자하는 중이었다는 지표가 존재한다. 2020년 Insight222 Research의 보고에 따르면, HR기능 93%가 코로나로 인한 재정의 불확실성 속에서도 피플 애널리틱스 기능의 규모를 증가시키거나 유지할 것이라고 밝혔다. 또한 HR 기능 97%는 피플 애널리틱스 관련 기술에 투자를 증대하거나 유지할 것이라 응답했다.

2020년 피플 애널리틱스가 제공한 데이터 이외에도 분석으로 도출된 통찰 결과 덕분에 최고 인사 임원의 역할이 그 어느 때 보다 더 중요하다고 인식되었다. 이코노미스트지는 '세계적 전염병이 발생했을 때 최고 인사 임원이 기업을 성공시키거나 망가뜨릴 수 있다'라는 제목으로 세계 금융위기 당시 고위 재무 임원이 보여준 역할의 중요성과 비교하면서 관련 기사를 게

│ 그림 0.4A 질문: HR 내 다른 기능과 비교해, 18-24개월 이내에 피플 애널리틱스 조직 규모가 전반적으로 증대되겠는가? (n=60)

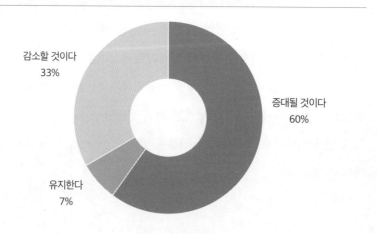

감소할 것이다
33%

증대될 것이다
60%

유지한다
7%

그림 0.4B 질문: 피플 애널리틱스 지원 IT 테크놀로지에 대한 투자가 18-24개월 내 증가하겠는가? (n=60)

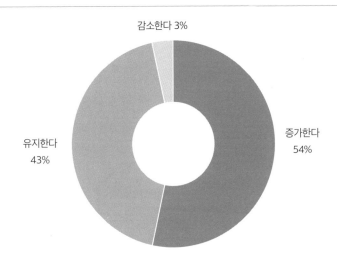

감소한다 3%

유지한다
43%

증가한다
54%

재했다. 이 기사는 IBM, Amazon, Electronic Arts 최고 인사 임원들의 약력을 소개하고 이들이 위기 시 처음부터 끝까지 데이터를 분석해 그 통찰 결과를 제공하면서 소속 기업이 조치를 취하도록 지원하는 과정에서 보여준 역할과 능력을 개요 형식으로 보여준다.

덧붙이자면 이 시대는 비즈니스 현업에 가치를 직접 제공하는 피플 애널리틱스로 그 성격이 규정된다. 가치의 시대의 특징은 다음 4가지 필수 요건 또는 4가지 '기둥'이라고 할 수 있다.

i 특히 임원진과 리더들 등 이해관계자 그룹으로부터 더 많은 신뢰 획득
ii '막연한' 다양성 관련 주제보다 근무 환경에서의 포용성에 비중을 더

두기

ⅲ '고귀한 소명의식'higher calling을 추구하는 목적의식

ⅳ 민주주의 가치로서 평등에 대한 의식

그림 0.5　가치 시대는 수요와 활동에 영향을 미치는 8가지 메가 트렌드에 의해 영향을 받고 있으며 신뢰, 포용, 목적 지향적 의식, 평등으로 그 시대적 특징을 규정할 수 있다.

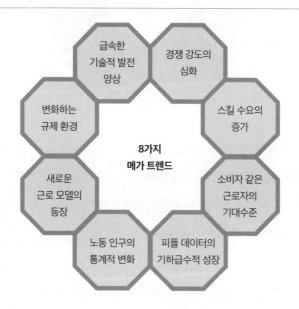

전 세계적 전염병인 코로나–19가 8가지 메가 트렌드의 일부라고 해도 많은 부분에서 그 변화의 속도를 높여 왔다는 견해가 압도적이다. 그 예로서 헤더 맥고완Heather MaGowan은 2020년 Forbes 기사에서 우리가 한 때 일과 업무 자체의 미래가 수년에 걸쳐 변화하던 것을 경험했던 지점과 연관해

의견을 제시했다. 그녀는 지금 변화 촉매체인 코로나-19로 인해 일과 업무의 미래에 대해 예상해 오던 모든 개별 사항들이 몇 달 안에 나타날 것이라고 말한다.

우리는 모든 리서치의 처음부터 끝까지 가치의 시대를 이해하는 감각을 실사례로 증명했던 기업들을 다음과 같이 탐색했다. 우리는 가장 시급한 사업 사안에 초점을 맞추고 실체가 있는 가치를 실현한 기업들을 찾아내는 방식으로 기업들을 탐색했다. 이외에도 우리는 앞서 언급한 4기둥과 8가지 메가 트렌드에 관심을 가진 기업들도 연구했다. 그 중 한 기업이 National Australia Bank이며, 이 기업 사례는 가치의 시대에서 피플 애널리틱스의 모습을 부각해서 제시한다.

실제 현장의 피플 애널리틱스: 국립 호주은행National Australia Bank, NAB[3]

피플 애널리틱스는 '사람'과 '애널리틱스analytics(분석론)'라는 의미를 내포한다. NAB는 데이터인 사람과 방법론인 분석론이 조화롭게 어우러져 있는 최고의 사례들 중 하나 이다.

2020년 iTnews 기사에서 Employee Experience, Digital & Analytics의 총괄 매니 저인 토마스 라무센Thomas Rasmussen은 NAB가 피플 애널리틱스를 활용해 40,000명의 사무직 직원staff이 가진 역량의 잠재치를 개발한 방법을 논의한다(Crozier, 2020).

피플 애널리틱스 분야 세계 최고 실무자로 인정받는 토마스는 2017년 NAB사 총괄 책임 보직을 맡기 전에 A.P. Møller — Maersk[4]사와 Royal Dutch Shell[5]사에서 피플 애 널리틱스 기능을 구축하면서 해당 전문 지식을 발전시켰다. '사람 심리가 현실화될 수 있는 한 모든 피플 애널리틱스는 사업 성과에 기여하는 가치를 견인해야 한다'는 원칙 에 따라 그는 근무하는 모든 조직에서 일관되게 그 가치를 실현하고자 했다.

토마스는 늘 사업 성과에 기여하는 가치를 최우선으로 둔다. 그가 가진 신념은 사람 심리를 활용하기 위해 피플 애널리틱스를 HR 기능 내부로 배치했을 때에 비로서 피플 애널리틱스가 사업 성과에 기여하는 가치를 최상으로 제공하고, IT 테크놀로지와 분석 방법론은 전사로 솔루션을 확장하는 여건을 마련하도록 돕는 역할이라는 것이다.

토마스는 '비즈니스 현업에서 진심으로 관심을 두는 주제로 시작하세요. 여러분이 처음부터 끝까지 비즈니스 현업이 참여하도록 지원하면 그들은 비즈니스 맥락을 고려해 현명하게 애널리틱스를 의사결정 목적으로 사용하려 할 거예요.'라고 조언한다.

NAB 근무 첫해 그가 주도적으로 시작한 비즈니스 사안을 가지고 추진했던 피플 애널리틱스 프로젝트로서 최고의 사례는 소매 금융 사업에서의 사업 성과창출에 영향을 주는 인력 동인people drivers을 파악하는 것이었다.

NAB의 People Insights and Research 부서장 샐리 스미스Sally Smith는 그 프로젝트를 이끈 리더로서 '그 프로젝트는 고위 비즈니스 현업 임원 한 분이 데이터로 조사하려는 일정한 가설을 가지고 우리를 찾아왔을 때 본격적으로 시작되었지요.'라고 한 바 있다.

고위 비즈니스 현업 임원은 훌륭한 리더십, 높은 직원 몰입도, 직무에 적합한 인력으로 구성된 팀 등의 요인이 함께 작용해 지역 소매 금융 지점에서의 고객 만족도가 높게 견인되는 것이라고 인식했다.

피플 애널리틱스 팀은 다른 주요 이해관계자들 사이에 비즈니스 현업 임원의 믿음이 널리 공유되어 있다는 사실을 빠르게 발견했다. 샐리는 '우리는 데이터로 이 가설을 검증하고자 비즈니스 현업이 가진 진정한 욕구를 파악하려 했지요. 데이터로 근거를 찾아 이 가설을 실제로 증명해 낼 수 있다면 그리고 이것이 가능하다면 고객 만족도의 핵심 동인은 무엇이었을까요?'라고 설명했다.

피플 애널리틱스 사례

피플 애널리틱스 팀은 주어진 비즈니스 상황을 이해하는데 피플 데이터만으로 충분하지 않아서 NAB의 다른 애널리틱스 전문가들과 협업을 해야 했다. 다른 대기업의 애널리틱스 팀들의 동료들과 협업하여 피플 애널리틱스 팀은 순수 추천 고객 지수 customer Net Promoter Score, 부동산과 시장 세분화 데이터, 재무 데이터를 병합했고 그 과정에서 비즈니스 운영 데이터와 피플 데이터를 함께 연결했다. (그림 0.6)

작업 과정에서 데이터 보안을 신중하게 검토했다. 피플 애널리틱스 팀은 NAB 데이터 보안 책임자와 긴밀히 협력했고, 집계 수준 용도로만 데이터가 확보된 상태에서도 처음부터 끝까지 분석 과정 내내 데이터의 익명성을 유지했다

그림 0.6 고객, 직원몰입도, 재무분석 목적의 일반 데이터 출처

피플 데이터		
직원 개인	관리자	팀
연공서열과 근속 연수 교육 수준 임금 등급과 직위 수준	성과 평정 점수 연례 직원 몰입도와 현황진단 설문 조사(pulse survey) 데이터 관리자 다면 평가 피드백 결과	팀 단위 직원 몰입도 점수 팀 네트워크 분석 용도의 이메일 메타데이터 점수 팀원 구성의 다양성

기타 비즈니스 관련 데이터		
고객	부동산	재무
순수 추천 지수 (Net Promoter Score) 시장 세부 분류 지점 코드 분류에 따른 사회 경제적 지수	출입과 퇴거 (Badge in — badge out) 일정 기간의 지점 방문자 수 (Footfall) 임대 비용	지점 핵심 성과 지표(KPI) 지점의 인력 비용 지점의 수익성

출처 2020년 5월 7일 NBA 승인 후 인용

피플 애널리틱스 팀은 토마스의 근무 기간이 1년이 조금 넘어가는 시점에 7년치 종단 데이터를 가지고 계획했던 분석을 착수할 수 있는 상태였다. 7년치 종단 데이터는 사례 대부분에서 피플 데이터와 비즈니스 운영 관련 데이터 출처에도 적용되었다. 이는 피플 애널리틱스 팀이 통계 분석과 순수 추천 지수로의 연결을 수행할 정도로 매우 풍부한 데이터 세트를 보유하고 있었다는 의미이다.

토마스는 성공적인 프로젝트 수행 방식에 대한 그의 철학에 따라 분석 활동 내내 비즈니스 현업 스폰서와 긴밀하게 협력했던 상황을 회상해 본다.

'변화관리 관점에서 보면 초반부터 후원자가 참여하게 해서 그 작업이 빠르게 진행될 수 있었어요. 피플 애널리틱스 팀은 리더들이 후속 가설들을 검증해 볼 수 있도록 일정하게 반복되는 방식으로 리더에게 자문을 요청했어요.'

프로젝트가 끝날 무렵에는 프로젝트 후원자와 비즈니스 현업 이해관계자들이 그 분석으로도 동기를 부여받아 프로젝트에 투자를 하게 되면서 실행에서도 결과를 담보한 추진력이 생겨났다.

그 프로젝트가 가지는 주요 시사점은 특정 사람 요소와 고객 만족도 간의 연관성이었다. 인적 요인들이 고객 만족도에 미치는 효과를 측정하여 통계로 입증한 것은 이번이 처음이었다. 확인된 유의미한 인적 요인 세 가지는 다음과 같다:

1. **직원 몰입도:** 토마스는 '직원 몰입도가 가장 높은 지점의 고객 만족도는 두 배가 높다.'라고 밝혔다. 자세한 분석으로 발견한 사실은 팀이 높게 평가한 리더는 그

렇지 못한 리더보다 직원 몰입을 더 높아지도록 유도한다는 점이었다. 훌륭한 리더가 직원 몰입을 견인하고 그 결과 고객 만족도가 상승한다.

2. 포지션 평균 재임 기간: 역할 수행 기간이 포지션 수행 역량의 가능치로서 역량(지식과 스킬)보다 훨씬 더 정확한 측정 지표임을 발견했다. 평균 재임 기간이 최소 2년 이상의 재직자로 구성된 팀의 비율이 증가하면서 고객경험이 향상되었다.

3. 안전성: 지점 내 우발적 사건, 사고, 병가 건수가 감소하면서 고객 만족도는 높아졌다.

토마스는 말해주었다. '우리는 직원의 업무 몰입, 포지션 재임 기간, 안전한 업무 환경을 추진하는 뛰어난 관리자가 높은 고객 만족도의 핵심 요소라는 사실을 발견했어요.'

'어느 정도까지는 그 분석 결과가 임원의 직관을 입증해냈어요. 그렇지만 분석 결과의 백미는 사업에서 성과창출에 미치는 영향 요소인 고객 만족도에 영향을 주는 실제 요인들을 근거를 기반한 증거로 제시한 것이지요.'

토마스는 '분석이 가설을 현실로 만들었어요. 우리는 리더들에게 가설을 입증하는 실제 데이터와 분석으로 도출된 현실적인 통찰 사항들을 제시했어요. 그들은 그 결과에 상당히 만족했지요. 그 과정에서 비즈니스 현업 리더들은 현실 데이터와 분석으로 도출된 통찰 결과를 가지고 피플 애널리틱스 팀이 할 수 있는 것과 스스로가 피플 애널리틱스를 활용해 자신의 지점 성과를 개선하는 방법을 깨닫게 되었어요.'라고 회상하기도 했다.

NAB에서 발견한 시사점은 사람요소가 고객 만족도의 20-25% 정도 영향을 미친다는 외부 학술 연구와 일치했다.

피플 애널리틱스 팀은 시간 추이에 따른 영향 요인 간 인과 관계 방향성을 실사례로 증명해 보였고, 이를 통해 발견한 사실은 우수한 리더를 팀이 부적합하다고 평가한 리더로 교체하면 직원 몰입도가 낮아지기 시작한다는 것이다. 부적절한 리더를 위해서는 누구든 일하려 하지 않아 근로자가 조직을 떠나면 포지션에서의 평균 재임 기간도 줄어들기 시작한다. 직원 복지에 관심을 덜 기울이면서 우발적 사건, 사고, 병가도 증가한다. 그 결과 고객 만족도가 상당한 영향을 받게 되고 순수 추천 지수Net Promoter Score 점수가 감소하기 시작하는 악순환이 발생한다.

물론 그 반대 인과 관계도 유효하다. 좋은 리더를 한 지점으로 보직 임명을 한 사례에서는 앞서 언급된 세 가지 인적 요인이 모두 올바른 방향으로 변화하여 고객 만족도 점수도 향상했다.

피플 애널리틱스 팀은 7년치 종단 데이터로 인과 관계 방향성을 실사례로 증명해 낼 수 있었다.

피플 애널리틱스 사례가 항상 그렇듯이 피플 애널리틱스 팀은 분석 과정에서 통찰

피플 애널리틱스 사례

에 의한 예상치 못한 시사점을 발견했다. 여성 리더가 이끄는 지점이 평균적으로 남성 리더가 이끄는 지점보다 고객 만족도 점수가 높았던 것이다. 예상치 못한 발견으로 피플 애널리틱스 전문가들은 여성 리더가 미치는 영향의 근본 원인을 파악하기 위해 '해당 결과를 보여 준 여성 리더의 특성은 무엇인가?'라는 질문으로 추가 분석을 실시한다.

추가 분석 결과를 반영해 은행의 보상 방식을 바꾸어 지점 성과와 직원의 업무 몰입도를 연계했다. 또한, 현실적인 영향 요인으로 밝혀진 세 가지 인적 요인을 미래 영업 상황을 예측하는 용도의 측정 지표로서 지점 성과의 선행 지표로 제시하기 위해 사용하였을 뿐 아니라 중요도와 가중치를 부여하여 집중 관리 대상으로 지정하였다. 선행 지표들은 근거를 기반으로 한 성과 예측 변수이기 때문에 지점 관리자들이 선호하는 편이다.

이 프로젝트는 사업성과 도출 목적의 공통 전략과제와 연계된 애널리틱스가 수행하는 부서간 교차 협업방식이cross-functional approach(교차기능적 접근법) 주는 혜택을 강조한다. 또한 사업 성과에 기여하는 가치, 애널리틱스 확장성, 증거를 중시하는 업종에서 HR 기능이 수행했던 역할을 중심으로 토마스의 신념을 실사례로 증명한다.

피플 애널리틱스가 사업 성과에 기여하는 가치

토마스는 '피플 애널리틱스로 성공하려면 경영 임원진이 정말 중요하게 여기는 어떤 최종결과물을 확보하고 있어야 해요.'라고 말한 바 있다.

토마스는 경력을 쌓아 오며 계속해서 경영 임원진과 긴밀하게 협력하는 것을 배웠고, 덕분에 그는 기업마다 존재하는 내외부 사업 환경에서 비롯된 역동성을 스스로 파악할 수 있었다. 그는 자사 사업과 그 사업 환경을 쌍방향 관점에서 통달해가는 활동은 존중받는 피플 애널리틱스 리더가 되는데 중요한 요소라고 생각한다. 이러한 신념으로 토마스는 사업 감각을 강화하였고, 신뢰할 만한 파트너로 성장했다.

이 외에도 토마스는 효과적인 변화관리를 통해 솔루션을 비즈니스 현업으로 내재화하는 활동이 피플 애널리틱스에서 필수적이라는 사실을 파악했다. '분석으로 도출된 통찰 결과를 측정 가능한 가치로 견인해 나가는 과정에서 변화관리의 중요성을 과소평가하지 마세요. 주어진 사안과 관련된 비즈니스 현업 리더는 변화관리 활동에서 가장 중요한 일부이지요'.

토마스는 비즈니스 중심의 철학과 부서간 교차 협업방식이 전체 가치사슬에 가치를 제대로 더하고 기존 부서 간 장벽을 허무는 기회를 제공하는데 중요하다고 믿는다.

IT 테크놀로지 활용으로 애널리틱스 확장하기

토마스는 IT 테크놀로지 구성 요소components(재사용이 가능한 각각의 독립된 소프트웨어 모듈로 독립적인 업무 단위로 개발되어 시스템 유지 보수 시 교체 가능한 부품 같은 요소)가 피플 애널리틱스를 확장시키는 활동에서 가장 중요하다고 믿는다.

'한 번에 수 백명에게만 효과가 전달되는 계획안initiatives과는 달리 IT테크놀로지는 피플 애널리틱스가 은행의 강력한 재직인재군 40,000명에게 눈에 보이는 성과로 도출된 효과가 구현될 수 있도록 촉진 환경을 조성할 것입니다. 저는 바로 이러한 점 때문에 IT테크놀로지에 기대감을 갖게 되거든요. 또 우리는 실제로 그 점[적용 규모 확대] 덕택에 해당 프로세스에 의해서 피드백을 할 수 있는 데이터를 제공받거든요.'라고 토마스는 말했다.

여기서 더 나아가 NAB는 근거를 기반으로 하는 경영과 직원을 소비자로 보는 직원관계를 실행하는 최강팀powerhouse을 만들고자 피플 애널리틱스를 직원경험과 디지털 HR 테크놀로지와 통합(그림 0.7)하고 있다.

| 그림 0.7 | 국립호주은행(National Australia Bank)의 피플 애널리틱스

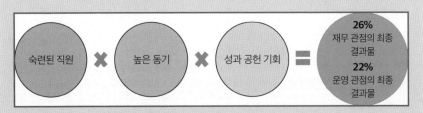

출처 2020년 5월 7일 국립호주은행 승인 후 인용

'여러분은 HR 테크놀로지를 토대로 해서 직원경험과 통합된 애널리틱스를 가지고 진행 중인 일의 방식 이외에도 무엇이 효과적인지를 파악하게 됩니다. 또한 여러분이 파악한 직원경험은 이러한 애널리틱스를 수정해 직관적으로 만들어 사람들이 사용하도록 하고 동시에 그 직원경험과 연관된 비즈니스 현업이 이를 채택하도록 하는데 도움을 줄 것이거든요. 다시 설명하면, 독립적인 업무 단위로 개발되어 시스템 유지 보수 시 교체나 재사용이 가능한 독립된 소프트웨어 모듈인 디지털 구성 요소가 여러분이

피플 애널리틱스를 확장할 수 있도록 환경을 조성해 주지요.'

토마스는 이러한 접근 방식으로 직원경험, HR 테크놀로지, 피플 애널리틱스를 아우르는 자신의 책임 영역을 확장해 오고 있다. 이것이 바로 피플 애널리틱스 영역에서 탁월함을 추구하는 올바른 방향이다.

근거를 기반으로 하는 일정 영역에서의 HR 역할

피플 애널리틱스 분야가 발전하면서 그 기능을 HR기능으로 기반을 두어야 할지 전략이나 전사 애널리틱스 같은 전사 수준의 기능으로 기반을 두어야 하는지에 대해 상충된 의견들이 등장해 왔다.

이러한 상황은 토마스가 2015년 데이브 울리치Dave Ulrich 교수와 공동 저술한 획기적 논문인 'HR이 경영 유행에 휩쓸리는 것을 피하는 방법how HR avoids being a management fad'에서 다루었던 주제이기도 하다.

당시 토마스와 데이브 교수는 'HR기능에서 HR 애널리틱스 빼내기'를 주장했다. 더 나아가 애널리틱스는 많은 다양한 분야들과 관점들이 결합되어 있는 상태일 때 일반적으로 새로운 통찰력을 얻을 뿐이다. 이러한 현상은 애널리틱스에 앞서 존재했던 모든 기능적 분파가 진짜 "애널리틱스"라는 전체 범주의 자연스러운 일부일 뿐 아직도 충분히 발전하지 않았다는 또 다른 신호일 뿐이다.'라고 설명했다.

피플 애널리틱스가 기업에서 소속될 기능 부서에 대한 토마스의 입장은 국립호주은행NAB에서의 경험을 토대로 바뀌어 왔다. 최고 데이터 책임 임원 글렌다 크리스프Glenda Crisp의 접근 방식은 다른 기업들도 따를 수 있는 템플릿을 제공한다.

국립호주은행은 전사 애널리틱스 데이터 위원회Enterprise Analytics Data Council를 통해 일정한 허브hub와 스포크spoke 모델을 운영하며 이 위원회는 협업을 촉진하고 중앙으로 집중되어 있는 방법론적 전문 지식technical expertise이 활용되도록 하고 전사 애널리틱스 전문가 모두를 대상으로 학습활동learning과 경력개발 기회를 주도적으로 부여한다.

'허브hub'는 전사 총괄 애널리틱스 팀central enterprise analytics team이다. 이들은 국립호주은행의 애널리틱스 팀들이 전체 그룹에서 가장 중요한 주제에 집중하도록 강력한 통제와 관리체제governance, 다양한 애널리틱스 팀 전체의 협업, 우선순위 지정 프레임워크를 제공한다. 글렌다Glenda는 ZDNet.com(Barbaschow, 2019)에 게시된 기사에서 '체계system와 절차적 과정process이 디지털로 변환될수록 데이터는 그 기업 조직의 생명선이 되기 때문에 적절한 지침guidelines이외에도 판단과 의사결정을 위한 틀framework을 확립해서 명확화 하는 게 중요해요.'라고 언급하기도 했다.

'스포크spokes는 전문적으로 특화된 개별적 애널리틱스 팀들이며 일반적으로 조직의 각 기능에 유기적으로 연계되어 있다. 이러한 조직 구조의 기저에는 개별화된 애널리틱스 팀의 분석 활동을 안내하는데 각 기능으로 특화한 전문성이 중요하다는 믿음이 있다. 따라서 인간의 심리가 데이터 과학data science에서 전면으로 부각되도록 피플 애널리틱스의 '사람' 부문을 안내하는데 도움을 줄 수 있는 HR 담당자들 옆에 피플 애널리틱스를 두는 게 보다 더 효과적이다.

NAB는 조직구조에서 더 나아가 이에 수반되는 윤리적 사안만 아니라 데이터와 애널리틱스 사용에서 국립호주은행 근로자 모두의 스킬을 고도화upskill할 일정한 프로그램 개발을 완료했다. 이미 언급한 2019년 바바쇼우Barbaschow의 기사에서 데이터 협동조합은Data Guild '국립호주은행 재직인재군에게 우수한 데이터 통제와 관리체제governance, 데이터 품질, 윤리적 사안에서 그 중요성을 교육하는 활동'에 중점을 두는 포럼으로서 인용된다.

토마스는 국립호주은행이 취한 접근 방식이 성공하면서 피플 애널리틱스 팀이 HR 기능 내부와 외부 중 어디로 그 토대를 두어야 좋은지에 대해 생각을 바꾸었다.

토마스는 설명해 준다. '상황에 적합하게 소비자 중심으로 애널리틱스 활동을 수행하려면 지점에서 시간을 보내면서 소비자를 파악하고 그 은행의 상품들을 알아야 합니다. 이것은 피플 애널리틱스에도 동일하게 적용됩니다. 사람의 심리와 행동 양식을 파악해야 해요. 다시 말하자면 분석 대상이 된 비즈니스 맥락으로부터 애널리틱스가 동떨어지게 되는 위험이 존재하기 때문에 애널리틱스를 완전히 중앙에 집중시킬 수 없다는 의미이지요.'

'피플 애널리틱스는 HR 기능 내부에 위치해야 하지만 전사 총괄 애널리틱스 팀이 가진 IT 테크놀로지 활용에서의 기술적인 전문성과 분석에서의 기법적인 전문성도 이용할 수도 있어야 해요.'라고 토마스는 설명하기도 했다.

피플 애널리틱스 사례

요약: 피플 애널리틱스 사례

사례연구에 기술된 것과 유사한 활동들과 최종 결과물들이 본 도서 처음부터 끝까지 논의되어 있다.

피플 애널리틱스는 더 이상 기업들이 '갖추어 놓으면 좋은 기능'이 아니다. 피플 애널리틱스는 사람요소가 성과 창출로 도출한 효과에서의 정도와 수준을 전사 이해관계자 모두에게 분명하게 입증해 보여주려면 최고 경영자나 고위 인사 책임 임원이 필수적으로 갖추어야 할 절대적인 기능이다.

이후에 논의되어 있는 9가지 관점들은 기업 현장에서 제대로 수행될 경

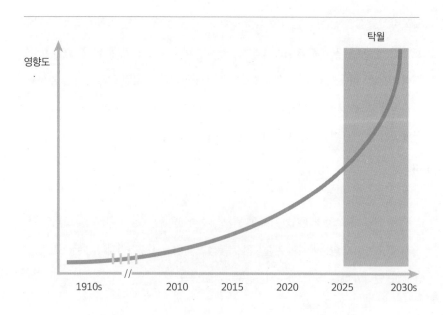

우 피플 애널리틱스에서 파생될 수 있는 가치를 향상시키고 결과적으로는 '탁월함'을 구현해 낼 것이다.

전세계 여러 국가들과 조직들의 HR 담당자들이 그 규모에 따라 창조해 내는 가치를 통해 우리는 탁월함의 시대로 변천해 나갈 것이다.

각주

1 Best Buy Co, Inc는 미네소타주 리치필드에 본사가 있는 미국의 다국적 소비자 전자제품 소매 업체이다.

2 Nielsen 사례연구는 Guenole, Ferrar 그리고 Feinzig(2017)의 pp 59—64에 요약되어 있다.

3 멜버른에 본사를 둔 National Australia Bank는 호주, 뉴질랜드 그리고 전 세계의 900개 이상의 지점에서 9,000,000명 이상의 고객에게 서비스를 제공하는 세계 최대 은행이다.

4 AP Møller — Maersk라고도 알려진 Maersk는 덴마크의 통합 컨테이너 물류 회사이며 130개국에서 운영되는 76,000명의 팀을 자랑한다.
(https://www.maersk.com/about 참조(https://perma. cc/344V-HW8F), 2021년 1월 31일 최종 접속).

5 Royal Dutch Shell(또는 Shell로 더 잘 알려져 있음)은 네덜란드에 본사를 둔 에너지와 석유화학회사로 구성된 '대규모' 그룹이다.
전 세계적으로 82,000명의 직원으로 구성된 Shell은 정기적으로 세계 3대 기업 중 하나로 선정된다.
(https://www.shell.com/about-us.html 참조(https://perma.xml 참조). cc/7X3N-QXBG), 2021년 1월 31일 최종 접속).

탁월한
피플
애널리틱스를
위한 9가지 관점

01
통제와
관리체제 (Governance)

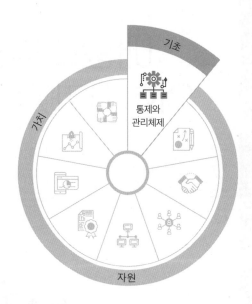

1장 통제와 관리체제는 피플 애널리틱스가 사명mission과 연계된 사회적 책무에 의한 관리책임을 이행하도록 만드는 강력한 구조, 최상의 기준, 사람들의 참여를 가능하게 하는 견고한 기초를 검토한다.

핵심 포인트

• 기업 전략corporate strategy이 피플 애널리틱스에서 기초인 이유

• 피플 애널리틱스에서 브랜드와 미션 정립의 중요성

• 사회적 책무에 의한 책임stewardship, 책무accountability, 지원을 제공받는 환경 enablement을 형성하는 방법

핵심 포인트와 연계된 실제 사례 중심의 통찰

• Novartis International A.G. 사업전략에 피플 애널리틱스 연계하기

• Trimble, Inc. 신뢰성을 향상시키는 피플 애널리틱스 브랜드 창조하기

• Lloyds Banking Group 피플 애널리틱스의 윤리 기준 구축하기

개관

통제와 관리체제

통제와 관리체제governance는 9가지 관점을 구성하는 하나로 피플 애널리틱스를 '작동'하도록 만드는 목적 달성 방법mechanism, 처리 과정process과 수행 절차 procedures를 말한다. 통제와 관리체제는 모든 애널리틱스 활동을 뒷받침하면서 그에 적합한 사람이 그 작업 방향을 제시하고, 데이터 관리와 프로젝트 관리를 목적으로 하는 구조와 함께 사회적 책무에 따른 책임에 의해 위험을 적절하게 관리하도록 만든다.

탁월한 피플 애널리틱스를 위한 9가지 관점

피플 애널리틱스에는 책무, 책임, 투명성, 협업의 원칙을 적용할 건전한 통제와 관리체제가 필요하다. 통제와 관리체제에서 건전한 근간은 피플 애널리틱스와 기업 전략과의 연계, 피플 애널리틱스 미션과 브랜드 제공, 사회적 책무에 따른 책임과 의무 이행, 지원 환경 창조, 그리고 이러한 활동으로 구성된 강력한 운영 모델 구축이다. 1장에서 이 중에 세 가지 영역을 주제로 다룬다.

4장(테크놀로지)에서 강력한 운영 모델 구축을 논의하며, 최적화된 팀을 조직하는 방법과 연관해 운영 모델을 자세히 검토한다. 8장(비즈니스 최종 결과물)에서 피플 애널리틱스 가치사슬value chain과 연관 지어 운영 모델을 간략하게 설명한다.

아쉽게도 사람들은 피플 애널리틱스에서 통제와 관리체제에 대해 일반적으로 환영하지 않거나 회의적인 태도를 보인다. 강력한 통제와 관리체제를 피플 애널리틱스에 구축하고자 시간과 비용을 투입하려는 HR 임원진이나 피플 애널리틱스 전문가들이 드물다. 다음은 우리가 실제로 정기적으로 듣는 말이다. '운영 위원회steering committees는 더 이상 필요하지 않아요!'. '통제와 관리체제에 시간을 할애해야 한다고 확신하나요? 필요할 때 우리는 누구에게 가야 하는지 알고 있어요!' 우리는 리서치를 통해 피플 애널리틱스 팀들이 프로젝트 목적에 적합한 사람들을 참여시켜야 할 때 이미 시기를 놓치는 어려움을 이러한 입장 때문에 경험한다는 사실을 깨닫는다.

우리의 경험 내에서는 우수한 통제와 관리체제를 갖춘 피플 애널리틱스를 정립하고자 돈을 쓰는 HR 임원진은 거의 없었다. 6장(데이터)에서 검토하겠지만 HR 플랫폼이 애널리틱스와 관련된 모든 사안을 해결한다는 믿음을 갖게 되면서 수백만 달러에 달하는 코어 HR 플랫폼core HR platform을 기꺼이 조달하려는 임원진은 존재한다. HR 플랫폼 조달 비용과는 비교도 안 되는 일부 비용이라도 통제와 관리체제로 투자를 하도록 하면서 합리적이고 민첩하며agile 역동적인 통제와 관리체제를 만드는 시도에는 도전 그 이상의 노력이 필요하다.

통제와 관리체제는 일에서 적당함과 훌륭함 간의 차이를 가르는 기준을 결정짓는다. 또한 평판도 결정지을 가능성도 가진다. 피플 애널리틱스에서 평판은 이해관계자와 관계나 결과에서 신뢰가 존재하는가 여부라고도 할 수 있다. 통제와 관리체제는 이러한 점에서 바로 성공적인 모든 비즈니스가 갖춰야 하는 기본 요소이다. 이 외에도 통제와 관리체제는 일정한 주제로 수세기 동안 비즈니스에 내재화되어 왔다. 다음은 기업에서의 통제와 관리체제(기업 지배 구조)corporate governance에 대한 최근 4가지 정의이다.

> 기업 지배 구조는 법인corporations을 통제하고 운영하는 그 목적이 달성이 되도록 만드는 방법과 구조, 처리 과정, 그리고 그 관계들로 구성된 집합이다. (Shailer, 2004).

지배 구조에 더불어 원칙들은 법인의 다양한 참여자들 간에 존재하는 권리와 책임의 분배를 식별하며 법인 사무 영역의 의사결정에 필요한 규칙과 절차를 포함한다(Lin, 2011).

기업 지배 구조는 체계system로서 기업의 주주, 이사회, 경영진 간에 권한이 배분되도록 한다. 또한 일정한 체계는 이해관계자 간에 인식을 공유하는 원칙이자 지침으로서 일반적으로 미국 상장 기업이 글로벌 시장에서 경쟁하고 일자리를 창출하며 경제 성장을 이끌어 가는 능력을 갖추도록 할 뿐만 아니라 기업 지배 구조의 발전에도 도움을 준다(SHRM, 2016).

적합한 기업 지배 구조는 기업의 성실성integrity과 법률이 보다 개방적이며 엄격한 절차를 통해 준수되도록 기업 경영진으로 하여금 효과적으로 그 절차를 감독하게 한다. 궁극적으로 적합한 기업 지배 구조는 주주에 더불어 근로자를 포함한 이해관계자와 적절한 관계도 독려해야 한다(CIPD, 2020).

우리가 그간의 경험과 9가지 관점 맥락을 고려해서 피플 애널리틱스의 통제와 관리체제와 관련해 정의를 추천하자면 기업이 경영활동을 하면서 피플 애널리틱스가 가진 위험을 관리하기 위한 목적 달성 방법과 구조, 처리 과정, 절차이다.

통제와 관리체제는 우수한 기준과 역할을 확보하는 동시에 모든 애널리틱스를 뒷받침한다. 통제와 관리체제는 올바른 작업을 선택해 그에 적합하게 사람, 구조, 데이터를 관리하는 사회적 책무에 의한 관리책임을 규정하며 이와 관련된 위험들이 명확하고 적절하게 관리되도록 한다.

통제와 관리체제가 없으면 애널리틱스 작업 수행에서 초점을 잃게 되어서 기준 이하의 가치를 생성하는 불필요한 작업을 수행할 위험이 증가한다. 최악의 시나리오로는 부적절한 통제와 관리 체계로 인해 부정적 평판의 위험과 평판 손상 가능성도 증가한다. 더 심각한 최악의 시나리오에서는 GDPR 규정[1](IT 거버넌스 개인정보 보호팀, 2020) 미준수가 원인이 되어 전세계 연간 매출에서 최대 4%의 벌금이 부과될 수도 있다. H&M의 경우 직원 감시 사유로 3,530만 유로(약 470억원)에 이르는 벌금이 부과되었다. (BBC 뉴스 2020)

우리는 효과적인 통제와 관리체제 없이 HIPPO 원칙[2]이나 '목소리가 큰 사람' 중심으로 의사결정이 내려진다는 사실을 발견했다. 의사결정 범주가

│ 그림1.1   피플 애널리틱스에서 통제와 관리체제를 구현하는 이유는 무엇인가?

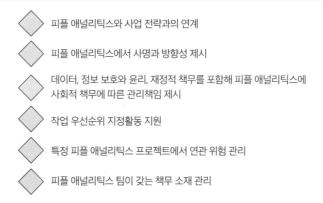

피플 애널리틱스와 사업 전략과의 연계

피플 애널리틱스에서 사명과 방향성 제시

데이터, 정보 보호와 윤리, 재정적 책무를 포함해 피플 애널리틱스에 사회적 책무에 따른 관리책임 제시

작업 우선순위 지정활동 지원

특정 피플 애널리틱스 프로젝트에서 연관 위험 관리

피플 애널리틱스 팀이 갖는 책무 소재 관리

없는 상태에서 우선순위를 지정하게 되면 피플 애널리틱스 팀은 영향력을 가진 이해관계자의 애착 프로젝트Pet Projects나 영향력이 낮은 소소한 프로젝트Trivial Endeavours를 수행하게 된다. 또는 다양한 의견이 반영된 매우 다양한 수준의 후원관계sponsorship 때문에 이해관계자들이 가진 생각이 바뀌면서 가설도 변하는 상황을 경험하게 된다.

1장 끝까지 피플 애널리틱스에서의 통제와 관리체제 세가지 유형을 논의한다.

- 피플 애널리틱스와 기업 전략 간 연계활동
- 피플 애널리틱스 기능에서 사명과 브랜드 제공 활동
- 사회적 책무에 의한 관리책임stewardship, 책무accountability, 지원 환경 조성 enablement

피플 애널리틱스를 기업 전략과 연계하기

다음은 우리가 집필을 위해 조사활동을 하면서 피플 애널리틱스 리더들에게서 들었던 이야기이다. 이들이 쓰는 표현을 보면 초점과 방향성이 결여되어 있었다는 점이 드러난다.

❙ HR 리더십 팀이 피플 애널리틱스의 우선순위에 동의하지 않는다.

ii '성공적 결과가 빨리 도출되는 프로젝트Quick Win'는 무엇이어야 하는 가?

iii 새로운 팀원을 충원하고 싶어도 어느 국가에서 영입해야 할지 잘 모르겠다.

iv 데이터 보고 팀이 가진 역할과 책임에 영향력을 미치고 싶어도 그 팀이 내게 보고를 하지 않는다.

v 더 많은 투자를 애널리틱스로 이끌어 내려면 어떻게 해야 하는가?

vi 애널리틱스로 사업 성과에 기여하는 가치를 증명하려면 어떻게 해야 하는가?

이러한 주제들을 진지하게 논의할 때마다, 이러한 질문들은 분명히 사명에서의 명확성 결여, 우선순위 간 상충이나 중복, 상황에 의해 느끼게 되는 무능함 등과 같은 근본적인 문제를 숨기려 하고 있었다.

우리가 몇몇 팀들과 협업하면서 발견했던 것은 몇 가지 조치만 잘 실행하면 그 상황을 역전시킬 수 있다는 사실이다. 각각의 조치는 실제로 실행하기에 비교적 단순했지만, 그 이전에 해당 주제들은 너무 오랫동안 폐기되어 있었다. 우리는 이런 현상이 발생하는 기업에서 HR 리더들이 피플 애널리틱스에 대해 '고민'하지 않고 '실행'하는데 바쁘다는 사실을 발견했다.

다음은 고민하지 않고 실행에 바쁜 기업들에 제안하는 행동 지침들이다.

- 사업성과 도출 목적의 전략과제 이외에도 가장 중요한 주제를 파악하기 위해 이해관계자들을 만나라 (3장 이해관리자 관리 참조)
- 피플 애널리틱스 사명mission을 기업 전략에 연계해라
- 달성이 가능할 법한 사안과 연관해 현실적인 태도를 취해라
- 우선순위의 설정 방식을 효과를 기준으로 정립해라 (2장 방법론 참조)

실제로 이와 관련된 예가 사례연구 '사업 전략에 피플 애널리틱스 연계하기: Novartis'에 서술되어 있다. 새로 부임한 피플 애널리틱스 리더는 기업 전략과 피플 애널리틱스 팀이 수행하는 모든 개별 사항을 연계하는 것을 목표로 분명하게 정하고 일을 시작했다. 이것이 핵심 메시지다. 피플 애널리틱스 작업을 기업 전략과 연계했을 때 일은 순조롭게 돌아간다.

사례연구

사업 전략에 피플 애널리틱스 연계하기: Novartis[3]

바산트 바스 나라심한Vasant 'Vas' Narasimhan 박사는 2018년 CEO가 된 후로부터 첨단 치료 플랫폼과 데이터 과학을 기반으로 하여 세계적인 선도 제약 기업을 구축하기 위해 전략과 문화 영역에서 변혁 활동transformation을 주도하고 있다.

그가 노바티스에서 처음으로 취했던 행동들 중에 하나는 기업 전략을 5가지 우선순위 사안들로 비중을 재조정하는 것이었다. (그림 1.2 참조).

그림 1.2　노바티스 전략에서 우선순위로 선정된 사안 5가지

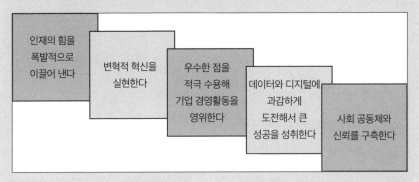

출처 2021년 4월 노바티스의 승인 후 인용

우리는 2018년 11월에 노바티스의 People & Organization('P&O', 구성원과 조직)팀을 처음 만났다. 우리를 처음으로 놀라게 했던 것은 그 팀은 'HR'을 공식용어로 절대 사용하지 않았다는 점이다. 부서명으로 구성원과 조직을P&O 사용하고 있고 향후에도 그럴 것으로 보인다. 구성원과 조직이라는 명칭에서부터 노바티스가 '지혜의 시작은 사물에 적합한 이름으로 그 사물을 부르는 것이다'[4]와 같은 오래된 속담을 마음으로 새겼던 사실이 드러난다. 심지어 조직에서 쓰는 언어와 업무가 일치되도록 하려는 '행동 내재화doing things'와 같은 강력한 조직문화도 존재한다. 우리는 이러한 특정한 언어 사용을 염두에 두고, 네 번째 우선순위 사안인 '데이터와 디지털에 과감하게 도전해서 큰 성공을 성취한다Go big on data and digital'라는 어구가 의미하는 바를 파악하려고 상당한 관심을 기울이고 있었다. 어떻게 피플 애널리틱스가 '크고' 빠르게 성공하는 것일까?

우리는 P&O 최고 책임 임원 스티븐 배어트Steven Baert가 조직문화와 성과관리 같은 부문에서 조직적인 변화를 주도하기 위해 분석적 사고를 구축하는 활동으로 초점을

맞추었던 방식에 관심을 가졌다.

조직 전반으로 분석적 사고 방식을 구축한다는 주제는 2019년 초 Talent and People Solutions(인재 및 구성원 대상 솔루션)기능을 담당하는 최고 책임 임원 트립티 자 Tripti Jha를 만났을 때도 강조되었다. 트립티는 '데이터와 디지털에 과감하게 도전해서 큰 성공을 성취한다'라는 우선순위 사안이 P&O 조직에서 현실로 실현되는 방식을 우리에게 설명했다. '피플 애널리틱스는 P&O에서의 의사결정과 최종 결과물에서 그 품질을 향상시키는 분석에 의한 통찰 사항들을 내어 놓아야 해요. 그 여정의 첫 번째 단계는 애널리틱스 기능으로 그에 대한 올바른 사고 방식과 태도를 들여오고 자사의 조직 맥락을 잘 이해하는 야심찬 피플 애널리틱스 리더를 임명하는 것입니다. 봄까지는 적합한 인재의 영입이 이루어질 것이라고 자신합니다.' 그리고 그 말은 아시쉬 판트 Ashish Pant가 2019년 4월 피플 애널리틱스의 글로벌 책임자Global Head of People Analytics 로 임명되어 현실로 이루어졌다.

아시쉬는 지체없이 빠르게 일을 시작했다. 그는 5명으로 구성된 소규모 팀으로 시작해 처음 두 달을 노바티스 전략에서 우선순위로 선정된 사안 5가지를 보완하는 프로세스와 애널리틱스를 정립할 3단계 3개년(2019-2022) 계획 입안에 집중했다.

우리는 2019년 11월 1단계 마무리 즈음에 아시쉬가 얼마나 많은 계획을 세웠는지 깨달았다. 우리는 네덜란드에서 열린 행사에서 그를 만났고, 저녁에 그의 성품과 활동을 어느 정도 꿰뚫어 파악할 수 있었다. 암스테르담 운하의 쌀쌀한 배 위에서 우리는 아시쉬가 가지고 있던 피플 애널리틱스를 향한 열정을 알게 되었다. 그는 음식을 한입

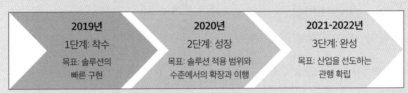

그림 1.3   피플 애널리틱스 정립 3단계 계획(2019-2022)

2019년	2020년	2021-2022년
1단계: 착수	2단계: 성장	3단계: 완성
목표: 솔루션의 빠른 구현	목표: 솔루션 적용 범위와 수준에서의 확장과 이행	목표: 산업을 선도하는 관행 확립

출처 2021년 4월 노바티스 승인 하에 인용

가득 문 채로 '노바티스가 가진 데이터는 전체HR 기능으로 단편적으로 파편화되어 있어요. 우리는 HR 기능의 통합된 데이터 전략을 개발하는 동시에 피플 애널리틱스 기능 내부에서 피플 데이터의 소유권을 조율하고 있어요. 다음 단계는 데이터 전략 흐름을data strategy stream(데이터의 흐름) 애널리틱스 솔루션을 설계해서 단단하게 연결하려 해요.'라고 말했다. 우리는 그 계획들이 보여준 명확함, P&O 전략, 피플 애널리틱스 비즈니스가 밀접하게 연계되어 있는 정도에 매료되었다.

2020년 중반(2단계)까지 분명히 피플 애널리틱스 계획안에는 여러 가닥들이 연결되어 있었고, 그 가닥들 모두 피플 애널리틱스 전체 전략과 연결되어 있었다. 아시쉬는 통합된 P&O 데이터 전략을 구축하는 과정에서 P&O 조직이 일련의 훈련 모듈들로 데이터를 사용할 수 있도록 환경을 조성하는데 시간을 보냈다. 동시에 전사 애널리틱스 솔루션이 학습, 보상, 인재 관리, 조직 개발(1단계에서 개념화 완료) 부문에서 개발되어 조직에 차례로 배포되었고 그 결과 각 부문의 애널리틱스 솔루션은 피플 애널리틱스 전문가 조직의People Analytics Center of Excellence, CoE 핵심core으로 자리잡았다.

아시쉬는 우리가 사례연구를 작성하던 때에 2단계에서 마무리 지점으로 접어들었다. 그는 지금까지 알게 된 것들을 반추하며 공유하는 것에 스스럼이 없다. 그림 1.4 처럼 3단계 계획이 시작된 후 아시쉬의 팀이 규모에서 5배 이상 커졌던 사실이 확인된다. '데이터 전문가, 애널리틱스 전문가, 피플 데이터를 사용하여 기업이 가진 도전과제 해결이 가능하다고 진심으로 믿는 비즈니스 파트너들로 구성된 놀라운 팀을 만드는 활동이 지난 18개월에서 가장 중요했어요. 그런 인재들이 없었다면 우리는 피플 데이터에서 사업 성과에 기여하는 가치를 완전히 폭발적으로 끌어낼 수 없었을 겁니다.'

아시쉬가 팀원 구성이 데이터 과학과 HR 스킬skills을 가진 사람들로 구성되어 있다고 콕 집어서 말한다는 점이 흥미롭다. '제가 직접 발견한 것은 HR영역을 배운 데이터 전문가가 피플 애널리틱스에서 어느 정도 강력한 영향력을 발휘하는데, 때로는 HR 전

| 그림 1.4　피플 애널리틱스 팀 규모의 성장

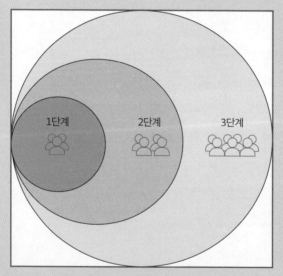

출처 2021년 4월 노바티스사 승인 후 인용

문가를 채용해 통계학을 가르쳐 피플 애널리틱스가 달성하려는 사안과 연관된 소양이 개발되도록 하는 것보다 그 성과가 훨씬 더 크다는 사실이예요.'

2021년 초 Novartis는 피플 애널리틱스 여정에서 3단계 착수를 시작했다. (그림 1.3 참조) 아시쉬는 팀이 전체 규모, 과업 수행에 필요한 역량, 과업 수용치에서 일정 수준을 달성하는 것을 목표로 초점을 확장과 성장으로 옮기고 있는 중이다. 피플 애널리틱스 팀은 보트에서 우리가 논의했던 P&O 데이터 전략을 내부에서 구축하고 구현하기 시작했다. 더 광범위한 비즈니스 영역에서 데이터 전략이 비중을 두는 활동은 급여 형평성, 학습, 조직문화 측정 같은 수행해 볼만한 과제들을 고려한 전문가 조직CoE, Center of Excellence 솔루션 제공과 함께 이 과제들을 100,000명 이상 재직인재군 전체 모두로 확대하는 것이다. 아시쉬가 이를 통해 예상하는 것은 피플 애널리틱스 팀이 향후 몇 년 간 더 성장할 수 있다는 점이며, 그 결과 피플 애널리틱스와 데이터가 P&O 조직 외에도 세계에서 규모가 가장 큰 피플 애널리틱스 기능들에서 중요한 일부가 될 것이라는 점이다.

문제는 그 계획이 성과를 창출해 효과를 낼 것인가이다. 아시쉬는 이에 대해 신중하게 생각하고 상황을 반영하고자 한다. '2020년에 중요했던 목표는 일정 분석적 사고를 P&O 조직 내부로 구축하는 것을 지원하는 동시에 개인 정보보호를 확실히 하면서 집계된 피플 데이터가 가진 가치가 높아지도록 돕는 것이었어요. 본디 목표는 대상 솔루션을 제품화해서 가치를 구현하는 활동임에도, 우리가 P&O 조직문화를 그 활동에 적합하게 변화시키지 않으면 대상 솔루션의 제품화는 불가능합니다.' 이에 따라 아시쉬가 3단계에서 관심사로 정한 하나가 비즈니스에서 표면으로 드러나지 않아도 근

탁월한 피플 애널리틱스를 위한 9가지 관점

본적인 사안들과 함께 데이터를 적용해 이러한 문제를 해결할 방법을 꼼꼼히 따져 볼 능력을 가진 P&O 사용자 커뮤니티를 구축하는 것이다.

피플 애널리틱스를 제품화해서 비즈니스 현업에 유용하게 만드는 활동이란 피플 애널리틱스 팀이 구성원과 관련된 문제로 비즈니스 현업 이해관계자와 직접 상담하고 대상 비즈니스 현업 기능 모두가 이해하는 언어로 해당 문제들을 진단할 수 있음을 의미한다. 여기서 쓰이는 소통 언어는 기업 전략에서 네 번째 우선순위로 지원하는 데이터이다. (그림 1.2) Novartis는 데이터를 활용한 소통으로 성장 궤도를 따라가며 향후 조직 간 목표를 연계하는 과정에서 P&O 조직이 나머지 전사 조직과 연결되도록 할 것이다.

'우리는 2020년 개발을 완료한 제품들이 비즈니스 현업으로 순조롭게 융화될 수 있도록 관리할 현지 고객 모델을 구축하려고 합니다. 그래도 현지 지원이 필요해요!' 이 외에도 아시쉬는 참여buy-in를 촉진하기 위한 개념 증명PoC, proof of concept의 신속한 개발이 필요하다고 설명한다. '이 퍼즐의 마지막 조각은 단계적으로 전개한 데이터 전략에서의 활동을 마무리하는 것입니다. 우리는 데이터 전략에서의 실행 활동이 완성되는 시점에 자사에서 파생된 다른 모든 데이터와 피플 데이터를 연결할 수 있게 될 거예요. 그리고 바로 그 때가 피플 애널리틱스가 자사 비즈니스 전체로 제대로 연계되는 순간이겠지요.'

우리는 지난 2년간 스티븐Steven, 트립티Tripti, 아시쉬Ashish와 나눈 대화를 반추하면서 비전에서의 명확성, 사업 전략과의 연계, 경영상 운영 활동으로 내재화를 이룬 5가지 우선순위 사안들 같은 노바티스가 적용해 온 체계적인 접근 방식을 아이디어로 계속해서 떠올렸다.

노바티스는 우리가 현장에서 경험해 온 심오한 사례로서 기업 전략에 피플 애널리틱스 기능을 명시적으로 통합한 조직들 중 하나이다. 제품화와 가치에 초점을 맞추고 피플 애널리틱스 팀을 빠르게 확장한 사례로서 말이다. 노바티스의 P&O팀은 정말 데이터와 디지털화에 과감하게 도전해서 큰 성공을 성취할 것이다.'

> **Top Tip**
> 크게 시도하지 않으면 집으로 짐 싸서 가게 된다!

피플 애널리틱스 사명과 브랜드 제공하기

우리가 모든 규모와 산업에서 피플 애널리틱스를 선도하고 있는 팀을 보며 발견한 한 가지 경향은 일반적으로 비전 선언문, 사명 선언문, 일정한 브랜드를 피플 애널리틱스에서 개발한다는 사실이다.

비전이나 사명 선언문 작성은 'The Power of People: Learn how successful organizations use workforce analytics to improve business performance, Guenole, Ferrar and Feinzig, 2017(사람의 잠재력: 성공적인 조직이 재직인재군 애널리틱스를 사용해 비즈니스 성과를 향상하는 방법에 대한 학습)'에서 자세히 다루었으니 여기

탁월한 피플 애널리틱스를 위한 9가지 관점

서 자세히 논의하지 않는다. 이해를 돕기 위해 부연 설명을 하자면, 비전과 사명 선언문을 작성하는 데에 공식은 없지만 중요한 것이 무엇인지를 이해 관계자의 견해가 담긴 정보로 선언문에 반영하는 것이 좋다.

피플 애널리틱스 팀에서 존재 목적을 정의할 때 고려할 네 가지 항목이다:

포부ambition: 선언서나 간단한 문서로 피플 애널리틱스가 가진 포부를 명시적으로 표현해라. 원래 포부는 피플 애널리틱스 팀의 존재 목적과 바람을 규정한 것이다.

원칙principles: 피플 애널리틱스 활동에서 지침이 될 원칙을 짧고 간단하게 작성해라. 이 부분은 아래 사례연구(신뢰성을 향상시키는 피플 애널리틱스 브랜드 창조하기: Trimble)에 논의되어 있다. 이 사례는 Trimble사 피플 애널리틱스 리더가 사용한 원칙의 예시를 포함한다.

사명mission: 피플 애널리틱스 기능이 제공하려는 내용을 기술한 짧은 선언서를 개발해라. 그 예로, 수쿠 마리애팬Suku Mariappan이 '여러분이 사업을 현재보다 더 개선이 되도록 돕기 위해 매 순간 일정한 비즈니스 문제를 해결해야 한다는 것으로 피플 애널리틱스 사명을 제시해야 해요.'라고 말한 것을 들 수 있다.

브랜드brand: 피플 애널리틱스 기능을 구별 짓고 그 존재감을 정의하는 상징, 아이콘이나 로고를 만들어라. 브랜드는 다양한 이해관계자들과 청중들이 피플 애널리틱스 팀을 더 잘 알아보고, 인식하도록 만든다.

피플 애널리틱스에서 가시성 개선과 관련된 이러한 주제는 다양한 방식과 고유한 상황으로 이 책 전체에서 등장한다. 그럼에도 불구하고 선도적인 피플 애널리틱스 팀이 다른 팀과 차별화되는 하나는 그 팀들이 위에 나열된 항목들 중 일부 또는 전부를 보유하고 있다는 점이다.

이번 사례연구는 신뢰성을 향상시키는 피플 애널리틱스 브랜드 창조하기Credibility begins with a clear brand: Trimble이다. 즉, 이 사례에서 핵심 메세지는 신뢰 가능한 고품질 산출물과 비즈니스 난제에 중점을 두는 태도를 피플 애널리틱스에서의 모든 활동으로 스며들게 만들라는 것이다. 산출물 품질과 더불어 신뢰를 확보하고 비즈니스에 중점을 두는 태도로 피플 애널리틱스에서의 브랜드와 사명이 정의되기 때문이다.

사례연구

신뢰성을 높일 피플 애널리틱스 브랜드 창조하기: Trimble[5]

수쿠마란(이하 'Suku' 또는 수쿠) 마리애판은 Trimble Inc.사의 Global HR Technology and People Analytics 담당 부사장이다. 2016년 설립된 이래 Trimble사의 피플 애널리틱스 기능은 자체 로고를 가지고 있을 정도로 기업 내부에서 강력한 브랜드를 상당히 많이 개발해왔다. 로고는 Trimble People Analytics가 산출하는 작업을 직접 검토하여 검증을 완료했음을 나타내는 일종의 품질마크로 사용된다.

브랜드는 세 가지 기본 원칙을 기반으로 한다:

1 측정 지표, 보고서, 대시보드보다도 질문에 답하고 중요한 비즈니스 사안들을 해결하는데 초점을 맞춰라.

2 데이터의 약점과 가정들과 관련해서는 명확하고 투명한 태도를 유지해라

3 데이터와 분석에서 도출된 통찰사항을 너무 빨리 또는 부주의하게 부적합한 사람들에게 공유하면 신뢰가 손상될 수 있다.

수쿠는 이러한 세 가지 원칙들을 고수할 때 피플 애널리틱스에 대한 신뢰가 높아진다고 분명한 원리theory로 파악하고 있다. 덧붙이자면 신뢰가 높을 때 분석으로 도출된 통찰 결과가 현실에서 실행되어지고 더 높은 단계의 비즈니스 사안에서 효과를 내기 시작한다.

수쿠의 접근 방식을 뒷받침하는 몇 가지 요소들로는 애널리틱스에 전념하는 최고 인사 책임 임원, 강력하고 신뢰할 수 있는 브랜드, 비즈니스 사안들에 비중을 둔 상호 합의 활동이 있다.

반드시 해야 하는 첫 단계는 이러한 접근방식과 관련해 수쿠의 관리자이자 수석 최고 인사 책임 임원인 마이크 스카파Mike Scarpa로부터 지원을 얻는 것이었다. 마이크는 이와 같이 말했다. 'HR 리더에게서 지원을 확보하는 것은 우리가 일정한 기능으로서

HR기능을 운영하는 방식이기도 해요. 제가 유사 직급의 동료들이나 [이사회]에 이야기할 때는 증거를 제공하는 것이 중요해요. 그렇게 하면 의사결정이 더 쉬워지거든요. 임원진인 우리는 데이터가 확실하다는 것을 시사하고 이를 신뢰할 수 있을 때 더 나은 의사결정을 할 수 있어요. 오래된 문구를 인용해 표현하자면 "우리는 데이터를 신뢰합니다."'[6]

수쿠는 '최고 인사 책임 임원CHRO이 데이터를 활용하는 HR기능의 모습에 대해 가지고 있는 비전과 헌신이 피플 애널리틱스의 장기적인 성공에서 계속 앞으로도 매우 중요합니다.'라고 동의한다.

두 번째 단계로는 피플 애널리틱스에서의 강력한 브랜드 창조가 있다. 피플 애널리틱스 브랜드는 현실적으로 중요한 사업상 문제를 중심으로 분석을 통해 도출된 신뢰성이 높은 통찰결과를 제공하려는 목적으로 정립되어 있었다. 수쿠는 이와 같이 회고한다. '무엇보다도 우리는 신뢰할 수 있는 분석결과를 토대로 브랜드를 발전시켰어요. 우리가 어느 한 지점에 "도달"했다고 느꼈던 특정한 순간은 존재조차 하지 않았지요. 피플 애널리틱스 브랜드를 발전시키는 과정은 분절된 작은 단계들이 연결되면서 완성되는 브랜드 구축활동처럼 신뢰 가능한 사실과 분석을 통해 도출된 통찰결과가 제시하는 작은 단계들을 토대로 지속적인 여정을 이어 나가는 활동 그 이상이었거든요.'

수쿠는 피플 애널리틱스 브랜드가 곧 품질 이외에도 신뢰성과도 동일시되는 것이었기 때문에 Trimble People Analytics(그림 1.5 참조) 고유의 로고를 개발하여 진화시켰다. 마이크는 '피플 애널리틱스 기능에서 일정 브랜드의 일부는 로고를 사용해 브랜드를

탁월한 피플 애널리틱스를 위한 9가지 관점

시각화한 것입니다.'라고 하기도 하였다.

그림 1.5   Trimble Inc사 피플 애널리틱스 로고

출처 2020년 8월 Trimble사 승인 후 인용

이 로고는 이해관계자들에게 전달되며, 모든 피플 애널리틱스 작업물에 붙여지는 일종의 '승인 도장stamp'이다. 수령자는 로고가 표시되는 위치로 해당 작업을 신뢰하게 되고, 높은 품질로 믿을 만한 가치가 있다는 것을 알게 된다. 이것이 바로 브랜딩의 힘이다!

마이크는 '이해관계자들이 로고가 찍히지 않은 분석 결과나 통찰 결과를 경험할 때면 피플 애널리틱스 팀에게 그 결과와 통찰 결과를 검증해 줄 것을 요청해요. 우리는 팀원들이 자사 재무팀과 업무를 수행할 때에도 데이터와 통찰 결과를 검증하려면 우리에게 찾아오도록 하고 있어요.'라고 말하기도 했다.

마지막으로 피플 애널리틱스 팀은 중요한 사안들에 비중을 둔다. 초기에 피플 애널리틱스 팀은 '왜 사람들이 회사를 떠나는가' 같은 빠른 성과를 도출할 수 있는 비교적 간단한 과제Quick Win에 비중을 두었다. 피플 애널리틱스 팀은 시간이 흐르고 추동력이 모이자 성과관리로 사업 성과를 향상시키는 방법과 같이 보다 더 복합적인 주제들로

비중의 초점을 바꾸었다.

비중을 조정할 때 초점은 항상 사업에 기여하는 성과 도출로 효과를 창출할 주제에 맞춘다.

그리고 우선순위는 일정한 고품질 산출물을 도출하는 주제로 정하기 때문에 복잡한 분석보다 단순한 분석에 우선순위를 두더라도 항상 그에 적합한 분석 도구와 방식을 선택해 적용해야 한다. 수쿠는 이렇게 설명했다. '잘못된 사안에 어드밴스드 애널리틱스를 사용하는 것보다는 그 비즈니스에 적합한 사안에 평균적이거나 간단한 통계 분석을 적용해서 성공할 가능성이 더 크거든요.'

수쿠와 팀은 피플 애널리틱스 브랜드가 확립되고 성공적인 최종 결과물로 신뢰도가 점증적으로 올라감에 따라 작업 개선도 함께 지속해서 보다 큰 인지도를 얻었다. 2017년 내내 피플 애널리틱스 그룹은 신뢰할 수 있는 팀으로 부상했고, 2018년에 이르자 더 빠른 작업 속도와 높은 신뢰성으로 내부에서 인정을 받았다.

성과관리가 사업 성과에 미치는 효과를 연구하기 시작한 시기가 바로 이 때였다.

다수의 조직들처럼 Trimble도 성과관리에서 기존 방식과 다른 입장을 취했다. 마이크는 '우리는 성과관리를 완전히 바꾸었어요! 많은 조직들과 달리 Trimble은 새로운 관행으로의 이전이 타당한지 검증하기 위해서 피플 애널리틱스를 활용해 데이터를 꾸준히 사용해요. 지속적인 데이터 분석으로 관리자들이 개인과 팀 성과를 개선하도록

탁월한 피플 애널리틱스를 위한 9가지 관점

지원하려는 것이기도 해요.'라고 설명하였다.

처음으로 'T-Time'을 2017년에 도입했다. 그림 1.6과 같이 T-Time은 관리자와 직원이 매번 다양한 주제를 사용해 분기별로 토론하는 활동을 이르는 Trimble사의 언어 표현이다.

그림 1.6　　T-Time 분기별 회의 주제

출처 2020년 8월 Trimble사 승인 후 인용

2017년 말 수쿠와 팀은 분석으로 도출된 인상적인 통찰결과를 보여주기 시작했다. 팀은 자발적 이직과 직원 몰입에 T-Time이 미치는 영향을 살펴보면서 근로자가 T-Time을 연 0회 또는 1회 정도 갖는 곳은 자발적 이직이 증가하거나 이전과 유사하다는 사실을 발견했다. 반면, 근로자가 1년에 적어도 2회 이상 T-Time을 갖는 환경에서 직원이 연간 4회 주기로 T-Time을 모두 가졌을 때 이직률이 거의 0 포인트가 될 정도로 자발적 이직에서 그 비율이 감소했다.

관리자들은 T-Time과 자발적 이직율 사이에 상관 관계가 존재하지만 반드시 인과 관계가 성립하는 것은 아니라고 설명했다. 피플 애널리틱스 팀은 최근 도입된 분기별 현황진단 설문조사pulse survey에서 추가 정보를 가져와 분석했다. 현황진단 설문조사pulse survey는 기존의 연간 직원 몰입도 조사가 변화한 또 다른 프로세스이다. 직원 몰입도 조사는 사업 성과와 인과 관계가 있는 것으로 널리 인식되어 있었던 반면, 현황진단 설문조사pulse survey는 구체적으로 T-Times관련 질문으로만 구성되어 있어서 수쿠는 현재 T-Time을 경영활동으로 도출된 비즈니스 결과와 적절하게 연결할 방식을 찾아냈다.

2019년까지 피플 애널리틱스 팀은 정기적으로 분기별 T-Times를 갖는 근로자의 자발적 이직이 감소한 사실을 실증 사례로 증명했다. 이는 T-Times를 갖지 않은 근로자보다 5배가 적은 수이다. 세션에 모두 참여한 직원 순수 추천 지수eNPS는 300%가 증가했다. 그에 따른 파급력이 엄청나서 Global Talent Management 담당 킴 쇼미용Kim Chaumillon 부사장은 '파괴적 혁신 HR (Disrupt HR, 2019)'에서 그 영향력을 다음과 같이 회상했다. '직원 몰입과 자발적 이직에서의 증거가 설득력을 상당히 많이 가지고 있었기 때문에 저의 경력 이력에서 처음으로 경영 임원진에게 그 HR 프로그램들을 홍보하도록 설득했어요.'

이러한 결과들을 토대로 관리자들의 행동 양식과 근로자가 가진 기대사항에서 변화

탁월한 피플 애널리틱스를 위한 9가지 관점

를 유도하고 있다. 효과적인 직원 몰입은 유지율retention 향상에 도움이 되며 이러한 선순환적 양의 상관관계가 비즈니스 결과를 개선하는 활동을 추진할 때에 도움을 준다. 수쿠는 그와 팀이 함께 만든 그 성과로 도출한 효과를 매우 자랑스럽게 생각한다.

마이크는 그 작업에서도 그리고 수쿠에게도 만족스러움을 느끼고 있다. '수쿠는 록스타이지요! 피플 애널리틱스 기능에서 역할을 담당할 사람이 상당히 중요해요. 타고난 호기심으로 데이터에 몰입하면서 분석 대상이 된 비즈니스를 이해해야 하니까요. 여러분은 질이 높은 작업물이 필요하지요. 그래서 피플 애널리틱스에서 사명mission으로 여러분이 당위적으로 현재보다 사업이 개선되도록 돕기 위해 매 순간 비즈니스 문제를 해결한다고 할 수 있어야 해요.'

> **TOP TIP**
>
> 내부에서 피플 애널리틱스 기능을 대표할 브랜드를 구축해라.

사회적 책무에 따른 책임감, 책무, 지원 환경 형성하기

지금껏 우리는 기업 전략과 피플 애널리틱스 작업을 연결하는 활동과 그 사명과 브랜드를 정의하는 활동을 논의해 왔다. 이러한 활동들은 2장(방법론)과 3장(이해관계자 관리)에서 자세히 기술된 이해관계자 참여와 우선순위 지정 같은 방법을 사용하는 행동을 포함한다.

일단 위의 활동들이 작업으로서 완료되면 '소매를 걷어붙여' 통제와 관리체제가 역동적이며 기민agile해지는 반복 가능한 관행들을 수립해야 한다. 즉, 피플 애널리틱스 기능이 지속적으로 '올바른 방향으로 움직여 가도록' 경영진 수준에서 누가 도움을 주겠는가? 이러한 과정에서 사용가능한 6가지 통제와 관리체제 유형들 중에 5가지 유형은 다음 항목에서 감독 기능으로서 작동한다.

- 피플 데이터와 더불어 애널리틱스에서의 윤리와 개인 정보 보호
- 애널리틱스 프로젝트가 창출하는 투자 수익률ROI 결정을 위한 재무 투자 모델
- 피플 데이터에서의 사회적인 책무에 의한 관리 책임
- 애널리틱스 과업과 프로젝트에서의 우선순위 지정
- 피플 애널리틱스 팀에 필요한 성공을 위한 운영 모델

통제와 관리체제에서 여섯 번째 유형의 명칭은 '피플 애널리틱스 이사회'이다. 피플 애널리틱스 이사회는 피플 애널리틱스 기능이 지향하는 방향과 이를 구현하기 위한 수행 환경을 조성하는 역할을 담당하며, 여건과 상황에 따라서agile 공식적 형식의 회합이 가능한 총괄 실무 협의체steering group라고 할 수 있다. 피플 애널리틱스 이사회는 위에 나열된 다섯 가지 주제 그 어느 것이나 다룰 수도 있다. 실제로 피플 애널리틱스 이사회는 모든 활동에 더불어 통제와 관리체제가 갖는 기능적 역할인 감독 기능들을 구성원으로 구성된 그룹으로 하나씩 묶어 결합하는 역할을 수행할 수도 있다.

그림 1.7   여섯 가지 유형의 통제와 관리체제

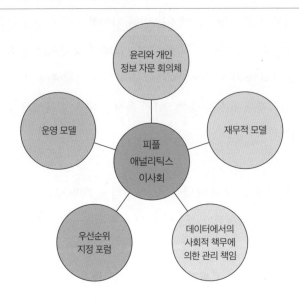

　6가지 통제와 관리체제 유형과 관련해 데이터에서의 사회적 책무에 의한 관리 책임은 6장(데이터)에서 논의하며, 우선순위 지정은 2장(방법론)에서 상세히 다룬다. 부가해서 운영 모델 관련 사안은 8장(비즈니스 최종 결과물)에서 피플 애널리틱스 가치사슬value chain에 더불어 4장(스킬)의 피플 애널리틱스 팀 관리를 위한 구조에서 논의한다. 1장에서는 통제와 관리체제 중 나머지 3가지 유형(피플 애널리틱스 이사회, 재무적 모델, 윤리와 개인 정보 보호)을 논의한다.

피플 애널리틱스 이사회

피플 애널리틱스 이사회는 피플 애널리틱스 기능에 적합한 통제와 관리체제 모델을 구성한다. 이외에도 그 모델 구조에 의해 감독 활동을 수행하는 과정에서 피플 애널리틱스에서 사명을 실현하고, 목표를 달성하며, 과업을 수행하는데 필요한 환경을 조성한다. 피플 애널리틱스 이사회의 존재 목적은 성과관리와 그에 따른 일상적인 지침, 코칭 역할을 수행하는 공식적인 조직상의 관리 구조를 대체하는데 있지 않다.

이와는 달리 피플 애널리틱스 이사회는 일반적인 이사회의 역할을 유사하게 수행하는 과정에서 피플 애널리틱스의 전략과 작업을 지원하는 책임을 담당한다. 피플 애널리틱스 이사회는 피플 애널리틱스 기능 전반을 총괄한다는 관점으로 피플 애널리틱스 팀이 기업 전사로 가치를 전달할 수 있도록 해야 한다.

효율적으로 역할을 수행하는 피플 애널리틱스 이사회는 피플 애널리틱스 비즈니스의 목적, 비전, 사명, 위험, 책무에 관심을 기울이고 책임 소재를 관할한다.

이러한 위원회에서의 이상적인 구성원 구성은 비즈니스 현업 임원진, 기능 담당 임원, HR 리더로 혼합된 여러 구성원들이다. 구성원 구성에 제안하는 구조는 그림 1.8과 같다. 우리는 피플 애널리틱스 리더가 이 그룹의 의장chairperson과 퍼실리테이터facilitator가 되어야 한다고 권고한다.

그림 1.8　　피플 애널리틱스 이사회

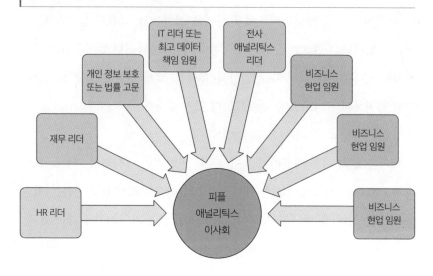

재무 모델

사업 성과에 기여하는 가치를 측정할 수 있는 능력은 통제와 관리체제에서 필수이다. 통제와 관리체제를 기초요소라고 고려해 공식 '협의회'council를 갖추는 것이 필수가 아니지만, 재무 기능과 피플 애널리틱스 팀 간의 합의된 파트너십은 있어야 한다.

이러한 파트너십에서의 목표는 사업 성과에 기여하는 가치 측정과 연관된 일정 정도의 이해와 측정 방법을 확고히 확립하여서 개별 피플 애널리틱스 프로젝트에서의 일정한 최종 결과물과 투자 수익률ROI을 결정하는 것이다. 재무 기능과의 협업 주제와 관련해 8장(비즈니스 최종결과물)을 참조한다.

윤리와 개인 정보 자문 회의체

윤리와 개인 정보 보호 자문 회의체는 개인 정보 보호, 규정 준수, 윤리에서의 기준을 높게 유지하고 관리하는 책임을 진다. 이에 따라 데이터에서의 개인 정보 보호와 더불어 피플 애널리틱스 기능이 관심을 가지는 영역에서의 프로젝트 유형에 따라 윤리와 도덕적 측면을 관리한다.

윤리와 개인 정보 보호 사안으로 인해 피플 애널리틱스 프로젝트의 81%가 위험한 상황에 처하기 때문에 훌륭한 통제와 관리체제는 기업이 지향하는 핵심가치values도 고려한다(Green, 2018). 또한 신뢰로 형성된 견고한 구조는 피플 애널리틱스에 연관된 모두가 과업에 최대한 참여하도록 만들고, 사업 성과에 기여하는 성과창출에 의한 결과물을 조직 전반에서 달성하게 하며, 동시에 일상적 업무 상황에서의 태도와 자세business posture를 개선한다.

그림 1.9는 윤리와 개인 정보 보호 자문 회의체의 일반적인 구성이다. 윤리와 개인 정보 자문 회의체가 매우 형식적인 것처럼 들리더라도 현실에서는 매우 유연하고 상황에 따라 기민하게agile 운용될 수 있다. 윤리와 개인 정보 보호 자문 회의체의 토대 중 하나는 피플 데이터를 윤리적으로 현명하게 사용하는 활동에서 정책적 지침guideline을 조직으로 제공하는 활동이다. 이것은 3장(이해관계자 관리)에 논의된 '가치의 공정한 교환fair exchange of value' 원칙에 근거해서도 특히 중요하다.

2020년 Harvard Business Review의 논의처럼 기업이 피플 애널리틱스 과업을 검토할 때 윤리가 그 논의의 중심 사안이기를 희망하는 것으로는 충분하지 않다. 이보다는 기업이 데이터가 사용이 되는 방법에서 개방적이고 투명한 태도를 유지하는 것이 중요하다. 동시에 피플 데이터를 사용하는 활동에서 직원의 신뢰를 구축하고 윤리와 개인 정보 보호 문제를 정면으로 해결할 줄 알아야 한다. (Chamorro–Premuzic and Bailie, 2020).

위에서 논의한 방식들을 반영해 놓은 것이 윤리 헌장이다. 윤리 헌장은 피플 데이터를 사용하는 과정에서 발생하는 이러한 위험들을 완화하는 처리 절차 방법mechanism이다. 우리는 집필을 목적으로 리서치를 하는 동안 기업의 25% 미만이 피플 애널리틱스 윤리 헌장이나 이에 상응하는 처리 절차와 방법을 보유하고 있다는 사실을 발견했다. 그 기업들은 일반적으로 성공적인 피플 애널리틱스 팀들을 보유하고 사업 성과에 기여하는 가치를 창

그림 1.9　윤리와 개인정보보호 자문협의체

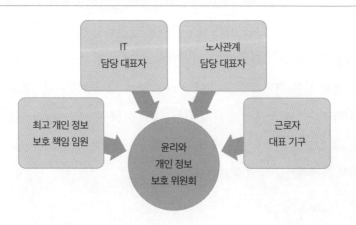

출하며 가치의 공정한 교환 차원에서 자사 근로자에게 혜택을 되돌려준다.

사례연구 '피플 애널리틱스의 윤리 기준 구축하기: Lloyds Banking Group' 는 한 기업이 윤리 헌장을 구현하고 연관 주제를 처리한 방법을 기술하고 있다. 윤리적 관행을 내재화하지 않은 피플 애널리틱스는 무가치하다는 것이 핵심 메시지이다.

사례연구

피플 애널리틱스에서 윤리 기준 구축하기: Lloyds Banking Group[7]

엘로이드 은행 그룹의 People Insights and Cost Management를 담당하는 이사 앤디 팹워스Andy Papworth는 아래와 같이 말했다. '윤리는 대부분 기업 경영활동에서의 운영 방식입니다. 윤리는 하나의 철학이며 그 조직에 대해 많은 것을 말해 주지요. 저희는 윤리를 준수해야 할 지침 그 이상으로 보며 더 나아가 법규 그 이상의 것으로 여기고 있어요.'

지난 10년은 금융 서비스 산업이 2008년 금융 위기와 PPI 보험 상품의 잘못된 판매(Treanor, 2016)를 회복한 것뿐만 아니라 그를 안정시키는 데에 있어서도 힘든 시기였다.

2011년부터 임명된 CEO 안토니오 호르타 오소리오António Horta-Osório의 리더십 하에서 엘로이드Lloyds은행은 금융 위기에 강력하게 대응했으며 그 과정에서의 내용이 기록으로 잘 보존되어 있다(Dunkley and Jenkins, 2017). 금융 위기 이후 정부는 은행의 잔여 주식 마저도 매각해서 은행을 완전한 개인 소유로 되돌렸다. 또한 은행은 여타 영국 대출 기관보다 조기에 보상을 지급해서 PPI에 대응하기도 했다.

복합적인 재무 상황들을 빠르게 처리하려는 은행의 경향은 윤리가 은행의 현재 조직문화 일부에서 어느 정도 제대로 형성되어 있는지를 보여주는 기본 틀을 제시한다. 이러한 강력한 문화에서 앤디Andy와 Strategic Workforce Planning and People Analytics 책임자인 저스틴 톰슨Justine Thompson은 윤리적 관행을 구현하는 책임자를 맡고 있다. 앤디는 은행 곳곳의 수많은 실무 운영과 임원 직책 등에서 오랜 시간동안 경력을 쌓아 왔다. 그는 이 기간 동안 은행이 윤리적 관행과 행동을 얼마나 진지하게 여기는지 분명히 인식하게 되었다.

앤디와 저스틴은 영국 본사에서 커피를 함께 마시며 이와 같이 말했다. '우리는 피플 애널리틱스에서의 윤리를 윤리 준수 여부만 확인하는 "체크박스" 과제로 만들고 싶지 않았어요.' 엘로이드 은행의 피플 애널리틱스 팀은 피플 애널리틱스 윤리 영역에서 핵심 근간을 만들어 가던 당시에 다른 조직들의 작업에서 동기 부여를 받아 자사 은행에 적합하게 일정한 접근 방식을 개발했다. '우리는 은행이 중요하게 여기는 사안을 이해하기 위해서 은행의 책임 강령Code of Responsibility[8]을 검토했어요. 검토는 필수적으로 거쳐야 할 단계였거든요. 그 다음 우리는 모든 피플 애널리틱스 활동과 비용 관리 작업에서의 윤리 관행을 검증하는 것이 가장 중요하다고 판단해서 프레임워크와 원칙 개발 활동에 동료들을 참여시켰지요.'

피플 애널리틱스 팀은 HR 비즈니스 파트너가 피플 애널리틱스에서 수행하는 중요한 역할을 인식하도록 유도한 이후에 다양한 포커스그룹, 일대일 인터뷰, 토론 포럼을 활용하는 피플 데이터 관리에서 그들이 가지게 된 경험과 생각들에 대해 문의했다. 피플 애널리틱스 팀은 매일 동료와 관리자를 대하는 수십 명의 HR 비즈니스 파트너들에게서 이 모든 정보를 취합하는 과정에서 중요한 것과 그렇지 않은 것을 파악하는 이해도를 빠르게 발전시켰다.

저스틴은 '우리는 전체 HR 비즈니스 파트너들 사이에서 반복해서 아이디어를 검증할 수 있었던 챔피언을 찾아 냈어요. 이렇게 해서 그 챔피언이 차례대로 우리의 앰버서더들과 피플 애널리틱스 작업에서 우리의 "고객"들이 되었던 HR 동료들로부터 신뢰를 만들어 냈지요.'라고 이를 설명했다.

피플 애널리틱스 윤리 헌장은 그 모습을 갖추며 구체화되면서 개발되었다. 그 과정에서 피플 애널리틱스 팀은 윤리 헌장이 복잡한 문서나 일련의 처리 과정이 되지 않게끔 지속적해서 단순화하려 노력했다. 피플 애널리틱스 팀은 윤리 헌장이 실무를 반영한 일정한 작업 문서가 되기를 원했고, 그 원칙 중 하나는 그림 1.10에 제시되어 있다.

윤리 헌장은 피플 애널리틱스 팀이 프로젝트 맥락에서 필요한 피플 데이터를 사용할 수 있도록 지원하기 위해서 동료가 데이터 사용에 의한 결과로부터 안전하게 보호받는다고 느끼도록 함으로써 결국 데이터 분석 결과에 의해 통찰사항이 드러나도록 돕는 일정한 방식으로 설계되었다. 그 결과 이러한 윤리 헌장은 계속해서 인력 운용 관행들을 개선하고 동료의 경험을 강화하는 동시에 사업 성과에 기여하는 가치를 기업

그림 1.10 Lloyd Banking Group의 피플 애널리틱스 윤리 헌장 지침기준

1.	모든 프로젝트를 처음부터 끝까지 편향이 없는 중립적 사고로 착수해라
2.	익명이나 집계 데이터 형식을 통해 동료를 보호하고 공개물에 동료 개인 이름을 지정하거나 식별할 수 없도록 해라.
3.	검증된 데이터 모델에 더불어 통계적으로 적합한 분석 기법을 적용해라
4.	알아야 할 필요를 가진 사람만 정보에 접근하도록 해서 발견한 데이터와 통찰 결과를 늘 보호해라
5.	일관되고 공정하며 편향되지 않은 분석 방법론으로 일터에서의 동료 삶을 개선하려 끝까지 노력해라
6.	의사결정자가 동료, 고객, 이해관계자에게 영향을 미칠 수 있도록 데이터에 의한 통찰을 제공해라
7.	새로운 정보와 정보의 입수를 고려해 피드백을 겸허히 경청하고 접근 방식과 모델을 조정해라
8.	애널리틱스 프로젝트 각 단계에서 윤리적 고려 사항에 대한 영구 기록을 기록, 검토, 유지하여 프로젝트 범위가 바뀌면 재검토해라
9.	사안을 담당하는 책임자가 프로젝트 수명주기 내내 윤리적 의사결정에 적극적으로 참여하도록 해라

출처 2020년 7월 Lloyd Banking Group 승인 후 인용

으로 가져온다.

이러한 과정에서 중요한 단계는 예를 들자면 최고 인사 책임 임원CHRO과 보다 폭넓은 HR 커뮤니티에서 후원sponsorship을 확보하는 활동이다. 피플 애널리틱스 팀은 후원을 받게 되면 조직에서 해당 사안을 다루는 관리자급에게 연관 주제를 상달할 수 있는 환경이 조성되리라는 사실을 알고 있었다. 피플 애널리틱스 팀은 윤리적인 피플 데이터 사용 관행이 회사 전체 구석구석으로 스며들어야 한다고 믿었다. 피플 데이터에서의 윤리적인 사용 관행을 기업 조직의 일부로 만드는 행위는 그 접근 방식을 지지하고

윤리적 주제에서 피플 애널리틱스 팀이 전반적인 은행의 방식과 일치되게 하려는 고위 후원자들sponsors로부터 시작한다.

퍼즐의 마지막 부분으로서 피플 애널리틱스 작업과 관련해 독립된 평가를 제공하는 일정한 3자 조직third party organization과의 협업을 다룬다. 은행은 수년간 여러 주제들로 버밍엄 대학교Birmingham University의 책임 추구 비즈니스 센터the Centre for Responsible Business[9]와 협업해 오고 있다. 이는 은행이 윤리적 관행에서 자신의 접근 방식을 진지하게 검토하고 있음을 나타내는 또 다른 지표이다. 피플 애널리틱스 팀은 이러한 전문 지식과 업무 관계를 가지고 있었기 때문에 학계의 제3자 기관에서 조언을 구하는 행위가 애널리틱스 작업을 훨씬 더 탄탄하게 만들 것임을 확신했다.

약 6개월 후 윤리 헌장이 마침내 공개되었다. 저스틴은 '일정한 헌장을 갖추는 것으로도 은행 전체 HR 담당자들, HR관리자들, 우리 동료들 모두에게서 관심을 끌 수 있었어요. 우리는 그들과 연관된 데이터를 사용하는 방식과 개인 모두에게 돌아가는 혜택이 무엇인지에 대해서 숨김이 없도록 했어요.'라고 회상했다.

1년 후 앤디와 저스틴은 윤리 헌장에서 결정적이었던 그 순간에 대해 이와 같이 말했다. '최고 인사책임 임원CHRO이 어느 날 연락해서 규정 준수와 피플 데이터와 관련해 문의했어요. 금융 감독원Financial Conduct Authority에서 해당 주제를 언급했던 것이었죠.' 피플 애널리틱스에서 통제와 관리체제가 지니는 윤리적 요소로서의 강점을 검증하는 또 다른 도약의 순간이었다.

'우리는 몇 분 안에 윤리 헌장 전문을 보냈어요. 매우 빠른 답변을 받았는데, "더 이상 질문이 없습니다"라는 것이었지요. 우리는 그 결과가 자랑스러웠어요. 당국의 승인을 받는 수준을 획득한 것 자체가 중요한 이정표였어요.'

앤디, 저스틴과 팀원들은 피플 애널리틱스에서 이제 다음 단계로 나아갈 추진력을 얻었다. 그들은 자신들의 업무가 항상 윤리를 그 중심에 두고 있기에 은행 전체 동료들에게 그 혜택이 돌아갈 것이라고 확신한다.

TOP TIP

윤리 헌장 개발에 이해관계자들을 참여시켜라.

요약

통제와 관리체제는 한 기업이 기업 활동을 영위하면서 피플 애널리틱스 기능이 갖는 위험을 운영하고 관리하는 목적 달성 방법론, 과정상의 처리 과정, 일에서의 수행 절차를 제시한다.

아래 주요 단계들은 피플 애널리틱스가 지향하는 방향성을 정한다.

• 피플 애널리틱스 작업을 기업전략과 연계한다.
• 조직에서 이해관계자들과 협력해 피플 애널리틱스에서의 존재 목적과

포부가 명확한 기억하기 좋은 비전 선언문을 만들어라.

- 피플 애널리틱스 기능이 추구할 목표를 정의하고, 그 팀을 안내하며, 구현할 최종 결과물이 명확해지도록 사명 선언문을 개발해라.
- 장사꾼marketeer처럼 생각하고 피플 애널리틱스의 가시성을 전사차원으로 높여 줄 브랜드를 구축해라. 여러분의 이해관계자들에게 피플 애널리틱스를 알려라.
- '피플 애널리틱스 이사회'를 구성해서 방향성을 제공하는 동시에 피플 애널리틱스 수행 환경을 조성해라.
- 투명성을 제공할 일정한 윤리 헌장을 개발해서 윤리를 우선시함으로써 피플 데이터에서의 사용 관행이 현명하고 윤리적일 수 있게 관리해라.

각주

1 EU GDPR은 침해 행위에 대해 최대 2000만 유로(약 1800만 파운드) 또는 전 세계 연간 매출의 4% 중 더 큰 금액의 벌금을 부과한다.
(https://www.itgovernance.co.uk/dpa). -gdpr-penalties (https://perma.cc/4ND5-THWC), 2021년 1월 15일 최종접속).

2 HIPPO 원칙은 급여 순위가 높은 사람의 의견을 중심으로 업무를 할당하는 원칙이다.

3 Novartis International A.G.는 스위스 바젤에 본사를 둔 스위스 다국적 제약기업이다. 시가 총액과 매출 모두 세계에서 규모가 큰 제약기업이다.
(https://www.novartis.com/our-company (https://perma.cc/U894-5CV5)). 2021년 3월 25일 최종접속).

4 일반적으로 중국 철학자 공자에게 귀속한다.

5 Trimble, Inc.(NASDAQ: TRMB)는 전문가와 현장 모바일 작업자가 건설, 지리 공간, 농업과 운송을 포함한 다양한 산업 분야에서 작업 프로세스를 혁신할 수 있도록 상용 테크놀로지 솔루션을 제공하는 글로벌 제공업체이다. 캘리포니아 서니베일에 본사를 두고 있는

Trimble은 35개국 이상에서 11,000명 이상의 직원이 근무하고 있다.
(https://www.trimble.com/corporate/about_at_glance.aspx, 2021년 3월 11최종 접속).

6 '우리는 신을 (절대적으로) 신뢰한다. 하지만 다른 것들은 데이터를 기반해야 한다.
('In God we trust, all others must bring data')'(W Edwards Deming)라는 인용문에서 채택
했다.

7 Lloyds Banking Group은 Lloyds TSB가 HBOS를 인수하면서 2009년에 설립되었다. 17세
기로 거슬러 올라가는 역사를 가진 이 은행에는 현재 65,000명의 직원이 있다.
(https://www.lloydsbankinggroup.com/who-we-are.html(https://perma.cc/N9X9-
J8BX)). 2021년 3월 11일 최종 접속).

8 Lloyds Bank Code of Responsibility (https://www.lloydsbankinggroup.com/
assets/pdfs/who-we-are/responsible-business/downloads/group-codes-andpolicies/
2019-code-of-responsibility.pdf (archived at https://perma.cc/64QPR72A),
2020년 6월 3일 최종 접속).

9 Lloyds Banking Group Centre for Responsible Business (https://www.
birmingham.ac.uk/research/responsible-business/index.aspx (archived at https://
perma.cc/2F9E-TQU4), 2021년 2월 6일 최종 접속).

02
방법론(Methodology)

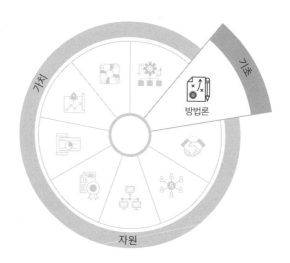

방법론

가치

기초

자원

2장에서는 범주를 기준으로 한 우선순위 지정 방법criteria-based prioritization, 초점–효과–가치 모델Focus-Impct-Value Model, 후원자와의 협업 활동이 포함되어 있는 반복적이며 효과가 큰 피플 애널리틱스 관행과 방법론을 논의한다.

탁월한 피플 애널리틱스를 위한 9가지 관점

핵심 포인트

• 우선순위 지정을 통해 비즈니스 중심 애널리틱스 방법론을 활성화하는 방법

• 초점-효과-가치 모델에 의한 분석 방법론이 적합한 접근법인 이유

• 성공 가능성을 높이기 위해 후원자와 협력하는 방법

핵심 포인트와 연계된 실제 사례 중심의 통찰

• Merck & Co., Inc 전염병 확산에 대응해 우선순위를 지정하는 과정에서도 기민함agile을 유지한 방식

• American Eagle outfitters 피플 애널리틱스 선언문 개발하기

• Swarovski AG 사안에 적합한 후원자와 동행하며 매출 성장 실현하기

개관

방법론

9가지 관점의 하나인 방법론은 피플 애널리틱스가 반복적이며 역동적일 수 있도록 피플 애널리틱스에서의 사안 처리 과정processes과 프레임워크를 설정하는 것에 초점을 둔다. 피플 애널리틱스의 사안 처리 과정과 프레임워크에는 후원자의 개입을 유도하는 방식 이외에도 피플 애널리틱스 팀이 사업성과에 기여하는 결과물을 도출해서 효과를 창출하고 가치를 구현하는 과정에서 비중을 조정하는 기준을 규명하는 방식이 포함된다. 이에 따라 작업에서 우선순위를 지정하는 방식과 효과를 담보할 분명한 범주를 사용하는 방식도 포함한다.

탄탄한 방법론을 올바르게 설계하여 실행하면 피플 애널리틱스 작업에서의 착수가 효과적으로 이루어지고, 지속 가능하고 역동적인 방식으로 해당 기업과 재직인재군 모두에게 가치가 전달된다. 이러한 배경에서 수많은 기업들이 9가지 관점 중에 방법론을 우리에게 논의한다.

다음은 피플 애널리틱스에서 필요로 하는 주요 세 가지이다. 1) 인적 유형에서의 전문성 (전문가, 분석가, 이해관계자 그리고 후원자), 2) 사람, 데이터 그리고 테크놀로지를 조달해 활용하기 위한 금전 형태의 재원, 3) 모든 노동자들(근로자, 관리자 그리고 임원진)의 신뢰 배당trust dividend에서의 투자가 피플 애널리틱스에 필요하다. 이 세 가지를 갖추지 못한 피플 애널리틱스는 사업성과에 기여하는 결과물을 도출해 효과를 만들어 내지 못한다. 동시에 피플 애널리틱스 활동을 발전적으로 진전시켜가는 단계마다 (progress) 피플 애널리틱스가 가진 고유한 잠재능력만큼 그 가치를 충분히 실현해 내지 못할 것이다.

일정한 피플 애널리틱스 프로젝트나 기능에서 구체적인 형태를 만들어가는 사안 처리 과정, 의사결정 도구, 협약protocols, 일에서의 처리 절차는 수없이 많다. 우리가 2장에서 그 중 일부를 선별하여 자세히 검토한다고 해도, 주목해 볼 사항은 모든 훌륭한 방법론이라면 집중할 영역이나 대상을 선택하는 기준에 맞추어 강력한 효과를 도출하며 가치를 구현한다는 점이다.

피플 애널리틱스에서 가장 성공적인 방법론이라면 효과성을 고려한 우선순위 지정, 사안을 처리하는 방식과 절차를 포함한 과정에 대한 정의, 헌신 의지를 가진 후원자들 같은 세 가지 구성 요소를 갖추고 있다. 이를 차례대로 하나씩 검토해보자.

효과적인 우선순위 지정

저명한 현대 경영전문가 사이몬 사이넥Simon Sinek은 그의 저서인 'Start with Why(왜란 질문으로 시작해라, 2011)'에서 '사람들은 여러분이 판매하는 대상을 구매하지 않고 여러분이 그 대상을 판매하는 이유를 구매합니다. 그래서 여러분이 판매하려는 대상이 여러분이 확고히 믿는 그 대상이라는 신념을 증명해 내면 됩니다'라고 서술하였다.

이 점은 피플 애널리틱스에도 동일하게 적용된다. 임원진, 관리자, 근로자는 선택된 통계 기법, 사용된 테크놀로지 등 수행이 완료된 '대상'에 관심을 가지지 않는다. 관심을 가지는 대상은 기업이 시간과 돈을 피플 애널리틱스에 투자하는 이유처럼 피플 애널리틱스 작업이 수행되고 있는 이유와 자신이나 조직에게 혜택을 주는 방식이다. 사람들은 피플 애널리틱스 작업에서 그 목적과 그 최종 결과물을 중요하게 고려한다.

우리는 성공적 요소를 갖춘 피플 애널리틱스라고 한다면 그 존재 목적이나 그 '이유'가 본질적으로 사업 성과에 기여하는 가치와 연결되어 있다고 믿는다.

'무엇이 사업 성과에 기여하는 가치인가?'란 질문을 모든 조직에 해 보면 사람들은 대부분 이에 대한 답변에 맞게 행동할 수 있을 때 상당히 단순한 일련의 답변을 내어 놓는다. 이처럼 피플 애널리틱스 작업을 착수할 때 해야 할 첫 번째 일은 이해관계자들에게 적합한 질문을 하는 것이다. 우리는 적합한 질문하기를 3장(이해관계자 관리)에서 더 논의할 것이다.

그 다음으로 다양한 작업 요청에 우선순위를 지정하는 것이 매우 중요하다. 피플 애널리틱스 팀이 요청을 받은 작업에서 우선순위를 효과적으로 정하는 능력을 가지고 있다면, 근로자 자신을 포함한 이해관계자들은 그 팀이 그 조직의 가장 중요한 주제에 비중을 두고 있다고 확신을 갖게 될 것이다. 그러나 피플 애널리틱스 팀들이 효과적으로 우선순위를 지정하는 활동을 수행할 수 있는 능력을 갖추기 위해서는 자사 비즈니스를 심층적으로 파악해야 한다. 즉 사업의 목적, 생산물, 판매 제품이나 서비스, 사업에서의 측정 방식, 중점을 두는 대상, 근로자, 주주와 공동체 등의 대상에 대한 책임 등을 파악해야 한다는 것이다. 따라서 모든 이해관계자들의 의견을 경청하고 사업을 이해하는 것이 중요하다.

해당 사안에서 우선순위를 정해라

사업에 대해 이해력을 갖추게 되었다면 이제 피플 애널리틱스 팀이 중점을 두어야 하는 작업과 프로젝트를 결정할 때이다. 그렇지만 누가 이 결정을 내릴 최적합한 위치에 있는가?

비즈니스 현업 리더들에게 가장 중요한 세 가지 우선순위 사항을 질문해라

우리는 피플 애널리틱스 리더들과 대화하면서 많은 피플 애널리틱스 리더들이 '이러한 도전과제들 중에 우리에게 최우선 사안이 될 과제는 무엇인가?'와 같은 질문을 비즈니스 현업 리더들에게 던진다는 사실을 발견했다. 아무리 가장 작은 기업들이라 해도 리더 한 사람의 우선 사안이 다른 리더들의 우선 사안과 동일한 경우는 상당히 드물다. 충분한 정보에 입각하여 균형 잡힌 의사결정을 내리는 사람이 한 명이라도 없다면 그 프로젝트는 최소 한 명의 주요 이해관계자가 있다고 해도 가치를 더하는데 반드시 실패한다. 대형 전자 회사의 피플 애널리틱스 리더 한 분이 우리에게 '우리는 목소리가 큰 사람의 작업을 수행해 주는 위험에 처해있어요.'라고 말한 적이 있다. 목소리가 큰 순으로 우선순위를 정하는 것은 효과적인 우선순위 지정 방식이 아니다.

그러므로 최우선순위 사안을 문의하는 것보다는 리더 스스로 향후 12-24개월을 예상해 보았을 때 대상 비즈니스 현업에서 최우선순위 사안이 무엇일지 세 가지로 표현하도록 요청해라. 이러한 방식을 통해 리더들은 일반적인 사안에 더불어 사업 전략과 합치되는 내용을 이야기할 수 있게 되고, 그 내용을 접한 피플 애널리틱스 컨설턴트는 분석에서 가장 중요한 기회에 대한 폭넓은 시야를 확보할 수 있게 된다.

트렌드를 반영한 주제 보다 가치를 제공하는 비즈니스 현업 주제로 초점을 맞춰라.

리더들의 의견은 중요하다. 그렇다고 해도 트렌드에 따른 '즐겨찾기 주제'는 경계해야 한다. 이는 일정한 선호 프로젝트나 주제를 가진 HR 리더나 비즈니스 현업 임원이 피플 애널리틱스 리더들에게 골칫거리일 수 있음을 의미한다.

C-레벨 경영진을 움직이는 사업성과 도출 목적의 전략과제들을 파악하고 있는 인사 책임 임원과 협력하는 것은 매우 중요하다. 비즈니스 현업 리더들 각자가 특정 사안에 관심을 가지는 '이유'를 파악해라. 비즈니스 현업 리더들이 기대하는 대상, 가설, 분석에 의한 통찰 사항을 발견하는 동시에 그 결과를 추진하고자 노력 중인 대상을 찾아내라.

이 외에도 고위급 리더 한 명이 '빠르게 해결 가능한 도움quick favour'이라고 포장하는 트렌드를 반영한 프로젝트 하나가 등장하면 피플 애널리틱스 팀은 그 시급한 데이터 요청을 실제 비즈니스 문의로부터 갈라내어 제거하는 것이 좋다. 그 리더에게 당장 도움이 되는 것은 트렌드를 반영하는 프로젝트다. 그러나 장기적으로 그 리더에게 도움이 되는 것은 특정 사안이 관심 대상이 된 이유, 그 프로젝트에서의 기대치와 가설, 그 프로젝트를 통해 추진하려는 사안을 파악하는 것이다.

이러한 두 가지 유형의 요청들 간 차이점에 더불어 자원의 소모를 파악

탁월한 피플 애널리틱스를 위한 9가지 관점

하는 것이 중요하다. 효과적으로 질문하기와 토론은 두 가지 유형의 요청들 간 차이를 구분해 내는데 도움을 준다. 이것이 우리가 전담 피플 애널리틱스 컨설턴트를 두도록 권장하는 또 다른 이유이기도 하다. (4장 스킬 참조)

다양한 분야와 계층의 리더들에게 질문해라. 영향력이 큰 이해관계자 한 사람에게 의존하지 마라.

3장(이해관계자 관리)에서 이해관계자와의 협력 활동이 상세히 논의되겠지만, 이 주제와 관련해 요약해 말하자면 우리가 권장하는 사항은 다양하고 많은 이해관계자들의 의견을 기업 전체에서 수렴하는 활동이다.

그럼에도, 우리는 협업해 온 많은 조직에서 영향력 있는 이해관계자들이 피플 애널리틱스 작업 중 일정 상당 부분을 다른 사람들의 관여 없이 위임하려고 한다는 사실을 발견한다. 특히 이러한 상황은 상위 계층 리더들이 개별 분석가analyst들과 관계를 발전시키려는 경향을 보이는 조직에서 피플 애널리틱스 팀이 상대적으로 소규모인 경우에 발견된다.

겉으로 보이는 모습은 개별 비즈니스 현업 리더 한 사람이 피플 애널리틱스 팀에게 자신의 작업 요청을 마무리하도록 지시하고, 이어 피플 애널리틱스 팀이 분주한 상황에서도 애널리틱스 서비스를 요청하려는 누군가를 지원함으로써 피플 애널리틱스 팀의 가치가 높게 평가받는다고 느끼는 형국이다. 과연 이것이 괜찮다고 할 수 있나? 과연 그럴까? 그렇지 않다!

이 상황은 여러 이유들로 미묘하다. 장기 프로젝트에서 다른 의견을 고려하지 않은 상태로 대상이 된 의제를 빈번하게 주도하려는 영향력 있는 리더 한 사람이 있다는 사실만으로도 프로젝트는 산만해지게 될 수 있다. 또한 프로젝트에서 수행된 그 작업은 더 큰 규모의 중요한 새로운 계획안 initiative에서의 일부였을지도 모른다. 결과적으로 지배적 성향을 지닌 리더가 추가한 이러한 작업은 추진력과 견인력을 크게 감소시킬 수 있다. 우리 경험으로 보면 이러한 프로젝트는 사업에서 많은 가치를 더하지 못하고 작업을 계속하기에도 소모적인 성격을 갖는다.

다음 예를 곰곰이 생각해 보자. 글로벌 금융 서비스 조직에서 보상과 임금reward and compensation을 담당하는 매우 영향력 있는 책임자가 근로자 임금 제도를employee compensation 다루는 피플 애널리틱스 프로젝트를 의뢰했다. 그 작업에 6개월이 소요되었고 그 기간 동안 애널리스트들을 다 투입했다. 분석이 완료되었을 때 이 리더는 통찰 결과물이나 제안들이 성에 차지 않았다. 피플 애널리틱스 팀은 해당 프로젝트를 취소하기로 결정한다. 이에 대해 관여하는 다른 리더들은 없었다. 다른 리더들과 그 프로젝트를 논의하지 않아 작업과 연관된 기능 부서 간 논의는 존재조차 하지 않았던 것이다. 6개월 기간이 소요된 작업이 낭비된 셈이다.

역동적 참여가 일어나는 우선순위 지정 포럼을 만들어 우선순위 사안들을 논의해라.

탁월한 피플 애널리틱스를 위한 9가지 관점

다양한 기능들을 대표하는 실무 담당자로 구성된 우선순위 지정 포럼은 매우 유용할 수 있다. 우선순위 지정 포럼에서 핵심은 이러한 소규모 그룹의 사람들이 피플 애널리틱스가 이용 가능한 선택지와 관련해 균형 잡힌 관점을 단체로 제공할 수 있다는 점이다.

다음과 같은 소규모 팀 구성을 권장한다.
- 사람과 연관된 전사 우선순위 사안에 의견을 제공할 HR 임원
- 전사적 시각으로 무엇이 중요한지 파악할 만한 연차의 비즈니스 현업 대표자
- 권고를 받은 작업이 가질 재무 가치에 대해 일정한 관점을 제공할 재무 임원

다음은 프로젝트 우선순위 지정 포럼이 담당하는 활동들이다.
- 우선순위 지정을 목적으로 의사결정 범주와 연관해 합의를 도출하는 활동
- 의사결정 범주에 의거해 빠른 성공quick win이 가능하거나 성공하면 효과가 큰big bets 프로젝트를 선정하는 활동 (2장 후반부 복합도–영향도 매트릭스 참조)
- 선정을 완료한 피플 애널리틱스 프로젝트에서의 진척 상황을 검토하는 활동
- 대상 프로젝트에 더불어 선정이 완료된 작업에서 지속적으로 이루어지는 활동을 정기적이고 역동적으로 재확인하면서 새로운 아이디어들과 요청 사항을 검토하는 활동

그림 2.1　　프로젝트 우선순위 지정 포럼

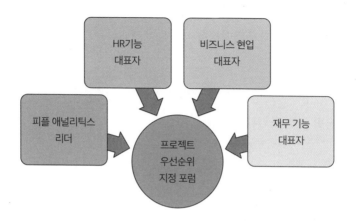

그림 2.2　　복합성-효과성 매트릭스

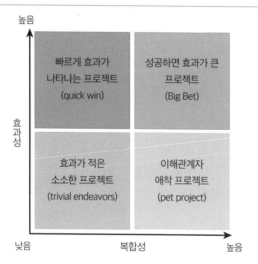

출처 2017년 Guenole, Ferrar 그리고 Feinzig 인용

　　　　　　　　　　　　　　　　　　탁월한 피플 애널리틱스를 위한 9가지 관점

피플 애널리틱스 리더는 참가자가 각각의 새로운 계획initiative이 가진 가치에 더불어 이에 필요한 필요 사항을 공유하고 토론해서 결정할 때 그 우선순위 지정 포럼이 진행되게끔 설명을 제공하며 관리하는 책임을 담당한다.

1장(통제와 관리체제)에서 언급했듯이 그 어떤 다른 통제와 관리체제도 이러한 우선순위 지정 포럼과 결합될 수 있다는 사실을 주목해야 한다.

강력한 프레임워크를 사용해라: 복합성-효과성 매트릭스(Complexity-Impact Matrix)

기업들은 수행하려는 작업 순서를 설명하기 위해 많은 도구를 사용한다. 작업 순서를 안내하는 목적으로 우리가 권장하는 도구는 복합도–영향도 매트릭스이다. 'Power of People: Learn how successful organizations use workforce analytics to improve business performance(사람의 힘: 성공적인 조직이 재직인재군 애널리틱스를 사용해 비즈니스 성과를 개선하는 방법, Guenole, Ferrar and Feinzig, 2017)'에서 복합도–영향도 매트릭스가 자세히 설명되어 있다. 그 모델은 상대적인 영향도와 복합도를 기준으로 대상 프로젝트의 우선순위 지정 범주를 가늠할 수 있도록 설계되어 있다.

사업 성공에 기여하는 성과 도출 유형을 반영한 효과성Impact

세로 Y축의 영향도는 피플 애널리틱스가 제시한 새로운 계획안initiative에서의 가치 주도 요인들value-driven factors 범위와 규모를 보여준다. 효과성을 측정하는 주요 범주criteria는 세 가지이다.

- 사업 전략과의 연계
- 재무 가치
- 대상 재직인재군이 얻게 될 혜택

프로젝트 수행 활동과 자원 획득에서의 난이도를 고려한 복합성Complexity
가로 X축의 복합도는 피플 애널리틱스 프로젝트 수행에 필수적인 활동
과 자원 획득 과정에서의 난이도를 보여준다. 복합성을 측정하는 개별 범
주는 다음을 포함한다.

- 데이터 사용 가능성, 접근성, 품질
- 필수적인 테크놀로지 사용 가능성
- 자원을 이용할 수 있는 가능성 이외에도 전문적으로 특화된 정도
- 조직 정치
- 대상 프로젝트에 비즈니스 현업 후원자가 한 명 이상 존재하는지 여부
- 애널리틱스 솔루션을 상품화하여 비즈니스 안으로 구현할 수 있는 가
  능성과 쉽게 사용할 수 있는 정도

이러한 범주들을 사용해 대상이 된 프로젝트를 평가하면 각 프로젝트는
다음 각 사분면에 표시될 수 있다. 빠르게 효과가 나타나는 프로젝트quick
win, 성공하면 효과가 큰 프로젝트Big Bet, 효과가 적은 소소한 프로젝트trivial
endeavors, 이해관계자 애착 프로젝트pet project

탁월한 피플 애널리틱스를 위한 9가지 관점

빠르게 효과가 나타나는 프로젝트quick win: 피플 애널리틱스가 항상 복잡하지는 않다. 이 유형의 프로젝트는 성과를 창출할 가능성이 높아 효과가 큰 상황에 적합하고, 상대적으로 가장 낮은 수준의 복합도를 나타낸다. 이러한 프로젝트에서는 후원자의 참여가 자주 일어나기 때문에 제한된 투자로도 목표로 한 가치를 실현하기도 한다. 다른 산업 전문가들도 이러한 프로젝트를 찾아서 완수해야 할 최상의 프로젝트라고 동의한다. (Marritt, 2018)

성공하면 효과가 큰 프로젝트Big Bet: 이 유형의 프로젝트는 과업 수행 여건이 상당히 복잡하고 종종 수년이 소요되는 프로젝트이지만, 상대적으로 조직에 가장 많은 가치를 선사한다. 이러한 프로젝트는 보통 시간과 자금에서 상당한 투자를 필요로 하기 때문에 일정 정도 유의미한 지원과 후원sponsorship도 필요하다. 선도적인 피플 애널리틱스 팀이라면 대부분 최소 하나 이상 이러한 프로젝트를 자신의 포트폴리오에 두고 그 기업의 최상위 계층으로부터 지원과 관심을 획득한다.

효과가 적은 소소한 프로젝트Trivial Endeavours: 우리의 경험으로 보면 고위 임원진에게서 제한된 투자와 관심을 받는 피플 애널리틱스 팀의 포트폴리오에는 주로 효과가 적은 소소한 프로젝트가 많다. 이 유형의 프로젝트는 대개 피플 애널리틱스 팀에서 전체 에너지와 시간을 상당히 많이 잡아먹고도 사업 성과에 기여하는 유의미한 가치를 거의 실현해내지 못한다. 데이터 요청, 보고 활동, 대시보드 생성, 제한된 영향력을 가진 사람들이 후원하는 프로젝트 수행이 이 유형의 일반적인 프로젝트 사례이다.

이해관계자 애착 프로젝트Pet Project: 이 유형의 프로젝트는 가치가 가장 낮다. 이러한 유형의 프로젝트는 수행을 끝까지 잘했다고 하더라도 결과물이 갖는 효과가 적어서 그 프로젝트가 무엇이든 제한된 가치만을 성과로 거둔다. 이는 그 프로젝트가 가진 복합성으로 인해 시간을 많이 허비하고도 성과로 도출된 결과물이 갖는 효과가 그 이해관계자에게만 국한될 수 있기 때문이다.

복합성-효과성 매트릭스(그림 2.2)와 같은 잘 연마된 작업 우선순위 지정 방식을 발전시키면 피플 애널리틱스 팀은 전지구적 전염병 위기에서 주축이 되어 비즈니스 현업으로부터 발생하는 수많은 새로운 요구사항들을 충족시킬 수 있다. 아래 사례연구인 전염병 확산에 대응해 우선순위를 지정하는 과정에서도 기민함agile을 유지한 방식: Merck & Co. Inc는 실제 현장에서 일어나는 이러한 유연성을 보여주는 또렷한 사례이다. 피플 애널리틱스에서 구조와 유연성은 동시에 요구된다는 것이 이 사례 핵심 메시지이다.

전염병 확산에 대응해 우선순위를 지정하는 과정에서 기민함[agile]을 유지한 방식: Merck & Co., Inc.[1]

(2장에서 제시한 바에 따라) 구조화된 방식으로 프로젝트에서 우선순위를 지정하는 것이 좋다. 그러나 전염병이 지구 전체로 확산되거나 큰 위기 같은 상황에서 수행 중인 사업에 무슨 일이 발생할지 누가 알 수 있겠는가? 그래서 피플 애널리틱스는 신속하게 대응할 수 있는 능력을 갖추어야 한다.

미국 제약사 Merck & Co., Inc의 재직인재군 애널리틱스[Workforce Analytics] 팀은 위기 시 사업을 지원하는 방법을 알고 있다. 덧붙여 설명하면 보통 재직인재군 애널리틱스는 인력 계획, 노동 생산성, 이동과 배치, 근태 관리, 조직 몰입, 인력 구조를 포함한 조직 구조 분석, 승계 계획 영역에서 알고리즘을 기반으로 투자 수익률을 다루는 애널리틱스를 이른다. 이러한 재직인재군 애널리틱스[Workforce Analytics] 담당 전무이사 제레미 샤피로[Jeremy Shapiro]는 피플 애널리틱스 분야에서 최고의 평가를 받는 영향력 있는 리더 중 하나이다. 그는 Merck & Co., Inc., Morgan Stanley, Omnicom Group에서 쌓은 경력 덕분에 비즈니스 현업 리더로서 경험을 많이 할 수 있었고 HR 임원으로서 많은 성취를 이루었다.

제레미는 세 가지 원칙을 중심으로 피플 애널리틱스 작업에서 우선순위를 지정한다. 세 가지 원칙은 첫째, 기업 핵심가치와 함께 우선순위 사안들을 기업 경영활동으로 내재화하는 것, 둘째, 근로자 요구 사항에 대한 공감, 마지막으로 사업 전략 파악이다.

제레미는 2020년 하반기 화상 통화에서 자신의 팀이 코로나 전염병 확산 이외에도 연이어 파생된 경제 혼란들을 성공적으로 헤쳐서 나아간 방법을 회상했다.

'환자들은 저희 같은 기업들에 의존하기 때문에 전지구적 전염병 확산 시기에는 이러한 필요가 더 극대화된 상황이었어요. 재직인재군 애널리틱스Workforce Analytics 팀이 사업 최전선에 배치되어 있지 않아도 우리는 지원과 동시에 당장 행동도 할 수 있다는 사실을 알고 있었어요. 고위 리더들은 근로자의 건강과 안전, 공급망의 연속성, 정상적인 경영활동 등 이 세 가지를 우선순위로 지정했어요.'

세 가지 우선순위 사안들은 재직인재군 애널리틱스Workforce Analytics 팀이 어떻게 노력을 집중하고 먼저 완료할 작업이 무엇일지에 관한 지침을 제공했다. 재직인재군 애널리틱스Workforce Analytics 팀에게 있어 노력을 배분하고 선순위로 완료할 작업을 선택하는 활동은 작업 우선순위 지정 활동을 스택 방식stacked method으로 전환하는 것이었다.[2] 스택 방식은 작업 순서를 사업 전략과의 연관성에 따라 정한 후 전사 차원의 긴급함과 중요도에 따라 순서를 매기는 것이다. 위기 시 어떤 과업이 가장 중요한가를 해석할 때에는 우선순위를 정하는 범주는 좁혀져야 하고 해석은 명확해야만 한다. 모든 사람 각자가 무엇을 완료해야 하는지 명확해지면 기나긴 우선순위 선정 토론에 대한 필요도 또한 낮아진다.

'저는 재직인재군 애널리틱스Workforce Analytics 팀에게 개인 자격으로 리더들이 그들에게 필요로 하는 사항을 직접 말하면서 설명 중인 상황을 상상해 보라고 요구했어요.' 재직인재군 애널리틱스Workforce Analytics 팀 모두는 이 상황 이입 연습 덕분에 리더들에

탁월한 피플 애널리틱스를 위한 9가지 관점

게 다시 의미를 명확하게 짚어 해석해 주면서 방향성을 제시해 줄 것을 요청하지 않고도 비즈니스 현업 리더의 입장으로 상황을 보게 되었다.

제레미는 리더로서 공감empathy에 있어서는 자신만의 가치관을 가지고 있다. 그는 팀원들이 서로 개방적인 태도로 자유롭게 의사소통한다면 사업 전략에 더불어 리더들의 요구 사항과 연관 지어 의미 있는 토론과 성찰을 할 수 있을 것 같다고 생각한다. '자신이 가진 인간다움과 우리 동료들과 환자들이 가진 인간다움을 부각시켜 강조하는 것만으로도 공감을 통해 우선순위를 선정하는 것이 가능해져요.'

재직인재군 애널리틱스Workforce Analytics 팀은 전염병 확산과 관련되어 있는 사업 우선순위 사안들에 빠르게 적응했다. 비즈니스 현업과 제레미의 지침에 담긴 의미를 찾아보면 사람들은 직관적으로 자신의 시간과 자원을 어디로 집중시킬지 파악하고 있었다. 리더는 자신이 관리하는 사람들과 연관된 특정 유형의 데이터와 관련 업데이트를 필요로 하고 있었지만 기업의 모든 사람이 각자 빠르게 움직이고 있던 중이라 잠시 멈춰 필요 사항을 정식으로 정립할 시간이 전혀 없었다.

제레미는 '우리는 공감 능력 외에도 비즈니스 현업에 대한 우리 자신의 이해도를 활용해 요청 사항들에 선제적으로 부응하려고 했어요. 우리는 완벽하게 상황들을 이해할 수는 없었지만 전염병 확산이 최고점에 도달했을 때 약간 부족하더라도 어느 정도 대응하면서 운영할 수 있는 능력을 갖추고 있었어요. 우리 모두가 다양한 근로 환경에 스스로 적응해야 했다는 점에서 아주 조금은 도움이 된 셈이지요.'라고 설명했다.

제레미와 그의 팀원들은 가치를 전달하기 위해 이러한 위기 상황에서도 우선순위를 지정할 때 본능적인 직관을 따라 행동으로 옮기는 방식을 취했다. 이러한 우선순위 지정방식에 의해 실행한 방법 하나는 HR 기능, 시설 관리 기능facilities, 생산 활동에 필요한 전반적 기능operations, 사이버 보안 인재로 구성된 애자일 팀agile team 하나를 신설한 것이다. 모두 함께 재직인재군에서의 현황과 위기가 시설들에 미치는 영향을 보여주는 실시간 현황 대시보드를 새롭게 만들어 냈다. 애자일 팀은 의료 전문가가 현장에서 전염병 확산에 대응하기 위한 활동들을 관리하는데 사용하는 동일한 유형의 데이터 시각화 대시보드를 만들고자 내부 의료진, 전염병 학자들과 파트너십을 구축했다.

마침내 애자일 팀은 시의적절한 설문과 근로자 피드백 분석(직원경험 파악과 개선을 위해 수집한 근로자 피드백 분석, employee listening analyses)을 실행해 해당 위기가 근로자에게 미치는 영향을 파악함으로써 건강과 안전을 관리하며 공급망과 정상적인 경영 활동을 유지하기 위한 조치 사항들을 평가했다. 애자일 팀은 이러한 데이터 덕분에 분석 결과에 의한 통찰사항을 제공해 달라는 보다 소규모로 수없이 들어오는 요청에도 개별 리더와 관리자를 돕고자 관심을 갖게 되었다. 이러한 새로운 계획안initiatives 모두가 해당 사안에서는 성공적인 것들로 간주되어서 환자, 근로자, 회사에 변화를 가져왔다.

전염병 코로나-19가 창궐하는 기간 동안 애자일 팀은 사업에서의 중요한 비즈니스 문제들을 HR 비즈니스 파트너에게 소통하기 전에 해결하려고 다음 접근 방식을 사용했다. '우리가 자사 핵심가치를 보고 알게 된 것은 CEO가 과거에 직원 개인의 건강과 안전에 대해 이야기한 적이 있었다는 사실이었어요. 인간이자 뉴스 관찰자로서 우리는 궁극적으로 코로나-19가 일터, 특히 제조업에 영향을 미치는 방식을 파악하고 있었

어요.'

애자일 팀은 비즈니스 현업과 근로자가 가진 요구사항을 잘 파악하고 있었던 덕분에 요청사항을 예상하고서 빠르게 행동을 취했다. 애자일 팀은 회사의 과학 전문가가 제시하는 의견을 바탕으로 외부 데이터를 애자일 팀의 보고 활동으로 통합하는 동시에 기업 정보 수집 활동business intelligence과 의사 결정을 개선하기 위한 임원진 보고 용도의 정확한 대시보드를 만들어 냈다. 그 새로운 계획안은 괄목할 만한 성공을 거두었고 환자, 근로자, 회사에서도 많은 것들이 변화했다.

위기 시 재직인재군 애널리틱스Workforce Analytics 팀이 취한 우선순위 지정 방식이 실시간으로 강조하는 사항은 경영 활동에서 비즈니스 사안을 직관적으로 이해하더라도 피플 애널리틱스 대상이 될 주제들을 선정해 빠르게 대응하는 자신감이다. (그림 2.3 참조)

그림 2.3   위기상황에서 우선순위를 지정하는 방식

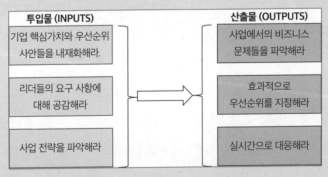

출처 2021년 1월 Merck & Co., Inc 승인 후 인용

투입물inputs이 위기와 평상시에 동일하더라도 직관과 자신감을 지니는 정도는 위기 상황에서 그 중요성이 새로워진다. 이러한 차이가 피플 애널리틱스가 위기 상황에서도 성공하도록 만드는 요인이자 피플 애널리틱스 리더만이 가질 수 있는 특정 스킬이기도 하다.

제레미는 '많은 요청 사항들이 소통되기 전에 대응하는 것이 이제는 자연스러워졌어요. Merck & Co., Inc.는 일상을 살리고 개선하는데 최선을 다하고 있지요. 우리 사업은 이러한 가치를 바탕으로 영위되고 있고 재직인재군 애널리틱스workforce analytics 팀도 마찬가지예요.'라고 회상하였다.

TOP TIP

위기 시 직관과 자신감이 필요할 것이므로 이를 갖추려면 사업 전략을 고객의 관점에서 파악하도록 해라.

작업 처리 과정 정의

전 세계 피플 애널리틱스 팀은 장애물을 극복하면서 최종 결과물을 효율적인 협업을 토대로 제공하고자 작업 착수를 안정적이고 효율적이며 깔끔하게 처리하는 과정을 발견한다. 적합한 애널리틱스 프로젝트를 선정해 작업을 착수하는 모델이 많이 있지만 그 중 다음 두 가지 모델을 피플 애널리틱스 전문가들이 개발했다.

탁월한 피플 애널리틱스를 위한 9가지 관점

애널리틱스 가치사슬 (The analytics value chain)

많은 사람들이 사용하는 방법론 중 하나는 애널리틱스 가치사슬이다. 2011년 초에 Google의 피플 애널리틱스 팀이 그 모델의 대략적인 개요를 만들었고 현재 Google의 re:Work 웹사이트에서 해당 모델을 사용할 수 있

그림 2.4　가치사슬 방법론

출처 Dekas (2011)와 van den Heuvel and Bondarouk (2017) 발췌

그림 2.5　목적에 따른 애널리틱스 8단계 모델

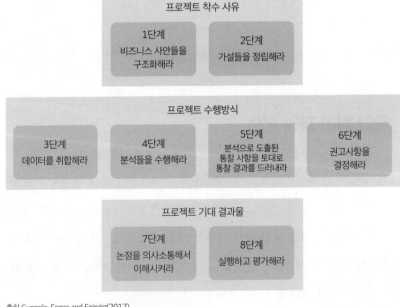

출처 Guenole, Ferrar and Feinzig(2017)

다(Dekas, 2011). 쇼어드 반 덴 휴벨Sjoerd van den Heuvel 박사와 같은 피플 애널리틱스 분야에서 저명한 학자들도 애널리틱스 가치사슬 접근 방식이 유용하다고 강조해왔다. (van den Heuvel and Bondarouk, 2017)

피플 애널리틱스 가치사슬에서의 기본은 초점을 행동을 하도록 만드는 의견으로부터 데이터, 측정 지표, 분석들로 옮기고, 먼저 과거의 의견, 신념, 가설을 검증한다. 그 과정에서 분석에 의해 통찰 사항이 드러나면 그 통찰 결과는 실행을 목적으로 조치를 취할 때 필요한 의사 결정을 지원하는데 활용될 수 있다.

8단계 모델 (The Eight Step Model)

목적에 따른 애널리틱스 8단계 모델은 각각의 모든 단계에서 피플 애널리틱스 프로젝트를 설계하고 실행하는데 효과적인 모델의 또 다른 예시이다(Guenole, Ferrar and Feinzig, 2017). 이 모델은 세 가지 주요 문제 의식에 의해 정립된다.

1 프로젝트 착수 사유
2 프로젝트 수행 방식
3 프로젝트에서의 기대 결과물

8단계 모델은 '비즈니스 사안을 구조화해서 시작해라'와 같이 모든 효과적인 피플 애널리틱스 작업에서 시작 지점을 강조하고 보완한다. 이러한 접근 방식은 피플 애널리틱스 분야의 다른 사람들(Levenson and Pillans, 2017)도 지지하며 McKinsey (McNulty, 2018)와 LinkedIn (McClaren, 2020) 같은 기업의 피플 애널리틱스 팀들이 따르는 방법론에 의해서도 보완되어 인정받고 있다.

초점—효과-가치 모델 (The Focus-Impact-Value Model)

피플 애널리틱스 팀의 작업이 성과 창출에 이르는 산출물들을 통해 효과적인 최종 결과물을 도출하고 가치를 구현하는 활동에서 성공적일 수 있으려면 집중할 영역이나 대상을 선택하는 기준을 설정하는 것이 필요하다. 그림 2.6에 기술된 모델은 효과적이기만 하다면 단순한 접근법이며 책의 초두에 요약된 질문에 대한 답이기도 하다(저자의 전언 참조).

- 무엇에 집중해 초점을 맞추어야 하는가?

  사업 성과 도출 목적의 여러 전략과제와 기업 인재경영 전략people strategy 간 연관 지점을 찾아내 집중할 영역이나 대상을 잘 선택하는 실무자들은 본인 노력만큼 성공적인 결과를 거두고 있다.

- 어떻게 하면 사업 성과 창출에 기여하는 효과가 도출되게끔 성과 창출 활동을 발굴하여 최종 결과물을 만들어 내고 피플 애널리틱스를 적용하는 대상 범위를 확대할 수 있는가?

  견고한 기반을 구축하더라도 IT테크놀로지, 분석 방법론, 데이터 관련 사안 해결에만 몰입하지 않는 조직이 장기적으로 사업전략과 연계되고 재무적 가치로 이어지는 효과를 담보한 최종 결과물을 더 많이 만들어 낸다.

- 어떻게 해야 재무, 위험관리, 고객 이외에도 근로자와 노동자의 조직
몰입을 유도해 사업에 기여할 더 많은 가치를 새롭게 이끌어 낼 수 있
는가?
이러한 최종 목표를 염두에 두고 본인의 작업 우선순위를 정하는 리더
가 자신의 비즈니스와 근로자를 대상으로 더 많은 가치를 전달한다.

그림 2.6 초점—효과-가치 모델 (Focus-Impact-Value Model)

초점　　　　영향　　　　가치

초점 (Focus, 집중할 영역이나 대상 선택)

개별 프로젝트와 피플 애널리틱스에서 수행된 작업에서 모든 개별 요소
들은 2장 초반에 기술된 우선순위 지정 범주를 사용할 때 목적과 가치에 따
라 기대한 대로 이행된다. 개별 프로젝트에 집중하려면 다음의 특정 핵심
요소가 필요하다.

- 프로젝트의 범위를 정의해라:
프로젝트의 범위를 지정하려면 분석 단위를 가르는 기준 설정이 필요
하다. 분석 단위에서 경계를 설정하는 기준은 매출과 비용을 책임지는

단위인 팀, 부서, 사업이나 사업부business units, 국가 혹은 지리적 단위로 구분된 사업체나 법인, 분석하려는 도시와 위치가 된다. 이 외에 그 기준은 근로자 그룹이나 사람으로 구성된 정의된 그룹을 대상으로 한 연구 범위를 한정하고 귀속하는 다른 요인들이다.

- 프로젝트의 후원자를 명확하게 정해라: 가장 중요한 기본 요소들 중에 하나는 일정한 비즈니스 현업 후원자를 확보하는 것이다. (2장 후반부 참조)

- 전체 가용 자원의 초안을 준비해라: 필수 예산에 더불어 투입 가능한 시간과 기간의 범위를 정의해라. 대상 프로젝트를 진입 단계별로 분할하는 것이 불가피한 경우라면 각 단계별로 명확한 목표와 투입 가능한 시간과 기간의 범위를 정의해라.

효과 (Impact: 사업 성과 창출에 기여하는 생산성 향상이나 기업 지속가능성을 고려한 최종 결과물)

효과는 대상 작업에 의해서 소비자 또는 수혜자가 받게 되는 그 작업의 예상 결과물이다. 피플 애널리틱스 작업에서 4가지 주요 고객군 유형은 7장(재직인재군 직원경험)에 기술되어 있으며 2장에서는 직원 개인, 재직인재군, 관리자, 임원으로 피플 애널리틱스 주요 고객군을 요약한다.

개별 그룹을 고려하여 '만약의 경우 발생할 결과는?'과 같은 질문의 답을 파악해 보려면 일정하고 체계적인 접근 방식을 취하는 것이 중요하다. 이러한 수행 기법technique이 목표하는 바는 해당 애널리틱스 작업에서 도출될 법한 결과물과 그 결과물이 각 고객군에게 전달할 효과를 예상하는 것이다.

그 사례로 영업 전문가의 네트워크 분석에 초점을 맞춘 프로젝트 하나를 살펴보자. 우리는 이 시나리오를 가지고 기업에서 특정 내외부 관계 네트워크 프로필이 개인의 영업 성과를 향상시키는지 파악하려는 상황을 살펴보고자 한다.

이제 일정한 가설에 의한 최종 결과물을 토대로 '만약에 이렇다면?'과 같은 질문을 고민해 보자. 최고 영업 전문가들이 내외부로 균형 잡힌 네트워크 프로필을 가지고 있다면 어떨까?

(다른 질문들도 가능하지만) 우리는 이 질문을 던짐으로써 이해관계자 그룹들의 관점으로 답변을 시작해 볼 수 있다.

- 우리라면 균형을 확보한 네트워크 실험을 조정하기 위해 현행 모집 프로세스를 변경했을까?
- 우리라면 영업 전문가들이 새로운 네트워크 구축 능력을 개발하게끔 영업 전문가를 대상으로 현행 훈련 프로그램을 변경했을까?
- 우리라면 변화 프로그램 변경에 일정한 비용이 수반되어도 그 변화 사안을 실행했을까?
- 우리라면 영업 전문가들이 가진 네트워크를 측정하기 위해 우리 시스

탁월한 피플 애널리틱스를 위한 9가지 관점

템을 변경하고 이 네트워크가 성공적 결과를 예측하는 변수로 사용할 수 있게 했을까?

'효과'에서 핵심은 도출될 법한 최종 결과물을 예상하는 것이지, 맹목적으로 애널리틱스를 시작하는 것이 아니다.

가치 (Value, 목적과 대상에 따라 이전되는 가치 양상)

프로젝트를 설정하거나 성공적인 결과를 위해 작업을 수행하는 맥락에서 보면, 가치는 피플 애널리틱스 프로젝트를 수행한 결과로 발생하는 재무 가치, 위험 완화, 소비자, 고객의 충성이나 몰입, 일정한 기업과 근로계약 관계에 있는 근로자를 포함하는 노동자workers의 직무 몰입 또는 조직 몰입으로 정의된다.

가치 창출 가능성을 고려해 프로젝트의 가설이 입증되거나 반증되어야 한다면 '가치'를 수반하는 피플 애널리틱스 프로젝트의 목표는 프로젝트 종료 시점에서의 잠재적 가치 평가가 되어야 한다. 이와 같이 가치 지향적으로 잠재적 가치 평가를 프로젝트 목표로 설정하면 프로젝트에서 다음 사항을 결정할 수 있다.

- 해당 작업이 착수할 만큼 중요했는지 여부
- 후원자가 필수적인지 여부
- 이해관계자들이 해당 작업의 용도로 스킬, 데이터, 테크놀로지와 관련

된 예산을 풀어줄지 여부

- 이해관계자 그룹들에게 상당한 효과를 가지는지에 대한 여부

먼저 연관된 애널리틱스 작업이나 프로젝트에 초점을 맞춘 후 그 범위를 정의하고 3장(이해관계자 관리)에 기술된 이해관계자 7가지 유형 전체에 미칠 법한 효과를 파악해서 상위 수준의 재무 가치, 위험 완화, 고객의 충성이나 몰입, 근로자employees나 노동자workers의 직무 몰입 또는 조직 몰입을 분명하게 밝혀내는 활동은 작업의 진행 여부를 결정에 있어서 견고한 플랫폼을 제공한다.

이행되는 작업으로서 다음 단계는 가장 중요한 피플 애널리틱스 작업과 프로젝트를 지원할 후원sponsorship을 얻는 것이다.

피플 애널리틱스에서 엄격한 방법론을 채택한 사례로서 좋은 예를 '피플 애널리틱스 선언문 개발하기: American Eagle Outfitters®'에서 찾을 수 있다. 이 사례는 소규모 팀 구성시에는 몇 가지 필수 요소인 프로세스, 이해관계자, 선언문이 성공적인 결과를 확보하는데 필요하다는 점을 핵심 메시지로 전달한다. 이제 사례를 통해 이러한 요소들을 검토해 보자.

피플 애널리틱스 선언문 개발하기: American Eagle Outfitters®[3]

2020년 이 사례연구를 논의할 당시 American Eagle Outfitters®AEO는 소비자와 판매 데이터를 대상으로 애널리틱스를 정교한 방식으로 사용했고 이보다 앞서 수년 동안 동일한 방식을 사용해왔다. AEO는 그 시점 즈음을 피플 데이터를 대상으로도 작업을 정교한 방식으로 수행할 때라고 인식했다. 피플 애널리틱스 리더인 코리 잉그램Cory Ingram은 소규모지만 작업 수행 역량을 갖춘 피플 애널리틱스 팀과 함께 애널리틱스를 피플 데이터에 정교하게 적용하도록 도운 사람이다.

2017년에 피플 애널리틱스 팀이 구성된 이후, 팀은 성과를 계속해서 많이 달성하고 있다. 팀은 '보고하는' 팀에서 '고객 니즈를 기준으로outside-in 비즈니스 사안을 중시하는' 기능으로 변모해왔다. 현재 팀은 반응형 데이터active data와 비반응형 데이터passive data를 활용해 사업에서의 비즈니스 문제를 해결하는 능력을 갖추고 있다. 피플 애널리틱스 팀은 프로젝트에서의 최종 결과를 조망하는 감각을 절대 놓치지 않으면서도 소매 유통 산업에 대한 끝없는 열정으로 이러한 모든 사항을 진행해왔다.

코리는 '그것은 아메리칸 이글 아웃피터스에서 관찰하면서 발전시킨 개인 철학이기도 해요. 소매업종에서 사람, 소비자, 판매 데이터는 서로 공생하는 관계인데 이 모두가 금전 등록기cash register라는 한 장소로 함께 모이게 되지요. 우리가 비즈니스 문제를 해결하려면 그 문제를 소비자와 판매로 연결시켜서 이해해야 해요.'라고 회상한다.

코리는 2018년 피플 애널리틱스 포지션에 처음으로 채용되었다. 그는 HR 기능, 컨설팅, 보험 계리학에서의 업무 이력 덕분에 탄탄한 HR 스킬 셋과 함께 데이터에 대해 열정을 갖게 되었다. 그래도 일을 시작한 당시 그는 피플 애널리틱스 분야에서 적응 속도를 빠르게 높이기 위해 일찍 일어나야 했다. 코리는 '매일 학교에 다시 다니는 것 같았어요. 많은 책을 읽고, 팟캐스트를 듣고, 동년배 직종 모임에 가입하면서 분야 최고의 컨퍼런스들에 참석했어요.'라고 당시를 회상한다. 코리는 피플 애널리틱스를 파악하는 기간 내내 2019년 처음 맡게 된 피플 애널리틱스 리더십 역할에 적합하게 스스로를 정비했다.

코리와 그의 매니저인 총 보상Total Rewards 수석 부사장인 제시카 카타니즈Jessica Catanese는 타고난 열정과 피플 애널리틱스 분야의 최신 발전 양상과 관련해 광범위한 지식을 가지고 협력했고 그 결과 작업을 착수하는데 근본적으로 필요한 요소를 확보했다. 코리는 '제시카는 AEO의 상위 계층에서부터 하위 계층까지 인적 네트워크를 가지고 있어요. 우리는 우선순위를 효과적으로 지정하는데 이러한 긴밀한 인적 네트워크가 도움이 되리라는 사실을 인식하고 있었어요. 그래서 적합한 이해관계자들과 관계를 트는데 그 네트워크를 활용할 수 있었던 것이지요.'라고 설명한다. 제시카는 최고인사 책임 임원CHRO에게 직접 보고를 하기 때문에 HR 기능이 가진 전략 의제도 명확하게 파악한다. 이러한 부분은 HR 기능 전체에서의 애널리틱스 의제를 설정할 때 결정적인 역할을 했다.

AEO 피플 애널리틱스 팀은 성공에 필요한 모든 필수 요소들을 갖추고 있었다. (그림 2.7 참조) 피플 애널리틱스 팀의 성공 요소로는 제시카가 가진 해당 법인체에 대한 지식,

그림 2.7　　탁월함을 목표로 소규모 팀 구성 시 근본적으로 필요한 요소

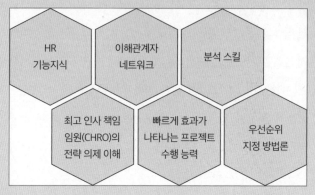

출처 2020년 12월 American Eagle Outfitters®의 승인 후 인용

이해관계자로의 접근성, 전략 의제에 대한 명확한 이해였다. 그 외에도 피플 애널리틱스 팀은 코리가 갖춘 분석 스킬, HR기능 지식, 소규모 팀으로도 가치를 실현하는 업무 수행 태도와 사고방식 덕에 혜택을 얻기도 했다.

두 사람은 AEO가 소비자 경험과 판매와 관련해 데이터 분석에서 통찰 사항을 도출했던 방식으로 습득한 경향성을 피플 데이터 사용사례로도 적용했다. 이를 통해 피플 애널리틱스를 중심으로 고위 계층 이해관계자들과 상호 공감대rapport를 신속하게 형성했다. 피플 애널리틱스는 코리의 전임자가 설정해 놓은 초기 토대를 근간으로 계속해서 발전해 갔다. 이해관계자가 참여하고 요구 사항이 명확해지면서 팀은 다음 수준에 도달하는데 필요한 필수적인 최종 구성 요소로서 작업 우선순위 지정과 자원의 추가라는 두 가지가 필요하다는 사실을 깨닫게 되었다. 피플 애널리틱스 기능은 개별 프로젝트 수행만으로 잠재력을 최대한 발휘하지 못할 것처럼 보였다. 그래서 코리는 사

업 전체에서 수집된 요구 사항으로부터 작업에 우선순위를 부여하는 일정한 방법을 조사해 정립해야 했다. 이와 더불어 추가 자원도 빠르게 효과가 나타나는 프로젝트 quick win들을 실행하는 데 필요했다(그림 2.2 참조).

우선순위 지정과 자원의 추가, 이 두 가지는 2020년 초에 갖춰졌다. 피플 애널리틱스 팀은 신입 애널리스트의 도움으로 기술 분석descriptive analytics을 처리하게 되자, 더 많은 임시 요청 사항들을 처리할 수 있는 능력을 갖추게 되었다. 이를 바탕으로 신뢰도 점차로 형성되었다. 그제서야 코리는 피플 애널리틱스가 사업에 미치는 효과를 보여줄 기회들을 찾을 수 있었다. '과거의 팀으로는 우리가 실현할 수 있었던 가치를 보여줄 방법이 없었어요. 우리는 정형화된 기본적인 토대를 구축해 놓았거나 우리 HR 비즈니스 파트너나 외부 비즈니스 파트너에게 보여줄 우리의 방향과 비전의 모습에서 그 어떤 적절한 로드맵도 가지고 있지 않았거든요.' 더 많은 기초작업이 필요했다.

2019년 9월 코리는 피플 애널리틱스 존재 목적, 수행 방법, 최종 결과물을 담은 프레임워크 작업을 착수하면서 AEO 피플 애널리틱스 선언문 작성을 시작했다(그림 2.8). 선언문의 구조는 'Insight222 9가지 관점 모델 - 피플 에널리틱스에서의 탁월함'을 기반으로 하고 AEO의 조직문화와 역동성을 반영하여 조정했다. 이 선언문은 기본 요소부터 최종 결과물에 이르기까지 작업을 명확하게 정의하고 있는 인상적인 문서이다. 선언문은 AEO 전사 구성원들과 피플 애널리틱스 팀 사이에 가능하거나 의무적인 협력 방식에서 사안 중심으로 기술한 부분을 포함하고 있다. 그 예는 '리더가 피플 애널리틱스와 서로 상호작용을 시작할 때 하면 좋은 질문이 무엇인가?', '피플 애널리틱스 팀이 이해관계자인 당신에게 할 질문은 무엇인가?'에 대한 것이다.

탁월한 피플 애널리틱스를 위한 9가지 관점

그림 2.8 피플 애널리틱스 존재 목적, 수행 방법, 최종 결과물 — AEO 피플 애널리틱스 선언문 발췌

존재 목적 (WHY)

- 우리 구성원들을 대상으로 지위를 향상시키고, 성장을 가속화하며, 권한 위임을 실현한다
- 우리 구성원들에게 이어질 유무형의 유산과 영향력을 창조한다
- 우리 구성원들의 삶을 더 수월하게 만들어 그들이 우리의 고객과 세상에 영향을 주어 선례가 되게 한다
- 피플 데이터로 AEO에 가치를 창조한다

수행 방법 (HOW)

- 데이터에 따라 의사 결정을 지원함으로써 데이터를 추구하는 사람에게 영감을 제공한다
- 데이터 분석으로 도출된 사항을 통해 최상의 인재를 고용하고 개발하며 유지한다
- 데이터, 통찰 사항이나 도출된 결과, 최종 결과물을 공정하게 수평적으로 공유한다 (democratize)
- 금전 등록기(cash register)로 모인 데이터로 소비자와 세일즈 애널리틱스를 피플 애널리틱스와 직접 연결되는 애널리틱스 프로젝트

최종결과물 (WHAT)

- 사용자 친화적이며 상호 작용하는 특성을 토대로 통찰 사항이나 결과를 제공하며 조치 사항을 추진하고 측정하는 최종 결과물
- 구성원이 입사 후 퇴사까지 일터에서 발생하는 모든 중요한 순간들을 주도 다루는 어드밴스드 애널리틱스
- 셀프 서비스 보고서, 대시보드, 데이터 분석으로 도출된 통찰 사항이나 결과
- 사업 목표와 사업 전략과 함께 HR 목표와 HR전략에 직접 연결되는 애널리틱스 프로젝트

출처 2020년 12월 AEO의 승인 후 인용

피플 애널리틱스 프레임워크 개발을 시작한 지 12개월이 된 지금 선언문은 이해관계자들과 피플 애널리틱스 팀 간의 효과적인 협업을 위한 교육 비디오 용도의 계획안과 프리젠테이션을 포함한 40장 자리 문서 형태로 존재한다. 코리는 이와 같이 말한다. '다음 작업은 최종 사용자들이 함께 하는 공식화된 탐색 과정이기도 해요. 우리는 매번 요청 사항들을 받을 때마다 그 작업을 완성된 선언문과 연계할 방식을 파악하려 노력합니다. 우리는 먼저 해당 비즈니스 사안을 숙고하면서 우리 시간을 선별적으로 투자해서 결과를 이끌어 낼 지점을 결정하거든요. 우리는 최종 사용자가 누구인지, 자사 구성원들과 그 비즈니스 사안에서 더 큰 효과를 낼 주제에 대해 질문을 해 보지요.'

코리는 '저는 피플 애널리틱스가 상대적으로 새로운 기업에서 최종 사용자 다수가 할 수 있거나 해야 하는 질문들을 제대로 파악하고 있다고 생각하지 않아요. 사람들은 피플 애널리틱스가 무엇이고 무엇을 할 수 있는지 바로 알지 못하니까요. 그래서 피플 애널리틱스 팀이 그 비전이 실현되도록 돕는 것이 좋아요.'라고 성찰한 내용을 들려준다.

이러한 접근 방식은 사업에서 우선순위 사안들이 빠르게 변화하면서 2020년에 큰 변화를 이끌어냈다. 피플 애널리틱스에서 접근 방식의 토대가 확립되고 최종 사용자들이 피플 애널리틱스가 업무와 근로자를 지원하는 방법을 인식하면서 피플 애널리틱스 팀은 즉시 행동을 취할 수 있었고 동시에 놀라운 속도로 사업과 재직인재군workforce을 지원할 수 있었다.

'우리가 새로운 주요 사업 계획서와 기둥(일터에서의 포용성과 다양성)을 보며 파악했던 것은 피플 애널리틱스가 그 사안에 연관된 리더leadership에게 데이터 분석으로 얻은 통찰 결과와 함께 권고사항을 제공할 수 있다는 점이었어요. 우리는 리더들이 물어볼 법한 질문 유형을 예상했고 미리 앞서서 답을 내어 놓았지요.'

내부에 통찰 결과를 발표한지 며칠 만에 피플 애널리틱스 팀은 최고 경영진 회의 Executive Leadership Team Meeting에 참석할 것을 요청받았다. 2020년 3월에서 9월 사이 피플 애널리틱스 팀은 ELT 회의에서 이 주제와 관련해 3회 발표했다. 그 외에도 코리와 팀원은 ELT를 구성하는 임원과 개별 회의를 진행해 구체적인 의견을 수집하고 미래에 필요한 파트너십을 추가로 구축했다. '최고 경영진팀은 피플 애널리틱스를 전략적으로 수용하기 시작했어요. 최고 경영진들이 사업 속도에 맞춰 의사 결정을 할 수 있도록 피플 애널리틱스 팀이 통찰 결과와 함께 측정 지표를 빠르게 제공할 수 있다는 사실을 깨닫게 된 것이지요.'

피플 애널리틱스 팀은 새로운 단계로 진입했다. 코리는 그 때를 기억하며 자랑스러워했다. '상위 계층 이해관계자들의 의견에 따라 사업성과에 기여하는 핵심 전략과제들을 받아서 처리해 나간다는 것은 피플 애널리틱스 팀이 더 이상 열심히 과제들을 찾아다닐 필요가 없다는 의미이기도 했습니다. 상위 계층 비즈니스 현업 리더들은 주요 안건에서 통찰 사항과 통찰 결과 제공을 목적으로 리더십 미팅에 피플 애널리틱스 팀이 참석하도록 요청했고 일부 작업은 바로 대표 이사와 이사회로 전달되기 시작했어요.'

코리는 생각에 잠겨 그 상황을 전했다. '2018년 AEO에 입사했을 때, "피플 애널리틱스"는 데이터를 다루고 보고를 하는 기능만 수행했어요. 기초 토대가 되는 요소, 선언문, 숙련된 팀, 제공된 통찰 결과와 함께 권고사항이 AEO 전사로 영향을 미치고 있어 기뻐요. 이제 피플 애널리틱스 기능이 비즈니스 곳곳에 내재화되어 있어 그 미래는 믿을 수 없을 정도로 밝거든요'

> **TOP TIP**
>
> 피플 애널리틱스 팀 존재 목적, 수행 방법, 최종 결과물이 무엇인지 선언문으로 개발하라.

후원자의 헌신 (Committed sponsors)

이해관계자에는 7가지 유형이 존재한다. (3장 이해관계자 관리 참조). 그 중 하나인 후원자는 프로젝트에서 없어서는 안 될 정도로 상당히 중요하다.

프로젝트 후원자는 재정 측면에서 그리고 개인적 지지로 돕는 동시에 개인의 헌신을 통해서 해당 프로젝트에 지원을 제공하는 사람이다. 프로젝트 후원자가 있으면 그 프로젝트는 인정받을 수 있고, 모든 결과가 실행될 가능성이 높아져 사업 성과에 기여하는 가치를 창출할 수 있다. 후원자는 그 활동과 프로젝트가 가진 목적, 방향, 목표, 최종 결과물을 포함해 프로젝트 자체를 지원하고 이어서 피플 애널리틱스 리더와 팀원을 격려한다.

탁월한 피플 애널리틱스를 위한 9가지 관점

훌륭한 후원자 발굴

다음 특성을 가진 후원자를 발굴해라.

- 후원자는 해결이 되었으면 하는 일정한 비즈니스 사안을 가지고 있다.
- 후원자는 해당 업무와 비즈니스 영역에 관여되어 있다.
- 후원자는 해당 프로젝트의 작업에 대해 열성적이다.
- 후원자는 일이 실현되게 만드는 권한을 가지고 있다.

후원자를 찾을 때 단순히 임원진에게 직접 접근하는 것을 두려워하지 말아라. 대부분의 사람들은 해당 요청이 자신의 비즈니스를 향상시킬 것이라는 조건으로 자신과 본인의 비즈니스가 더욱 성공하도록 돕는 작업을 기꺼이 지원하곤 한다. 성공한 많은 피플 애널리틱스 전문가에게 의견을 요청하면 많은 사람들이 질문의 관점을 간결하게 구성하고 자신이 왜 해당 사안에 가장 적합한 사람인지를 후원자에게 피력하여 수월하게 후원자를 확보해 왔다고 진술했다.

후원자의 헌신 확보

역할과 활동을 명시하는 문서Terms of Reference는 후원자와의 '계약'을 구성한다. 이러한 계약 행위를 통해 위임 관계를 명시하면 후원자의 헌신이 확보되고, 그 대가로 후원자는 피플 애널리틱스 팀의 헌신을 얻는다. 계약 행위는 피플 애널리틱스 팀이 진지한 노력을 기울이고 있음을 보여주는 것이기도 하다. 이에 따라 당사자들은 명시성과 함께 이행 책임과 의무 commitment도 제공받는다. 공식 문서 작성이 필수적이지 않아도 상호간에 성실해야 하는 의무 사항을 이메일로 문서화하는 것을 권고한다.

애널리틱스 팀의 이행 책임과 의무 사항: 작업 수행, 투입 가능한 시간과 기간의 범위 명시와 일정 준수, 문제가 있는 경우 후원자에게 연락하기, 또한 후원자가 통찰 결과, 권고사항, 필요한 조치 사항을 이해하도록 지원하기

후원자의 이행 책임과 의무 사항: 작업의 승인, 검토 일정 수립, 장애물 제거, 방향 제시, 조치 사항 전달, 권고사항 실행

열성적인 후원자를 발굴해 확보한 후 창출해 낸 사업 성과에 기여하는 가치를 보여주는 극명한 사례는 '적합한 후원자: Swarovski'이다. 이 사례에서의 핵심 메시지는 '큰 이득을dividends 주는 적합한 후원자를 발굴해라'이다.

사례연구

적합한 후원자를 통해 매출 성장 실현하기: Swarovski[4]

'우리 비전은 애널리틱스를 통해 데이터가 사람과 연관된 모든 의사 결정에서 정보를 제공하도록 하는 것입니다.' Swarovski사 전사 피플 애널리틱스, 디지털 HR과 포트폴리오 전략Corporate People Analytics, Digital HR & Portfolio Strategy 담당자 올리비에 카스퍼

탁월한 피플 애널리틱스를 위한 9가지 관점

Olivier Kasper는 2018년 7월 새로운 팀원과의 회의에서 위와 같이 말했다. 이 때는 3명으로 구성된 팀이 규모가 가장 큰 사업 단위들business units 중 한 곳의 자발적 이직률 통계 분석을 막 마무리 지었던 한여름이었다. 그 프로젝트는 인재 유지retention가 이전에 비해 감소 추세를 보이는 상황을 주목한 HR 리더 한 사람이 시작했던 것이었고 이미 도전과제로 채택된 상태였다. 해당 HR 리더는 팀에게 '한번 봐 달라'고 부탁했다. 문제가 된 그 사업 단위는 핵심 시장이면서도 규모면에서 상당히 커서 올리비에의 팀은 긴급하게 해당 사안에 작업 비중을 더 많이 두게 되었다.

보고서는 질적으로도 수준이 매우 높았다. 완성 시점에 보고서는 53장 분량의 R 통계 분석[5]으로 구성되어 있었다. 팀은 세일즈 컨설턴트의 근속 기간이 예상보다 짧은 이유와 관련해 173개의 다양한 피플 데이터 요소들 간의 관계를 분석했다. 작업은 완벽했고 통계적으로도 탄탄했다. 그러나 그 분석 결과의 명확한 사업상 효과는 당시에는 정의되어 있지 않았다. 팀은 무엇이 총매출과 순이익에 영향을 미쳤는지 의문을 가졌다.

Swarovski는 전세계 수천 명의 고객에게 영향을 미치는 사업이다. Swarovski는 고품질의 상품과 고객의 욕구를 뛰어넘는 서비스로 매 일상에 광채를 더한다. 1895년 다니엘 스와로브스키Daniel Swarovski가 창립했을 때 그의 비전은 개인 모두를 위한 다이아몬드를 창조하는 것이었다.

올리비에와 팀원은 이러한 창립 역사를 고려하며 인재 유지retention 프로젝트가 중요한지와 그 이유를 검토했다. 팀은 더 광범위한 사업적 맥락에서 피플 분석people analysis을 구체화할 수 있게 되자 인재 유지retention를 소매점 방문 고객의 구매 전환율

the conversion of customers to sales in stores과 같은 비즈니스 측정 지표로 직접 연결할 수 있음을 깨달았다.

피플 애널리틱스 팀은 취해야 할 세 단계를 발견했다.

- 특히 소매점 판매에서 사업 성과에 기여하는 가치를 다루는 보고서로 비중을 재조정한다.
- 해당 프로젝트를 통계 그 이상으로 질적인 가치를 향상시킨다.
- 해당 프로젝트를 해석해 HR 기능 외부에서 현재보다 효과가 큰 프로젝트로 홍보해 줄 사업가적 사고를 가진 열성적인 후원자를 확보한다.

올리비에와 팀원은 사업 단위의 소매 유통 책임자와 글로벌 HR 리더십 팀에 인재 유지 관련 연구를 수행해서 얻은 통찰 결과와 권고사항들을 제시했다. 그 권고사항에는 시용 기간probation period을 넘긴 상점 직원staff에게 성과급incentive이 보상으로 지급되는 방식에 대한 변경 사항이 개요 형식으로 제시되어 있었다. 또한 새로 입사한 상점 직원staff에게 제공되는 훈련 과정을 개정했던 사항들은 근로자와 해당 비즈니스에 도움이 될 것으로 보였다. 이러한 권고사항들은 비즈니스 현업과 HR기능의 승인이 동반되면서 그 변경 사항들을 실행하는 순조로운 프로세스로 이행되었다.

그러나 피플 애널리틱스 팀은 더 많은 것이 필요했다. 팀은 분석을 통한 통찰 결과가 기대하는 비즈니스 효과를 도출할 수 있도록 그 팀의 작업에 관심을 갖는 HR 기능 이외의 더 많은 글로벌 이해관계자들로부터 협력을 얻어내야 했다.

용감한 정신을 가진 올리비에는 곧장 글로벌 소매 유통 책임자를 찾아가 이 작업 결과가 가장 필요한 영역이 어디인지를 파악했다.

글로벌 소매 유통 책임자는 열성적으로 사업 개선 방식을 논의하려는 성향을 가지고 있었기 때문에 피플 애널리틱스 팀이 제시하는 신뢰가 가는 작업과 함께 조치 사안들을 소통하는 능력을 단번에 알아챘다. 책임자는 그가 열정을 갖고 있었던 관리 영역 하나를 올리비에의 제안서가 다루었다는 사실도 파악하였는데, 그 관리 영역에서는 고객들과 스태프들 간의 상호작용이 적절한 매장관리에서 중요했고 이에 따라 성과가 달라졌다.

올리비에와 피플 애널리틱스 팀은 마침내 후원자를 확보했다.

한달 만에 그 프로젝트는 '인재 유지 예측 분석'predictive retention에서 '더 많은 매장 방문자를 구매자로 전환하는 방법'이나 '피플 애널리틱스로 더 나은 판매를 유도하는 방법'으로 진화했다. 그 피플 애널리틱스 프로젝트는 새로운 비즈니스 목표로 다시 활기를 찾았고 이후에 새로운 전략 기획안strategic initiative으로 발전했다.

올리비에와 팀은 소매점 유통 관리팀과 함께 방문자가 보석과 크리스털을 구매한 고객이 되도록 유도하기 위해 매장 방문자의 전환율에 영향을 미치는 여섯 가지 사람 요인을 찾아 냈다.

- 인재 유지employee retention
- 스태핑staffing(충원과 교체, 배치, 이동, 승진 포함한 인력계획과 채용)과 일정관리

그림 2.9   소매점 방문 고객의 구매자 전환율

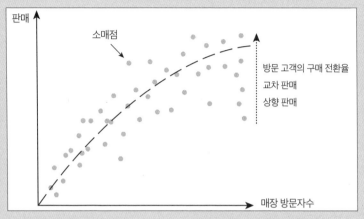

출처 2020년 8월 Swarovski사 승인 후 인용

- 매장 관리자의 리더십 특성

- 세일즈 컨설턴트의 행동, 자질, 스킬

- 적시에 올바른 수준으로 훈련을 받고 있는 근로자

- 중대형 매장들의 팀 구성

예를 들어, 교육 결과를 분석해보니 학습과 개발learning & development이 상관관계 통계분석에서 인재 유지와 긍정적인 관계를 보여주었고, 특정 교육 과정은 다른 교육 과정보다 사업성과 향상에 더욱 효과적이었다는 사실이 드러났다.

Swarovski는 이러한 발견을 반영해 영업 성과에 가장 큰 영향을 미친 교육 과정을 중심으로 성과 기반 접근법performance-based approach으로 일정한 주제의 교육 과정 내

모듈이나 교육 과정 단위 하나가 다양한 전달 기법과 방식으로 제공되도록 강좌물들을training offerings 다시 설계했다.

또 다른 연구에서는 어떤 일정한 인성적 특성이 사업 성과에 미치는 영향이 부각되어 있어서 Swarovski는 제일 적합한 인재를 선발하고자 공급 업체와 함께 신경 과학을 기반으로 한 게임과 인공지능 알고리즘으로 시범적 채용 실험을 시작했다. Swarovski는 매장 관리자를 대상으로 새로운 역량 평가 프로그램을 구축하기로 계획하고 이후에 역량 격차를 확인해서 역량개발 계획을 실행하려 했다.

Swarovski의 고위 임원진은 피플 애널리틱스에 커다란 관심을 갖게 되었다. 그들은 그 분석을 모든 관점에서 평가해서 사업 성과에 긍정적인 효과를 불러올 지 확인하고자 했다.

53장 분량의 보고서로 작성된 초기 논의로부터 8개월 후, 올리비에와 그의 팀은 몇 가지 유의미한 깨달음을 얻었다. 애널리틱스의 경우 탄탄한 방법론, 확고하고 분명한 목적, 비즈니스 현업 후원자가 함께 갖춰져 있으면 그 영향력은 더욱 크고 강하다는 사실이었다.

피플 애널리틱스 팀은 이 프로젝트에서 얻은 교훈을 재빠르게 내재화하여 프로젝트 후속 작업의 나머지 부분에 적용했다. 이러한 과정에서 피플 애널리틱스 작업의 전체 로드맵이 생성되었다. 그 이후 피플 애널리틱스 팀이 수행한 작업은 계속해서 최고위 임원진으로 구성된 유통 채널 팀 회의에서 정기적으로 의제 주제로서 언급되고 있다.

글로벌 유통 책임자는 매월 함께 참석해 피플 애널리틱스 프로젝트를 논의하고 평가하며 재조정한다. 또한 피플 애널리틱스 팀은 글로벌 유통 채널 관리팀 외부 회의에서 일부 참여자로서 연구 결과findings를 발표하면서 사업성과 개선 프로그램과 관련해 토론하도록 정기적으로 요청을 받고는 한다. 이 외에도 방문 고객의 구매 전환에 영향을 미치는 사람 요인 6가지를 중심으로 여러 프로젝트가 전 세계의 여러 지역에서 시작되고 있다.

올리비에는 '우리가 작업을 수행해서 얻은 성과 결과는 조직에서의 팀 위치가 "밀어내기"에서 "끌어당기기"로 바뀐 것입니다. 비즈니스 현업 리더는 그 비즈니스 기능에서 사업 성과 도출 목적의 전략과제나 비즈니스 문제를 해결하기 위해서 우리에게 먼저 찾아와요. 피플 애널리틱스 작업의 수요는 우리가 감당할 수 있는 수용량을 훨씬 뛰어 넘었어요.', '중요한 단계는 기업 차원에서 사업 관점의 사람과 관련된 가장 필수불가결한 주제를 찾아서 처음부터 협력할 후원자의 관심을 끌어내고 참여를 유도하는 것이거든요. Swarovski의 경우에는 제가 고위 비즈니스 현업 후원자 한 분을 영입하는 순간 그 프로젝트는 급격히 중요한 사안이 되었어요. 이해관계자들 사이에서 프로젝트 가시성을 확보할 수 있게 되면서 유통 채널 사업이 얻는 이점도 극적으로 개선되었던 거죠.'라고 회고했다.

TOP TIP

피플 애널리틱스가 성공하려면 고위 비즈니스 현업 후원자가 필요하다.

요약

효과적인 우선순위 지정, 적합하게 정의된 작업 처리 과정, 헌신적인 후원자는 성공적인 피플 애널리틱스를 구성하는 세 가지 핵심요소이다. 선도적인 피플 애널리틱스 팀은 방법론에서 다음 권고사항을 따른다.

- 피플 애널리틱스 작업을 맡아 시작하기 전에 '무엇이 사업 성과에 기여하는 가치인가?'하고 질문해라.

- 이해관계자들 관심을 유도하여 참여시키고 비즈니스 사안을 명확하게 정의해서 확실한 가설을 개발함으로써 잠재적인 작업을 찾아 내라.

- 피플 애널리틱스 리더와 HR 기능, 재무 기능, 우선순위 사안을 검토하고 진행에 필요한 환경을 조성하면서 지침을 제공하는 비즈니스 기능을 대표하는 사람들로 구성된 프로젝트 우선순위 지정 포럼을 정립해라.

- 성과에 따라 효과가 큰 프로젝트Quick Win, Big Bet에 우선순위를 부여하고 성과에 따른 영향력이 낮은 프로젝트Trivial Endeavours, Pet Project를 제외시키는 복합성–효과성 매트릭스 같은 견고한 프레임워크를 활용해 프로젝트를 선정해라.

- 사업 성과 도출 목적의 전략과제와 비즈니스 문제 해결에 집중해서 성과 창출에 기여하는 효과를 도출해 냄과 동시에 최종 목표를 염두에 두고 작업에서 우선순위를 지정해 더 많은 가치를 실현해라.

- 유의미한 작업에서는 각각의 모든 부분에 필요한 후원자를 찾아내라. 후원자는 권고사항을 실행하려는 의지와 권한만 아니라 해결하려는

명확한 비즈니스 문제를 가진 사람을 의미한다.

각주

1 미국과 캐나다 이외의 지역에서 MSD로 알려진 Merck & Co., Inc.는 1891년 뉴저지에서 설립된 미국의 다국적 제약기업이다. 세계에서 가장 큰 제약기업들 중에 하나이며 2019년을 기준으로 70,000명 이상의 직원이 재직한다.
(https://www.merck.com/companyoverview/) history/(https://perma.cc/G84E-BFPQ), 2021년 2월 7일 최종접속).

2 Steve Fenton이 정의한 대로 (https://www.stevefenton.co.uk/2017/03/work-prioritisation-vs-stack-ranking/ (https://perma.cc/G5B9-)27TU), 2021년 2월 7일 최종 접속).

3 American Eagle Outfitters®(NYSE: AEO)는 American Eagle®과 Aerie® 브랜드로 고품질의 최신 유행 의류, 액세서리 그리고 퍼스널 케어 제품을 저렴한 가격에 제공하는 세계적인 전문 소매업체이다.
1977년에 설립된 AEO는 2019년에 46,000명의 직원을 고용했다. (https://www.aeo-inc.com/(archived at https://perma.cc/HS5F-C9BN), 2021년 2월 7일 최종접속).

4 Swarovski AG는 전 세계적으로 27,000명 이상의 직원과 약 3,000개의 매장을 보유한 27억 유로 규모의 사업체이다. (https://www.swarovski.com/en_GBGB/s-brand/Swarovski-Brand/(https://perma.cc). /F2RJ-ENVN), 2021년 2월 7일 최종 접속).

5 R은 통계 컴퓨팅을 위한 R 재단(https://www.r-project.org/about.html(https://perma.cc에)에서 지원하는 무료 통계 컴퓨팅, 그래픽 프로그래밍 언어 또는 소프트웨어이다. / D24E-HNSF), 2021년 2월 7일 최종 접속).

탁월한 피플 애널리틱스를 위한 9가지 관점

03
이해관계자 관리
(Stakeholder Management)

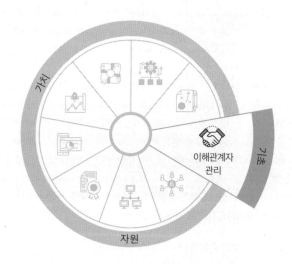

    3장에서는 피플 애널리틱스에 방향, 영감, 수행 환경을 제공해 줄 이해
관계자 유형과 함께 목적에 맞게 체계적인 계획에 따라 이들과 가장 잘 소
통할 수 있는 방법이 논의된다.

핵심 포인트

- 피플 애널리틱스에서의 7가지 유형의 이해관계자

- 성공적 결과를 위한 이해관계자 지도와 참여 계획을 만드는 방법

- 이해관계자 관리를 위한 팁

핵심 포인트와 연계된 실제 사례 중심의 통찰

- Johnson & Johnson 최상위 계층에서 최상의 이해관계자 개발하기

- Viessmann Group 분석적 성향의 최고 인사 책임 임원의 가치

- Syngenta A.G 성공하려면 비즈니스 현업 이해관계자가 있어야 한다

개관

이해관계자 관리

9가치 관점의 하나로서 이해관계자 관리는 피플 애널리틱스 팀들이 성과 창출에 기여하는 효과를 도출하면서 가치를 제공할 목적으로 상호작용하게 되는 이해관계자를 다양한 유형으로 논의한다. 특히 3장의 이해 관계자 관리가 주로 다루는 내용은 프로젝트 목적을 고려한 이해관계자 지도 구축, 관계를 형성하여 회의를 효과적으로 수행하는 방법, 모든 이해관계자들과 효과적이면서도 지속 가능한 관계를 구축하기 위해 장기적으로 실행해야 할 사안 등이다.

우리가 리서치를 하고 고객들과 대화를 지속하는 동안 피플 애널리틱스 기능을 구축하거나 혁신하려는 기업들은 일정한 운영 모델을 구축하고 자사 데이터를 '정렬'하거나 새로운 테크놀로지를 구매해서 시작해야 한다는 의견을 보통 제시하고는 한다. 하지만 우리는 이 의견에 동의하지 않는다. 대신 우리는 피플 애널리틱스 기능이 적절하게 구축되어 있는 정도와 상관없이 제일 먼저 피플 애널리틱스 팀이 이해관계자와 관계를 형성해야 한다고 권고한다.

특히 일정한 변혁 활동transformation이 진행되는 동안 이해관계자를 만나서 이들과 관련된 사항들을 경험하는 활동은 피플 애널리틱스에서 가장 중요하다. 이러한 활동을 통해 피플 애널리틱스 팀은 사업 성과에 기여할 최근의 전략과제들을 파악하는 것이 가능해져서 사명을mission 중심으로 한 명확성을 확보하는 동시에 피플 애널리틱스 전체 기능과 그 작업에서의 방향을 정립할 수 있다. 스킬, 운영 모델, 데이터, 테크놀로지 같은 주제를 중심으로 의사 결정을 내리면 좋을 시기는 이해관계자를 만나 그 요구사항을 이해하고 난 후이다. 이해관계자에게 다가가서 제안을 하는 활동은 3부(피플 애널리틱스의 다음 단계) 사례연구 '트랜스포메이션 실행하기: Allstate'에서 매우 상세한 설명을 포함해 책 전체 여러 사례연구들 안에 논의되어 있다.

피플 애널리틱스는 기업 경영활동에 일부분으로 완전하게 통합되어야 일정한 기능으로서 가치를 실현하고 사업성과에 기여할 가치를 가장 많이 구현한다. 피플 애널리틱스를 원활하게 기업 경영활동에 통합시키는 기회는 전적으로 이해관계자의 참여 정도와 질에 달려 있다. 피플 애널리틱스가 이해관계자들에게 비중을 많이 둘수록 그 조직이 피플 애널리틱스 활동 영역에서 성공할 가능성이 높아진다.

최고의 피플 애널리틱스 리더는 이해관계자 관리를 우선적으로 처리하는 활동이 중요하다는 사실을 이해한다. 피유쉬 마서Piush Mathur는 2020년 디지털 HR 리더스 팟캐스트에서 Global Head of Workforce Analytics의 책임자로 Johnson & Johnson사에 합류하자마자 이해관계자와의 관계 정립에서 그가 취한 방식을 설명했다. '피플 애널리틱스 기능이 사업 성과에 기여할 가치가 무엇일지 그 진면목을 파악하는 최고의 방법은 비즈니스 현업 리더들과 HR 리더들을 찾아가 만나보는 것입니다. 처음 90일간 60명이 넘는 비즈니스 현업과 HR 기능의 리더들을 만났고 다행히 CEO와 직속 보고 라인을 만날 수 있을 정도로 운이 좋았어요. 그래서 우리는 경영활동에서 일정한 기능으로서 가치를 더할 수 있는 지점을 제대로 파악하는데 노력을 기울여 볼 수 있었어요.' 피유쉬와 그가 취한 접근 방식은 아래 사례연구인 'Johnson & Johnson: 최상위 계층에서 최상의 이해관계자 개발하기'에 더 자세히 설명되어 있다. 이 사례에는 그가 피플 애널리틱스 팀을 가장 중요한 우선순위 사안에 맞춰 정렬시키고 대상 비즈니스 현업과 자사 근로자에게 가치를 전달할 수 있도록 팀을 구성한 내용이 서술되어 있다.

이해관계자 관리는 피플 애널리틱스가 프로젝트를 전개하는 양상에 따라 모든 부분에서 매우 중요하다. 그럼에도 불구하고 이해관계자 관리는 피플 애널리틱스를 활용해 달성하려는 목표와 비즈니스 프로젝트 수립, 견고한 윤리적 관행 정립, 데이터 확보와 취합, 데이터 분석, 권고사항을 실행할 때에 더욱 중요하게 부각된다. 여기서 피플 애널리틱스가 유념해야 하는 것은 그 작업으로 인해 대상 조직과 모든 계층의 재직인재군에게 전달될 가치가 생성되도록 이해관계자와 협업을 효과적으로 만들어야 한다는 사실이다.

이해관계자 관리에서 핵심은 관계를 정립할 적합한 이해관계자를 찾아내는 것이다. 그래서 3장 후반부에서 이해관계자 매핑mapping 기법을 논의할 것이다. 먼저 피플 애널리틱스 팀과 상호작용하는 이해 관계자 7가지 유형을 살펴본다. (그림 3.1 참조)

이해관계자 7가지 유형 모두 제각각 피플 애널리틱스의 특정 부분에서

그림 3.1   이해 관계자 7가지 유형

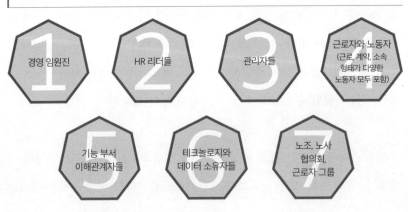

가치를 높이는 역할을 수행한다. 일부 프로젝트의 경우 피플 애널리틱스 팀은 프로젝트에서 성공적인 최종 결과물을 성취해내려는 목적을 가지고 이해관계자 7가지 유형 모두에게 의존하기도 한다. 한 이해관계자는 방향을 제시하기도 하고, 다른 이해관계자는 여전히 분석이 필요한 지정된 데이터를 제공하는데 꼭 필요하기도 하다. 그렇더라도 피플 애널리틱스가 고유의 잠재 능력치를 달성하고자 한다면 이해관계자 7가지 유형 모두가 중요하다.

이제 각 유형의 이해관계자들을 살펴보자.

이해관계자 1: 경영 임원진

이해관계자에서 첫 번째로 분류되는 범주는 경영 임원진이다. 이 범주의 이해관계자로는 이사회 구성원, 운영 위원회, 최고 경영진, 사업부, 지역 또는 비즈니스 기능을 담당하는 상위 계층 리더들이 있다. 비즈니스 현업 범주로 분류되는 리더들은 일반적으로 판매와 영업sales & commercial(직간접 판매, 유통 판매, 기업 시장 영업 포함), 제품 개발, 연구와 제조 같은 비즈니스 영역을 직접 책임진다.

사업 활동이나 기능 영역을 책임지는 리더들과 협력하는 활동은 피플 애널리틱스 프로젝트와 작업을 통해 사업 성과 창출에 기여하는 전략과제에 큰 영향을 미친다는 것을 의미한다. 사업 전략과 연계된 필수 전략과제들은 그 사업을 미래에 더욱 효율적이고 생산적이며 경쟁력 있게 만들 것이기 때문이다. 이해관계자인 경영 임원진은 보통 사업 수익, 매출 성장, 경쟁력, 위험 등의 영역을 개선하는 역할을 수행할 재직인재군을 대상으로 통찰 사항을 도출할 만한 지점을 탐색하려 한다. 이에 따라 피플 애널리틱스가 실천하면 좋은 현명한 행동은 자신이 맡은 전략과제와 '생산과정에서 투입 요소인 사람'이 비즈니스를 개선할 수 있는 방법을 직접 논의할 이해관계자와 관계를 유지하는 것이다. 상위 계층 비즈니스 담당 리더들과 대화를 하면 모든 유형의 애널리틱스가 가질 가치와 어조를 포함한 비즈니스 분위기business tone를 파악할 수 있다.

경영 임원진은 해결책을 실행하는 환경을 조성하는 데 있어서도 핵심이다. 이들은 귀중한 새로운 데이터를 사용하는 부분에서도 빗장을 열어 줄 수 있다. 예를 들어 영업 담당 임원은 관할 지역, 소비자 또는 고객, 판매 관련 데이터를 제공해 줄 수 있다.

사례연구인 Johnson & Johnson: 최상위계층에서 최상의 이해관계자 개발하기에서는 새로 임명된 피플 애널리틱스 리더 한 사람이 최상위 계층 사업 담당 이해관계자들에게 접근했던 방법을 알아본다. 이 사례가 던지는 핵심 메시지는 '처음부터 적합하고 적절하게 이해관계자 관리를 수행하면 피플 애널리틱스의 모든 작업에서 성공할 확률은 높아진다'이다.

최상위 계층에서 최상의 이해관계자 개발하기: Johnson & Johnson[1]

자녀가 있고 유아용 제품을 사용한 적이 있는 사람에게 J&J는 지구상에서 가장 잘 알려진 기업일 것이다. 전 세계적으로 약 135,000명의 직원이 근무하고 제약, 의료기기, 소비재 등의 3개 부문에서의 매출이 2019년 미화 820억 달러(약 96조 8000억원)를 돌파했다.

존슨 앤드 존슨의 경영진은 양호한 건강 상태가 활기찬 삶을 살게 하고, 지역 사회의 번영만 아니라 미래 발전에서도 기초라고 믿는다. 이 기업은 그 믿음으로 130년간 모든 연령대와 삶의 생애 주기 전 단계에서 사람들을 건강하게 유지하는 것을 목표로 삼았다. 오늘날 J&J는 전 세계에서 규모가 가장 크고 광범위한 기반을 갖춘 헬스케어 기업으로서 그 범위와 규모를 선한 영향력으로 활용하는데 최선을 다하고 있다. 제품을 합리적인 가격으로 쉽게 구매할 수 있게 하여 더 건강한 지역 사회를 창조하고, 모든 곳에서 모든 사람들이 일상에서 건강한 마음, 신체, 그리고 환경을 누리도록 하고자 끊임없이 노력한다. 현재 J&J의 재직인재군 애널리틱스Workforce Analytics(인력 계획, 노동 생산성, 이동과 배치, 근태 관리, 조직 몰입, 인력 구조 포함 조직 구조 분석, 승계 계획 영역에서 알고리즘을 기반으로 투자 수익률을 다루는 애널리틱스) 팀은 자사 근로자의 건강한 삶과 혜택을 위해 이러한 도전과제를 해결한다.

J&J 신조 선언문credo statement[2]과 같이 명확한 핵심가치를 명시화 한 기업에서 관계 구축과 이해관계자 관리는 기업 문화의 일부일 가능성이 높다. 피유쉬 마서는 2017년

전사적 기능인 인재 관리와 더불어 재직인재군 애널리틱스의 글로벌 책임자로 합류하자마자 바로 이 점을 발견했다. 그리고 놀랍게도 바로 고위 이해관계자들을 만나려는 그의 바람은 환영을 받으며 기꺼이 받아들여졌다. 피유쉬는 이해관계자 관리가 피플 애널리틱스의 성공에서 필수라고 생각했기 때문에 고위 계층 이해관계자들을 만나고자 했다.

피유쉬는 전사 연례 직원 몰입도 설문조사를 실행하고 운영하는 과정에서 상당한 진전을 이뤄내는 동시에 전문성을 발전시킨 4년차 재직인재군 애널리틱스 팀으로 합류한 뒤에 전략 성과표strategic scorecards를 실행하는 동시에 리서치 연구를 수행하려던 참이었다. 피유쉬는 상당한 전문 지식을 갖춘 팀에 그가 가치를 더할 수 있는 방법과 함께 이전 근무 기업의 인력 규모가 존슨 앤드 존슨에서 파악한 규모의 1/3 수준이었던 사실을 진지하게 검토해 보았다.

피유쉬는 이전 직장에서 집행 위원회executive committee(중요한 조직 결정을 하고 집행하는 권한이 부여된 최고위 경영 관리 위원회로 종종 감시자로서 활동하며 활동을 계획할 뿐 아니라 어떤 사안에서의 정당성 부여를 요청할 권한을 가짐)의 위원이었고 상거래 담당 리더Commercial leader로서 CEO에게 보고를 해왔기 때문에 고위급 이해관계자 관리 경험이 풍부했다. 그는 자신의 과거 경험이 존슨 앤드 존슨에 어떻게 가치를 더할지 파악하는 것에 호기심을 갖고 있었다. 신입 임원으로서 가치를 더할 수 있는 방법은 바로 강력한 내부 네트워크 구축이었다. 그는 회사, 경영진, 새로운 재직인재군 애널리틱스 팀에 대해 가능한 모든 것을 조사했다. 피유쉬는 존슨 앤드 존슨로 합류하는 시점에 이르러 사람, 역사, 전략, 핵심가치, 구조를 파악하기 시작했다. 그 즈음에 그가 이미 만나고 싶은 사람들의 목록 작성을 마무리했다는 사실은 그 자체로도 중요한 의미를 지닌다.

피유쉬는 부임하고서 첫 주에 재직인재군 애널리틱스 팀 동료들을 파악하는 동시에, 그들이 이미 협력하고 있던 방식을 이해하고자 했다. 그의 첫 번째 목표는 존슨 앤드 존슨의 사업상 우선순위 사안들과 피플 애널리틱스가 지원하는 방식을 파악하는 것이었다. 피유쉬는 첫 90일을 CEO와 직속 보고 라인의 리더 모두를 포함해 고위 비즈니스 담당 리더와 HR 리더 60명을 만나는 데에 보냈다.

피유쉬는 이러한 리더와 만나면서 존슨 앤드 존슨 피플 애널리틱스와 관련해 고찰한 결과를 3가지 주요 포인트로 도출해 냈다. 첫째, 취합 중인 데이터를 분석에 의한 통찰 활동으로 더욱 잘 연결시킬 기회가 존재한다. 둘째, 재직인재군 애널리틱스 팀의 전략을 해당 비즈니스의 전략과 더 통합할 수 있는 범위가 존재한다. 마지막으로 이해관계자들은 연례 재직인재군 설문조사에서 재직인재군 애널리틱스 팀의 가치를 인식하고 있었다.

그는 그간의 인터뷰를 통해 새로운 팀 전체의 작업에서 우선순위를 추가하고 분리할 수 있는 기회도 찾아냈다. 피유쉬는 첫 며칠 동안 그의 팀과 이야기를 자세히 나누자마자 팀 구성, 활용 가능한 팀 스킬 세트와 함께 관심 분야를 파악할 수 있었다. 피유쉬는 이해 관계자와의 회의를 통해 얻은 깨달음에 더불어 팀에 대해 발견한 사항을 함께 복기하며 성찰했다. 그 과정에서 새로운 팀의 구조가 사업 성과 창출에 기여하는 효과를 도출해 영향력을 발휘하는 시기를 앞당기는 동시에 재직인재군 애널리틱스 팀의 잠재력이 발현되도록 도움을 줄 것이라는 사실이 분명해졌다. 그는 해당 팀을 전문

탁월한 피플 애널리틱스를 위한 9가지 관점

분야 단위 4개 그룹인 자문 서비스Advisory Services, 분석 모델링과 통찰modeling & insights group, 조직 지원과 재직인재군 인력 계획Organizational Enablement & Workforce Planning, 설문 컨설팅Survey Center of Excellence으로 구성했다.

해당 조직 구조의 핵심은 자문 서비스 그룹이었다. 피유쉬는 이해관계자 관리의 핵심 역할을 자문 서비스 그룹에 부여했다. 이들은 사업 정보 활동business intelligence을 바탕으로 사업 성장, 이익 증대, 손실 완화 같은 필요한 사항을 반영해 결론을 도출하는 비즈니스 통찰 제공기능commercial insights이나 매출과 비용을 책임지는 단위인 팀, 부서, 사업이나 사업부business units의 HRBUHR에서 업무 이력을 쌓은 사람들로 구성되어 있었다. 자문 서비스 그룹은 HR 기능 집행 위원회HR executive committee 외에도 최고 인사 책임 임원의 직속 보고 라인 구성원과 사업 관련 토론을 개시할 수 있는 위치에 있었다. 피유쉬가 그 팀에게 요청한 것은 자신이 담당하는 리더십 팀 회의들에 참석해 각 이해관계자들의 우선순위 사안들을 명확하게 이해하면서 그들 스스로 그 네트워크 안에 들어가 주요 이해관계자들의 구도를 그리면서 이해관계자들의 팀 일부가 되라는 것이었다.

그 지침의 상세 내용은 자문 서비스 팀이 HR 임원진 회의체와 사업 담당 리더들의 모든 요구 사항을 파악한 후, 15분 분량 데이터베이스 쿼리database query를 초과하는 모든 사안을 분석 모델링과 통찰 팀의 데이터, 통계, 산업 심리 전문가들에게 전달하는 것이다. 피유쉬는 자문 서비스 팀이 모든 애널리틱스 사안을 스스로 수행하지 않고 비즈니스 사안에만 완전히 초점을 맞추기를 원했다.

그림 3.2   훌륭한 이해관계자 관리를 위한 J&J 자문서비스 팀의 '보물 지도'

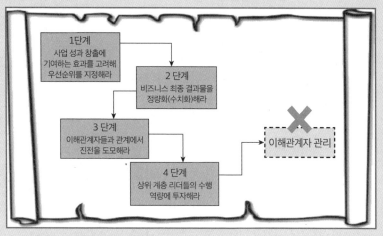

출처 2021년 2월 Johnson & Johnson 승인 후 인용

그는 마지막으로 재직인재군 애널리틱스 이해관계자 관리를 위해 새로운 사상ethos
을 구체화했다. '최종 결과물이 없는 통찰은 간접비'라는 철학을 정립하고 이해관계자
관리를 강화하기 위해 뚜렷이 구분되는 4단계 절차와 구조화된 접근 방식으로 그 철
학이 작동되도록 환경을 조성했다. 피유쉬는 자문 서비스 팀이 이해관계자가 임시로
참여하던 영역에서 이해관계자 관리 강화를 목표로 구조화된 단계들에 집중해 업무를
수행하기를 원했다.

1단계는 사업 성과 창출에 기여하는 효과를 고려해 우선순위를 지정하는 활동이
었다. 재직인재군 애널리틱스 팀이 가진 자원의 양은 한정되어 있었고, 사업가 정신
business minded을 가진 피유쉬가 팀을 지휘하고 있었기 때문에 폭넓은 전사적 관점을
작업에서 유지하는 의무로서 1단계 활동은 필수적이었다.

재직인재군 애널리틱스 팀은 견고한 이해관계자 지도를(그림 3.5 참조) 가지고 자사의 복잡한 인적 네트워크를 탐색하고 프로젝트가 도출할 효과가 지닌 광범위한 영향력을 파악할 수 있었다. 2018년 자문 서비스 팀은 피플 애널리틱스 집행 위원회executive committee 자격의 핵심 이해관계자 12명을 찾아냈다. 이어 이해관계자 개개인의 후년도 우선순위 사안들을 취합했다. 그 다음 재직인재군 애널리틱스 팀은 개별 우선순위 사안을 종합적으로 검토하고 동시에 사업 부문 간 교차cross-sector 프로젝트와 전사 차원의 프로젝트로 구성된 목록을 작성했다. 검토 후 도출된 목록은 재직인재군 애널리틱스 팀이 향후 12개월 동안 시간의 70%를 투입하면서 전념하게 될 프로젝트였다. 팀의 나머지 30%에 해당하는 수행 여력capacity과 자원은 다른 요청 사항을 고려해 남겨 두었고 그 요청 사항은 사업에 미치는 잠재적 효과를 기준으로 선정되곤 했다.

우선순위 프로젝트를 선정하는 방식은 각각의 어려운 대화를 위해 만들어진 것이지만, 해당 비즈니스의 요구 사항을 해결할 프로젝트가 계약서와 수행 책무 조건commitment을 갖추면 어려운 대화는 원활해지고는 했다. 이 과정에서 전달된 핵심 메시지는 확실하게 완료될 프로젝트가 무엇인지 파악하고, 재직인재군 애널리틱스 팀이 필요한 경우 그 프로젝트를 지원하기 위해 투입되리라고 믿으며, 결과적으로 재직인재군 애널리틱스 팀이 광범위한 사안에 집중하고 있기 때문에 작업 수행 여력이 한정되어 있다는 사실을 이해하는 것이었다. 이러한 프로젝트 계약은 재직인재군 애널리틱스 팀도 보호했다. 일부 사업 부문sectors에서 재직인재군 애널리틱스 팀이 더 많은 분석 작업이나 애널리틱스에서 일부 다양한 부분을 수행해 주기를 원할 때마다 피유쉬와 자문 서비스 팀은 협상에 개입하고는 했다. 그들은 협상 과정에서 '여러분이 이렇게 하시면 이전에 약속한 작업 중 일부와 절충해야 할 겁니다'라며 의견을 전달하고는 했다. 절충안을 협상하는 이러한 모습은 컨설팅적 사고방식이 이해관계자 관리에서 핵심임을 증명해 주고 있다.

이제 재직인재군 애널리틱스 팀은 2단계로 이동했다. 관련성을 지닌 증거를 토대로 비즈니스 최종 결과물을 수량적 수치로 표현한다는 것만으로도 우선순위를 지정하는 활동과 함께 이해관계자와 협력이 필요한 정도가 강조되기도 했다. 자문 서비스 팀은 추가로 다른 프로젝트 보다 해당 프로젝트를 앞서 작업하기로 선택한 사유를 설명해야 할 때 2단계에서 이뤄지는 내용에 상당한 비중을 두고 대화했다.

처음에 자문 서비스 팀은 작업의 비즈니스 최종 결과물을 미리 추산하려 시도했다. 이 접근 방식은 지속해서 일정하게 그 효과를 냈지만, 유의미한 프로젝트의 경우에 재직인재군 애널리틱스 팀은 재무 기능 같은 다른 비즈니스 단위의 동료들에게 도움 요청을 위해 접촉하기도 했다. 예를 들어 재직인재군 애널리틱스 팀이 작업 시작 전에 중국 인재 유지 프로젝트retention project의 가치를 측정하고자 했을 때 재무 기능과 팀을 구성하면 자발적 이직이 해당 사업 단위에 미치는 영향을 정량화 가능한 추정치로 생성할 수 있었다. 재직인재군 애널리틱스 팀은 투자 수익ROI과 잠재적 효과 측정 방법을 사용해 가치가 가장 큰 작업을 선택한 이유를 모든 이해 관계자에게 신속하게 해명할 수 있었다. 그리고 이러한 방식으로 피플 애널리틱스에 대한 신뢰와 지지를 대상 비즈니스에서 얻어 냈다.

3단계는 이해관계자와의 관계들을 진전시키는 것이다. 자문 서비스 팀은 이해관계자와의 연락을 지속적으로 모니터링하고 유지해야 했다. 그래서 팀은 실시간으로 이해관계자와의 관계를 추적하기 위해 색상으로 구분된 RAG[3] 차트를 도입했다. RAG 차트는 사람들이 도움을 필요로 하는 이해관계자를 쉽게 식별할 수 있도록 하여 재직인재군 애널리틱스 팀의 주의와 노력을 집중시키는 이상적인 방법이었다. 피유쉬는 진행 중인 프로젝트, 보류 중인 새로운 기획안, 새로운 아이디어와 관련해 이해관계자와의 관계들을 진전시키는 대화가 지속되도록 12명으로 구성된 집행 위원회executive committee가 개최하는 분기별 회의도 조직했다.

4단계인 새로운 이해관계자 관리 사상ethos은 상위 계층 리더와 함께 수행 역량을 구축해 나가는 것이다. 피유쉬는 18개월 동안 최고 인사 책임 임원의 스폰서십으로 C-레벨 경영진과 직속 보고 라인 구성원들과 협력해 기본적인 피플 애널리틱스 수행 역량을 개발하고 사실에 기초한 인재경영 의사 결정people decision(인재 관리, 인재 개발, 인재 확보 영역을 포괄하는 인재경영 영역의 의사 결정으로 '사람'이 가진 잠재력과 기여를 중시함)으로 임원진의 비즈니스 사안에서 가치를 만들어 냈다.

재직인재군 애널리틱스 팀은 최상위 계층의 이해관계자 관리를 훌륭하게 수행해내면서 피플 애널리틱스를 사용하여 지속적으로 사업에 실질적인 가치를 제공했다. 피유쉬는 이에 대해 '코로나-19의 확산은 새로운 이해관계자 관리 사상의 견고함을 시험해 보는 진정한 기회를 제공했어요. 우리는 모든 비즈니스 사안과 마찬가지로 매우 신속하게 대응해야 했지요. 우리는 이미 주요 이해관계자들과 협력하고 있었기 때문에 저는 새로운 이해관계자 관리 사상이 매주 실시되는 자사 직원 정서 청취 활동만 아니라 거의 실시간으로 자사 직원들의 요구 사항들을 대응하는 활동에서도 상당한 변화를 가져왔다는 사실을 발견하게 되었지요.' 라고 설명했다.

이해 관계자 2: HR 리더들

최고 인사 책임 임원과 직속 보고 라인 같은 인사관리 임원진과의 관계 형성은 모든 피플 애널리틱스 작업에서 필수적이다. 이 그룹은 가장 힘든 요구를 피플 애널리틱스 팀에게 할 수 있기 때문에 그들의 작업과 목표를 파악하는 활동은 매우 중요하다.

피플 애널리틱스의 작업을 고려했을 때 상위 계층 인사 리더들의 헌신은 피플 애널리틱스의 모든 개별 기초적 요소에서 자산이다. 상위 계층 인사 리더들은 투자가 필요할 때 비즈니스 사례를 준비하는 것에 대한 조언을 제공할 수 있으며, 심지어 가용 예산을 가지고 있을 수도 있다. 그들은 적절한 의사소통이 요구되는 경우 지지자이자 옹호자가 되어 줄 수 있다. 그들은 솔루션들을 현실에서 실행할 때 작업을 안내할 수도 있고, 변화관리에 대한 조언을 제공할 수도 있다.

최고 인사 책임 임원 스스로도 피플 애널리틱스 팀의 강력한 후원자가 되어야 한다. 최고 인사 책임 임원은 최소한 유의미한 중요한 고객이 될 것이고, 그것이 아니어도 상사와 투자자가 될 수도 있다. 최고 인사 책임 임원은 일정한 보고 관계, 기업 문화 및 구조적인 조직문화, 피플 애널리틱스가 해당 비즈니스에서 수행할 중요한 역할 같은 사항에 대해서도 유의미한 통찰을 제공할 것이다.

C-레벨 임원진의 일원인 최고 인사 책임 임원은 상위 계층 비즈니스 현업 리더들과 차별화된 의미 있는 비즈니스 정보로의 접근 권한을 제공할 수 있다. 이러한 차별화된 정보가 주요 피플 애널리틱스 작업에 영향을 주거나 그 속도를 높여 줄 수도 있다. 마지막으로 약정 관계가 형성된 최고 인사 책임 임원은 최종 결과물을 실행하는 과정을 지원할 것이다.

변화를 이끌어 낸 상위 계층 HR 리더들의 사례는 '분석적 성향의 최고 인사 책임 임원의 가치: Viessmann Group'의 사례연구에 기술되어 있다. 해당 리더인 스테판 부크Steffan Buch는 데이터와 통찰력을 사용해 복잡한 문제를 해결하는데 많은 아이디어를 가지고 있다. 그는 '분석적 사고방식은 HR의 미래'라는 사실을 핵심 메시지로 전달한다.

사례분석

분석적 성향의 최고 인사 책임 임원의 가치: Viessmann Group[4]

분석적 사고방식은 현재 HR 기능에서 성공하기 위한 전제 조건이다. 스테판 부크

Steffan Buch는 2015년에 분석적 사고방식에 대해 처음으로 명확한 개념을 정립했다. '저는 사람들이 HR기능에서 흔히 경험하는 "직감"을 따르는 접근 방식에서 탈피하고 싶었어요. "우리는 무언가를 해야 한다고 생각하지만" 그 생각을 뒷받침할 경험적 증거가 없어요.' 스테판은 필수적인 기초 데이터 수집 활동과 핵심 성과 지표KPI 식별 활동으로 시작해 그 해 후반에는 애널리틱스가 HR 기능이 진화하도록 견인하는 방향으로 첫 발걸음을 내딛었다. 그러나 그의 이상적인 시나리오는 HR 조직의 핵심으로 애널리틱스를 두고 그 조직을 이끌고 나가는 것이었다.

2017년에 스테판은 HR 수석 부사장으로 합류했다. 처음부터 스테판은 HR 기능이 무엇보다도 기업에서 가치가 낮은 나머지 부문에서 행정적 지원을 제공해 왔다고 생각했다. '그 게임판을 바꾸고자 했어요. 그것도 아주 빠르게 말이지요. 저에게 피플 애널리틱스는 한정된 자원으로도 HR기능이 차이를 만들어 낼 수 있는 완벽한 예시이기도 해요.' 스테판은 사업가적 사고방식을 지니고 있었기 때문에 기업이 시장에서 성공하도록 돕는 것에 상당히 감화되어 있었다. 그는 더 나아가 피플 애널리틱스가 그 성공을 만들어 가는 과정에서 차별화된 요소일 수 있다고 믿었다.

그는 피플 애널리틱스 부서를 설치하려고 준비할 때, 세 가지 주요 역량인 애널리틱스에 대한 이해, 사업적 감각, 심리학에 대한 이해를 갖춘 사람을 찾고 있었다. 스테판은 마크 크리스티앙 슈미트Mark-Christian Schmidt를 피플 애널리틱스 책임자로 영입하면서 '당시 마크는 완전히 다른 직업을 갖고 있었지만, 이 세 가지 역량을 모두 보여주었어요.'라고 말하기도 했다.

이 두 사람은 피플 애널리틱스가 '어떻게 HR기능의 업무 수행 방식을 변화시킬 수 있는지'에 대해 논의했다. 그들이 데이터를 토대로 한 사람 중심 문화people culture를 전사로 구축하려면 먼저 HR 기능이 위아래 쌍방으로 역할을 수행할 수 있는 방식과 관련해 답을 찾아야 했다. 스테판은 그에 대해 이렇게 이야기했다. '사업을 수많은 작은 개울 여럿이 드나드는 강이라고 상상을 해보세요. 우리는 그 수많은 작은 개울들이 만나는 지점 정중앙에 HR 기능을 두고 싶었던 겁니다. 우리는 애널리틱스를 활용해 그 강 전체로 그 효과가 전달되도록 하는 과정에서도 사업에 초점을 맞추고 근로자에게 (그 효과를) 전달하고 싶었거든요.'

두 사람은 하의상달식 접근법으로서 근로자에게 큰 효과를 전달하는 방법을 고민하기 시작했다. 그들이 관련 데이터로 찾아 낸 사실은 퇴직한 직원의 50%가량이 전문성과 개인 역량개발 기회 부족을 이직 의사결정에서의 주요 동인으로 여기고 있었다는 것이다. 개인 역량개발이 만족도를 개선하고 핵심 인재hi-potential talent(일정 기간 내 상위 또는 사업전략 실행 목적의 핵심 포지션으로 이동 가능한 인재)를 유인한다는 점에서 두 리더들은 장기적으로 볼 때 개인 역량개발과 경력개발이 여러 경력을 쌓고자 하는 근로자의 동기에 큰 영향을 미친다는 사실을 파악했다.

동시에 Viessmann Group의 4대 창립자이자 공동 CEO인 막스 비스만Max Viessmann은 회사를 위한 새로운 전략을 짜고 있었다. 막스가 새로운 전략에 대해 스테판과 논의할 때 던진 질문은 그 전략을 실행할 적합한 인재를 보유하고 있는가를 파악하는 방법이었다. 이어지는 질문과 대화 덕분에 스테판은 근로자 대상 역량개발employee development과 연속적인 점진적 경력 성장career progression 또한 상의하달식 접근법에서의 주제임을 깨닫게 되었다. 드디어 그는 여러 개울이 모이는 강물의 합류 지점을 발견해 냈다. (그림 3.3)

스테판과 마크는 피플 애널리틱스를 활용해 쌍방향 상의하달과 하의상달 방식의 역량개발, 스킬, 전략과제를 해결할 확장 가능한 HR 시스템을 구축할 수 있다는 사실을 깨달았다. 그 '게임 체인저'는 분석이 토대가 된 역량 모델로, HR기능이 개발하고 근로자가 소유하게 될 것이었다. 당시 그 작업으로 유용한 제품을 만들기 위해서는 그 HR 시스템의 구성 요소를components(재사용이 가능한 각각의 독립된 소프트웨어 모듈로 독립적인 업무 단위로 개발되어 시스템 유지 보수시 교체 가능한 부품 같은 요소) 정의하는 복잡한 분석 프로젝트가 필수적이었다. 스테판은 다음 사실을 명확하게 깨달은 순간을 기억한다. '감독 위원회 supervisory board는 HR기능이 전략을 실행하고 근로자가 전략에 발맞춰 성장하도록 돕기 위해 필요한 역량들을 정의하는 기능이어야 한다는 믿음을 가지고 있었어요.'

그림 3.3　비스만은 피플 데이터의 합류 지점에 HR기능을 두기 원했다.

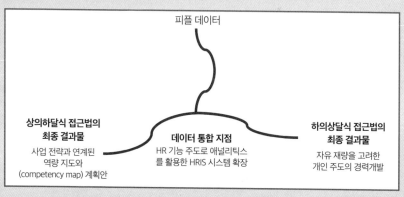

피플 데이터

**상의하달식 접근법의
최종 결과물**
사업 전략과 연계된
역량 지도와
(competency map) 계획안

데이터 통합 지점
HR 기능 주도로 애널리틱스
를 활용한 HRIS 시스템 확장

**하의상달식 접근법의
최종 결과물**
자유 재량을 고려한
개인 주도의 경력개발

출처 2020년 11월 The Viessmann Group의 승인 후 인용

　　　　　　　　　　　　탁월한 피플 애널리틱스를 위한 9가지 관점

스테판은 회고와 동시에 '히트 펌프Heat Pump 개발 영역에서 어떤 역량이 필요한지 제가 어떻게 알겠어요? 저는 엔지니어가 아니거든요. 그렇지만 엔지니어도 미래에 필요한 역량을 분명히 아는 것이 아니어서 물어볼 수도 없어요.'라는 사실도 떠올렸다.

스테판은 미래 기업 업무 관련 외부 연구 외에도 기존 근로자, 임원진, 관리자로부터 정보를 크라우드 소싱crowd-sourcing하는 분석 시스템까지도 필요하다는 사실을 인식했다. 피플 애널리틱스 팀은 점진적 경력 성장 계획, 과거 성과 평가, 전략, 현재 스킬 세트 등의 데이터를 결합하여 역량 맵핑competency mapping을 하고 비스만 그룹의 첫번째 역량 모델competency model을 완성했다. 교차 기능적 기능 부서간 협력으로 생성된 산출물은 기업 기능 부서들의 데이터가 모여드는 지점인 HR 기능의 위치를 부각시켰고 그 상황은 모두에게 도움이 되었다. 근로자는 미래 필요 역량이 정리된 역량 모델로 미래를 파악하는데 도움을 받았고, 관리자는 양질의 대화를 근로자와 나누기 위해서라도 역량 모델 데이터가 필요했으며, 임원진은 경력개발이 전략 목표를 달성하는데 도움을 주는 방식을 파악하고 싶었기 때문에 모두가 그 상황을 매우 긍정적으로 받아들였다.

내부에서 플랫폼은 'ViGrow'로 알려져 있었다. ViGrow는 직원 개인의 역할(포지션), 급여, 교육 기록, 피드백을 상세히 기록한 '직무 카드job cards에서 데이터를 끌어온다. 2020년에 이르러 4,000개 이상의 직무 카드가 완성되었고 그 수는 전체 포지션의 1/3 이상을 차지했다. ViGrow는 스킬 중심의 멘토링 프로그램, 개인 맞춤형 훈련 과정, 성과관리performance review(성과와 역량 평가 결과를 기반으로 미래 성과 목표 달성을 위한 면담과 개발 계획 결정) 활동을 고려한 새로운 구성 방식 등을 반영하면서 확립된 시스템으로 변모하고 있었다.

ViGrow 안에 축적된 광대한 데이터는 역량개발, 비용, 스킬 격차, 사업 목표의 전략 방향을 담은 개요 형식의 정보를 제공했다. 스테판은 ViGrow가 근로자와 자사 모두에게 이익이 되는 동시에 데이터가 중심이 되는 업무 수행의 세계로 HR기능을 끌어들이기 위해 과거에 찾고 있었던 바로 그 분석 시스템이라고 믿는다.

이에 더불어 스테판은 분석을 토대로 작업을 추진한다는 것은 커뮤니케이션 이외에도 이해관계자들을 처음부터 끝까지 잘 관리해야 함을 의미한다고 인식하고, 이와 같이 덧붙였다. '변화관리 활동과 현실 세계로의 구현은 무의 상태에서는 이루어지지 않아요. 그래서 우리는 시간의 50%를 피플 애널리틱스 발전에, 나머지 50%는 이해관계자 관리와 의사소통에 투자했어요. 우리는 ViGrow의 사용사례들을 제안했을 때처럼 더 많은 아이디어가 촉발되도록 피드백을 수집하고 우리의 아이디어를 공유해서 그 플랫폼을 더 강력하고 유용한 상의하달과 하의상달 매개체로 만들어 갔어요.

프리젠테이션, 타운홀town halls, 글로벌 로드쇼global roadshows로 구성된 면밀한 캠페인은 전 세계 근로자가 ViGrow 개발에 참여해 기여할 수 있었던 상황을 의미하기도 한다. 스테판은 중국, 터키, 미국과 같은 멀리 떨어져 있는 국가를 대상으로 통찰 사항들을 수집하면서 3개월 동안 25%에 달하는 근로자의 관심을 사로잡았다.

스테판은 막스와의 지속적인 대화만 아니라 전사적으로도 상위 계층 임원진의 동의를 얻기 위해 노력했다. 그는 상위 계층 이해관계자의 참여를 반복해서 늘려 나가는 과정에서 사업 성과 창출에 기여하는 전략과제를 해결하려는 HR 기능의 의도를 바로 증명할 프로토타입prototype과 모듈modules을 개발할 수 있었다.

그림 3.4　　ViGrow 커뮤니케이션 전략 요소

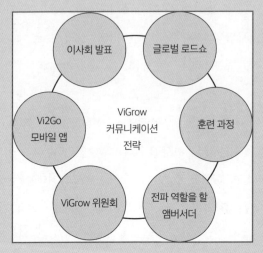

출처 2020년 11월 Viessmann Group의 승인 후 인용

　직무 카드job cards와 경력 프로파일career profile은 근로자 역량개발employee development 과 전사 차원의 임원 의사 결정에서 핵심이기도 하다. ViGrow는 근로자와 대상이 된 비즈니스 기능과 사업부문 모두에게 각각 이익이 되는 간소화된 프로세스를 토대로 해서 구축된 더욱 효과적이고 결과 중심적인 HR 고유의 플랫폼이다. 그러나 이러한 제품보다 더 중요한 것은 애널리틱스에서 시작된 상의하달과 하의상달식 우선순위 사안들을 중심으로 형성되어 있는 HR 기능의 문화를 만들어가는 활동에 대해 스테판이 가지고 있는 신념이다. 최고 인사 책임 임원의 동의를 얻는 것이 중요하다고 해도, 더 중요한 것은 애널리틱스를 추진하는데 그들이 참여하도록 만드는 것이다.

이해관계자 3: 관리자들

이해관계자에서 '관리자'가 속하는 범주는 관리자, 개인 직원, 소비자라는 세 가지 관점으로 생각해 볼 수 있다. 이 세 가지 관점을 바로 이 섹션, 다음 하위 섹션, 7장(재직인재군 직원경험)에서 각각 순서대로 자세히 논의한다.

조직에서 모든 관리자들은 피플 애널리틱스를 활용해서 본인 팀들을 관리하면서 개인 팀원과 팀 전체의 성과를 개선하고 자신과 연관된 통찰 사항을 도출하는데 더욱 관심을 갖기 시작하고 있다. 이런 점에서 관리자가 피플 애널리틱스 작업으로 도출될 최종 결과물에 관심을 갖게 되는 것은 일반적인 현상으로 보인다. 이러한 필요를 가진 이해관계자는 데이터에 접근할 수 있는 권한이 필요하고, 본인 팀원을 관리하는데 유용한 더 많은 통찰 사항을 도출하기를 원하며, 개별 직원이 조직에서 더 많은 것을 달성하고 더 나은 성과를 내도록 더 전문적인 지침을 줄 방법을 정기적으로 찾는다.

피플 애널리틱스 프로젝트에 모든 관리자들이 참여하도록 유도해 포괄적인 정보를 수집하는 것은 거의 불가능하다. 그래서 하나의 선택지로 피플 애널리틱스 팀이 의견, 분석 결과 도출될 통찰사항, 피드백을 얻을 수 있는 회의체 역할의 '관리자 대표 그룹'으로 관리자를 모으는 것이다. 또 다른 대안은 근로자 피드백 수집 기법employee listening techniques(직원경험 파악과 개선을 위한 근로자 피드백 수집 기법)이나 텍스트 분석을 활용하여 피드백을 수집하는 것이다. (6장 데이터 참조)

이해관계자 4: 근로자와 노동자 (근로, 계약, 소속 형태가 다양한 노동자 모두 포함)

이해관계자로서 재직인재군의 역할은 매우 중요하다. 결과적으로 피플 애널리틱스 작업으로 직접적인 영향을 받는 주체는 재직인재군이다. 재직인재군과 관련해 고려할 사항은 세 가지로서 데이터 제공자인 근로자, 피플 애널리틱스와 관련된 직원 윤리, 소비자인 근로자가 있다. 이 세 가지 중 소비자인 근로자는 7장(재직인재군 직원경험)에서 논의할 것이다.

이제 데이터 출처로서 직원을 생각해 보도록 하자. 피플 애널리틱스는 양질의 데이터를 가지고 있을 때 효과적으로 수행되기 때문에 양적으로도 데이터가 더 많을수록 좋다. 우리는 증가하는 많은 양의 비정형 데이터와 이를 수집 및 관리, 분석하는 용도로 테크놀로지가 존재한다는 사실을 논의했다. 이 기회를 통해 증가하는 비정형 데이터의 원천source으로 근로자를 고려해 보는 것은 꽤나 중요하다. 비정형 데이터 자체는 6장(데이터)에서 논의하고 있으나 근로자가 가장 관심을 갖는 주제는 '가치의 공정한 교환fair exchange of value'[5]이라는 개념이다. 근로자가 데이터를 공유함으로써 혜택을 보게 된다는 사실을 알게 된다면, 데이터를 공여할 가능성이 높아진다.

이러한 관점이 우리를 윤리와 개인 정보 보호라는 다음 주제에 대해 생각하도록 만든다. 우리는 1장(통제와 관리 체계)에서 피플 애널리틱스의 윤리 기준 구축하기: Lloyds Banking Group 사례연구로 윤리와 개인 정보 보호 주제를 이미 상세하게 논의했다. 이 사례에서 핵심은 피플 애널리틱스에서 윤리적 관행을 발전시키는 과정에 근로자가 관여하도록 한다는 것이었다. 그렇게 하면 데이터가 반응형active[6]이든 비반응형passive[7]이든지 간에 그들이 데이터를 수집하는 상황에 참여할 가능성이 더 높아진다. 이 점이 Accenture사가 2019년 보고서에서 '신뢰 배당trust dividend'[8]으로 기술한 사항이다(Shook, Knickrehm and Sage–Gavin, 2019).

기업에서 매우 다양한 재직인재군 모두를 관리하는 활동은 복잡하다. 선도적 피플 애널리틱스 기능들은 포커스그룹focus group, 공식 '직원 대표 그룹', 설문조사와 텍스트 분석을 활용한 반응형 데이터active data 수집 활동과 기업 협업 시스템에서 점점 더 많이 증가하는 비반응형 데이터passive data 수집 활동을 조합해 사용한다.

탁월한 피플 애널리틱스를 위한 9가지 관점

이해관계자 5: 기능 부서 이해관계자들

마케팅, 재무, 법무, 부동산, IT 등의 운영이나 기능 부서원과의 협업 활동은 그들이 이해관계자로서 특정 영역의 전문 지식을 갖추고 있다는 점에서 상당히 중요할 수 있다. 이들과 효과적인 파트너십을 개발하면 피플 애널리틱스 작업은 언제나 더 나아지게 될 것이다.

다양한 상황적 배경이나 사유를 고려해 보면 기능 부서 이해관계자들이 협업에 참여하는 게 좋다. 기능 부서 이해관계자는 프로젝트 범위를 설정하고 동시에 그 프로젝트가 사업 성과 창출에 기여하는 효과를 파악할 수 있도록 돕는다. 또한 예상치 않게 문제들이 생긴 프로젝트를 진척시키면서 윤리 헌장(법률 사례의 경우), 투자 사례 또는 수익 모델ROI model 생성과 같은 특정 영역에서 지원을 제공한다.

특히 이러한 기능 부서 이해관계자들은 6장(데이터)에서 기술되어 있듯이 데이터 공유 활동에서 일정한 출처source의 역할도 수행한다. 우리는 '공유된 데이터는 힘이다'라는 원칙을 신뢰하고 있고, 다른 기능 부서의 동료들 하고도 이러한 원칙을 가장 잘 유지하고 있다.

하나의 기능 부서로서 HR기능이 HR 주제에만 몰입하지 않도록 만들면, 피플 애널리틱스 작업은 크게 향상되는 동시에 사업 성과 창출에 기여하는 효과를 도출하는 최종 결과물을 만든다. 이를 위해서는 이러한 기능 부서 이해관계자와의 협업이 필수이다.

이해관계자 6: 테크놀로지와 데이터 소유자들

테크놀로지와 데이터를 소유하고 있는 이해관계자를 만나게 되면 새로운 아이디어가 떠오를 것이다. 테크놀로지와 데이터를 소유하고 있는 IT, 엔터프라이즈 애널리틱스 팀, 계약 공급 업체는 대상이 된 조직이 테크놀로지와 데이터에 대한 접속 권한과 이해를 확보할 수 있도록 만든다.

테크놀로지와 데이터 소유자들은 피플 데이터 확보와 저장 활동 전략에서 없어서는 안 될 역할을 일부 수행한다. 그들의 조언을 자세히 경청하라. 그러면 그들은 분석 솔루션을 자동화하고 새로운 도구와 테크놀로지를 조달하는데 도움이 되는 방법을 제안하여 피플 애널리틱스 기능을 효율적으로 만들고, 산출물을 개선할 수 있다.

우리의 조언은 새로운 테크놀로지와 새로운 데이터 출처들sources에 가능한 개방적 태도를 유지하라는 것이다. 새로운 것에 대한 개방적인 태도는 5장(테크놀로지)와 6장(데이터)의 설명처럼 피플 애널리틱스를 새로운 수준으로 끌어올릴 수 있다. 비유해서 설명하자면 대기업 전사enterprise수준의 IT 기능 또는 전담 IT기능과 애널리틱스 팀들을 가까이에 두면 피플 애널리틱스 팀은 필요할 때 요청 사항들에 신속하게 대응하면서 장기적으로는 테크놀로지 시장의 변화 추세에 긴밀하게 반응할 수 있게 된다.

이해관계자 7: 노동 조합, 노사 협의회 그리고 직원 그룹

종종 피플 애널리틱스는 규제나 법적 근거를 따라 의무적으로 노동 조합, 노사 협의회, 공식 근로자 협의체가 참여할 수 있도록 해야 한다. 규제나 법적 근거에 따르지 않을 때라도 근로자로 구성된 이해관계자는 애널리틱스 프로젝트가 일터 현황을 보다 적절하게 반영할 수 있도록 합법적 권고사항을 제안한다. 또한 이들은 작업이 완료된 이후에도 직원 커뮤니케이션에서 지원 역할을 수행할 수 있다. 이러한 점들을 보더라도 그들의 참여는 충분한 가치를 가진다.

위에서 논의한 바와 같이 그들은 단체 행동으로 노동자의 권리를 대표하는 집단적 노사관계에서 이해관계자로서 재직인재군이 가진 의견을 취합하는데 특히 힘을 보태어 도와줄 수 있다. 노동 조합, 노사 협의회, 직원 그룹은 어려운 주제와 복잡한 양상들을 현장에서 관리하며 여러 국가에서 사업장을 운영하는 경우 현지 문화와 규정을 이해해서 많은 지원을 제공하므로 어려운 상황에서 유용한 역할을 수행할 수도 있다.

이해관계자 계획안 수립하기

이해관계자 지도 작성mapping은 만나 볼 만한 가장 주요한 이해관계자들을 결정하는데 유용한 방법론이다. 지도 완성을 성공적으로 이뤄낸 경우, 일정한 이해관계자 지도는 이해관계자와의 만남의 빈도, 개별로 만나는 이유, 다루게 될 주제들에 대해 방향을 제시한다.

이해관계자 지도 작성에서 절차는 기본적으로 두 단계로 구성된다.

이해관계자 명단 작성

조직 진단을 시작으로 피플 애널리틱스가 사업 성과에 기여하는 가치를 실현할 수 있도록 도움을 줄 조직 내 이해 관계자 모두를 나열해라. 그리고 위에서 언급한 이해관계자 7가지 유형별로 초점을 맞춰라. 이해관계자를 나열할 때 대범하더라도 선별적이지 않도록 해라. 이 단계에서는 이름이 알려져 있지 않아도 각 개인이나 적어도 중요한 사람이 가진 역할을 나열해 보도록 한다.

이해관계자가 누락되어 있거나 이해관계자 7가지 유형 중 범주 자체가 비어 있거나 이해관계자가 어느 범주에 속하는지 모를 경우 해당 목록을 동료나 HR 리더에게 보여주고 도움을 요청해라. 그렇지 못한 경우 팀 단위로 이 연습을 완료해라. 이 경우, 이해관계자 목록은 전체 공통 피플 애널리틱스 이해관계자 지도가 된다.

탁월한 피플 애널리틱스를 위한 9가지 관점

그림 3.5   이해 관계자 지도

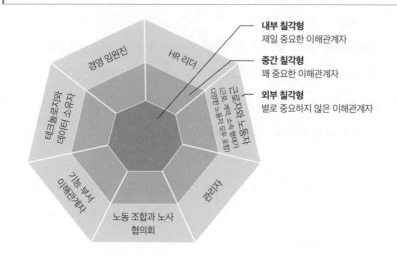

내부 칠각형
제일 중요한 이해관계자

중간 칠각형
꽤 중요한 이해관계자

외부 칠각형
별로 중요하지 않은 이해관계자

경영 임원진

HR 리더

테크놀로지와
데이터 소유자

근로자와 노동자
(근로, 계약, 소속 형태가
다양한 노동자 모두 포함)

기능 부서
이해관계자

관리자

노동 조합과 노사
협의회

중요도를 기준으로 한 우선순위 지정

두 번째 단계에서는 '과녁' 방식을 활용하여 목록에 우선순위를 부여한다. 일련의 동심원 또는 칠각형의 형태로 우선순위를 지정할 대상을 배치해라. 그림 3.5 '지도'를 참조한다.

'지도'를 가지고 식별된 각 이해관계자들의 중요도에 대해 논의하고 결정해라. 다시 말해 피플 애널리틱스가 더 많은 효과를 도출해 더 많은 가치를 실현하기 위해서 어떤 면에서 그 이해관계자가 중요한지를 논의해라. 그다음 중요도가 높은 순서대로 안에서 바깥 방향으로 이해관계자를 이해관계자 지도에 배치해라. 칠각형 지도를 사용하면 이해관계자가 누락되었거나 하나의 범주에서 너무 많이 배치된 경우를 바로 확인할 수 있다.

이해관계자 지도는 먼저 접촉해야 하는 이해관계자와 관계 형성이 필요한 순서를 시각적으로 표현해 보여준다. 이 지도는 피플 애널리틱스에서 가치를 창출하는 데에 도움을 주면서 역동적으로 변화하는 문서가 될 것이다.

이해관계자 지도 작성을 마무리하는 시점에는 필수 이해관계자 모두를 식별해 보여주는 이해관계자 지도가 완성되어 있을 것이다. 이해관계자 지도는 피플 애널리틱스에 중요한 정도나 특정 피플 애널리틱스 프로젝트에 따라 이해관계자 목록을 나열한 것이다. 이해관계자 지도는 이해관계자가 말하는 바를 근거로 사업에서의 우선순위 사안들에 대한 이해를 발전시키는데 유용한 지원 도구가 되며, 해당 내용은 2장(방법론)에 논의되어 있다.

이해관계자 지도가 완성되면 사람들을 만나기 시작할 수 있다. 이해관계자 미팅은 사업에서의 우선순위 사안, HR기능에서의 우선순위 사안, 현재 피플 애널리틱스 작업과 성공 결과에서 그 평가 척도를 정립할 이상적인 기회를 제시한다. 이러한 이해관계자 미팅은 피플 애널리틱스가 지닌 잠재적 또는 실제 사업적 이점을 리더에게 교육하는 기회이다.

경영 임원진과 이해관계자와 미팅을 주선하기 전에, 그들의 비즈니스 목표와 업무 이력을 포함해 대상자에 대해 더 알아보는 것이 중요하다. 그리고 최근 임명된 임원인 경우 이전 직장에서의 정보도 포함해 알아보는 것이 좋다.

그 어떤 유형이든 이해관계자를 만나는 활동은 매우 흥미롭고 보람찬 경험이 될 수 있다. 이에 대한 매우 강력한 예시가 아래 '성공하려면 비즈니스 현업 이해관계자가 있어야 한다: Syngenta' 사례연구에 제시되어 있다. 이 사례연구에서 핵심 메시지는 '비즈니스 현업 이해관계자의 이야기를 경청하는 활동은 성공적 결과를 위한 준비 단계다'라는 것이다.

사례연구

성공하려면 비즈니스 현업 이해관계자가 있어야 한다: Syngenta[9]

2018년 12월 영국의 춥고 습하던 어느 날, 그 하루는 일년 중 가장 짧았다. 햇볕이 구름 사이로 간신히 스며 나오고 있었고 우리는 비가 오지 않는 것에 감사했다. 그 날이 기억에 남는 이유는 우리가 마두라 차크라바르티Madhura Chakrabarti와 화상 회의로 Syngenta에서의 새로운 역할에 대해 이야기를 나누고 있었기 때문이다. 스위스 바젤에서 지낸 지 한달 밖에 되지 않은 마두라는 이야기를 하고 있었다. 그 날은 피플 애널리틱스 글로벌 책임자로서 새로운 역할을 맡은 지 얼마 지나지 않은 시점이었다.

우리는 피플 애널리틱스에서 그녀의 사명과 목표를 개발하는 활동에 대해 논의하고 있었다. 전직 컨설턴트이자 연구자research scientist인 마두라는 사업 전략 수립을 위한 정보 취합 영역에서 다년간의 경험을 가지고 있었다.

'처음 30일 동안 몇 명의 비즈니스 이해관계자를 만났나요?'

그녀의 대답은 우리를 깜짝 놀라게 했다. 마두라는 당시 HR 기능 부서 전체에서 의견을 취합하는 초기 논의에 집중하고 있었고, 다수의 HR 비즈니스 파트너들과 전문가 조직Center of Excellence 리더들을 만났다. 그녀는 토론으로 많은 정보를 제공받고 있었다. 하지만 우리는 마두라가 그 시점에 비즈니스 현업 이해관계자를 단 한 명도 만나지 않았다는 점에서 데이터를 수집하는 데에서 매우 유익한 구성 요소 하나를 놓치고 있다는 느낌을 지울 수 없었다.

우리는 광범위한 이해관계자, 특히 비즈니스 현업 리더의 통찰력을 수집해야 할 필요성에 대해 이야기했고, 마두라는 우리 의견을 수용하여 정보 취합 과정에 반영했다.

2019년 1월 다음 대화를 계속 진행했다. 창밖으로 햇살이 쏟아지던 때에 화상 회의에 참석해서인지 이 날도 기억에 상당히 남았다. 마두라는 스위스 바젤의 Syngenta 사무실에서 다시 전화를 걸고 있었다.

'지난 30일간 약 15명의 고위 비즈니스 현업 임원들과 만났어요.' 그녀는 감탄하듯 외쳤다. '고위 비즈니스 현업 임원 30명과의 대화 깊이 덕분에 기대감으로 가득 차 있어서 즐거워요. 제 관점이 바뀌었거든요. HR 리더와의 대화는 회사를 들여다볼 수 있는 좋은 기회를 주었다면, 지금은 이익과 손해를 담당하는 비즈니스 현업 임원의 의견을 청취하는 경험은 또 다른 다양한 관점을 갖도록 하네요.'

지금까지 마두라는 부임 후 100일의 2/3의 시간을 보내면서 비즈니스 현업, 기능 부서, IT, HR 전문가와 리더들로 구성된 스펙트럼 전체에서 얻은 광범위한 통찰 사항들

탁월한 피플 애널리틱스를 위한 9가지 관점

을 활용해 피플 애널리틱스 전략을 만들어 가고 있는 중이었다.

마두라는 이에 대해 '고위 비즈니스 현업 임원진과의 대화로 Syngenta를 더 잘 이해할 수 있었어요. 저에게 본인의 사업 영역에 대해 말해주었는데, 한 임원은 남미의 사업 영역에 대해 이야기했어요. 그분들은 효과적인 훈련 프로그램과 관련해 시정부와 협력할 뿐만 아니라 현지 농부들을 돕는 것이 사업이라고 설명했지요. 작물학을 이해하면서 지방 정부와 협업할 수 있는 인재를 찾아 육성하는 것이 얼마나 어려운지도 언급했어요. 사람들이 세상에서 변화를 일으키고 있는 상황에 대해 세부적으로 알 수 있다는 사실이 고무적이었지요. 비즈니스 현업 임원과의 대화는 Syngenta가 일상의 삶을 변화시키고 농부와 사업체들이 계속해서 성공하도록 돕는 방법을 이해하는데 유용했어요.'라고 말했다.

마두라는 이 외에도 열정에 대해 이야기했다. '비즈니스 현업 임원이 가진 열정은 HR기능이나 다른 기능 부서 리더와는 달라요. 비즈니스 현업 리더들은 그 사업을 다른 관점에서 보거든요. 저는 그분들을 도우려는 믿기 힘들 정도의 동기로 가득 차 있었던 만남과 그 순간의 대화들을 정리하는 것을 끝냈고, 지금은 그 당시의 동기가 제가 생각하는 방식의 틀을 형성하고 있지요.'

마두라는 비즈니스 최종 결과물에 초점을 맞춘 4가지 주제로 과거의 대화들을 요약했다. (그림 3.6 참조) 그녀는 '전략은 거의 저절로 만들어졌어요.'라고 환호했다.

마두라는 2019년 2월 부임 후 100일[10]간 피플 애널리틱스 전략을 견고하게 만들기

그림 3.6   경영 임원진과의 이해관계자 토론으로 도출된 피플 애널리틱스 주제

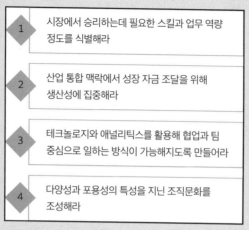

1. 시장에서 승리하는데 필요한 스킬과 업무 역량 정도를 식별해라

2. 산업 통합 맥락에서 성장 자금 조달을 위해 생산성에 집중해라

3. 테크놀로지와 애널리틱스를 활용해 협업과 팀 중심으로 일하는 방식이 가능해지도록 만들어라

4. 다양성과 포용성의 특성을 지닌 조직문화를 조성해라

출처 2020년 4월 Syngenta의 승인 후 인용

위해 노력했다. 그녀는 피플 애널리틱스 전략과 그에 따른 우선순위 주제와 관련해 동의를 얻고자 HR 리더십 팀을 만났다. 마두라가 비즈니스 현업 임원진이 원했던 주제와 HR 리더십 팀이 동의한 주제를 간략하게 개요로 설명한 덕분에 HR 리더십 팀은 기대감을 가득 가지고서 피플 애널리틱스 기능에 투자하는 것을 결정했다.

마두라는 주제에서 우선순위를 정하기 위해 HR 리더십 팀을 실시간 투표에 참여시켰다. 그녀는 피플 애널리틱스 전략에 대한 지원을 얻었을 뿐 아니라 우선순위를 지정하는 실시간 애널리틱스의 저력을 실증해냈다. 작은 그룹 정도의 설문조사 규모였다 하더라도 실시간 설문조사로 데이터를 수집하면서 동시에 사람들을 문제해결에 참여시켜 행동력을 생성시키는 효과적인 방식을 증명해 낸 것이다.

마두라는 그해 3월 즈음까지 HR 리더십 팀의 전체가 동의한 '비즈니스 우선주의' 피플 애널리틱스 전략을 수립했다. '결국 저는 약 70명의 전문가와 임원진을 첫 100일 동안 만났어요. 이 모든 것이 구체적인 모습이 담긴 피플 애널리틱스 전략을 만드는데 도움이 되었어요. 그 과정에서 특히 기업 경영활동에 대한 가장 중요한 통찰을 15명의 경영 임원진이 제공해 주셨어요.'

마두라는 첫 100일을 회고하면서 그녀의 학습 활동을 성찰하고 공유했다.

그녀는 과거의 삶을 생각해 보면서 잠시 회상했다. '시장을 이해하고 다양한 산업 분야의 공급 업체, 고객과 협업하면서 수년간 피플 애널리틱스 분야에서 종사해 왔어요. Syngenta에서 처음 3개월간 가장 많이 배운 스킬은 바로 "경청"이었어요.'

'저는 반응하지 않고 경청하는 방법을 배웠어요. 통찰이 담긴 열린 질문을 하면서 해당 이야기를 흡수하는 방법을 배웠던 것이지요. 그래야만 전략 주제를 도출할 수 있었거든요. 경청이 최고의 스킬인 것이겠지요.'

마두라는 Syngenta에서 HR 리더 그리고 실무자와 대화하면서 학습한 것도 상당히 유용했다고 전한다. '물론 제 경우 제가 변화에 미칠 영향력을 가진 HR 의제를 다루어야 하기 때문에 가급적 경청을 하려 했다고 하더라도, 여러분은 단순히 말만 하고 비즈니스 현업 리더들의 의견을 경청하기만 하면 안 되지요. 그런 점에서 HR 비즈니스 파트너, 전문가 조직CoE 리더와 대화하는 것도 상당히 중요해요. 처음 몇 달 동안 정말 유용했던 것은 각양각색의 이해관계자들과 다양하게 나눈 여러 관점이 혼합된 대화였어요.'

마두라는 어떻게 첫 100일을 요약할 것인지 질문을 받고 성찰하면서 많은 생각을 한 후, 마침내 대답했다. '경청하고, 진단하고, 가능한 많은 질문을 하기 위해 "나는 이 조직에 새로운 사람이다."라는 생각을 하세요. 그리고 이해관계자에게서 이러한 상황에 대한 양해를 구하는 동시에 외부에서 통찰 결과들을 가져와 수용하면서 전략을 만들어 내세요. 그 다음 변화에 유연하게 대처하면서 용기를 가지고 상위 계층 임원진과 대화하세요.'

> **TOP TIP**
>
> 비즈니스 현업 이해관계자가 가진 의견을 경청하면 비즈니스 최종 결과물을 고려해 그 결과에 집중하는 피플 애널리틱스 작업의 모습이 갖춰진다.

요약

이해관계자와의 효과적인 협력은 피플 애널리틱스에서 가장 중요하며 피플 애널리틱스 기능과 작업의 방향을 설정한다. 이해관계자 관리에 있어서는 아래의 신중한 접근 방식을 취해라.

- 피플 애널리틱스 기능의 진화나 변혁 활동의 첫 단계로 이해관계자들을 만나 그들의 요구 사항을 분명하게 이해해라.
- 이해관계자 7가지 유형 모두와 상호 작용해라.
- 우선순위 사안을 기준으로 이해관리자들을 높음, 중간, 낮음으로 순위

를 매기기 위해 관련자 모두를 나열해 목적에 따라 이해관계자 지도를 작성해라.

- 이해관계자들을 만나기 전에 이해관계자, 업무, 선호 스타일을 파악해라.

- 양질의 질문을 해라. 그리고 비즈니스 현업 이해관계자의 광범위한 의견 청취가 피플 애널리틱스에서 작업 방향, 주제, 구조, 장기적인 성공에 필요한 관계를 개발하는데도 유용하다는 사실을 기억해라.

각주

1 Johnson & Johnson(J&J)은 1886년에 설립된 미국 다국적 기업으로 의료 기기, 의약품 그리고 소비재를 개발한다. J&J는 운영 회사를 통해 전 세계 거의 모든 국가에서 사업을 수행한다. (https://www.investor.jnj.com/annual-meetingmaterials/2020-annual-report 참조 (https://perma.cc/8LEN에 보관). -EYH6), 최종 접속 2021년 3월 21일).

2 1986년 J&J는 사회를 돕겠다는 신념과 사명을 설명하는 공식 문서를 만들었다. 그것을 Credo라고 불렀다. (Credo에 대한 자세한 내용은 https://www.jnj.com/credo(https://perma.cc/3V75-Z486에 보관), 최종 접속 2021년 3월 12일).

3 RAG − 빨간색, 호박색, 녹색 − 상태는 프로젝트 관리에서 작업 특정 요소의 진행 상황이나 현재 상태를 나타내는 데 사용된다. 일반적으로 색상은 표준 신호등에 해당하며 사용자는 '경고', '주의 필요', '양호' 상태를 한 눈에 볼 수 있다(https://pmtips.net/article/ 참조). what-does-rag-status-mean(https://perma.cc/85QU-DQEC에 보관됨), 최종 접속 2021년 3월 12일).

4 Viessmann Group은 세계 최고의 난방, 산업 및 냉동 시스템 제조업체 중 하나이다. 독일 알렌도르프에 본사를 두고 있는 이 회사는 2017년 현재 86개국에 걸쳐 12,000명의 직원을 두고 있다(https://www.viessmann.family/en/who-we-are 참조(https://perma.cc/EW2W-PV4W), 최종접속 2021년 2월 7일).

5 용어집: 가치의 공정한 교환 참조. 일반적으로 합리적이고 정직한 거래의 근거로서 동일한 가치의 두 가지를 교환하는 것을 의미한다. 사람 분석의 맥락에서 이것은 직원이 분석

작업을 수행할 수 있도록 조직과 데이터를 공유하는 대가로 분석에서 얻는 개인적 이점을 설명한다.

6 용어집: 능동형(데이터 수집)을 참조. 설문조사나 웨어러블과 같은 '능동적인' 메커니즘을 통한 사람 데이터 수집. 직원이 데이터가 수집되도록 그 과정에 참여한다는 점에서 능동형이라고 본다. 반응형(능동적) 데이터 수집의 반대는 비반응형(수동적) 데이터 수집이다.

7 용어집: 수동 또는 비반응형(데이터 수집)을 참조. 이메일, 캘린더와 협업 도구와 같은 회사의 커뮤니케이션 시스템에서 생성된 데이터의 지속적인 흐름을 통해 데이터를 수집한다. 데이터 수집을 위해 직원이 관여할 필요가 없기 때문에 수동형이라고 본다. 비반응형(수동) 데이터 수집의 반대는 반응형(능동적) 데이터 수집이다.

8 용어집: 신탁 배당을 참조. 직원 데이터 사용과 관련하여 직원 신뢰가 재무 성과에 미치는 영향. Accenture의 2019년 연구, Decoding organizational data: Trust, data and unlocking value in the digital workplace(조직 데이터 디코딩: 디지털 작업 공간에서 신뢰, 데이터 그리고 가치 창출, Shook, Knickrehm와 Sage-Gavin, 2019)에서 가장 두드러지게 사용했다.

9 Syngenta A.G.는 작물을 보호하는 제품의 글로벌 리더이자 스위스 바젤에 글로벌 본사가 있는 세계 최대 종자 개발업체 중 하나이다. 2000년 Novartis Agribusiness와 Zeneca Agrochemicals의 합병으로 설립되었다. 고정 환율로 2019년 매출 136억 달러(약 16조 1000억원), 전 세계 90개국에 28,000명의 직원이 있다(https://www.syngenta.com/company/media/syngenta-news/year/2020/2019-full-year- 참조). (https://perma.cc/57HZ-BSWG에 보관됨), 최종 접속 2021년 2월 7일).

10 Franklin D Roosevelt는 1933년 7월 24일 라디오 연설에서 '최초 100일'이라는 용어를 만들었다. 이 기간 동안 13개의 주요 법률이 제정되었다. 이후 대통령 임기의 첫 100일은 상징적인 의미를 지니게 되었고, 그 기간은 대통령의 조기 성공을 가늠하는 기준으로 여겨진다. 이후 비즈니스 리더가 새로운 역할을 맡았을 때 해야 할 일을 포함하여 다양한 삶의 방식에서 사용되는 문구가 되었다.

04
스킬(skills)

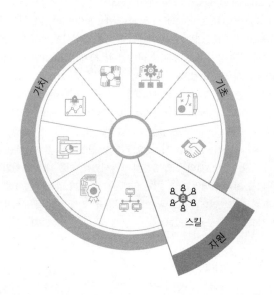

스킬

4장에서는 피플 애널리틱스에 필요한 스킬을 논의하면서 피플 애널리틱스 리더의 역할과 애널리틱스 통역사가 수행하는 특정 역할, 결과를 성공적으로 끌어내기 위한 필수적인 운영 모델을 검토한다.

핵심 포인트

• 피플 애널리틱스 리더일 때 수반되는 필요 스킬과 책임

• 가치 구현을 목적으로 피플 애널리틱스를 확장하기 위한 운영 모델

• 통역사가 더 많은 기회를 창출하고 사안을 명확화해서 프로젝트를 성공으로 이끄는 이유

핵심 포인트와 연계된 실제 사례 중심의 통찰

• Standard Chartered Bank 피플 애널리틱스 리더

• Capital One 피플 애널리틱스 팀 확장하기

• Royal Caribbean Cruise Ltd 훌륭한 통역사의 중요성

개관

스킬

9가지 관점의 하나인 스킬은 피플 애널리틱스 팀 자체에 비중을 두고 연관된 내용들을 다룬다. 4장에서는 특히 피플 애널리틱스 리더의 책임과 스킬 외에도 팀의 운영 모델, 대상이 된 비즈니스 언어와 HR 언어를 분석 언어로 전환하거나 그 반대로 바꾸는 핵심 스킬 세트가 논의된다.

피플 애널리틱스 필수 스킬은 지난 몇 년 동안 많이 언급되었다(Marritt, 2014; Andersen, 2016; Sharp, 2019). 'The Power of People: Learn how successful organizations use workforce analytics to improve business performance(사람의 힘: 성공적인 조직이 비즈니스 성과 개선을 위해 재직인재군 애널리틱스를 활용하는 방법, Guenole, Ferrar and Feinzig, 2017)'에서 성공에 필요한 6가지 스킬(그림 4.1)을 식별한다. 우리가 판단하기에 6가지 스킬은 모든 HR 임원이 자사 피플 애널리틱스 팀을 구축하여 개발하려 할 때 고려해 볼 간결한 모델로 남아있다.

성공적 결과를 도출하려면 필요한 6가지 스킬은 대부분의 피플 애널리틱스 팀에 광범위하게 적용할 수 있지만 가치 시대The Age of Value로 진입하면서 새로운 스킬도 함께 나타나고 있다(1부 – 애널리틱스 사례 참조).

예를 들어 새롭게 등장한 스킬 일부는 데이터 전 처리와 가공 기법에서

그림 4.1   성공에 필요한 6가지 스킬

비즈니스 통찰	컨설팅 능력	인적 자원
• 재무 정보 이해 • 정치적 통찰력 • 내부 현황 인식 • 외부 현황 인식	• 문제 정의 • 가설 설정 • 프로젝트 관리 • 해결안 개발 • 변화관리 • 이해관계자 관리	• HR 하위 기능 • HR 하위 기능간 상호의존성 • 글로벌 HR • 개인 정보 보호와 윤리 • HR 고유의 직관력
산업 심리학	**데이터 과학**	**커뮤니케이션**
• 산업 심리 • 조직 심리 • 연구 설계와 분석	• 정량 분석: 수학과 통계 • 컴퓨터 공학: 데이터 분석과 프로그래밍 • 데이터 인식	• 스토리텔링 • 시각화 • 글쓰기 • 발표 • 마케팅

출처 2017년 Guenole, Ferrar and Feinzig

의data engineering 심화된 전문 지식과 관련이 있다. 이러한 스킬은 '데이터 사이언스' 스킬 세트에서 광범위하게 발견되는데 우리가 아는 사실은 일부 주요 실무 영역에서 필요한 경우 인지 기술cognitive technologies과 인공지능 전문 지식을 가진 사람이 현재까지 채용되어 왔다는 것이다.

윤리, 개인 정보 보호, 데이터 관리, 위험 관리 프레임워크 응용 등의 통제와 관리체제 역할에서 점점 더 많은 스킬이 더 필요해지는 현상이 나타나고 있다. 그 예로 사례연구 '사업 성과에 기여하는 가치를 목적으로 데이터 관리하기: 6장(데이터) HSBC'와 같이 피플 애널리틱스 기능에서 사회적 책무에 따른 관리 책임data stewardship이 책무가 된 기업에서 이러한 현상이 나타나고 있음을 목격할 수 있다.

그간 공유되었던 다른 사례는 Microsoft사 사례이다. HR Business Insights를 담당하는 총책임자General Manager 돈 클링호퍼Kilinghoffer는 2019년 기사에서 '피플 애널리틱스 팀에 개인 정보 보호 관리자를 두는 것이 우리가 성공하는데 있어 매우 중요하다는 사실을 얼마 전에 인식했습니다. 그녀가 비중을 두는 것은 HR기능이 아닌 Microsoft 내부 다른 기능과 함께 직원 데이터 사용에서의 협업이고 피플 애널리틱스 개인 정보 보호와 보안이기도 합니다(Green, 2019)'라고 설명한 바 있다.

마지막 사례로서 피플 애널리틱스 팀에 필요한 새로운 스킬은 피플 애널리틱스의 상품화productization와 연관된 스킬이다. 피플 애널리틱스 팀들이

탁월한 피플 애널리틱스를 위한 9가지 관점

전사로 솔루션을 확대할 때, 인간 중심 설계, UX 디자인[1], 전문 제품 관리 스킬을 보유하고 있다는 것은 더 큰 효과를 낼 솔루션들을 구현할 정도의 강력한 능력을 갖추고 있음을 의미한다. 4장의 후반에서 피플 애널리틱스에서의 새로운 운영 모델 일부로 이러한 스킬에 대해 논의하고자 한다.

효과를 담보하는 결과를 성공적으로 끌어내기 위한 스킬 6가지와 새롭게 등장한 스킬 모두 가치가 있지만, 우리는 스킬과 역할을 논의할 때 HR 리더들에게 가장 중요한 3가지 주제일 것으로 보이는 다음 사항에 비중을 두려 한다.

1 피플 애널리틱스 리더 — 기능 책임자 역할에서 비롯된 주요 책임 이외에 효과를 담보하는 성공적 결과를 도출하기 위한 스킬 6가지 중 가장 필요한 스킬
2 운영 모델 — 규모에 따라 가치를 효과적으로 실현하기 위해 피플 애널리틱스 팀을 구성하는 방법
3 피플 애널리틱스 통역사 — 피플 애널리틱스에서 근래에 새롭게 등장해 점점 중요해지는 전문가 역할

피플 애널리틱스 리더

우리는 지난 수년간 연구하고 비즈니스 현업 리더들에 더불어 HR 임원

진과 대화하던 기간 동안 '일을 완수'하는 능력을 가진 리더를 확보하는 것이 피플 애널리틱스 팀과 관련한 가장 중요한 시각들 중에 하나라고 결론을 내렸다. 바로 이 점이 피플 애널리틱스 팀의 성공을 가르는 주요 차이점 중 하나이다. (Green, 2017).

우리는 특정한 주요 책임이 피플 애널리틱스 리더에게 부여된다는 결론을 내리고 다수의 피플 애널리틱스 리더와 함께 한 명의 숙련된 리더를 다룬 두 개의 상세한 기사(Green and Chidambaram, 2018a, b) 등에서 이 주제를 검토하고 논의해 왔다. 피플 애널리틱스 리더가 부여받는 책임은 다음과 같다.

1 피플 애널리틱스 팀 구축과 지휘 활동
2 윤리, 신뢰, 개인 정보 보호를 피플 애널리틱스 작업에서 핵심으로 두고 유지하는 활동
3 규모가 커질수록 그에 걸맞은 가치를 구현하는 활동
4 전사적으로 피플 애널리틱스 조직문화를 개발하는 활동
5 피플 애널리틱스 분야의 미래 방향을 제시하는 활동

우리는 지금까지 피플 애널리틱스 리더가 다양한 교육, 직업 경험과 배경을 통해 만들어진다는 사실을 지켜봤다. 다수 목격자와 우리가 만나 온 최고 인사 책임 임원들 각각이 전문 데이터 과학자나 산업/조직심리학자가 팀 구축 처음부터 주요 필수 조건이라고 여긴다. 이 때 우리는 '기술자techies와 과학자scientists'로 구성된 하나의 팀을 인솔하는 사람은 해당 언어를 알고

신뢰 가능한 수준으로 연관 스킬을 갖추고 있어야 한다고 의견을 제시한다. 그렇다고 해도 피플 애널리틱스 리더가 기술자와 과학자 같은 동일한 배경을 갖출 필요는 없다. 우리가 경험한 것을 보면 피플 애널리틱스 리더가 매우 빈번하게 사소한 상황에 발목이 걸려서 다양한 이해관계자를 관리하지 못하는 상황에 처하는 위험에 빠지기도 했다.

다른 대안은 HR 전문성을 가진 리더를 중심으로 피플 애널리틱스 팀을 구성하는 것이다. HR 전문성을 갖춘 리더는 HR 리더십 팀의 필요에 따라 지원을 요청하기 위해 HR 기능을 탐색하는 방법을 알고 있기 때문이다. 다시 말하지만, 이 대안은 확실한 접근법이며 일정한 사례가 만들어질 수 있는 방법이기도 하다.

여기서 더 나아간 대안은 HR 조직 외부에서 컨설턴트('내부' 컨설턴트)나 전문 컨설팅업체의 전문가('외부' 컨설턴트)를 데려오는 것이다. 이러한 사람은 이해관계자 관리와 프로젝트 리더십에서 본인의 스킬을 연마해 온 사람일 것이 분명하다. 이 접근법도 효과적일 수 있다.

그렇더라도 성공할 수 있는 피플 애널리틱스 리더를 결정할 때에 가장 중요한 요인은 과거 경험이나 가장 최근에 수행한 역할이 아니다. 이 주제와 관련해서 우리가 경험하고 연구한 것을 보면 스킬과 보고 라인 같은 다른 요인들이 더 중요하다.

피플 애널리틱스 리더의 스킬

피플 애널리틱스 리더는 특정 스킬에서 다른 사람보다 높은 수준의 전문성을 보유하는 게 좋다. 특히 비즈니스 통찰력, 컨설팅, 커뮤니케이션에서의 전문성이 필요하다. (그림 4.2 음영 처리된 부분 참조) 관련 스킬은 아래에 요약되어 있으며 사례연구 '피플 애널리틱스 리더: Standard Chartered Bank'에서도 상세하게 논의되어 있다.

비즈니스 통찰력

피플 애널리틱스 리더는 전사적으로 핵심 서비스, 제품, 고객, 프로세스 등에 대해 제대로 파악하고, 다양한 비즈니스 현업 리더들과 대화하면서 '비즈니스 현업 리더의 언어'로 하는 토론에 기여할 수 있는 능력을 가지고 있어야 한다.

이 외에도 '일을 완수하는 방식'을 인지하고 있으면서도 용기, 대담함, 공감, 외교적 처세가 모두 혼합된 자질을 갖추는 것이 필요하고 바로 이 자질들은 정치적 통찰력에서 기초적인 필수 요소이기도 하다. 피플 애널리틱스 리더는 팀이 성공할 수 있도록 자신의 역할에 따라 수반되는 정치적 '지뢰밭'을 통과하면서 팀을 이끌어야 한다.

이를 위해서 개인 정보 보호 최고 책임 임원과 재무 최고 책임 임원 같은 다양한 이해관계자들과 양질의 관계를 맺을 필요가 있다.

그림 4.2   피플 애널리틱스 리더에게 필수적인 비즈니스 통찰력, 컨설팅, 커뮤니케이션

비즈니스 통찰력	컨설팅 능력	인적 자원
• 재무 정보 이해 • 정치적 통찰력 • 내부 현황 인식 • 외부 현황 인식	• 문제 정의 • 가설 설정 • 프로젝트 관리 • 해결안 개발 • 변화관리 • 이해관계자 관리	• 하위 HR 기능 • HR 하위 기능 간 상호의존성 • 글로벌 HR • 개인정보보호와 윤리 • HR 고유의 직관
산업 심리학	데이터 과학	커뮤니케이션
• 산업 심리 • 조직 심리 • 연구 설계와 분석	• 정량 분석: 수학 및 통계 • 컴퓨터 공학: 데이터 분석과 프로그래밍 • 데이터 인지	• 스토리텔링 • 시각화 • 글쓰기 • 발표 • 마케팅

출저 2017년 Guenole, Ferrar and Feinzig

마지막으로 피플 애널리틱스 리더가 재무 정보에서 상당 수준의 이해력을 가지고 있다는 것은 가치를 이해해서 실현하는데 유용하고 다른 임원진에게 신뢰할 수 있는 리더로 보이게끔 한다.

컨설팅 능력

피플 애널리틱스 리더는 가끔씩 특정 이해관계자(최고 인사 책임 임원이나 최고 경영자)를 대상으로 컨설턴트 역할을 수행하도록 요청을 받는다. 이러한 상황에서 중요한 사실은 피플 애널리틱스 리더가 컨설턴트 역할을 맡아 상황에 따라 적절한 수준으로 문제를 분석하거나 이해관계자를 관리하는 스킬을 활용하는 것이 가능하고, 그 결과 매번 '지시'만 받는 종속적인 역할을 수

행하지는 않는다는 점이다.

이외에도 피플 애널리틱스 리더는 프로젝트 관리 스킬에 익숙해지는 것
이 좋다. 피플 애널리틱스 리더가 여러 프로젝트를 관리할 것이라는 점에
서 프로젝트 리더십과 연관된 어려운 문제를 다루고 변화관리 프로그램으
로 피플 애널리틱스 팀을 지휘할 수 있는 능력이 이들에게 필요할 것이다.

커뮤니케이션

피플 애널리틱스 리더는 특히 데이터를 시각화 할 수 있는 능력, 스토리
텔링 같은 전문 스킬을 포함한 최상위 수준의 프레젠테이션 스킬을 갖추는
것이 좋다. 피플 애널리틱스 리더는 일부의 이해관계자가 시간이 없거나
인내심을 거의 가지고 있지 않은 상황에서 복잡한 분석 작업을 통해 도출
한 통찰 결과를 복합적인 비즈니스 상황에 연관 지어서 발표해야 하기 때
문이다.

피플 애널리틱스 리더는 다양한 스토리텔링 기법을 활용해 복잡한 주제
를 효과적인 스토리로 종합하고 정리할 수 있어야 하며 의사결정 권한을
가진 리더가 이를 활용해 행동으로 옮기도록 자극할 수 있어야 한다.

또 다른 커뮤니케이션 스킬은 근로자에게 피플 애널리틱스가 다루는 사
안을 소통하는 역량이 무엇일지 파악하고 사용하는 감각이다. 마케팅 최
종 결과물 이외에도 솔루션을 상품화하는 과정에서 재직인재군을 대상으

로 제안 사항을 전달하는 상황만 아니라 윤리 헌장(1장 통제와 관리체제 참조)의 윤리와 데이터 정보 보호 접근법 같은 민감한 주제를 전달하는 상황에서도 이러한 커뮤니케이션 스킬은 유용하게 사용된다.

피플 애널리틱스 리더가 비즈니스 통찰력, 컨설팅 능력, 커뮤니케이션 등 3가지 영역에서 보유한 스킬과 능력이 피플 애널리틱스 기능의 성공을 결정한다.

피플 애널리틱스 리더의 보고 라인

이상적으로는 피플 애널리틱스 리더가 최고 인사 책임 임원이나 최고 애널리틱스 책임 임원 같은 다른 주요 리더에게 보고하는 것이 좋다. 최소한 피플 애널리틱스 리더는 최고 인사 책임 임원에게 접근할 유의미한 권한을 획득할 수 있는 사람에게 보고해야 한다.

피플 애널리틱스에서 보고 라인은 수많은 토론의 주제로서 2018년 알렉시스 핑크Alexis Fink와 케이스 맥널티Keith McNulty의 기고문처럼 해당 분야 리더들 사이에서도 논의되어 왔다. 해당 기고문은 이와 같이 언급했다. '가장 성공적인 피플 애널리틱스 그룹은 최고 인사 책임 임원CHRO이나 최고 구성원 책임 임원Chief People Officer에게 꾸준히 그 기능이 수행하는 작업과 역할이 보이게끔 했다. 가장 성공적이었던 사례를 보면 피플 애널리틱스 리더는 최고 인사 임원에게 직접 보고를 했었다. 성과 창출에 기여하는 효과를 도출할 가능성을 보고 느끼는 좌절은 피플 애널리틱스 그룹이 논리적으로 관련성이 낮은 일부 기능으로 포함되거나 그 역할과 가치에서 동의를 얻지 못해 '표류하게 되었던' 상황에서 나타났다.'

리더 한 사람에게 최적합한 보고 구조는 대개 기업의 규모와 복잡도에 따라 달라진다. 이 책을 위해 살펴본 연구에 따르면 60개 글로벌 피플 애널리틱스 조직 중 22% 리더들이 최고 인사 책임 임원에게 보고하며 53% 리더들은 그보다 한 단계 낮은 보고 라인의 리더에게 보고하는 것으로 나타났다(그림 4.3 참조). 최고 인사 책임 임원보다 한 단계 낮은 보고 라인의 리더에게 피플 애널리틱스 리더가 보고할 경우, 피플 애널리틱스 리더는 HR 전략이나 디지털 HR 기능의 부사장급Vice President 같은 전략이나 변혁 활동 transformation 포트폴리오를 가진 사람에게 보고하는 것이 가장 좋다.

| 그림 4.3   질문: 피플 애널리틱스 리더는 누구에게 보고하는가? (n=60)

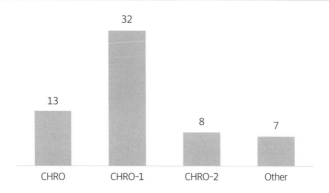

출처 2020년 11월 Insight222 승인 후 인용

탁월한 피플 애널리틱스를 위한 9가지 관점

피플 애널리틱스 리더의 보고 대상과 보고 라인에서 최고 인사 책임 임원에게 가까운 정도는 HR 기능이 피플 애널리틱스 기능을 대하는 태도와 그 나머지 사안에 대한 진지함을 보여주는 최고의 지표이다.

적합한 피플 애널리틱스 리더를 구하는데 시간이 걸릴 수도 있다. 새롭고 혁신적으로 데이터를 분석하는 조직문화를 구현하고 일정한 모든 사안에서 결과를 실현하는데 필요한 스킬 세트와 추진력은 결코 쉽게 얻어지는 게 아니다. Standard Chartered Bank 사례에서 살펴보겠지만, 피플 애널리틱스 리더가 가진 능력만큼 피플 애널리틱스 비전도 결정된다. 다음 사례는 '먼저 적합한 사람을 확보하는 것이 핵심이다' 라는 점을 핵심 메시지로 전달한다.

사례연구

피플 애널리틱스 리더: Standard Chartered Bank[2]

Standard Chartered Bank는 자산 기준으로 세계 50대 은행 중 하나이며(Ali, 2020) 160년이 넘는 역사를 지닌 가장 오래된 은행 중에 한 곳이기도 하다. 유럽, 미주, 아시아, 아프리카, 중동 전역에 1,000개 이상의 지사가 있으며 85,000명의 직원이 근무한다. 상당한 다양성을 가진 조직으로 60개 시장을 포괄하고 있으며 근로자는 은행 경영 활동의 중심에서 지역 소비자와 사업체를 돕고 있다.

HR 관리팀 일원인 톰 호위Tom Howie는 은행에 필요한 고객 중심 인재경영 전략people strategy 설계와 구현을 담당하는 최고 운영 책임 임원Chief Operating Officer으로서 그룹 차원의 HR 영역에서 운영, 위험, 비즈니스, HR 변혁 활동transformation을 관리하는 책임을 맡고 있다. HR 기능 전체 영역에서 데이터 중심 접근법을 만들고 리더들과 HR 담당자 주도로 증거 기반 의사 결정evidence-based decision making 환경이 조성되도록 하는 것이 인재경영 전략에서의 핵심이다.

이에 따라 톰은 이 비전을 실현하는데 도움이 되도록 피플 애널리틱스 기능을 변혁하는 일을 담당하고 있다. '2017년부터 피플 애널리틱스 팀은 필요에 따라 자사 구성원과 연관된 성과표scorecards와 보고서를 제공하는 일을 담당해 왔어요. 이 역할은 여전히 매우 유용하고 우리는 우리 경영활동 영역 중 이 부분에 생기를 넣어 주는 숙련된 팀을 인도에 두고 있어요.' 톰은 '그렇더라도 우리는 항상 애널리틱스 팀에게 다른 차원에서 포부를 가지고 있어요. 그것은 사업 성과에 기여하는 효과를 도출할 주요 전략과제들로 개선된 통찰 결과, 어드밴스드 애널리틱스, 영리적 가치를 끌어내는 것이지요.'라고 회상했다.

톰은 피플 애널리틱스 변혁에서 가장 중요한 하나가 피플 애널리틱스를 새로운 차원으로 끌어 올릴 수 있는 리더를 영입하는 것이라는 사실을 파악하고 있었다. '애널리틱스 팀은 또 다른 접근 방식을 필요로 했기 때문에, 우리는 피플 애널리틱스 실무 현장에서 연관 업무를 수행하고 인정받은 피플 애널리틱스 전문가를 리더로 영입하는 것에서 시작해야 한다고 결정했지요.'

탁월한 피플 애널리틱스를 위한 9가지 관점

톰은 영입을 고려해 인재를 찾아보기 전에 피플 애널리틱스 기능에서 자신에게 필요한 것과 은행업에서 계속해서 성장하면서도 변화 요구 사항에 영향을 미칠 사람의 유형을 정확하게 평가하는데 시간을 투자했다.

톰은 회상했다. '우리 사업 전체에서 피플 애널리틱스가 성공하는데 필요한 사항을 주의 깊게 살펴보는데 몇 달을 보냈어요.' 은행의 본사가 영국에 있지만 운영 조직은 아시아와 아프리카에 있다는 점에서 운영 조직의 구조는 대다수 경쟁사와 차이점을 갖는다. 이러한 글로벌/지역 구조와 운영 모델은 전사 사업 차원에서 이해관계자들을 관리하려 할 때 독특한 차원의 관점을 야기한다. 톰은 '그래서 상당히 중요한 점은 우리 회사에서 필요한 리더는 전문가의 태도와 사고방식을 가지고 다양하며 규모가 큰 이해관계자를 관리하고, 탄탄한 문화적 인식과 감수성도 갖출 수 있어야 한다는 것이지요.'라고 덧붙였다.

톰은 리서치를 통해 피플 애널리틱스 리더에게 필요한 세 가지 핵심 스킬을 찾아냈다. 그 세 가지는 각각 비즈니스 통찰력, 사업적 사안을 파악하는 컨설팅적 접근 방식, 고도로 개발된 커뮤니케이션 스킬이었다. 이 세 가지는 데이터 분석이나 테크놀로지 분야 배경을 가지거나 HR 분야에서 쌓인 경력보다도 더 중요했다.

Standard Chartered Bank의 이상적인 피플 애널리틱스 리더 특징(그림 4.4 참조)은 연구 결과를 참조하고, 사업 전체의 수많은 이해관계자와 토론을 하며 도출되었다.

주요 1차 속성은 다음과 같다.

그림 4.4　피플 애널리틱스 리더의 이상적 특성

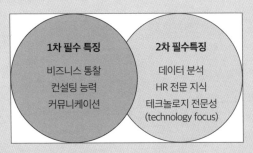

1차 필수 특징

비즈니스 통찰
컨설팅 능력
커뮤니케이션

2차 필수특징

데이터 분석
HR 전문 지식
테크놀로지 전문성
(technology focus)

출처 2020년 10월 Standard Chartered Bank 승인 후 인용

비즈니스 통찰

은행은 고객, 즉 비즈니스 현업에 비중을 두면서 자사 사업, 기능, 직무를 개선할 애널리틱스의 가치를 파악하게 도와주는 리더를 찾으려 노력했다. 구체적으로 말하자면 재무 가치를 지향하면서 비즈니스 언어를 쉽게 구사하는 능력을 갖춘 리더를 찾으려 했던 것이다. 그러한 이상적인 후보자라면 조직 내부에서 이해관계자를 구축한 뒤 관리할 수 있을 것이고 피플 애널리틱스 분야에서 광범위한 네트워크를 확보하면서 조직 외부에서 선도적 관행과 사례들을 가져올 수 있을 것이었다.

톰은 '세상에서 우리가 찾고 있던 완벽한 피플 애널리틱스 리더는 이미 그 분야의 리더였어요. 우리가 바라는 후보자는 다수의 컨퍼런스 발제자, 네트워크를 잘 구축한 실무자, 최고 수준의 피플 애널리틱스 리더 그룹의 일원이었지요. 또한 다른 사람으로부터 배우는 것에 열정적이며 선도적 실무 관행과 아이디어를 조직으로 가져올 수 있는 사람이었어요. Standard Chartered Bank의 사례에서 우리는 활용 가능한 다양한 산업과 사업 환경에서 근무해 본 경험을 가진 사람이 필요했어요. 다시 말해, 다양한 비즈니스 역할을 맡아 보았던 사람이 필요했던 것이지요.'라고 했다.

컨설팅 능력

사업적 사안을 분석하는 능력은 은행이 원하는 핵심 사항이었다. '우리는 현재 피플 애널리틱스 팀에게 도전과제를 부여하고 사업 성과에 기여하는 효과가 도출되는 전략 과제에 비중을 두고서 문제를 해결하는 방식을 이끌어 갈 사람이 필요했어요.' 이를 수행하는데 필요한 특정 스킬로 은행이 명확히 고지한 것은 문제 분석과 가설 설정에서의 고도의 수행 능력, 여러 이해관계자들의 의견에 대해 토론하고 논쟁하면서 해독할 정도의 능숙한 능력, 과도한 요청 사항들 간에서도 우선순위를 정하는 탁월한 협상 스킬이었다. '우리는 광범위한 이해관계자를 섬세하면서도 확고한 협업 방식으로 관리할수 있는 역량이 새로운 피플 애널리틱스 리더가 현재 팀으로 가져올 가장 가치 있는 요소가 되리라고 느꼈어요.'

커뮤니케이션

새로운 리더는 필요한 변화 규모 때문이라도 잘 연마된 커뮤니케이션, 스토리텔링, 변화관리 스킬을 필요로 했다. 톰은 이와 같이 말했다. '우리는 훌륭한 의사소통자라면 이해관계자 각자가 처한 상황을 고려해 그 맥락에 맞춰 작업을 진전시킬 것임을 알고있었어요. 해야 할 일이 많이 있기 때문에 주요 이해관계자와 피플 애널리틱스 팀과의 훌륭한 의사소통 스킬은 큰 차이를 만들 것이거든요. 피플 애널리틱스 리더가 필수적인 변혁 활동을 실행하기 위해서는 팀으로부터 동의와 함께 팀원과의 업무 수행 과정에서 각자가 가진 자질, 능력, 태도를followership 이끌어 낼 수 있어야 할 거예요.'

은행은 피플 애널리틱스가 하나의 기능으로서 현재보다 더 값어치 있고 성과를 주도하는 사업 파트너가 될 것인지 확인하고자 했다. 이를 위해 피플 애널리틱스 팀은 복잡한 애널리틱스 솔루션이 구현되는 동시에 해당 솔루션이 관련 시장과 대상이 된 팀들 전체에서 광범위하게 채택되는 수준으로 올라서야 했다. 이러한 피플 애널리틱스 팀의 진보는 데이터 범용화democratization, 셀프 서비스 수준의 확대, 피플 데이터를 비즈니스 현업 리더가 직접 사용하는 더 높은 수준의 역량과 자신감의 확보를 통해 현실화될 것으로 보였다.

이러한 통합적 접근 방식은 간단한 프리젠테이션 스킬에서부터 스토리텔링과 데이터 시각화처럼 한층 더 복잡한 스킬에 이르기까지 커뮤니케이션 범주에 속하는 전반적인 스킬들을 필요로 한다. 광범위한 이해관계자에게 스토리를 이해시키기 위해 데이터 해독 능력은 제일 중요한 필수 스킬 중에 하나다.

톰은 성공적인 피플 애널리틱스 리더에게 요구되는 세 가지 핵심속성을 평가한 결과를 토대로 적합한 사람을 임명할 것이라고 확신했다. 톰과 그의 동료들은 치밀하고 광범위한 인재탐색 끝에 해당 역할에 지원했거나 전문가 네트워크로 추천을 받은 다양한 내부와 외부 후보자를 인터뷰했다.

톰은 채용 과정 전반에서 후보자의 진정성과 장기적인 성장 잠재력을 고려했다. '우리는 향후 몇 년 간 자신의 에너지를 투자해 HR 기능 전반에 걸쳐 데이터를 토대로 업무를 수행하는 조직문화를 발전시킬 사람을 원했어요. 이 역할은 향후 몇 년 간 인재경영 전략people strategy을 만들어 측정하고 전달하는 활동에서 반드시 필요하거든요.'

2019년 10월 은행은 스티브 스캇Steve Scott을 임명했다고 발표했다. 스티브는 또 다른 대형 금융 기관 전체에 피플 애널리틱스를 도입하고 구현한 귀중한 경험을 가지고 있었다. 그는 피플 애널리틱스 커뮤니티 내에서 네트워크가 잘 형성되어 있었고 외부에서도 이 주제에 대해 발제자로서 폭넓게 활동하고 있었다.

스티브는 재무, 관계 관리, 운영, 제품 관리, 비즈니스 인텔리전스를 포함해 금융 서비스 분야에서 20년 간 다양한 역할을 수행했다. 스티브는 사업을 중심으로 두는 전략적 사고 성향과 컨설팅 마인드를 가진 타고난 의사소통가로서의 역량을 갖추고 있어 은행과 특히 톰이 찾고 있던 인재의 요건을 충족시켰다.

톰은 이렇게 회상했다. '스티브는 무엇보다 고객을 중심으로 사업을 이해하는 사람이거든요. 그는 이미 많은 이해관계자를 파악해 왔고 그들이 가진 사업 성과 도출 목적의 전략과제와 피플 애널리틱스를 활용해 이를 해결하는 방법을 토론하는 장에 이해관계자들이 참여하도록 독려해 왔어요. 그는 이미 피플 애널리틱스를 위한 다년간의 비전, 전략, 계획안 개발을 완료했고 현재 이를 실행하고 있는 중이지요.'

2021년 초 즈음 스티브는 이미 필수로 보고하던 사항의 수를 줄이고 사업 전략과 연계된 주요 전략과제를 수행하면서 어드밴스드 애널리틱스의 수행 능력치를 이전보다 더욱 크게 발전시킴으로써 피플 애널리틱스 기능을 혁신하기 시작했다. 또한 그는 이해관계자와 함께 피플 데이터와 애널리틱스 협의회 구축을 완료했으며 피플 애널리틱스 팀은 그 협의회 덕분에 가장 중요한 주제에 집중하면서 추진력을 전사적으로도 확보해 갈 수 있었다.

은행은 지속해서 피플 애널리틱스 팀을 변혁하면서 인재경영 전략people strategy을 실행하는 중이다. 그럼에도 이 사례는 그 기업 환경에 적합한 리더가 인상적인 변화를 일으킬 수 있다는 사실을 보여준다. 톰은 '스티브는 HR 기능 전체로 이전보다 빠르게 데이터를 토대로 업무에 접근하는 방식을 구축하고 있어요. 이외에도 스티브는 은행이 사업성과 창출을 목적으로 피플 데이터를 활용하는 부문을 선도하는 하나의 세력이 될 수 있도록 비즈니스 현업 이해관계자와 긴밀히 협력하고 있는 중이기도 해요.'라고 결론지었다.

TOP TIP

피플 애널리틱스 리더에게 토대가 되는 가장 필수적인 스킬은 비즈니스 통찰력, 컨설팅적 접근방식, 명료한 커뮤니케이션 스킬이다.

피플 애널리틱스 운영 모델

기업의 최고 인사 책임 임원, 전략 리더, 피플 애널리틱스 리더들 사이에 널리 퍼진 주제 하나는 피플 애널리틱스 운영에 필요한 조직 구조이다. 이에 대한 주된 질문은 '팀을 구성하는 방식'과 '피플 애널리틱스 기능에 가장 적합한 운영 모델'에 대한 것이다.

피플 애널리틱스 팀 대부분이 성장세를 그리고 있고(그림 4.5) 하나의 기능으로서 상대적으로 새롭게 만들어졌기 때문에 이러한 질문이 놀라운 것은 아니다.

우리가 진행해 온 리서치를 살펴보고 내린 결론은 피플 애널리틱스 조직

│ 그림 4.5   질문: 피플 애널리틱스 팀의 규모는 향후 18-24개월 동안 어떻게 변화할 것으로 예상하는가? (n= 60)

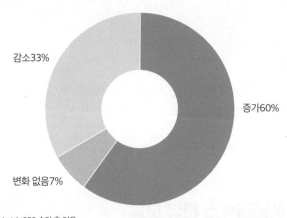

감소33%

증가60%

변화 없음7%

출처 2020년 11월 Insight222 승인 후 인용

│ 그림 4.6   질문: 귀사의 피플 애널리틱스 기능의 존속 연수는 어느 정도인가?

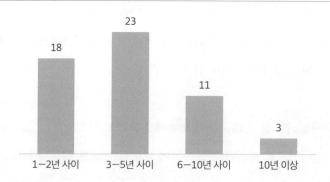

편제에서 원래 있던 시스템과 운영 모델은 피플 애널리틱스 기능이 비즈니스 현업 리더가 기대하는 가치를 전달하는데 적합하지 않다는 것이다.

우리는 여러 사례를 통해 일부 피플 애널리틱스 팀이 인재 관리 조직에 '숨겨져 있거나', 보상과 복리 후생 팀 그리고 HR기능의 다른 '전문가 조직에게CoE, Center of Excellence' 보고하는 상황을 경험해 왔다.

또한 피플 애널리틱스 팀이 단일 조직이 아닌 경우도 발견한 경험이 있다. 일부 기업에서는 피플 애널리틱스 팀과 관련된 일상적인 활동이 HR 기능, IT 기능, 전사 애널리틱스 기능으로 각각 분산되어 있기도 하다. 이에 대한 사례는 'Transformation in practice: Allstate(트랜스포메이션 실행하기: Allstate, 3부 피플 애널리틱스의 다음 단계)'의 초기 부분에 논의되어 있으니 애널리틱스 팀 리더가 자사 재직인재군을 통합하기로 결정하기 전에 참조하기 바란다.

팀들이 조각조각나 조직 내 일부로 다양하게 배치된 이유는 종종 최고 인사 책임 임원CHRO이 피플 애널리틱스의 잠재력을 완벽하게 이해하지 못했기 때문이다. 이러한 경우 우리는 피플 애널리틱스 팀이 어드밴스드 애널리틱스advanced analytics에서 나오는 가치 보다도 보고 활동에서 효율성을 창출하는데 비중을 두기로 결정하던 관행을 발견하곤 한다. 보고를 담당하는 팀은 그 기능이 일반적으로 전문가 조직에CoE, Center of Exellence 배치된 상태에서 분할되어 있는 반면, 어드밴스드 애널리틱스와 데이터 과학자로 구성된 또 다른 팀은 HR기능의 다양한 부문에 각각 배치되어 있다. 우리는 더

탁월한 피플 애널리틱스를 위한 9가지 관점

그림 4.7 피플 애널리틱스 Insight222 운영 모델

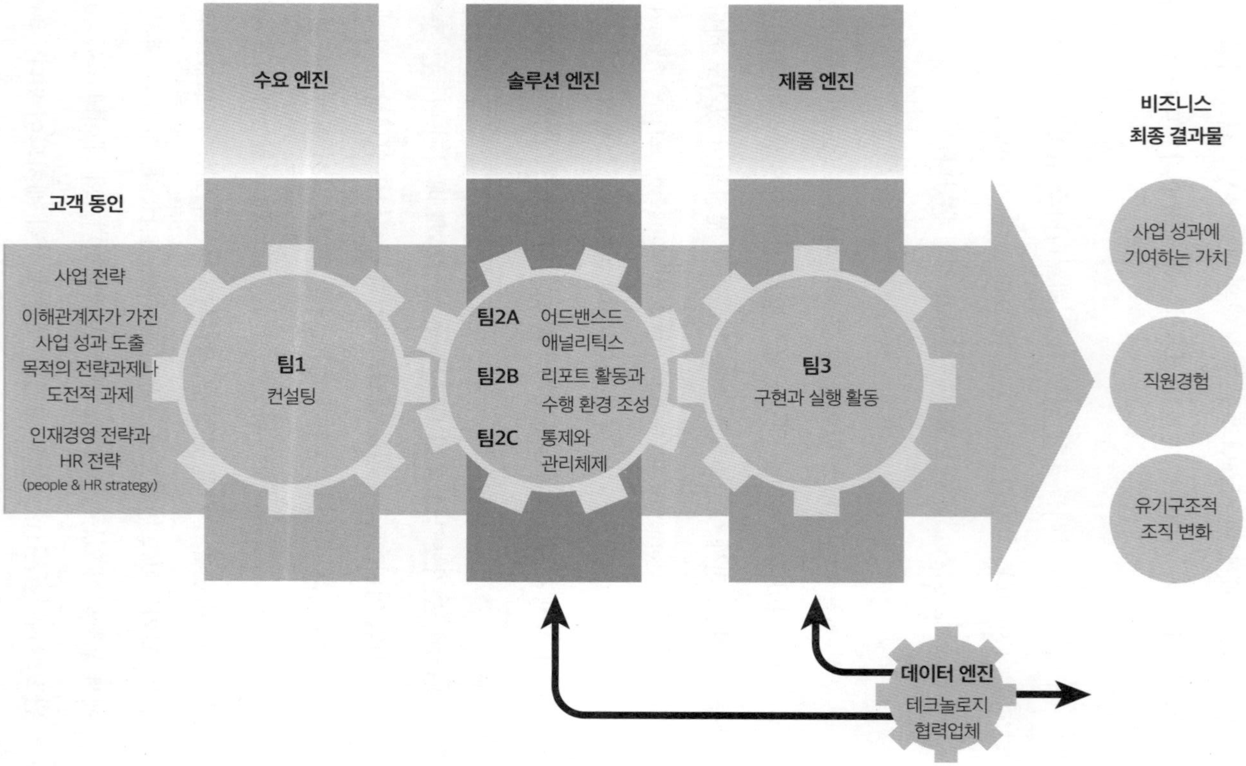

비즈니스
최종 결과물

사업 성과에
기여하는 가치

직원경험

유기구조적
조직 변화

제품 엔진

팀3
구현과 실행 활동

데이터 엔진
테크놀로지
협력업체

솔루션 엔진

팀2A 어드밴스드
애널리틱스

팀2B 리포트 활동과
수행 환경 조성

팀2C 통치와
관리지배

수요 엔진

팀1
컨설팅

고객 동인

사업 전략
이해관계자가 가진
사업 성과 도출
목적의 전략과제나
도전적 과제

인재경영 전략과
HR 전략
(people & HR strategy)

흥미로운 일을 찾아 다른 기업에서 더 큰 팀의 일원이 되려는 데이터 과학자의 사례에서 이러한 결과를 지금까지 발견하고는 한다. 이와 같이 '실망의 악순환'과 가치의 부재는 지속된다.

하지만 우리가 다른 조직에서 파악한 것은 최고 인사 책임 임원CHRO이 피플 애널리틱스가 미칠 효과와 잠재력을 완전히 인식하고 나서는 그 가치를 개화시키는 방법을 굉장히 알고 싶어한다는 사실이다.

8장 (비즈니스 최종 결과물)에서는 피플 애널리틱스 가치사슬을 간략히 설명한다. 여러분은 피플 애널리틱스 가치사슬로 피플 애널리틱스를 이해관계자 관점으로 새롭게 보게outside-in될 것이다. 피플 애널리틱스에서 가치를 기준으로 작업을 추진하는 접근 방식value-driven approach은 고객 동인client drivers과 요청 사안requests을 유의미하고 중요한 최종 결과물로 전환해 주는 일정한 구조를 필요로 한다. 그림 4.7의 피플 애널리틱스 운영 모델은 세 가지 동력계engines인 수요 엔진, 솔루션 엔진, 제품 엔진을 사용하여 고객 동인과 요청 사안을 유의미한 최종 결과물로 전환하는 구조를 구체적으로 보여준다.

수요 엔진

수요 엔진은 피플 애널리틱스 작업의 비중이 오롯이 사업에서의 비즈니스 우선순위 사안, 도전과제, 전략에 집중되게 한다. 수요 엔진에서 컨설턴트는 피플 애널리틱스 작업 수요를 파악하고 우선순위를 부여하여 수요를 만들어 내는 역할을 담당한다. 다음은 그 작업의 예이다.

- 사업에서의 전략과제, 도전과제, 일상적 비즈니스에서 사람 요소와 연관되는 것들을 식별하고 정의할 목적으로 이해관계자들과 커뮤니케이션하기
- 사업에서의 비즈니스 사안들을 구조화하고 가설을 명확하게 규정하기
- 애널리틱스 프로젝트의 처음부터 끝까지 진척 상황과 관련해 이해관계자를 대상으로 평가 활동 수행하기
- 이해관계자에게 분석으로 도출된 통찰 사항이나 통찰 결과를 공유하고 조치 사항들을 권고하기

그림 4.8　수요 엔진

출처 2020년 Ferrar, Styr and Ktena 인용

• 솔루션을 확장하는 것을 목표로 제품 엔진 활동과 연계해 작업 수행하기

수요 엔진은 다양한 수준의 컨설팅 전문성을 갖춘 단일 컨설팅 팀으로 구성되며, 수요 엔진 역할을 하는 이러한 조직은 기업에 따라 매출과 비용을 책임지는 단위인 팀, 부서, 사업과 사업부 또는 지역 단위 조직과 연계될 수도 있다(그림 4.8). 사업 성과 도출 목적의 전략과제나 도전과제에 따라 피플 애널리틱스 스킬을 결정하는 것이 좋다는 점을 상기해 보면 피플 애널리틱스 팀에 필요한 일반적 스킬은 성공에 필요한 6가지 스킬(그림 4.1) 중 비즈니스 통찰력, 커뮤니케이션, 컨설팅 범주에 속한 스킬을 포함한다.

솔루션 엔진

솔루션 엔진은 문제를 분석해 도출한 통찰 사항이나 통찰 결과를 제공하며 피플 애널리틱스에서 통제와 관리체제 전반을 관리해서 고객 동인을 확장이 가능한 솔루션으로 변환시킨다. 그림 4.9와 같이 솔루션 엔진은 3개의 하위 팀으로 분류할 수 있다.

어드밴스드 애널리틱스

컨설팅 팀과 협업하는 과학자 및 분석가는 모든 데이터 출처source를 활용해 사람 요소와 관련된 더욱 복잡한 사업 성과 도출 목적의 전략과제나 도전과제를 대상으로 가설과 시나리오를 검증하기 위해 가장 진일보한 기법을 사용한다.

그림 4.9   솔루션 엔진

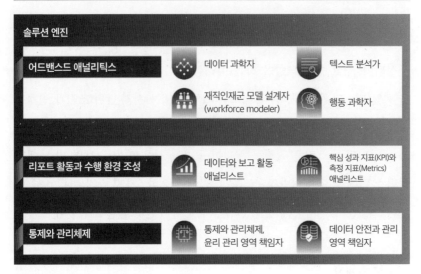

출처 2020년 Ferrar, Styr and Ktena

어드밴스드 애널리틱스 팀은 통계, 프로그래밍, 리서치 설계, 재직인재군 모델링, 행동 심리학에서의 스킬과 최첨단 데이터 과학 기법에 대해 이해도를 보유하는 것이 좋다. 이러한 역할 중에 하나인 텍스트 분석가는 6장(데이터) 논의처럼 피플 애널리틱스 영역에서 점점 더 중요한 새로운 비정형 데이터 양의 증가로 새롭게 등장하고 있는 전문가 역할이다.

리포트 활동과 수행 환경 조성

리포트 활동과 수행 환경 조성 팀은 대상이 되는 기업의 피플 데이터, 피플 데이터를 구조화하는 방식, 데이터 요소들과 데이터 사전 같은 복잡한 자산에 매우 정통한 데이터 분석가로 구성되어 있다.

리포트 활동과 수행 환경 조성 팀은 핵심 성과 지표KPIs와 측정 지표 Metrics를 구축하는 영역의 전문 지식, HR 비즈니스 파트너를 위한 업무 수행 환경 조성 또는 비즈니스 인텔리전스 플랫폼 구현 경험을 갖추는 게 좋다. 팀은 임시로 이뤄지는 데이터 요청(고위 경영진의 간헐적 요청)을 자주 해결하고 보고서를 발전시키면서 이해관계자를 대상으로 하는 반복 가능한 대시보드를 구성한다.

통제와 관리체제

통제와 관리체제 팀은 1장(통제와 관리체제)에서 언급한 것처럼 전체 피플 애널리틱스 기능에 적절한 안전과 관리 활동의 체계를 구성하여 그 체계를 유지하는 소규모 전문가로 구성된다. 해당 팀은 피플 애널리틱스 팀의 형태와 성장에 상당히 큰 영향을 미친다.

통제와 관리체제governance team팀은 스킬 이외에도 법과 테크놀로지의 발전 양상 같은 최신 지식을 '데이터의 사용이나 저장과' 연관 지어 매개하는 동시에 피플 애널리틱스가 기업에서 구현할 수 있는 잠재 가치를 확실하게 파악하고 있다는 점에서 매우 중요하다.

제품 엔진

제품 엔진은 애널리틱스 솔루션을 사용이 가능한 제품으로 변환시키고 전사로 구현하는 역할을 담당한다. 다음은 그 작업의 예이다.

- 솔루션 엔진의 애널리틱스를 적용해 추진될 권고사항들을 파악해서 확장이 가능한 제품들로 변환하기
- 애자일 제품 관리 프레임워크와 사용자 중심 설계 기법을 사용해 지속적으로 소비가 가능한 제품 구축하기
- 솔루션 구현을 위해 효과적인 변화관리 프로그램 배치하기
- 피플 애널리틱스가 가지는 효과와 가치 평가하기

제품 엔진을 구축하기 위해서는 피플 애널리틱스 전체 주요 기능과 비교해 완전히 새로운 스킬이 필요하다. 제품 엔진 팀의 구성원은 분석을 수행하지는 않는다. 그러나 이들은 데이터 과학자, 분석가, 심리전문가가 원시 데

그림 4.10 제품 엔진

출처 2020년 Ferrar, Styr and Ktena

이터를 분석해서 도출한 통찰 사항이나 통찰 결과를 근로자, 관리자, 임원진, 재직인재군 전체의 실제 업무 활동과 연결한다(7장 재직인재군 직원경험 참조).

제품 엔진에서는 제품 설계, 구현, 변경 관리처럼 전형적이지 않은 피플 애널리틱스 스킬이 필요하기 때문에 제품 엔진 팀은 새로운 자원을 필요로 할 가능성이 높다. 주요 역할 목록은 그림 4.10에 제시되어 있다. 거듭 말하지만 팀 구성을 사업 성과 도출 목적의 전략과제, 도전과제, 일상적 비즈니스와 그에 따른 피플 애널리틱스 작업에 맞게 항상 조정해라. 예를 들면, 일부 프로젝트에서는 사용자 경험UX 디자이너나 웹사이트 개발자가 필요할 수도 있다는 것이다.

성공적인 피플 애널리틱스 기능은 세 가지 엔진 모두에서 앞서 말한 스킬과 구조로 구성되어 있어서 이해관계자의 니즈를 파악해 수행할 작업을 결정하는 관점outside-in perspective을 취한다. 그 결과 솔루션을 대상 재직인재군 특성에 맞춰 확장할 수 있게 된다. 피플 애널리틱스 팀 구조 자체는 그 조직에 따라 다르다. 위에서 설명한 운영 모델 같은 '3가지 엔진'의 접근 방식은 안내서로 사용하는 것이 좋다.

이와 유사한 방식을 사용하는 운영 모델로 피플 애널리틱스 팀을 성공적으로 확대해 온 기업은 Capital One이다. 이 사례연구에서 살펴보겠지만 가치를 실현하기 위해 규모에 맞게 팀을 성장시킨다는 것은 많은 사안들을 동시에 수행함을 의미한다. 또한 이것은 피플 애널리틱스 리더가 자사의 접근 방식과 실행에서 상당히 목적 지향적이어야 한다는 의미이기도 하다. 사례연구의 핵심 메시지는 '탁월한 재능을 가진 인재를 모집하고 유능하게 사용하라'는 것으로 요약된다.

피플 애널리틱스 팀 확장하기: Capital One[3]

인재경영 전략과 애널리틱스People Strategy & Analytics 팀은 4년 만에 4배로 증가하면서 그 인원수가 거의 100명에 이르렀다. 2021년 초 무렵 인재경영 전략과 애널리틱스 팀은 사업에서 일어나는 경영활동을 반영해 그 맥락에 맞는 정교한 통찰 사항이나 통찰 결과를 제공한다는 점에서 가장 진일보했다는 사실을 인정받았다.

인재경영 전략과 애널리틱스 담당 부사장Managing Vice President 구루 세투파티 박사는 2017년부터 이 팀을 확대하고 발전시켜 왔다. 전직 경제학자이자 컨설턴트인 구루는 최고 인사 책임 임원이 자신에게 부여한 임무를 떠올렸다. '고위 HR 임원진과 협력해서 피플 애널리틱스를 자사 인재에 대한 기대 수준이자 규범이 되도록 만들어 보세요.'

구루가 말하는 내용을 보면 사려 깊고 박식하며 사업지향적 사고방식에서 오는 접근 방식이 나타난다.

고위 HR 임원진과 협력하며 만들었던 여정은 사업 성과 도출 목적의 전략과제 외에

그림 4.11 피플 애널리틱스 확장을 위한 4가지 임무

	변혁을 일으킬 정도로 효과를 지닌 통찰 사항이나 통찰 결과를 제공해라		인재 전략(talent strategy)이 형태를 갖출 수 있도록 구체화해라
데이터와 측정에서 그 품질을 개선해라		자동화와 동시에 상품화해라	

출처 2021년 3월 Capital One 승인 후 인용

도 도전과제와 연관된 다음 네 가지 임무로 윤곽이 뚜렷하게 드러났다(그림 4.11).

구루는 4가지 임무가 가진 중요도와 파급도를 기준으로 필수 스킬 세트skill sets로 구성된 모자이크 조합 찾아내기the mosaic of skill sets required, 적합한 운영 모델 구축하기, 리더로서 본인의 역할 정의하기를 유의미한 도전과제로 부여받았다. 이 모든 작업의 핵심은 '탁월한 재능을 가진 인재'를 채용하는 것이었다. 구루가 이를 수행했던 순서에서 배울 수 있는 특별한 교훈이 존재한다.

'우리는 데이터 품질, 통제와 관리체제, 운영 부문에서 과업 수행 능력이 일정한 수준에까지 이른 숙련가specialist를 집중적으로 채용해서 단기간에 자사 데이터의 품질을 크게 개선했어요. 한번 리더들이 "데이터를 신뢰할 수 있었다"고 느끼면 우리는 데이터가 가지는 가치 흐름value stream을 한 단계 끌어 올렸지요. 그 다음 우리는 측정 활동을 개선하는 것을 도와줄 산업 조직 심리학자들을 고용했어요. 이어서 과학적 위상을 높이고 분석을 통해 도출할 통찰 사항과 통찰 결과의 수준을 강화하는 과정에서 다양한 기법으로 문제를 해결해 내는 역량을 가진 전문가들experts인 데이터 과학자, 통계

전문가, 어드밴스드 애널리틱스advanced analytics 전문가를 고용했어요. 비교적 최근까지 관련 제품을 구축할 엔지니어와 그 분야 숙련가specialist를 채용했고, 그 다음으로 인재경영 전략을 이끌고 나갈 컨설턴트를 고용해 왔지요. 이러한 방식으로 가치사슬value chain을 한층 더 발전시키면서 지금은 일정한 전문 팀이 전사 차원의 인재경영 전략을 개발하도록 만들었어요.'

'저는 초창기에 데이터로도 항상 작업을 지원하는 것이 가능함을 인식하고서 우리 팀에게 유용하고 유능한 팀이 될 것을 요구했어요.' 우리가 유용하고 유능한 팀의 상태를 유지하게 되면서 이해관계자가 더 많이 참여하기 시작했고, 팀이 이야기를 데이터를 사용해 전하기 시작하자 결국 그 이해관계자들 사이에서 작업의 가치를 더 높여 달라는 요구가 더 많이 생겨났다.

고위 비즈니스 현업 리더 이외에도 HR 리더와 긴밀하게 협력하는 것에 천부적인 재능을 가진 구루는 영향력을 발휘하는데 열성적이었고 그의 팀 리더 또한 영향력을 익숙하게 사용하기를 원했다. 그는 이렇게 설명했다. '제가 저의 상위 계층 리더십 팀에서 찾는 하나를 특별히 짚어서 얘기하자면 이해관계자를 관리하면서 고위 임원진에게 영향력을 미치는 방법을 파악하고 있는 사람이거든요. 목표한 비즈니스 기능 전반에서 사업 성과 창출에 기여하는 효과와 가치를 효과적으로 실현하려면 우리가 다양한 이해관계자에게 영향력을 미칠 수 있어야 해요. 수많은 사람이 존재하기 때문에 그 사람들의 관점으로 세상을 보는 것이 중요합니다.'

오늘날 인재경영 전략과 애널리틱스 기능은 일련의 전체 스킬 세트로 구성되어 있다. 컨설턴트, 비즈니스 애널리스트, 전략가는 대상이 된 비즈니스 기능에서 질문을 수집하고, 그 과정에서 통찰을 도출하여, 제안 사항을 제시함으로써 전략적 자문 위원 역할을 수행한다. 데이터 안전과 데이터 관리를 담당하는 책임자data stewards, 소프트웨어 엔지니어, 애널리스트는 데이터 생태계에서의 통제와 관리체제 이외에도 운영 활동을 관리한다. 통계학자와 산업 조직 심리학자는 측정 방법에서의 전문 지식, 설문조사, 조직의 모범 관행이나 사례와 연관된 리서치를 제공한다. 구루는 '우리 팀 전체는 전반적으로 다양한 스킬을 보유하고 있어요. 저는 그게 무엇이든지 어떤 것이 다른 것보다 더 중요하다고 말할 수 없어요. 처음부터 끝까지 이어지는 팀 전체의 노력으로 작업이 완성되니까요.'라고 성찰했다.

구루가 직면한 그 다음 주요 과제는 이러한 스킬을 효율적인 팀의 모습으로 구조화하는 활동이었다. 구루의 팀은 데이터가 시스템에 입력되는 것부터 통찰 결과가 이해관계자에게 전달되기까지 전체 과정을 담당하고 있었다. 그 전체 과정은 인프라, 저장, 테크놀로지 파트너사와 클라우드로의 해당 데이터 저장과 이동, 데이터와 통찰 결과의 상품화 및 배포, 컨설팅과 전략을 포함하고 있었다. 이러한 과업들을 단일 팀으로 가져오는 것은 과업 수행 과정에서 발생하는 불필요한 갈등을 줄여 조정 활동 coordination을 개선하면서 우선순위를 부여하고 이를 실행하는 과정의 속도를 높이기 때문에 훌륭한 시도였다고 구루는 전한다.

Capital One에는 컨설팅, 데이터, 혁신, 제품 등의 고유한 영역으로 구성된 팀이 존재한다(그림 4.12).

탁월한 피플 애널리틱스를 위한 9가지 관점

그림 4.12 인재경영 전략과 애널리틱스 기능의 구조

컨설팅 팀	데이터 팀	혁신 팀	제품 팀
통찰과 권고사항 도출하기 대상 비즈니스와 함께 컨설팅을 수행하면서 전략 수립하기	데이터 인프라, 데이터 모델, 데이터 저장소(warehouse), 클라우드 운영을 통제하면서 관리하고 유지하기	대상 비즈니스와 피플 애널리틱스를 변혁할 다년간 프로젝트 개발하기	기술 분석, 선제적 처방 분석(prescriptive products), 예측 분석 (predictive products) 제품과 자동화 구현하기

출처 2021년 3월 Capital One 승인 후 인용

구루가 작업하는 것 중 팀의 구조는 가장 자랑스럽게 여기는 부분 중에 하나다. '팀의 구조 덕분에 인재 배치가 이뤄지고 다양한 스킬을 습득하면서 대상이 된 주제에서의 전문 지식Subject Matter Expertise, 어드밴스드 애널리틱스, 모델링modelling, 상품화, 컨설팅, 전략 등과 같은 다양한 수행 능력을 쌓아갈 수 있었어요. 오늘날까지도 팀 구조는 우리가 탁월한 인재를 유인하고 유지하는데 도움을 주지요.'

가장 최근 구루의 과제는 '확대된 애널리틱스 기능에서 리더의 역할은 무엇인가'이다.

구루는 그의 역할을 다면적으로 설명한다(그림 4.13). '심지어 규모가 큰 조직에서도 리더가 활용도가 높은 몇 가지 프로젝트를 선택해서 피플 애널리틱스 작업으로 계속 연결이 되도록 하는 것이 중요해요. 이렇게 하면 피플 애널리틱스 리더는 회사 전반에 걸쳐 상당한 영향력을 갖게 되거든요. 이로 인한 결과는 해당 팀의 나머지 부분에도 영향을 미쳐요. 그래서 제 역할 중 일부는 혁신적인 작업을 주도하고 추진하는 것이지

요. 그래서 실제로 우리는 자사의 주요 직군 중에 한 곳의 선발 절차selection process 같은 HR 업무 활동 단위로 이루어진 구성 요소components 등의 소프트웨어 모듈을 전적으로 담당하고 있어요. 우리는 선발 절차와 관련해 그저 조언만 하지 않아요. 저는 이를 구현하고 실행하는 것을 책임지는 담당 임원이거든요.'

구루는 '애널리틱스 기능을 인솔하는데 기초가 되는 또 다른 요소는 팀 모든 계층에서 탁월한 인재를 채용 및 유지하고, 육성하며 개발하는 활동에 많이 관여하는 겁니다.'라고 회고했다.

구루는 선견지명을 가진 리더들의 안내서에 속할 법한 리더 역할로서 자신이 찾아낸 그 두 가지 요소를 전한다. '비전, 사명, 장기적 전략을 수립하세요.' 이어서 그는 강조한다. '그리고 여러분의 리더십이 없더라도 오랫동안 지속될 조직을 구축하세요.'

그림 4.13 빠르게 성장하는 피플 애널리틱스 팀에서의 리더십

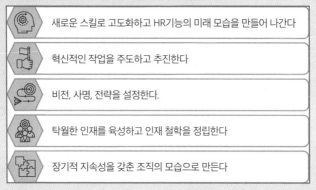

새로운 스킬로 고도화하고 HR기능의 미래 모습을 만들어 나간다

혁신적인 작업을 주도하고 추진한다

비전, 사명, 전략을 설정한다.

탁월한 인재를 육성하고 인재 철학을 정립한다

장기적 지속성을 갖춘 조직의 모습으로 만든다

출처 2021년 3월 Capital One 승인 후 인용

탁월한 피플 애널리틱스를 위한 9가지 관점

그리고 그는 마지막 요소를 크게 강조했다. 'HR 기능 인력의 스킬을 고도화upskill하세요! 확장된 피플 애널리틱스 조직을 인솔한다는 것은 피플 애널리틱스 팀이 분석을 해서 도출한 통찰 결과와 함께 (애플리케이션) 제품으로 조합된 모든 과업 수행 역량을 HR기능으로 하여금 매일 활용하도록 지원할 뿐 아니라 미래 HR 기능의 모습을 만들어 가는 활동도 돕는다는 것을 의미하거든요.'

현재까지 인재경영 전략과 애널리틱스 팀은 인재 전략과 정책에 영향을 미치는 동시에 대상이 된 비즈니스 전체에 정교한 피플 애널리틱스 작업을 제공했고, 여러 비즈니스 현업 리더와 전략과 정책 의제를 공동으로 개발하면서 팀과 개인 차원의 수준에서 더 나은 의사 결정을 내릴 수 있도록 지원했다. '우리는 사람들이 유용하다고 생각하는 작업을 수행하기 때문에 사업 부문과 HR기능에서 동의를 얻습니다. 우리는 일정한 프로젝트가 "주목을 끌거나" 흥미로워 보인다고 해도 사업 성과 도출에 기여할 강력한 효과를 제공하는 현실적인 기획안으로 항상 되돌아와서 작업해요.'

4년 간 수행해 온 인재경영 전략과 애널리틱스 팀의 리더 역할을 회고하며 구루는 다른 리더에게 3가지 팁을 제안한다.

'먼저 가장 흥미롭고 중요한 질문으로 시작해서 데이터로 거슬러 올라가 작업하세요. 다시 말씀드리지만 사업 관련 질문들을 중심으로 해서 데이터 생태계를 구축하세요.'

그는 이어 말한다. '그 다음 예시들과 가치 검증 포인트proof points of value를 보태면서 확장해 나가십시오. 이해관계자에게 유용하면서도 가치 있음을 평가받을 수 있는 상태를 유지하세요. 여러분이 한번 사업 성과에 기여하는 효과impact를 실사례로 입증하고 나면 여러분은 여러분의 파트너와 고객을 대상으로 전략을 구체화하면서 더 높은 상위 수준의 사업 성과에 기여하는 효과를 도출할 수 있게 도와줄 신뢰성을 얻게 될 겁니다.'

구루의 말처럼 피플 애널리틱스는 'HR기능에서 소소하고 부차적인 기능'이 아니다. 'HR기능과 파트너십을 맺고 있어도 결국 비즈니스 현업이 피플 애널리틱스의 고객이라는 것을 명심하세요. 여러분은 HR기능과의 파트너십에서 미묘한 신경전으로 인한 갈등이 생겨나지 않기를 원할 수 있어요. 다시 말해, 여러분은 피플 애널리틱스 기능이 HR기능에서 그 수행 기능을 가져오게 되거나, HR 기능이 제 역할을 제대로 수행하지 못하고 있다고 느끼는 것을 원하지 않을 겁니다. 그렇다고 해서 HR 컨설턴트 뒤로 숨지도 마세요. HR 컨설턴트와 비즈니스 현업과 함께 탁상에 앉아 신뢰할 수 있는 파트너로서 신뢰를 구축하세요.'

TOP TIP

애널리틱스는 'HR기능의 소소한 부차적 업무'가 아니라는 점에서 그 분야 숙련가specialists를 모집하는데 목적을 두라.

통역사

통역사는 피플 애널리틱스에서 또 다른 핵심 역할로 빠르게 부상하고 있

탁월한 피플 애널리틱스를 위한 9가지 관점

다. 일반적으로 통역사는 데이터와 커뮤니케이션 스킬을 뛰어나게 잘 파악하고 이해하며, 이상적으로는 탄탄한 비즈니스 통찰력을 갖추고 있는 이야기꾼storytellers이다.

통역사는 피플 애널리틱스 가치사슬의 시작 지점부터 끝 지점까지 유용한 도움을 준다(8장 비즈니스 최종 결과물 참조). 주로 통역사는 의사소통을 진행하면서 사업 성과 도출 목적의 전략과제나 비즈니스 도전과제를 데이터 문제로 치환한 후에 데이터를 분석해 도출한 통찰 결과와 권고사항을 공유해 가치 있는 제품으로 만들고 대상 비즈니스 전체로 이를 구현한다(그림 4.14 참조).

통역사와 컨설턴트와의 차이는 무엇인가?

컨설턴트는 컨설팅에 가장 능숙하다(그림 4.1). 반면 통역사는 다양한 청중을 대상으로 소통을 할 것을 염두에 두고 데이터 과학과 애널리틱스를 이야기로 치환하는 능력을 더 많이 갖추고 있다.

통역사와 컨설턴트가 동일한 스킬에서 그 일부를 공통으로 공유한다고 해도 통역사와 컨설턴트가 수행하는 역할에는 몇 가지 주요한 차이점이 있다.

- 대상 비즈니스 기능이 컨설턴트의 업무를 주도하기 때문에 컨설턴트는 이해관계자 이외에도 작업 맥락에 대해 더 많은 양질의 지식을 가지

그림 4.14 피플 애널리틱스 가치사슬 처음부터 끝까지 작업이 전달되도록 만드는 통역사

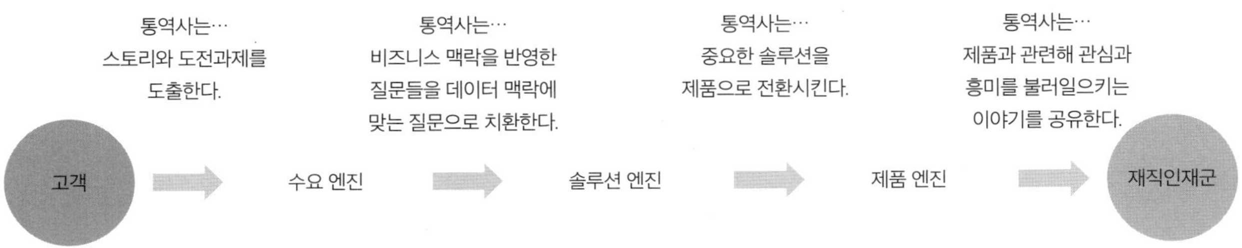

통역사는…
스토리와 도전과제를
도출한다.

수요 엔진

통역사는…
비즈니스 맥락을 반영한
질문들을 데이터 맥락에
맞는 질문으로 치환한다.

솔루션 엔진

통역사는…
중요한 솔루션을
제품으로 전환시킨다.

제품 엔진

통역사는…
제품과 관련해 관심과
흥미를 불러일으키는
이야기를 공유한다.

제작인재군

고객

탁월한 피플 애널리틱스를 위한 9가지 관점

고 집중한다. 그에 반해 통역사가 전념하는 것은 데이터에 생명을 불어넣는 활동이며, 비중을 두어 개발하고자 하는 스킬은 대중을 대상으로 한 연설이나 데이터의 시각화이다.

- 통역사는 전문 컨설턴트보다 일반적으로 더 나은 이야기꾼storytellers이다.
- 컨설턴트는 수요 엔진에 위치하는 반면, 고도로 연마된 스토리텔링 스킬을 가진 사람이라면 피플 애널리틱스 팀에서 누구나 통역사가 될 수 있다. 이러한 사람은 때로 '통역사' 만큼이나 상황에 의한 필요에 따라 대화와 작업에 참여해 보았을 것이다.

HR 비즈니스 파트너는 어디에 적합한가?

HR 비즈니스 파트너는 애널리틱스를 일상 작업으로 치환해 가져와야 한다는 점에서 조직에서 인정받은 HR 비즈니스 파트너도 훌륭한 통역사의 역할을 해낼 수 있다. 우리는 9장(조직문화)에서 HR 비즈니스 파트너가 대상 비즈니스 전체로 애널리틱스 조직문화를 구축하기 위해 이러한 능력을 사용할 수 있는 방식을 논의한다.

이제 높은 수준으로 통역사 역할을 정의하고 그 역할을 가치를 더하는데 사용하는 사례연구를 살펴보자. Royal Caribbean Cruises Ltd 사례연구의 핵심 메시지는 "통역사가 비즈니스 언어를 애널리틱스 언어로, 그리고 애널리틱스 언어를 비즈니스 언어로 치환한다."라는 것이다. 이 사례연구는 통역사의 역할이 때로 컨설턴트의 역할과 중복되는 경우도 있다는 사실을 보여준다. 위에서 본 것처럼 우리는 이 두 역할을 서로 다른 별개의 역할로 본다. 그렇더라도 두 역할에서의 스킬 일부가 중복되는 것은 꽤 흔한 상황이라서 통역사도 컨설턴트가 될 수도 있다. 이러한 상황이 Royal Caribbean Cruises Ltd에서의 사례이기도 하다. 이 사례연구에서는 점진적으로 중대되었던 역할을 수행한 사람을 피플 애널리틱스 자문가로 부른다.

사례연구

훌륭한 통역사의 중요성: Royal Caribbean Cruises[4]

People Analytics & Data Governance(피플 애널리틱스 및 데이터 통제와 관리체제) 책임자 라메시 카르파가비나야감Ramesh Karpagavinayagam은 '제 경력을 보면 저는 HR을 업으로 한 사람이 아니거든요. 저는 늘 사업과 전략 팀의 일원이었고 사람 이외에도 행동이 사업 성과를 도출하는 방식에 관심을 가지고 있었을 뿐이었어요.'라고 말한 바 있다.

기량이 뛰어난 소프트웨어 엔지니어에서 재무와 피플 데이터 모델 설계가modeler로 변신한 라메시는 재무와 피플 데이터 모델 설계 프로세스와 탁월한 애널리틱스가 가지는 가치 모두를 알고 있었다. 또한 라메시는 Capital One과 JP Morgan을 포함하여 다른 기업과 함께 보상compensation과 애널리틱스를 전문적으로 다루던 10년이 넘는 기간동안 재직인재군 구성원이 최선을 다할 수 있도록 지원하는 것과 이와 관련된 지식이 전략으로 번역되는 방법에서 일정한 통찰을 발전시키고 있다.

탁월한 피플 애널리틱스를 위한 9가지 관점

라메시는 이를 짚어 언급한다. '사업에서는 종종 비즈니스 애널리스트 집단이 데이터를 기반으로 만든 근거를 가지고 의사 결정을 합니다. 비즈니스 애널리스트 대부분은 스토리를 전달하기 위해 숫자를 활용하는 것에 능숙해요. 그렇더라도 그들이 그 스토리에서 "사람"이 생산 과정의 투입 요소로서 가지는 가치와 효과를 끌어 내는 경우는 엄청나게 드물거든요.'

라메시는 크고 작은 환경에서 사람들이 서로서로 대화하는 방식에 더불어 데이터와 정보를 소통하는 방식을 관찰하면서 수많은 조직에서 의사 결정을 연구했다. '저는 그 어떤 후원자 없이 규모가 큰 글로벌한 '제품 인도 팀service delivery teams'을 정기적으로 만났어요. 대상 솔루션이 그 사업 상황과 맥락에 적절하지 않거나 사람들이 제품이 가진 유용성을 이해하지 못했기 때문에 이용 가능한 그 제품을 아무도 사용하려 하지 않았거든요.'

'애널리틱스 서비스 인도 모델analytics service delivery model은 기술기법상의 스킬technical skills에 초점이 맞춰져 설정되어 있었어요. 우리는 기술기법상의 스킬에 비중을 두고 있는 애널리틱스 서비스를 가지고도 분석을 수행할 사람을 많이 보유하고 있었지만 실제로 이 모든 과정에서 일어나는 상황을 이야기로 풀어 전달할 사람은 거의 없었어요. 우리는 즉시 이용 가능한 제품과 서비스를 확보하는 것만으로는 충분하지 않다는 사실을 인식하게 되었지요. 우리가 모든 과정에서 일어나는 상황들을 설명할 필요를 가지고 있었음에도 말이지요. 속담처럼 "말을 물가로 데려갈 수는 있지만 물을 마시게 할 수는 없거든요."'

라메시는 2019년에 입사할 때 회사에서 전달한 내용을 전제로 피플 애널리틱스 팀을 구성했다. 회사는 탁월한 직원경험을 제공하기 위해 근거를 토대로 하는 인재경영 의사결정evidence-based people decisions 방식을 통해서 사업과 인재경영 전략people strategy이 연계되도록 하고자 했다. 인재경영people strategy은 인재 관리, 인재 개발, 인재 확보 영역을 포괄하는 인재경영 영역의 의사결정을 통해 '사람'이 가진 잠재력을 이끌어 내고 업무와 조직에 몰입할 수 있게 해서 사업 성과 창출에 기여하도록 유도한다. 라메시는 근거를 토대로 하는 인재경영 의사 결정으로 사업과 인재경영 전략을 조정할 수 있도록 자신의 과거 경험을 바탕으로 컨설팅과 커뮤니케이션에서 탄탄한 스킬을 조직의 핵심으로 갖추고 있는 팀을 구축했다(그림 4.15 참조). 이 두 가지 스킬을 갖춘 사람은 내부에서 '피플 애널리틱스 자문가'로 알려져 있으며 피플 애널리틱스 팀의 40%를 차지

그림 4.15 피플 애널리틱스 팀 구조

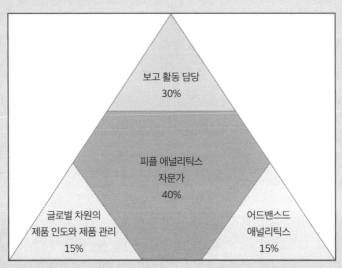

출처 2020년 5월 Royal Caribbean Cruises 승인 후 인용

　　　　　　　　　　　탁월한 피플 애널리틱스를 위한 9가지 관점

한다. 이러한 사람들은 데이터 과학자와 비즈니스 현업 리더 사이의 간극을 좁혀주는 '통역사' 역할을 수행한다.

통역사는 피플 애널리틱스 팀과 더 넓은 범위의 비즈니스 현업 간에 커뮤니케이션 채널을 유지하는데 반드시 필요하다. 통역사는 내부 고객의 요구 사항을 해석하는 동시에 피플 애널리틱스 제품과 도구의 이점을 고객이 이해하도록 돕는다. 이 외에도 이들은 개방형 데이터 분석을 다시 그 제품business line(특정 종류의 제품이나 상품)으로 통역해준다.

라메시는 이렇게 설명한다. '고객이 그 제품과 프로세스에 대해 자신감을 갖고 정확하게 절차를 지키면서 올바른 방식으로 제품이 지닌 간결함과 효율성을 최대한 활용하게끔 최신 스킬을 계속해서 지속적으로 습득하도록 돕는 것은 피플 애널리틱스 팀에 대한 신뢰성 향상과 우리가 가진 사명을 실현하는데 있어서도 상당히 중요해요. 우리 팀에는 이를 수행할 능력을 가진 사람들이 필요해요.'

통역사는 맞춤형 팀들bespoke teams로 조직을 꾸려서 Royal Caribbean Cruises 사의 문화적 변화를 추진하는 과정에서 피플 애널리틱스가 이전에 가능하다고 생각했던 사안 외에도 인재경영 솔루션people solution에서 더 개선한 버전을 새롭게 제공할 수 있다는 암묵적 합의를 촉진한다.

이상적인 통역사가 갖추어야 할 스킬은 컨설팅 스킬, 기술기법상의 스킬technical skills, 프로젝트 관리와 변화관리 스킬이다(그림 4.16 참조).

그림 4.16 피플 애널리틱스 어드바이저의 필수 스킬

컨설팅 스킬	• 우리가 '해결하려 노력 중인 비즈니스 문제의 특성을' 질문하고 파악한다. • 이해관계자들과 관계를 만들어 나가는 동시에 임원진 합의 과정에서 촉매제 역할을 한다. • 후원자들과 계약을 체결하며 최종 목표와 관련해 일정한 견해를 보유한다.
기술기법상의 스킬	• 비즈니스 질문을 구조화하고 가설들을 설정한다. • 문제를 해결하기 위해 여러 통계적 방법론을 점검하고 검토한다. • 모델을 조합해 만들고 통찰 사항이나 결과가 도출되도록 만드는 과정에서 데이터 과학자와 협업한다.
프로젝트 관리와 변화관리 스킬	• 다수 프로젝트를 추진하며 유지하고 관리한다. • 변화관리 계획을 개발하고 효과를 측정한다. • 제품 구축과 실행, 고객의 제품 채택을 추진한다.

출처 2020년 5월 Royal Caribbean Cruises Ltd사 승인 후 인용

무엇보다도 통역사는 꽤 많은 컨설팅 스킬을 보유해야 한다. '그들은 고객 의견을 청취하고 탐문하는 스킬을 일정 범위 내에서 적용해 고객이 하는 말에 대한 맥락을 읽고 파악할 수 있어야 합니다. 관계를 구축하는 것에도 능숙해야 하고 타인과 사람에 대해 대화할 수 있어야 해요.'

더불어 통역사는 적어도 이외에 다른 두 가지 기술 중에 적어도 하나는 갖추고 있는 것이 좋다.

- 기술기법상의 스킬Technical skills: 적극적으로 나서서 데이터를 분석하고 패턴들을 이해해서 애널리틱스 솔루션을 발전시키는 방법을 파악할 정도의 기술기법상의

탁월한 피플 애널리틱스를 위한 9가지 관점

전문 지식을 보유하려는 능력과 욕구

• 프로젝트 관리와 변화관리 스킬: 애널리틱스 솔루션을 관심을 끌 만한 상태로 만들기 위해 필요한 단계를 조합하여 만들어 내고, 대상 조직에서 각 단계를 경영활동의 일부가 되도록 만드는데 필요한 사항을 빠르게 이해하는 판단력

라메시가 지금까지 개인적으로 발견한 것은 세 가지 스킬 모두를 갖춘 사람이 거의 없다는 사실이다. '후보자가 논의를 진행할 수 있을 정도로 능숙한 컨설팅 스킬과 나머지 중 하나를 가지고 있기만 한다면, 그 후보자는 만족할 만한 통역사가 될 겁니다.'

통역사가 동시에 3개 이하의 우선순위가 가장 높은 프로젝트를 수행할 때에도 피플 애널리틱스 팀, HR 비즈니스 파트너, 비즈니스 현업 리더, 80,000명 이상의 근로자를 대상으로 의사소통을 수행한다.

라메시는 통역사의 역할을 안내하기 위해 일정한 운영 모델을 새롭게 만들어 냈다 (그림 4.17 참조). 라메시는 이를 간략하게 '그 운영 모델은 단순하고 실용적입니다. 높은 성과를 창출하는 피플 애널리틱스 어드바이저는 고객의 의견과 도전과제를 주의를 기울여 경청하고, 그들이 가진 인재 관련 문제를 애널리틱스 사안으로 치환할 수 있는 능력을 가지고 있어요.'라고 설명했다.

피플 애널리틱스 어드바이저는 고객과 일대일 상담으로 일을 시작한다. 일대일 상담은 미리 정의해 정리된 일련의 질문을 바탕으로 한다. 어드바이저는 먼저 사업 성과

도출 목적의 전략과제, 비즈니스 도전과제, 비즈니스에서의 일상적 과제를 이해한 후,

인재와 연관될 과제를 파악하여 데이터에 따른 애널리틱스 프로젝트 추진 방식data-

driven approach을 검토할 예정이라고 설명한다.

피플 애널리틱스 어드바이저는 복잡한 전문 용어를 사용하지 않도록 주의하는 대신

고객에게 효과적인 언어로 소통하는 것을 고수한다. 라메시는 이렇게 덧붙였다. '사업

을 이해하면서 대화를 조정할 수 있는 능력은 탁월한 통역사라는 지표입니다. 우리는

모집 과정에서 사업을 이해하고 대상 비즈니스 언어로 발언할 수 있는 다재다능한 사

람을 찾아요.'

피플 애널리틱스 어드바이저는 일단 해당 문제를 파악하고 나면 그 팀의 나머지 일

원과 함께 팀을 다시 편성하여 새롭게 편성된 팀에서 상담으로부터 얻은 '고객의 답변'

에 대해 토론한다. 그 팀은 모두 모여 해당 솔루션의 효과를 평가해서 낮음, 중간, 높음

│ 그림 4.17 피플 애널리틱스 어드바이저의 업무 원칙

고객의 모든 사항을 살피는 서비스로 고객과의 관계를 심화시킨다.
• 전략 비즈니스 사안 토론 시 HR 비즈니스 파트너에게 신뢰 가능한 파트너의 태도를 유지한다.
• 사업적 비즈니스 문제를 해결할 기회를 포착하기 위해 주도적인 접근 방식을 취한다.

피플 애널리틱스로 입문하는 통로 역할을 수행한다.
• 사업 성과 창출에 기여하는 효과를 도출할 가능성이 가장 큰 작업에 우선순위를 부여한다.
• 애자일 기법을 사용해 솔루션을 개발하고 검증한다.

일련의 제품이나 서비스(line of businesses)와 전문가 조직(center of excellence) 간의 원활한 연계를 새롭게 만든다.
• HR기능의 가교 역할을 수행한다.
• 전사 차원으로 확대할 수 있는 기회를 탐색한다.

탁월한 피플 애널리틱스를 위한 9가지 관점

으로 분류한 후 일정한 Agile[5] 프레임워크를 사용해 간소화된 프로세스를 구성한다.

개발 팀은 일련의 맞춤형 주간 스프린트sprints를 반복하며 최소한의 기능을 탑재한 제품minimum viable products을 만든다. 그 후 피플 애널리틱스 어드바이저는 고객과 이러한 솔루션을 반복해서 논의하고 탐색한다.

라메시는 '고객과 견고한 인간 관계를 형성하는 것은 피플 애널리틱스 어드바이저가 애널리틱스 솔루션을 고객에게 소개하고 홍보할 기회를 갖는다는 것을 의미해요. 그들은 애널리틱스 솔루션이 가진 이점을 대상 고객에게 설명하는 것이 가능해서 항상 해당 솔루션이 상황과 맥락에 적합해지도록 만들고 동시에 당면한 문제를 비중을 두어 다루도록 만들 수 있거든요.'라고 상세하게 이에 대해 설명했다.

'결정적으로 피플 애널리틱스 어드바이저는 고객의 이야기에 귀를 기울이면서 앞서서 해당 솔루션이 고객들의 의사 결정 혹은 프로세스를 편의상 훨씬 더 효율적이고 간편해지도록 만드는 방법을 설명할 수 있어요.'

'피플 애널리틱스 어드바이저의 이러한 역할 덕분에 고객의 동의를 오랫동안 얻게 되지요. 이를 토대로 피플 애널리틱스 팀이 고객의 요구와 상황을 반영한 맞춤형 제품을 개발하는데 도움이 되는 상호 이해를 기반으로 한 관계rapport가 발전될 수 있거든요. 또한 피플 애널리틱스 팀은 어드바이저 간의 토론에서 얻은 정보를 사용해서 안건이 될 사안을 예측해 보고 고객의 도전과제가 등장하기 전이라도 사전에 예방할 수 있는 솔루션을 제공할 수도 있어요.'

라메시는 자신의 팀과 영향력을 발전시키면서 피플 애널리틱스 어드바이저의 관심이 사업 성과 창출에 기여할 효과가 큰 작업 이외에도 사업 전략과 연계된 가장 중요한 전략과제들에 계속 집중되어 있기를 바랐다. 이를 달성하려는 그의 전략은 무엇보다도 가장 탁월한 '통역 수행 능력'을 포함한다. 피플 애널리틱스 팀은 HR 기능이 데이터를 토대로 업무를 수행할 수 있도록 조직문화를 변화시키고 있는 중이다.

TOP TIP

피플 애널리틱스 팀 내부에서 통역사 스킬 세트를 구축해라.

요약

성공적인 피플 애널리틱스 기능에서 요구하는 스킬은 14가지 다양한 역할로 구성된 팀도 함께 포함한다. 피플 애널리틱스 리더는 이러한 팀의 지휘자로서 그 팀을 조직화하고 구성해서, 성공적인 결과가 도출되도록 팀을 정립하면서 대상 비즈니스의 관심과 참여를 이끌어 내는 매우 중요한 역할을 수행한다. 다음은 특히 관심을 두어야 할 사항들이다.

- '일을 완수하는' 능력을 갖춘 리더를 채용해 육성하고 개발해라. 이는 피플 애널리틱스 팀의 성공을 가르는 가장 중요한 차이들 중에 하나이다.
- 채용한 피플 애널리틱스 리더를 명장 수준의 컨설턴트master consultant, 의

탁월한 피플 애널리틱스를 위한 9가지 관점

사소통자, 사업과 관련된 사안에서 영향력 창출자가 되도록 육성해라.

- 최고 인사 책임 임원이 피플 애널리틱스 리더를 직속 팀이나 HR기능의 리더십 팀 일부로 포함하도록 권장해라. 피플 애널리틱스 기능을 조직 구석으로 숨겨두지 않도록 해라.

- 피플 애널리틱스가 분석을 통해 도출한 통찰 결과를 비즈니스 최종 결과물을 견인할 확장이 가능한 솔루션과 사용할 수 있는 제품으로 변환하는 접근법으로서 이해관계자 니즈를 파악해 수행할 작업을 결정하는 관점outside-in approach과 고객 동인client-drivers을 고려해서 가치를 기준으로 작업을 추진하는 방식value-driven approach을 취해라.

- 통역사 스킬 세트를 피플 애널리틱스 팀 내부로 구축해라. 사업 성과 도출 목적의 전략과제나 도전과제를 애널리틱스 작업으로 변환하고, 이를 통해 도출한 통찰 결과를 실행이 가능한 권고사항으로 바꾸어 소통할 수 있는 사람으로 피플 애널리틱스 팀을 구성하라.

각주

1 UX는 사용자 경험(user experience)을 의미한다. 디지털 프로세스와 모바일 시대에 발전해 온 특정 스킬 세트로 이를 통해 디자이너는 사람들이 디지털 프로세스와 모바일과 데스크탑 장치 간의 상호 작용으로 갖게 되는 경험을 이해한다.

2 Standard Chartered Plc는 영국 런던에 본사를 두고 60개 시장에서 사업을 영위하면서 전 세계적으로 85,000명의 직원을 고용하고 있는 영국의 다국적 은행 및 금융 서비스 기업이다. (https://www.sc.com/en/about/ (archived at https://perma.cc/PG69-NN7D 참조, 2021년 3월 13일자)

3 Capital One Financial Corporation (Capital One)은 미국에서 신용 카드를 발급하는 규모가 가장 큰 기업이다. 1994년에 설립되어 버지니아주 Mclean에 본사가 위치하며 전 세

계적으로 52,000명의 직원이 근무한다. (https://www.capitalone.com/about/corporate-information/corporate-offices/ (archived at https://perma.cc/L7RZ-RCRU, 2021년 3월 13일자)

4 Royal Caribbean Cruises Ltd은 Royal Caribbean Group (NYSE: RCL)의 법인 자격으로 사업을 영위 중인 여행 크루즈 기업으로 Royal Caribbean International, Celebrity Cruises, Azamara, Silversea 등의 4개 브랜드를 소유하고 있다. (https://www.rclinvestor.com/ (archived at https://perma.cc/AEM2-QLTB), 2021년 3월 13일자)

5 Glossary 참조: 애자일. 다기능 팀과 최종 사용자와의 협업을 통해 솔루션이 진화하는 방식을 반영하는 환경에서 이뤄지는 일련의 소프트웨어와 프로젝트 개발 기법 또는 접근 방식

05
테크놀로지

테크놀로지

자원

5장에서는 테크놀로지 조달과 구축, 애널리틱스의 제품화와 관련된 주제, 피플 애널리틱스의 테크놀로지 대안, 이에 따라 발생하는 사업 성과에 기여하는 가치와 직원 혜택에 더불어 HR 신뢰가 향상되는 이유를 논의한다.

핵심 포인트

- 피플 애널리틱스 테크놀로지 변화 트렌드 3가지

- 테크놀로지 구매와 구축에서 고려해야 할 주제들

- 애널리틱스를 확장하고 제품화할 때 고려해야 할 사항

핵심 포인트와 연계된 실제 사례 중심의 통찰

- Vertex Pharmaceuticals 테크놀로지 구매하기

- Bosch GmbH 사업 전략과 연계된 재직인재군 운용 계획을 위한 스킬 영역의

  컴퓨터 시스템 아키텍쳐 구축하기

- Microsoft Corporation 전사로 피플 애널리틱스 확장하기

개관

테크놀로지

9가지 관점 중 하나인 테크놀로지는 피플 애널리틱스가 그 효능을 성공적으로 발휘하는데 필요한 모든 유형의 애널리틱스 테크놀로지로 구성되어 있다. 특히, 5장(테크놀로지)은 애널리틱스 솔루션을 확장하는 테크놀로지 이외에도 데이터 수집, 분석, 통찰과 더불어 데이터 접근성을 확대하는 데에서 속도를 더욱 높여 줄 새로운 테크놀로지에 대한 내용을 다루어 '구축과 구매' 관련 주제를 간략하게 소개한다.

탁월한 피플 애널리틱스를 위한 9가지 관점

테크놀로지와 테크놀로지 기업이 세상에 영향을 눈에 띄게 끼치고 있다. Apple, Microsoft, Amazon, Google, Facebook과 같은 거대 테크놀로지 기업들은 시가 총액을 기준으로 볼 때 현재 세계 10대 기업 중 5대 기업들로 평가받는다.[1] 스마트폰, 태블릿, 소셜 미디어가 인간의 관심을 사로잡아 영향을 미친 양상을 돌아보면, 지난 10–15년 간 테크놀로지가 만들어 온 지배력은 놀라울 정도이다. New York Times가 2020년 기사에서 '테코폴립스 기수 네 명The Four Horsemen of the Techopolypse: Apple, Google, Facebook, Amazon'으로 언급한 기업 4곳과 이 기업들을 이끄는 최고 경영자들은 전 세계 대중과 정치인에게 영향을 미친다. 또한 이들은 지금까지 상상할 수 없는 속도로 그 모든 것을 달성했다. 앞서 언급한 기업들 중에 1990년 이전에 존재했던 기업은 단 두 곳이다.

테크놀로지가 소비자 영역을(일반적으로 모든 영역) 좌지우지하면서 HR 기능 영역에서도 지배력을 가지기 시작했다. HR 테크놀로지는 HR 기능 전반에서 가장 많이 논의되는 하나의 화제로 다수가 궁금해하고 토론하고자 하는 주제이기도 하다. HR 분야의 영향력이 가장 큰 100인(HR Weekly's 100 Most Influential People in HR, 2021) 같은 최고의 영향력을 가진 인물들을 모아 놓은 목록을 보면 HR 테크놀로지에 더불어 이와 관련된 주제로도 영향력을 미치고 있는 사람들로 가득하다. 이러한 상황에서 최고 인사 책임 임원들이 테크놀로지 대기업의 영향을 받는다는 사실은 놀라운 일도 아니다.

Oracle[2], SAP SuccessFactors[3], Workday[4] 같은 대규모 HR 전문 테크놀로

지 기업은 피플 애널리틱스 작업을 지원하는 제품을 보유하고 있거나 개발하고 있다. Microsoft 같은 다른 테크놀로지 기업도 HR 테크놀로지 전체 시장에서 자신의 입지를 확대해 오면서 피플 애널리틱스 솔루션도 놓치지 않으려 한다.

피플 애널리틱스 분야가 성장하면서 HR 테크놀로지에서 새로운 범주인 피플 애널리틱스 테크놀로지 시장이 부상했다. 점점 많은 테크놀로지 기업이 등장하고 피플 애널리틱스 범주로 스스로를 분류한다. 이러한 현상은 피플 애널리틱스 분야의 전반적인 성장을 나타낼 뿐만 아니라 피플 애널리틱스 테크놀로지가 피플 애널리틱스에서 중요한 부분들 중에서도 다른 일부이기 때문이다.

RedThread Research(Garr and Mehrotra, 2020)의 2020년 피플 애널리틱스 테크놀로지 시장에 대한 연구에 따르면, 코로나로 야기된 불리한 경제 상황에서도 해당 시장은 2019년과 2020년 사이에 35% 정도 성장을 이룩했다. 이 연구에서는 120개 이상의 피플 애널리틱스 테크놀로지 기업이 조사 대상이었고, 피플 애널리틱스 테크놀로지 시장 가치는 20억 달러(약 2조 3700억 원)로 추산되었다.

새로운 피플 애널리틱스 테크놀로지가 확산되자 치열한 경쟁이 시장에서 일어났고, 그 결과 최근 몇 년 간 다수의 주요 인수 합병도 성사가 되었다. Microsoft는 2016년 Linkedin을 262억 달러(약 30조원)에 인수한 것으로 알

탁월한 피플 애널리틱스를 위한 9가지 관점

려졌고(Microsoft, 2016), SAP Success Factor도 2018년에 약 80억 달러(약 9조 4천억원)를 들여 Qualtrics를 인수했다. Linkedin은 2018년 Glint를 인수하기 위해 4억 달러(약 4천 700억원)를 지불했으며(LinkedIn, 2018), Workday는 2021년 초 Peakon을 약 7억 달러(약 8조 3천억원)에 인수할 계획이라고 발표했다(Somers, 2021).

Insight222는 글로벌 60개 기업들을 대상으로 '현재 다음 세대의 테크놀로지를 사용 중인가?'란 조사를 실시했다(Ferrar, Styr and Ktena, 2020). 우리는 기업이 사업을 포함한 기업 경영활동에서 이해관계자들이 당면하는 가장 복잡한 주제를 어떻게 해결할 수 있는지를 알려주는 일정한 지표를 찾아냈다. 우리는 그 결과에 대한 분석과 함께 피플 애널리틱스 테크놀로지와 그 시장이 3단계 또는 '트렌드'를 발전시켜 온 방식을 검토한 결과를 종합하여 그림 5.1에 제시한다.

그림 5.1   피플 애널리틱스 테크놀로지 채택 트렌드 3가지

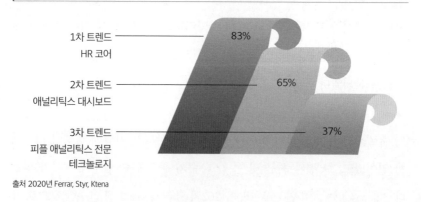

출처 2020년 Ferrar, Styr, Ktena

5장의 나머지 부분에서 각 테크놀로지를 적용해 해결이 가능한 사업적 주제, 테크놀로지를 조달하는 방법, 내부에서 테크놀로지를 구축하는 프로세스에서의 팁, 피플 애널리틱스 확장에 대한 가이드를 논의한다. 세 가지 HR 테크놀로지 채택 트렌드에서 나타나는 발전 양상을 반영해 이러한 모든 사안을 논의한다.

5장에서 다루는 사안들이 피플 애널리틱스 작업에서 중요한 일부라고 해도 이 책은 데이터 모델이나 통계 분석을 필수로 하는 기반 테크놀로지technology에 대한 설명을 포함시키지 않는다. 이 부분은 케이스 맥널티Keith McNulty의 2020년도 출판본인 '피플 애널리틱스 회귀 분석 모델링 핸드북: R 과 파이썬 사례Handbook of Regression Modeling in People Analytics: With examples in R and Python'에서 광범위하게 다뤄진다. 데이터 시각화는 콜 누스바우머 내플릭 Cole Nussbaumer Knaflic의 저서인 '데이터로 스토리텔링하기Storytelling with Data, 2018'와 후속 도서인 '데이터로 스토리텔링하기: 연습Storytelling with Data: Let's practice!, 2019'과 같은 자료를 통해 학습할 수 있다.

피플 애널리틱스 테크놀로지의 트렌드 3가지

1차 테크놀로지 채택 트렌드: 코어 HR

발견 시대와 실현 시대 후기에서 테크놀로지 채택(1부 피플 애널리틱스 사례 참조) 양상은 클라우드 기반 코어 HRcore HR 시스템의 등장으로 그 특징을 꼽을 수 있다. 기업은 '온프레미스on-premise(기업 자체적으로 구축한 전산실 서버에 IT 인프라, 플랫폼, 애플리케이션을 직접 설치해 운영)[5]에서 정기적 소프트웨어 업데이트의 이점을 활용한 '서비스로서의 소프트웨어'SaaS(클라우드 애플리케이션과 기본 IT 인프라 및 플랫폼을 사용자에게 제공하는 클라우드 컴퓨팅)[6]인 코어 HR테크놀로지core HR technologies로 빠르게 전환했다. 위에서 언급한 설문조사에 따르면 60개 글로벌 조직 중 83%가 2020년까지 클라우드로 전환했다. 우리는 전환율이 100%가 아니어서 깜짝 놀랐다!

1차 테크놀로지 채택 트렌드에서 코어 HR 제공업체(주로 Oracle, SAP SuccessFactors, Workday)는 업계 행사장 기둥과 전시 공간을 차지하며 최고 인사 책임 임원의 시선을 사로잡았다. 이러한 테크놀로지와 관련 과대 광고는 이러한 시스템이 무엇이든 할 수 있다고 많은 사람들이 생각하게끔 만들었는데, 일부 사람들은 실제로 모든 것이 가능하다고 생각하기도 했다. 상황이 이렇다 보니 사람들은 특히 애널리틱스 용도의 다른 테크놀로지에 대한 투자를 꼭 필요하지 않은 부차적인 것으로 인식하기에 이르렀다.

실제로 클라우드 기반 코어 HR 시스템이 피플 데이터와 애널리틱스의 토대를 분명히 제공한다고 하더라도 그 자체로 충분한 것은 아니다. 코어 HR 플랫폼을 사용하는 피플 애널리틱스 전문가들은 일반적으로 예상치 못한 상태에서 다음 장애물을 접하게 된다.

데이터 모델

기반 공사가 불완전한 상태에서 지어진 아름다운 집처럼 서비스로서의 소프트웨어를 토대로 하는 코어 HR 시스템 또한 그 기반이 되는 양질의 데이터 모델에서 부족함이 나타난다.

스토리의 불완전성

데이터에 빠르게 접근하지 못하는 어려움과 외부 HR 시스템의 데이터를 보고서와 대시보드로 통합할 수 없다는 점이 결합되어 관리자, HR 리더, 임원진은 본인 소속의 구성원 데이터 일부만 보게 된다.

예측 분석 (Predictive analytics)

서비스로서의 소프트웨어를 토대로 하는 코어 HR테크놀로지가 예측 분석predictive analytics 수행 기능을 가지고 있지 않다는 사실은 도출이 가능한 통찰 결과도 제한되어 있어서 실행을 목적으로 하는 권고사항을 처방할 능력도 사실상 가지고 있지 않다는 의미이다. 일반적으로 이러한 코어 HR 테크놀로지는 시작부터 예측 분석predictive analytics 산출물을 탑재한 코어 솔루션core solutions으로 설계되지 않았다.

데이터 통합과 산입 (Data inclusion)

일반적으로 코어 HR 테크놀로지는 새롭게 등장하는 테크놀로지 플랫폼에 특화된 데이터를 연결해서 통합하지 못하므로 사업을 포함한 경영활동과 관련된 복합적인 사안의 비중이 큰 주제에서는 코어 HR 플랫폼만 사용해 데이터를 취합하고 분석을 수행할 수 있는 가능성이 낮아진다. 상황에 따라서는 이러한 사안을 주제로 한 애널리틱스 작업이 수행될 가능성도 낮아지게 된다.

클라우드 기반 코어 HR 시스템을 갖춘 HR 기능은 HR 프로세스를 사용하는 근로자에게 일관된 HR 프로세스 이외에도 소비자가 체험하는 유사한 경험을 제공할 수 있다. 이러한 장점에도 불구하고 우리가 애널리틱스 관점에서 경험한 것을 되돌아보면, 클라우드 기반 코어 HR 시스템에는 부족한 점이 많을 수도 있다. 클라우드 기반 코어 HR 시스템이 보고 활동, 대시보드, 몇 가지 성과표scorecards 이외에 그 이상으로 애널리틱스를 수행하는 데에 필수적인 수행 기능을 갖추고 있지 않은 경우가 많다. 심지어 언급된 필수적인 수행 기능도 일반적으로 자체 시스템 내의 데이터로만 한정되어 수행되는 경우도 있다. 이 내용은 우리가 HR 임원진과 피플 애널리틱스 리더에게서 흔히 듣는 불만 사항이기도 하다.

피플 애널리틱스 리더가 경험하는 또 다른 흔한 고충은 코어 HR 시스템 하나가 자사의 모든 문제를 해결해 줄 것이라는 생각을 갖게 된 최고 인사 책임 임원이 해당 코어 HR 시스템을 '구매하게 된 경우'에 생겨난다. 이에 대한 유일한 해결책은 2차와 3차 테크놀로지 채택 트렌드를 다루는 주제를 논의해 보는 것이다.

요약하자면, 탁월한 수준의 피플 애널리틱스를 달성하고자 한다면 코어

HR 테크놀로지만으로는 충분하지 않다.

테크놀로지 채택 2차 트렌드: 애널리틱스 대시보드

2000년대 후반 1부(피플 애널리틱스 사례)에서 설명한 발견 시대가 끝나갈 무렵, HR 기능이 사용할 성과표scorecards, 리포트, 대시보드를 요청하면 일반적으로 기술자technologist와 함께 '온프레미스 테크놀로지On-Premise Technology'를 사용하여 데이터를 통합하였다. 데이터를 통합하고 리포트를 생성하는 프로세스는 최고 인사 담당 책임 임원과 다른 C-level 임원진에게는 대체로 풀리지 않은 수수께끼이기도 했다. 그들이 그 보고서를 이용할 수 있는 동안은 보고서를 생성하는데 소요된 시간, 비용, 테크놀로지에 관심을 가지지 않았다.

안타깝게도 리더 중 일부는 오늘날 보고서를 생성하는데 따라오는 과정 상의 복잡한 특징을 여전히 모르고 있고, 기업은 필요할 때만 피플 애널리틱스를 계속해서 활용하고 있다. 우리는 피플 애널리틱스 리더가 최신 인력 감소율(attrition비자발적 퇴사, 자발적 이직 그리고 포지션 감소 포함)을 CEO에게 제시하는 상황이나 최악의 경우 정확한 인력 정원 수치를 제공할 목적으로 다양한 출처에서 취합한 데이터를 종합해 관련 보고서로 통합하면서 야간 근무all-nighters[7]를 하는 상황에서 소요된 시간에 대해 불만을 토로하는 말을 여전히 듣는다.

탁월한 피플 애널리틱스를 위한 9가지 관점

2차 테크놀로지 채택 트렌드가 어느 정도 진전이 되면서 이 문제는 해결되었다. HR 테크놀로지 대기업인 Oracle, SAP SuccessFactors, Workday 가 실현과 혁신 시대에 걸쳐 점점 더 빠른 속도로 발전하면서 자사 시스템에서 처리되는 피플 데이터를 사용한 대시보드 기능을 만들어 낸 것이다. 그러나 데이터가 생성된 시스템과는 상관없이 모든 피플 데이터를 집계할 HR 대시보드를 기업이 필요로 하면서 그 기능도 적합하지 않은 것으로 드러났다. 이러한 상황 때문에 Crunchr,[8] One Model,[9] Panalyt,[10] PeopleInsight,[11] SOLVE,[12] SplashBI[13] and Visier.[14]를 포함한 새로운 공급업체가 시장에 진입하게 되었다.

모든 피플 데이터를 강력한 시각화를 지원하는 대시보드에서 집계할 수 있는 능력이 바람직하더라도 공급업체들과 해당 솔루션들을 조달하려 검토 중인 피플 애널리틱스 리더는 다음과 같은 여러 도전과제들을 직면하게 된다.

비용
이러한 플랫폼을 조달하는데 따라오는 추가 비용은 코어 HR 보다 훨씬 더 저렴하다. 이와는 달리 그 비용이 '부차적으로 첨가되는 것으로서' '비싸다'라고 여기는 경우가 더 많다. 해당 테크놀로지가 필요하다는 확신을 HR 기능과 IT 고위 임원진에게 심어주는 활동은 복잡하고 긴 절차가 될 수 있다.

가치

2차 트렌드 테크놀로지는 유의미한 가치를 제공하지만, 기업은 사업을 포함한 경영활동에서의 이점에 초점을 맞추기 보다 HR 기능 관점에서만 그 가치를 이해하는 경우가 많다. 예를 들어 관리자가 손쉽게 플랫폼 한 곳에서 실시간으로 사람을 관리하는데 필요한 정보를 추가 통찰 사항과 실행 목적의 권고사항과 함께 두어서 해당 비즈니스에 실질적이며 수치화가 가능한 이점을 도출하는 방식과 같이 사업과 기업 활동에서의 가치를 파악하는 것 말이다. 슬프게도 많은 비즈니스 현업 리더는 이러한 사항을 관리자 업무 시간 절약 같은 '예산 항목에 표시되지 않는 간접적이며 질적인 혜택soft benefits'으로 간주하지, 영업 실적 증가 혹은 생산성 향상, 인재 유지retention 개선과 채용 활동 감소를 통한 이익 개선 같은 '손익에 영향을 주는 직접적이며 실질적인 혜택hard benefits'으로 정량화하지 않는다.

HR 잠재 수행 능력

인사 담당자HR professionals가 이러한 도구를 활용하는데 필수적인 기법상의 전문 지식technical expertise을 보유하고 있지 않은 경우가 왕왕 존재한다. 기법상의 전문지식을 갖추지 않은 정도만큼 특히 HR Business Partner가 대화에서 비즈니스 현업 이해관계자를 이끌어 가려는 노력이 효과를 내지 못하면서 새로운 피플 애널리틱스 기획안이 가진 잠재적 혜택도 제한되고는 한다.

2차 트렌드 단계의 테크놀로지를 구매해서 구현하려 한다면, HR 기능 내부에서 분석을 지향하는 조직문화를 함께 개발하는 것이 바람직하다. 이와 관련된 사항은 9장(조직문화)에 기술되어 있고 피플 애널리틱스 조직문화의 전사 내재화: Merck KGaA 사례연구에 상세히 제시되어 있다.

애널리틱스 대시보드를 성공적으로 구현해낸다면, 모든 비즈니스에 엄청난 혜택을 제공하는 것이 가능하다. 다음은 애널리틱스 대시보드를 통해 얻게 되는 혜택이다.

임원진이 얻게 되는 경영상의 통찰력

C-level 임원진은 일관되고 정확한 자사 재직인력군workforce 정보를 실시간으로 받는다.

데이터의 접근성 확대(Democratization of data)

기업의 모든 관리자에게 데이터 접근성을 확대하게 되는 기회로, 사람과 팀을 주로 다루는 영역에서 의사 결정 활동이 향상된다.

의사 결정 속도

인사 담당자가 요구 사항에 따라 요청 데이터를 처리하는 소수의 '컴퓨터광'에게 의존하는 대신 피플 데이터를 분석해 얻은 근거를 참조해 대화를 실시간으로 주도할 수 있게 되므로 의사 결정 속도가 상당히 빨라진다.

신뢰성 향상

데이터 일관성이 개선되면서 HR기능이 내부 고객을 대상으로 갖게 되는 영향력과 신뢰성도 증가한다. 이는 HR기능이 모든 시스템에서 구성원 전체의 데이터 전부를 추출하여 집계하는 능력을 갖추면 가능하다. 코어 HRcore HR, 개별 HR 기능 모듈non-core HR, HR 하위 활동 연관 애플리케이션 business applications을 포괄적으로 연결해 구성한 모든 시스템에서는 코어 HR 의 마스터 데이터가 개별 HR 기능 모듈의 데이터와 HR 애플리케이션의 데 이터로 서로 연결된다. 그 결과 애널리틱스를 수행하기 전에 데이터를 검 증하여 오류를 보완하거나 수정하여 가공data engineering하는 과정에 막대한 시간, 비용, 자원을 투자할 필요가 없어지고 '클릭 하나만으로' 데이터를 분 석해 도출한 통찰 결과를 생성해 제공할 수 있는 여건이 조성된다.

비용 절감

기술자technologists와 애널리스트가 각기 다른 보고서를 조합하면서 데이 터를 통합하는데 소요한 '낭비된 시간'으로 발생한 비용에 상당한 절감을 가져올 수 있다.

지금까지 2차 트렌드 단계의 테크놀로지(65%, 그림 5.1 참조)를 도입하고 있 는 조직은 자사 재직인력군workforce과 관련된 데이터를 보여주는 성과표 scorecards, 대시보드dashboards, 보고서reports를 규모에 따라 대규모로 전달하는 능력을 갖추는 시기를 앞당기려는 중이다.

우리가 만나 온 일부 기업은 솔루션을 공급업체로부터 구매하기보다 2차 트렌드 단계의 테크놀로지를 내부에서 스스로 구축하여 위에서 언급한 많은 이점을 성취해냈다. 이러한 주요 조직의 내부 피플 애널리틱스 팀들은 적어도 10년 이상 그 조직에서 애널리틱스 작업을 수행했다. 즉, 2차 트렌드 단계의 테크놀로지 공급업체가 존재하기 전부터 애널리틱스 작업을 수행해 왔던 것이다. 일반적으로 우리는 기능 부서가 탁월한 피플 애널리틱스를 제공하고자 한다면 2차 트렌드 단계의 테크놀로지 구매를 적극적으로 고려해 보라고 조언한다.

테크놀로지 채택 3차 트렌드: 피플 애널리틱스 테크놀로지의 전문화

1부(피플 애널리틱스 사례)에서 기술한 바와 같이 혁신 시대 피플 애널리틱스의 주요 특징은 전문화된 테크놀로지의 등장이다. 예를 들자면 재직인재군 인력계획workforce planning, 노동 시장과 인재군 현황 정보 수집talent market intelligence, 행동에 초점을 맞춘 역량behavioral skills, 관계relationship, 생산성, 조직 네트워크 분석ONA 영역의 테크놀로지가 있다. 그림 5.1에서 보듯이 이러한 테크놀로지가 빠르게 주목을 받고 있다. 2020년까지 연구에 참여한 기업의 37%가 앞서 언급한 테크놀로지를 사용하고 있었고, 추가로 44% 기업은 2022년까지 투자할 계획이라고 밝혔다.

위에 나열된 테크놀로지의 범주 외에도 진단과 측정 등의 평가assessment, 직원 몰입employee engagement, 인재 관리talent management 같은 범주에서 테크놀로지의 진보가 새로운 유형의 클라우드 기반 기업에 의해 역동적으로 일어나고 있다. 수 년 동안 기업 내부의 피플 애널리틱스 팀이 이 범주에 속한 테크놀로지 일부를 관리해 왔으나, 클라우드를 기반으로 하는 새로운 테크놀로지 기업이 발아하고 이들이 '해묵은' 문제뿐만 아니라 새로운 비즈니스 요구 사항을 해결하는 시대적 접근 방식을 주입하고 있기도 하다.

혁신 시대에 등장할 가장 잘 알려진 공급 업체 중 일부는 아래 리스트 항목[15]과 같다.

1 진단과 측정 등의 평가 애널리틱스assessment analytics: Arctic Shores,[16] Hirevue[17] and pymetrics.[18]

2 직원 몰입과 의견 수집: Culture Amp,[19] Glint,[20] Humu,[21] Medallia,[22] Peakon,[23] Perceptyx,[24] Qlearsite,[25] Qualtrics[26] and Reflektive.[27]

3 직원 텍스트 애널리틱스: Workometry by OrganizationView.[28]

4 노동 시장과 인재군 현황 정보 수집: Burning Glass,[29] Claro,[30] Emsi,[31] Faethm,[32] Gartner TalentNeuron,[33] Horsefly[34] and LinkedIn Talent Insights.[35]

5 관계와 조직 네트워크 분석: Cognitive Talent Solutions,[36] Microsoft Workplace Analytics,[37] Polinode,[38] TrustSphere,[39] Worklytics[40] and Yva.ai.[41]

탁월한 피플 애널리틱스를 위한 9가지 관점

6 인재 관리와 스킬 예측: Clustree (Cornerstone),[42] Cobrainer,[43] Degreed,[44] Gloat[45] and TechWolf.[46]

7 인재 관리 목적의 재직인재군 인력 계획workforce planning과 조직 설계: Anaplan,[47] Dynaplan,[48] eQ8[49] and orgvue.[50]

3차 트렌드 단계 테크놀로지가 보여 줄 가능성은 믿을 수 없을 정도로 흥미롭다! 피플 애널리틱스 전문가는 이러한 테크놀로지를 통해 가장 가치 있고 흥미로운 비즈니스 기회와 일부 도전과제에서 그 사안을 충족시킬 통찰 결과를 제시할 수 있는 능력을 가지고 있다. 3차 트렌드 범주에 속한 테크놀로지가 잘 활용될 수 있는 여건이 마련된다면, 피플 애널리스트와 데이터 과학자의 작업이 개선될 것이다. 개선된 작업으로 도출된 통찰 결과를 접한 비즈니스 현업 리더는 기대감으로 동기부여를 받아 행동을 취할 것이다. 반대로 이러한 테크놀로지가 잘 활용될 수 있는 여건이 마련되지 않으면, 이러한 테크놀로지 도입 그 자체가 값비싼 실수로 전락할 수도 있다.

따라서 우리는 투자하기 전에 다음 사항을 고려하도록 권고한다.

그 사안과 연관된 질문으로 시작해라.

피플 애널리틱스에서 첫 번째 규칙은 여전히 유효하다. 해당 문제가 무엇인지 파악하지 않은 채로 HR 테크놀로지를 성급하게 구매하지 마라. '다시 말해 해결할 일정한 문제를 찾는 과정에서' 중복되는 테크놀로지가 존재할 수 있다. 최악의 경우 이로 인해서 피플 애널리틱스와 HR 기능에 대한 신뢰성이 손상된다. 3차 트렌드 단계의 도구는 생산성, 인적 네트워크의 관점으로 보는 판매 활동의 효과성sales effectiveness, 포용성inclusion, 의견 조사 도구를 사용하는 조직문화 같은 주제 등에서 새로운 통찰 결과를 도출할 때 유용할 수도 있다. 하지만 리더는 의사 결정한 여러 선택 사항 간에 우선순위를 부여하고 대상이 된 사안에서의 주요 도전과제를 지원할 도구에 비중을 두도록 한다.

테크놀로지를 적절하게 혼합해서 사용해라

다음 비유를 곰곰이 생각해보라. 당신은 나무 판자로 옷장을 만드는데 다용도 스위스 군용 칼army knife을 사용할 수 없다. 대신 여러분에게는 끌, 망치, 톱 같은 전문 공구와 나사돌리개screw driver가 필요하다. 3차 트렌드 단계의 일부 공급업체는 자신의 제품 포트폴리오를 확장 중이지만 이들 중 다수는 태생적으로 특정 영역에 상당히 특화되어 있다. 옷장을 만드는 것과 마찬가지로 복잡하게 얽힌 분석 문제를 해결하기 위해서는 다중 요소로 구성된 단일 코어 HR 시스템보다 더 많은 도구가 필요한 경우가 많다. 복잡하게 얽힌 일정한 비즈니스 문제를 해결하려면 일정하게 조합된 테크놀로지를 활용해야 할 수도 있다. 이는 많은 작업이 필요한 것처럼 들리지만 중요한 도전과제를 해결할 전문화된 공구를 수집하는 것만으로도 기대 이상의 높은 가치를 실현할 수 있다.

탁월한 피플 애널리틱스를 위한 9가지 관점

개인 정보 보호와 윤리를 신중하게 고려해라

3차 트렌드 단계의 테크놀로지 일부는 개인 정보를 침해하는 것처럼 보일 수도 있는 데이터를 취합해 분석한다. 따라서 해당 솔루션의 사용 여부에 대한 고민은 기술적 사안만이 아닌 직원 관계employee relations, 개인 정보 보호, 윤리, 법적 사안과도 연관된다. 조직에서 피플 데이터 취합과 사용에 대한 뿌리깊은 믿음과 가정에 이의를 제기하는 것은 그 기업의 통제와 관리체제, 개인 정보 보호와 윤리에서의 접근 방식을 검증하고 입증하면서 재확인해 보는 강력한 방법이다. 3차 트렌드 단계의 테크놀로지는 통제와 관리체제, 데이터에 대한 관리책임 같은 사회적 책임 의식 영역에서 건전하고 견고한 접근 방식을 필요로 한다. 이에 대한 지침 관련 사항은 1장(통제와 관리체제)과 6장(데이터)을 참조해라.

피플 애널리틱스 테크놀로지 구매하기

1차, 2차, 3차 트렌드 단계의 테크놀로지 구매와 구현을 주제로 책 전체를 할애할 수 있지만 모든 내용을 공유한다고 해도 전달할 내용이 아직도 많다!

우리는 피플 애널리틱스 작업을 고려한 테크놀로지 구매는 몇 가지 도전 과제를 제시한다는 교훈을 경험하고는 했다. 그 중에 고려해야 할 주요 사항 5가지이다.

1 테크놀로지 구매가 필요하다는 지표

2 대상 공급업체 시장을 탐색하는 방법

3 구매와 조달 전문 기능과의 협업 활동

4 테크놀로지를 구매할 때 검토해야 하는 10가지 사항

5 공급업체 파트너십에서 고려할 사항들

테크놀로지 구매 필요 가능성 지표

테크놀로지 구매에서 고려할 일반적 지표이다.

기존 솔루션의 기능 부족

현재 이용이 가능한 테크놀로지가 2장(방법론)에 설명된 바와 같이 명확하게 정의되고 우선순위가 높은 사업 성과 도출 목적의 전략과제나 도전과제 또는 일상 비즈니스에서의 문제를 분석하는데 유용하지 않다.

테크놀로지 전문가의 부재

기업 내 피플 애널리틱스 팀이나 기술자technologist 중에 적합한 스킬을 가진 사람을 찾는 것이 불가능하다.

시간상 제약

사안이 가진 중요성이나 긴급성을 후원자가 제시한 요구 사항을 기준으로 검토할 때, 내부에서 적합한 솔루션을 구축할 시간이 충분하지 않다.

대상 공급업체 시장을 탐색하는 방법

피플 애널리틱스와 광범위한 HR 테크놀로지 시장은 상당히 복잡하고, 날이 갈수록 점점 더 복잡해지는 양상을 보인다. 수백개의 공급업체가 존재하는 이 복잡함은 공급업체 수와 범주가 늘면서 더욱 증가할 것이다. 목표로 정한 공급업체 시장을 탐색해야 하는 피플 애널리틱스 리더에게 적극적인 접근 방식은 필수이다. 적극적인 선제적 접근 방식을 다음과 같이 제시한다.

시장의 최신 정보를 지속적으로 업데이트해라

피플 애널리틱스 리더는 최소한 RedThread Research (Garr and Mehrotra, 2020)의 People Analytics Technology Market과 Josh Bersin (2021)의 연례 HR Technology Market 보고서 같은 자료를 연구하는 게 좋다. 더 나아가 공급업체 시장 변화 양상을 정기적으로 반복해서 조사하면서 이를 정기적으로 업데이트하는 담당 팀원을 팀에서 지정하는 게 좋다.

다른 조직에서 양질의 동료 네트워크를 구축해라

우리가 피플 애널리틱스 리더에게서 자주 받는 요청 중 하나는 특정 HR 테크놀로지 기업과 협업 중인 동료를 연결해 달라는 것이다. 동료 네트워크를 통해 개별 공급업체의 '걸러지지 않은' 장단점에 더불어 대상 공급업체와 잠정적인 토론을 상정한 관심 영역을 현실적으로 면밀하게 파악하는 것이 가능하다.

카테고리별로 고려 중인 공급업체 중 최종 후보 목록을 정리해라

비즈니스 현업이 솔루션을 필요로 할 때 즈음에 리더가 이미 공급업체의 장단점을 파악하고 있다면 시간을 상당히 절약할 수 있다. 바로 사용이 가능한 최종 후보 목록, 기존 비즈니스 관계, 공급업체 시장에 대한 이해도를 갖추고 있는 것만으로도 피플 애널리틱스 팀과 HR기능에 대한 신뢰도가 상승한다.

구매와 조달 전문 기능과의 협업

조달 팀과 관계를 돈독히 하는 것은 매우 중요하다. 조달 전문가는 일정한 투자 사례를 만들고, 가장 적합한 테크놀로지 공급업체를 식별해 선정하고, 복잡한 협상 절차를 탐색하며 진행하는 과정에서 이루 말할 수 없이 중요한 역할을 수행할 수 있다. 조달 기능의 임원진은 재무 기능 부서와 탄탄한 파트너십도 자주 맺게 된다.

5장 후반부 '테크놀로지 구매하기: Vertex Pharmaceuticals' 사례연구는 구매와 조달 팀과 협업할 때 유용한 양식template을 제시한다. 다음은 세 가지 주요 사항들이다.

조달 기능과 질적인 관계를 구축해라

'당면한 필요 사안'을 기준으로만 해서 구매와 조달 팀과 관계를 구축하는 관계 구도에서 벗어나라. 조달 기능과의 관계는 신뢰와 파트너십에 근간을 둘 때 성공한다. 이러한 방식은 내부 관계를 조화롭게 만들어서 긍정적 효과를 줄 뿐만 아니라 기업 전반에 가장 적합한 솔루션이 채택되어 조달됨으로써 전사적으로도 성공적으로 정착될 가능성을 높인다. 조달과 구매 팀을 '필요로 하기 이전부터' 관계를 구축하는 활동을 시작해라.

해당 공급업체 선정 과정에 조달과 구매 기능이 개입하게 해라

조달 실무 전문가procurement specialists가 자신의 업무를 수행할 수 있도록 여건을 마련해라. 조달 기능의 동료를 가르치려 들지 말고 구매 예정인 것을 말해줘라. 그 사람들은 그에 적합한 전문 지식을 갖추고 있고 모든 사람들과 마찬가지로 대상 사안에 가치를 더할 스킬을 고려하더라도 존중을 받아야 마땅하다.

구매와 조달 기능이 대상이 된 사안과 문제에 개입하게 해라

구매와 조달 팀이 피플 애널리틱스 작업의 상세 사항, 해결이 필요한 특정 사안, 공급업체가 필요한 이유에 대해 직접 파악할 수 있도록 지원해라.

테크놀로지를 구매할 때 검토해야 하는 10가지 사항

당연하지만 테크놀로지 공급업체와 계약 조건을 동의할 때 접할 것으로 예상하는 비용, 라이선스, 사업적 측면에 대한 일반적인 질문들은 많이 존재한다. 이러한 질문들에 따라 제안 요청서RFP[51]를 구성할 질문은 더 많이 따라 나온다. 다음은 가장 중요한 10개의 추가 질문이다.

1 범주나 영역에서 대상 제품이 모든 국가가 요구하는 사항을 충족하는가?

2 눈에 보이지 않는 비용은 무엇인가?

3 개인 정보 보호에서의 접근 방식은 무엇인가?

4 피플 애널리틱스 팀에 필수적인 사항은 무엇인가? 시간과 자원 둘 다인가?

5 공급업체에서 수집한 원천 데이터 접근 권한raw data access 정책은 무엇인가?

6 시범 운용pilot을 수행하고 전사로 대상 제품을 실행하는 구현 단계는 무엇인가?

7 해당 테크놀로지가 코어 시스템으로 얼마나 빠르게 통합되는가?

8 제품이나 솔루션에 장애가 발생한 사례로 무엇이 있으며, 그 결과 무엇을 숙지하였는가?

9 고객 지원과 기술 지원으로 무엇이 제공되는가?

10 공급업체의 재무적 안정성은 어느 정도인가? (소기업인 경우)

공급업체와의 파트너십에서 고려할 사항

우리 경험과 리서치에 따르면 새로운 피플 애널리틱스 테크놀로지 공급업체와 파트너십을 발전시킬 때 주의를 기울여야 하는 세 가지 영역이 있다. 아래는 세 가지 영역에 대한 것이다.

1 '실질적' 파트너십

공급업체 제품 로드맵에 대한 영향력, 구축을 포함한 구현과 운영 개시 후after go-live 과정에서 공급업체가 제공하는 지원 수준, 추가 비용 없이 공급업체(공급업체가 데이터 취합을 하는 경우)가 원천 데이터를 제공하는지 등에서 실질적 파트너십이 필요하게 된다. 수집된 모든 데이터는 자사 근로자의 개인 데이터와 자사로부터 집계된 전체 데이터collective data라는 사실을 유념해라. 적절한 접근 권한access, 보안, 면책 조항이 마련되어 있다는 조건하에 그 데이터를 분석 외에도 통합 용도로도 사용할 수 있어야 한다.

2 시범 운용pilots 수행

공급업체는 일정한 초기 시범 운용 기간을 논의하는 데에 개방적인가? 필요한 데이터 일부를 분석하기 위해 기업 일부에서만 테크놀로지를 실행시키는 시범 운용pilot은 잠재적 파트너들과 그들의 솔루션이 적합한지에 대해 평가할 때 유용할 수 있다. 시범 운용 프로젝트에서 테크놀로지 구현으로 생기는 이점이 현실화되면 시범 운용 프로젝트pilot implementation project는 더 큰 투자 건을 유치하는 것에도 도움이 될 수 있다.

3 개인 정보 보호

데이터 보안, 개인 정보 보호, 저장, 소유권에 대해 공급업체가 취하는 접근 방식을 파악하는 것은 중요하다. 필요한 경우 자사 데이터 개인 정보 보호 팀과 1장(통제와 관리체제)에서 기술한 윤리 위원회가 참여할 수 있도록 준비하라. 윤리 및 공급업체 테크놀로지 사용에 대한 정책과 프로세스를 설계하기 위해 협력하려는 공급업체의 열린 태도가 openness 일부 사례들에서는 상당히 도움이 될 것이다.

아래에서 제시될 Vertex Pharmaceuticals의 사례연구에서 테크놀로지 '구매' 방법에 대한 유용한 사례를 제시한다. 이 사례에서 선택된 접근 방식과 구조는 보다 전문화된 애널리틱스 테크놀로지를 일부 조달하려는 다수의 피플 애널리틱스 팀 중 우리가 보게 되는 프로파일에 적합하다. 사례연구의 핵심 메시지는 '제대로 파악하지 않은 상태에서 테크놀로지를 구매하지 마라' 이다.

사례연구

테크놀로지 구매하기: Vertex Pharmaceuticals[52]

여러분이 테크놀로지를 구매할 때 고려할 만한 여러 요인은 구매 목적, 구매 가격, 안전, 구매 후 고객 서비스이다. 인재경영 전략과 애널리틱스People Strategy and Analytics 팀에서 테크놀로지를 구매할 때 고려할 요인도 이와 별반 다르지 않다. 이 팀은 피플 애널리틱스 테크놀로지 구매로부터 직관과 과학 모두를 사용해 왔다. 팀은 테크놀로지를 능숙하게 구매하고 사용하면서 투자 수익ROI을 실현하는 방식도 파악하고 있다.

탁월한 피플 애널리틱스를 위한 9가지 관점

Vertex는 혁신 주도형 기업으로 합성 신약 제약 부문에서 현재까지 상당한 성공을 거두었다. 3,000명 남짓한 근로자로 Vertex는 2019년 41억 6000만 달러(약 4조 9천억 원)의 매출을 공시했다.[53] 인재경영 전략과 애널리틱스 팀은 실질적 가치를 구현하는 혁신적인 기능이 되기 위해 현재까지도 기업의 핵심가치인 창의성과 연구research를 동일하게 수용하고 있다.

인재경영 전략과 애널리틱스 팀 수석 이사로 재직 중인 지미 장Jimmy Zhang이 2018년에 합류했을 때 Vertex는 데이터 부족과 피플 애널리틱스에 필요한 자원의 제약이라는 두 가지 도전과제에 직면해 있었다.

데이터 부족은 회사의 빈약한 인력 규모 때문이었다. 순수 데이터clean data는 물론이고 심층 피플 애널리틱스 작업 용도로 사용하기에도 충분한 데이터가 없었다. 인재경영 전략과 애널리틱스 팀은 빠르게 견고한 기반을 마련한 뒤에 재직인력군으로부터 더 많고 다양한 유형의 데이터를 수집하기 위해 일정한 구조와 데이터베이스를 생성하고자 제3자 공급업체와의 새로운 파트너십을 구축했다.

이러한 파트너십은 한정된 자원resources으로도 확장할 수 있는 피플 애널리틱스 조직을 구축한다는 두 번째 사안에서 새로운 협업 구조가 필요하다는 영감을 주었다. Vertex는 고도로 전문화된 솔루션을 제공하는 업체와 인수와 협업 이력을 가지고 있었다. 그 덕분에 지미는 인재경영 전략과 애널리틱스 팀이 수행 역량치를 발전시키는 데 가장 좋은 방법이 성공적인 최종 결과물을 내는 과정에 서로가 투자할 수 있는 파트너를 확보하는 것임을 인지하고 있었다. 오늘날 인재경영 전략과 애널리틱스 팀은 사업 성과 도출 목적의 전략과제나 도전과제를 해결할 수 있는 확장 가능한 솔루션을 만들기 위해 솔루션 구매와 자체 솔루션 구축, 혹은 이 두 가지를 혼합한 방식을 활용한다.

테크놀로지 확보와 사업 전략을 연계하는 활동은 신규 구매에서의 인재경영 전략과 애널리틱스 팀이 취한 접근 방식을 정의하는 세 가지 특성 중 첫째 사항이다(그림 5.2 참조).

테크놀로지 조달과 연관된 좋은 예는 외부 인재 시장 환경을 파악하는데 도움이 될 외부 환경 감지 요구에 대한 대응 방식이었다. 지미는 이와 같이 설명했다. '사업 전략

그림 5.2   테크놀로지 분석의 핵심 요소 세 가지

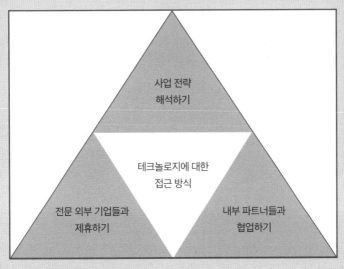

출처 2020년 12월 Vertex Pharmaceuticals 승인 후 인용

탁월한 피플 애널리틱스를 위한 9가지 관점

에는 견실한 10년 계획이 필요했어요. 이를 위해 우리는 "정보 스크랩" 활동을 통해 외부 노동 시장 데이터 수집에 적합한 내부 수행 능력을 구축하고자 했지요. 이와 달리 우리가 빠른 시일 내에 깨닫게 된 것은 필요한 노동 시장 데이터를 제공할 수 있는 외부 전문 업체에서 해당 테크놀로지를 구매하는 것이 더 저렴하다는 사실이었어요.'

Vertex는 외부 테크놀로지 구매와 상반되게 자체 맞춤형 스킬 매칭 알고리즘bespoke skills-matching algorithm을 사용해 인공지능을 기반으로 한 인재 시장AI-enabled talent marketplace을 내부에서 구축하기로 했다. 지미는 '우리는 파트너가 될 만한 외부 공급 업체 한 곳을 대상으로 시장을 탐색해 보는 전략을 취했지만 곧 우리 내부 스킬 알고리즘이 기존 공급업체 솔루션보다 훨씬 더 나은 성능을 발휘한다는 사실을 빠르게 깨달았어요. 우리 팀은 사람들이 Vertex에 계속 잔류하며 자신의 경력을 쌓을 수 있도록 "커리어 허브Career Hub"를 구축하는 프로젝트 추진 경로를 따라서 나아가 보기로 결정했지요.'라고 설명했다. Vertex는 자체 알고리즘과 기술 플랫폼을 활용한 뒤에 맞춤형 UIUser Interface를 개발하는 전문 공급업체와의 파트너십으로 커리어 허브를 구축하기로 결정했다.

신규 테크놀로지 구매 접근 방식에서 두 번째 특성은 테크놀로지가 필요한 전략적 요구 사안이 발생해 내부에서 새로운 계획안을 운용하는데 도움을 줄 파트너십을 탐색하는 상황에서 나타났다. 지미는 성공적인 최종 결과물을 도출하는 환경을 조성하는 IT, 개인 정보 보호, 전략적 대외 조달strategic sourcing, 데이터 과학, 정보 통신communications 기능과 관계를 구축하는 것을 제안한다.

인재경영 전략과 애널리틱스 팀은 내부 파트너와 함께 구축 또는 구매가 필요한 사례를 결정하기 위해 외부 데이터를 상세히 검토해 활용했다. 그들은 이번에 '구매'를 하기로 결정했다.

지미는 공급업체에 직접 연락하는 대신 구매와 조달 기능의 실무 전문가를 참여시켰다. 지미는 관찰한 사실을 이야기했다. '우리 팀은 피플 애널리틱스 영역에서의 전문가지요. 우리는 어떤 자격 요건을 우리가 갖추고 있는지 알고 있어요. 하지만 내부 파트너는 공급업체 시장과 테크놀로지 구매 과정의 구조와 방법을 파악해 내는 영역에서의 전문가입니다. 게다가 모든 개별 사항은 엄격한 보안과 개인 정보 보호 검토 과정을 거치고 있지요.'

'우리가 염두에 둔 공급업체 목록을 내부 파트너에게 가지고 갔다면, 내부 파트너와 협업하려는 목적 전체가 무산되었을 겁니다. 우리는 공급업체 선정에 내부 파트너가 가진 유용한 지식이 상당히 필요했고 이를 위해 공급업체 선정 프로세스 초기부터 내부 파트너와 협력했어요.'

내부 파트너와 맺은 관계로 공급업체 선정 작업 착수까지 시간이 소요되기도 했다. 지미는 내부 파트너와의 대화에 지침이 될 5가지 항목 계획서를 고안해 냈다(그림 5.3). 지미는 이처럼 강조했다. '우리는 구매와 조달 기능을 수행하는 실무진이 이해할 수 있는 관점에서 외부 환경 감지 솔루션의 연관성을 투자 수익률ROI, 사업 전략에 미칠 영향의 크기, 우리가 해결 진행 중인 사업 성과 도출 목적의 전략과제나 도전과제의 종류, 구매와 조달 기능의 도움을 원하는 이유로 풀어서 설명해야 했어요.'

탁월한 피플 애널리틱스를 위한 9가지 관점

그림 5.3 구매와 조달 기능 실무 전문가와 파트너십을 위한 지미의 조언(quick tips)

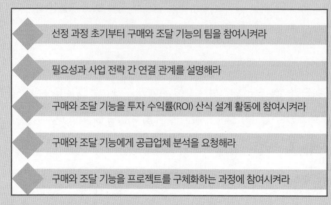

선정 과정 초기부터 구매와 조달 기능의 팀을 참여시켜라

필요성과 사업 전략 간 연결 관계를 설명해라

구매와 조달 기능을 투자 수익률(ROI) 산식 설계 활동에 참여시켜라

구매와 조달 기능에게 공급업체 분석을 요청해라

구매와 조달 기능을 프로젝트를 구체화하는 과정에 참여시켜라

출처 2020년 12월 Vertex Pharmaceuticals 승인 후 인용

'저는 내부 파트너가 우리가 하는 각각의 모든 일에 강력하게 의견을 내주는 주요 협력자라고 여깁니다. 특히 구매하려는 테크놀로지가 최첨단이고 그에 대해 한 번도 들어본 적이 없다면, 공급업체 선정 초기부터 구매와 조달 기능 실무진을 대화에 참여시키고 사안의 맥락에 맞춰 작업 가치를 설명하는데 시간을 할애하는 행위는 가장 좋은 협업 방식이지요.' 확고한 교차 기능적 협업cross functional collaboration은 애자일 방식으로 공급업체 제안과 선정 기준을 지원한다.

또한 교차 기능적 협업은 우리를 신규 테크놀로지 구매 접근 방식(그림 5.2)에서 세 번째 요소인 고도로 전문화된 외부 파트너와의 협력 단계로 나아가도록 만든다.

외부 인재 시장 데이터를 공급하는 테크놀로지 파트너를 선택하는 프로세스는 다음과 같다. 공급업체가 지미와 팀이 필요로 하는 해당 솔루션을 그대로 공급할 수 있는 경우, 해당 공급업체와 일련의 논의를 거쳤다. 그 다음 해당 공급업체는 샘플 데이터를 분석하도록 요청을 받았다. 이 경우 제공되는 데이터는 3년 동안의 모든 과거 게시물 이었다. 데이터 과학자는 데이터를 전달할 때 공급업체 분석의 정확성 진단과 측정을 목적으로 해당 업체의 결과를 검증했고, 이어서 Vertex사의 자체 데이터와 비교했다.

공급업체 한 곳이 Vertex가 필요로 한 사항에 더 적합했다. 공급업체 선정 전체 과정과 구매가 내부에서 프로그램을 개발하는 것보다 소요되는 비용도 더 적었다. 또한 해당 공급업체는 인재경영 전략과 애널리틱스 팀에 외부 원시 데이터raw data를 제공할 수도 있었고, 해당 원시 데이터는 팀이 데이터를 취합하는 데에 힘을 보탰다. 초기 작업은 효과성 관점에서 신속하게 측정되었고, 초기 작업의 범위는 해당 비즈니스의 필요 사항과 전략 목표를 정확하게 충족했을 때 조정되었다.

지미는 '우리는 신속하게 작업하면서 가능하다면 어디든지 시범 운용pilots에 착수해요. 일정한 솔루션이 우리에게 꼭 필요한 것이 아니면, 해당 비즈니스 관계를 끝맺고 인재경영 전략과 애널리틱스 팀이 다음 작업으로 넘어가지요. 반대로 우리가 적합한 솔루션을 찾았을 때는 해당 작업을 검증하고 긴밀한 파트너십을 쌓아갑니다.'라고 회상했다.'

흥미로운 것은 의사 결정에서의 결정 요인은 보통 테크놀로지 그 자체가 아니라 균형을 맞추는 공급업체의 협업 방식일 때도 있다는 사실이다. 지미는 이와 같이 말했다. '우리는 단순히 도구를 제공하는 게 아니라 우리와 진정으로 파트너 관계를 맺기 원하는 공급업체에게 투자할 뿐입니다. 우리는 혁신가와 주제 전문가subject matter expert로

탁월한 피플 애널리틱스를 위한 9가지 관점

구성된 하나의 팀이고, 파트너와는 긴밀하게 협력하고 싶어요. 공급업체가 우리 내부 개발 팀과 만나기를 요청하고, 공급업체의 제품을 개발할 목적을 가지고 우리와 협업하게 된 것에 기대감을 가져야 비로소 우리는 그 관계가 성공적으로 맺어질 것이라고 인식하거든요.'

초기 프로젝트부터 인재경영 전략과 애널리틱스 팀은 가치를 증대시키는 기능으로서 입지를 공고히 하고자 테크놀로지 외부 구매와 내부 구축을 조합한 방식에 막대한 투자를 하고 있다. 이에 대한 일부 예시로 리서치, 근로자 피드백 수집employee listening(직원경험 파악과 개선 목적의 피드백 수집), 데이터 집계, 시각화를 목적으로 한 테크놀로지 외부 구매, 근로자가 계속 근무하면서 경력을 개발하는데 도움이 되는 내부 허브를 생성하는 테크놀로지 내부 구축이 있다.

테크놀로지를 습득하는 과정에서 인재경영 전략과 애널리틱스 팀이 취했던 세 갈래 접근 방식을 요약하는 프로젝트는 조직 네트워크 분석ONA 작업이다. '비즈니스 현업에서 사람 간 사회적 네트워크가 중요하다는 가설을 가지고 근로자가 생산성에 영향을 미치는 방식을 심층적으로 파악하고 싶어했어요.'라고 지미는 말했다.

'우리는 이 프로젝트의 첫 주에 내부 파트너와 협업했습니다. 항상 우리가 그랬듯이 "우리는 그 사안에 도움이 되고 싶고, 그래서 도움을 요청하게 되었습니다."라는 말로 대화를 시작했지요.' 인재경영 전략과 애널리틱스 팀은 도구 선택과 처리 과정의 배치가 적절한지 확인하면서 개별 기능이 그 작업을 지원할 수 있는 방식을 설명했다.

그림 5.4 지미가 제시한 테크놀로지 구매를 위한 5가지 팁

1	2	3	4	5
테크놀로지 외부 구매나 내부 구축은 하나의 전략에 맞춰 항상 조정이 필요하기 때문에 좋다고 느끼는 것만으로 대상 테크놀로지를 구매하지 마라. 사업 전략과 여러분이 진행 중인 작업에 부합되는 경우만 대상 테크놀로지를 구매하라.	전문가와 협력 관계를 구축하고 전문가가 수행한 기술을 고용해라. 해당 작업을 원하는 직업에 전문가를 고용해라. 해당 작업에 심화된 전문 지식을 갖추지 못한 테크놀로지 공급업체와 애써 타협하지 마라.	구매 시 먼저 구매 대상을 시범 운용(piloting) 형식으로 시험 삼아 사용해라. 시범 운용이 효과가 있는 경우에 구매를 진행해라. 시범 운용으로 원하는 것이 해결되지 않은 즉시 중단해라.	내부 구축이나 외부 구매 전략에 얽매이지 말고 테크놀로지 솔루션 선택 방식에 유연한 태도를 가져라.	테크놀로지 공급업체를 도급 업체로 생각하지 말고 협력(partner) 업체로 여겨라. 분석을 수행할 때에 공급업체의 기술 팀, 제품 관리 팀, 데이터 과학자에게 논의하고, 공급업체를 파악해라.

출처: 2020년 12월 Vertex Pharmaceuticals 승인 후 인용

탁월한 피플 애널리틱스를 위한 9가지 관점

전략적 외부 조달strategic sourcing과 IT 기능은 사업 전략 및 목표에 부합하는 3대 선도 공급업체 목록을 제안했다. 지미는 회상한다. '전략적 외부 구매와 IT 기능은 심지어 우리가 모르는 공급업체도 제안했지요.'

지미는 여러 테크놀로지 구축과 구매를 위해 Vertex 내부 파트너와 협력하면서 가치 있는 귀중한 교훈을 얻었다. 새로운 테크놀로지를 조달하고자 할 때 지미는 다섯 가지 팁을 제안한다. (그림 5.4)

'사업 전략을 해석하고 내부 팀과 협업하면서 적합한 테크놀로지를 선정하는 프레임워크를 얻었어요. 우리가 작업을 다음 수준으로 끌어올리도록 해 준 것은 이 세 가지 접근 방식이기도 해요.'

> **TOP TIP**
>
> 타당하다고 판단하는 경우에만 테크놀로지를 구매해라

피플 애널리틱스 테크놀로지 구축하기

피플 애널리틱스 솔루션을 제품화하기 위해 테크놀로지를 개발하거나 '구축'하는 것은 복잡할 수 있다. 하지만 솔루션 제품화가 목적일 때 테크놀로지 개발이나 구축이 유일한 방법인 경우가 많기 때문에 때로는 이러한 접근 방식이 필요하다.

이 부분에서는 피플 애널리틱스 작업을 지원하기 위해 테크놀로지를 구매하기보다 구축하는 경우 고려해야 하는 요소 4가지를 주로 다룬다.

1 테크놀로지 구매가 필요하다는 지표
2 전사 테크놀로지와 HR 테크놀로지 팀과 협업하는 방식
3 테크놀로지 구축 시 고려해야 할 10가지 주요 사안
4 내부 테크놀로지 파트너십에서 고려할 사항

테크놀로지 구매가 필요하다는 지표

다음은 테크놀로지 구매보다 구축을 선택하도록 유도할 가능성을 가진 일반적인 지표이다.

사용사례가 복잡하다

시스템 설계 또는 구성을 목적으로 시스템을 사용하는 방식을 사용자 관점으로 기술했을 때 사용사례가 복잡한 경우이다. 공급업체 시장에 대한 평가가 완료되었으면 공급업체가 필수 '사용사례' 요건을 충족하는지 파악하는 게 중요하다. 사용사례 요건이 충족되지 않는 경우 '사내'에서 테크놀로지를 구축하는 것이 바람직하다. 이러한 예시는 5장 후반부에 기술된 사례연구 '사업 전략과 연계된 재직인재군 인력 운용 계획을 위한 스킬 영역의 시스템 아키텍쳐 구축하기: Bosch Architecture for the skill world: Bosch'에서 제공된다. 해당 사례연구에서 Bosch는 어떤 공급업체도 자사에서 '사전에 구축

탁월한 피플 애널리틱스를 위한 9가지 관점

된' 솔루션을 가지고 40여 개로 식별된 '사용사례use cases들 중에 2개 이상을 데이터로 연결해 지정하지 못하는 것으로 결론을 내렸다.

장기 기업 전략(corporate strategy)

비즈니스 현업의 요구사항이 복합적이며 장기 기업 전략corporate strategy에서 중요한 경우 '자체적으로' 테크놀로지 인프라를 장기적인 계획하에 구축하는 것이 더 합리적일 수 있다. 이러한 시나리오에서는 강력한 투자 사례에 더불어 관련 자원이 함께 사용될 가능성이 있으므로 애널리틱스와 그 결과로 파생되는 권장 사항들을 실행할 상당한 스폰서십이 존재한다면 장기적인 계획을 토대로 자체적인 테크놀로지 인프라를 구축하는 것이 더 효과가 있다. 이에 대한 예는 3장 사례연구인 '분석적 성향의 최고 인사책임 임원의 가치: The Viessmann GroupThe analytical CHRO: The Viessmann Group'에 제시되어 있다. 해당 사례연구에서 비스만Viessmann사는 그룹 전략과 연계해 CEO의 스폰서십을 받아 스킬 개발과 인재 유지를 위해 추진되는 계획을 반영해 자체 ViGrow 제품을 구축했다.

투자 사례 (investment case)

잘 구성된 투자 사례에서는 프로젝트 분석과 함께 제품화가 진행되는 동안 기법에서의 심층 스킬deep technical skills이 필요하다는 사실이 발견된다. 이러한 투자 사례는 테크놀로지가 자체적으로 구축되는 경우 상당한 투자 수익(ROI)이 발생하게 되고, 더 많은 직원 혜택과 함께 비용 측면에서도 더 효과적이며 더 훌륭하고 빠른 솔루션이 구현된다는 사실을 보여준다.

전사 테크놀로지와 HR 테크놀로지 팀과 협업하는 방식

분석이나 제품화를 위해 애널리틱스 테크놀로지를 자체적으로 구축하는 활동은 간단하지 않으며 그 과정 내내 피플 애널리틱스 팀은 상당한 시간과 노력을 기울여야 할 수도 있다.

다음은 전사 테크놀로지와 HR 테크놀로지 팀과 협업하면서 고려할 단계를 기술한 것이다.

상대의 언어를 학습해라

테크놀로지 언어를 이해하기 위해 시간을 할애해라. '기술 용어' 때문에 논의 중인 핵심 사항을 이해하지 못하면 그 솔루션은 프로젝트 필수 요구 사항을 충족하지 못한 채 설계될 위험을 갖게 된다.

전사 테크놀로지와 HR 테크놀로지 팀을 해당 비즈니스 논리 해석에 참여시켜라

애널리틱스 프로젝트를 위해 모인 팀 전체의 일부로 전사 테크놀로지와 HR 테크놀로지 팀 동료를 포함시켜라. 애널리틱스 방법론 초기 단계(2장 방법론 참조)에서부터 관련 논의에 사람들을 참여시키는 것이 현명하다. 해당 테크놀로지 팀이 프로젝트 후원자와 다른 주요 이해관계자의 의견을 직접 청취할 수 있도록 만들어라.

탁월한 피플 애널리틱스를 위한 9가지 관점

피플 애널리틱스 기능의 팀과 HR 기능의 팀 안에 전문성을 구축해라

피플 애널리틱스 팀 외부로부터 테크놀로지가 구축되거나 인도되는 과정에서도 피플 애널리틱스 팀이 사회적 책무에 따른 데이터 관리 책임과 데이터 모델을 소유하도록 해야 한다. 이는 애널리틱스를 제품화할 때에도 동일하게 적용된다. 애널리틱스 솔루션의 제품 관리 책무는 테크놀로지 팀이 아닌 피플 애널리틱스 리더에게 있다. 이러한 역할과 책임 사항은 4장(스킬) 제품 엔진 부분에 일부 기술되어 있다.

테크놀로지 구축 시 고려해야 할 10가지 주요 사안

내부 테크놀로지 팀에 대해 질문이 많이 있겠지만 피플 애널리틱스와 전사 테크놀로지 팀 모두가 이미 한 회사에서 일하고 있어서 전략과 행동 양식면에서 긴밀하게 연계되어 있으리라고 예상한다. 이런 상황이라도 자세히 논의할 주제는 여전히 산재해 있다. 테크놀로지 구축 과정에서 고려할 또 다른 개념은 '솔루션'이기도 하다. 일반적으로 기업의 관점에서 솔루션은 '고객 가치를 향상시킬 수 있는 유무형의 제공가치offering'이다. '가치'는 재무 가치 이외에도 전략적, 사회적 가치를 모두 포괄하는 개념이다. 여기서는 '재무 가치'에 비중을 두어 고려한다. '유무형의 제공가치offering'는 형태와 관계없이 남의 힘을 빌려 제공하는 것까지 포함하는 광의의 개념이다. '재무 가치'를 향상시키기 위한 직간접적인 유무형의 모든 제공가치offering를 포괄하는 것이 바로 솔루션이다.

다음은 피플 애널리틱스 테크놀로지를 자체적으로 구축하기로 결정한 후 고려해야 할 몇 가지 사안이다.

1 대상 프로젝트의 핵심 비즈니스 현업 후원자가 누구인가? (2장 방법론의 스폰서십 상세 사항 참조)

2 재무와 기술 기능 부서의 동료가 대상이 된 투자 사례를 검증하고 투자 건을 '서명으로 승인'했는가?

3 임원진의 지원과 의사 결정을 목적으로 HR, 테크놀로지, 개인 정보 보호 및 재무 기능의 담당자가 적절한 수준으로 참여하고 있는가?

4 대상 프로젝트 관리를 위해 거버넌스Governance(통제와 관리체제) 위원회가 필요한가? (1장 통제와 관리체제 참조)

5 대상 제품을 구축하기 위해 테크놀로지, HR, 법무 기능에서 누가 파견되는가?

6 대상 애널리틱스 솔루션 실행을 지원하기 위해 인간 중심 설계human centered design 스킬을 사용할 기회가 존재하는가?

7 구축 중인 대상 제품이 데이터 수집과 저장을 수반하는 경우, 데이터 개인 정보 보호와 관련된 고민을 했는가?

8 직원 커뮤니케이션을 어떻게 관리하는가?

9 대상 테크놀로지 제공가치technology offering를 사용 맥락에 적합하게 조정하는 활동은 시간이 지나면서 어떻게 관리되고 유지되는가?

10 대상 테크놀로지는 대상 비즈니스의 잠재적인 수요에 대한 변화를 어떻게 충족시키는가?

탁월한 피플 애널리틱스를 위한 9가지 관점

내부 테크놀로지 파트너십에서 고려할 사항

흥미롭게도 5장 전반부에서 강조한 동일한 세 가지 영역(공급업체 파트너십에서 고려할 사항)은 약간 상이하게 구성되어 있지만, 테크놀로지 파트너십을 내부에서 발전시키는 경우에도 비슷하게 적용된다.

1 실질적 파트너십

사내 테크놀로지 팀이 대상 애널리틱스 프로젝트/제품의 해당 기간 동안 투입되는가? 사내 테크놀로지 팀은 해결 중인 문제에 열성적 태도로 분석, 구현, 제품 로드맵, 대상 제품의 장기간 개발과 유지 관리 작업에서 함께 일할 준비가 되어 있는가?

2 시범 운용pilot 수행

유연성을 가지고 있는가? 사내 테크놀로지 팀은 전사나 매출과 비용을 책임지는 단위인 주요 팀, 부서, 사업이나 사업부business units 전체로 기꺼이 시범 운용과 구현 활동을 수행해야만 한다. 분석이나 구현 단계에서 수행된 모든 시범 운용pilot을 통해 솔루션에서의 반복iteration(여러 산출물들로 구성된 소프트웨어 제품을 만들어 가는 순환 주기 내에서 반복되는 최종 사용자와 제작자 간의 소통과 수정 활동)과 공동 생성co-creation(최종 사용자와 제작자가 아이디어를 공유해 여러 산출물로 구성된 소프트웨어 제품을 만드는 방법)이 가능해질 것이기 때문이다. 사내 테크놀로지 동료는 솔루션을 확장하려는 끈기와 용기를 가져야 한다.

3 개인 정보 보호

사내 테크놀로지 파트너는 해당 작업을 지원하는 태도로 데이터 개인
정보 보호 문제를 해결하기 위해 함께 일할 준비가 되어 있는가? 아니
면 사내 테크놀로지 파트너는 '서면으로 승인'되지 않은 프로젝트 상
황을 인용하면서 단순히 '작업을 중지하려' 하겠는가? 데이터 개인 정
보 보호와 관련된 모든 장애물을 극복하기 위해서는 테크놀로지 기능
과 법무 기능의 동료와 협력하는 것이 중요하다.

Bosch는 테크놀로지 구축에 현실적 사례를 제시한다. Bosch사의 피플
애널리틱스 팀은 우리가 스킬과 사업 전략과 연계된 재직인재군 운용 계획
strategic workforce planning과 관련된 프로젝트를 논의하도록 허용해 주었다. 서로
토론하는 동안 팀 리더는 다른 사람을 위한 핵심 메시지로 '테크놀로지로 전
략이 작동한다. 테크놀로지가 곧 전략이 되지는 않는다.'라고 강조한다.

사례연구

**사업 전략과 연계된 재직인재군 운용계획 목적으로 스킬 영역의 컴퓨터 시
스템 아키텍처 구축하기: Bosch[54]**

이 사례는 Bosch가 피플 애널리틱스 스킬 관리 분야에서 테크놀로지 수행 능력보다
전략을 우선시하고 새로운 테크놀로지의 정점에 도달하여 실제 사업 성과에 기여하는
가치를 더한 방식을 다룬 이야기이다.

탁월한 피플 애널리틱스를 위한 9가지 관점

Bosch의 스킬 플랫폼skill platform은 영화 아바타Avatar와 약간 비슷하다. 영화 감독 제임스 카메론은 1960년대에 처음으로 파란색으로 색칠된 외계 세계인 아바타를 떠올렸다고 한다. 그 아이디어를 현실화하는데 필요한 테크놀로지가 당시에 없었기 때문에 영화가 제작된 것은 결국 2009년이었다고 한다 (Johnson, 2009). 기실, 전격적으로 영화가 스크린에서 상영될 수 있었던 유일한 방법은 카메론과 그의 팀이 필요한 테크놀로지를 스스로 구축하는 것이었다.

피플 애널리틱스 책임 임원인 슈테판 리젠벡Steffen Riesenbeck은 '내 기억에 우리는 새로운 Bosch 전략을 반영해 구현할 40개의 사용사례use cases를 가지고 있었지만, 공급업체가 다룰 수 있는 사용사례의 최대 수는 고작 두 개였어요. 그래서 우리는 해당 테크놀로지를 직접 구축해야 했어요.'라고 설명했다.

2019년 슈테판의 전 상사인 글로벌 인적 자원 관리 수석 부사장 로사 리Rosa Lee와의 대화에서 우리는 피플 애널리틱스가 Bosch에서 새로 신설되어 확장되는 수행 기능이라는 사실을 뚜렷하게 인식했다.

Rosa는 이렇게 말했다. '우리가 그 사업 전략에 전적으로 맞추어야 해요. 그리고 우리는 사업 전략과 연계된 그 전략과제나 도전과제가 얼마나 복잡한지와는 상관없이 우리의 모든 작업에 데이터가 중심이 되어 작업을 수행하는 접근 방식data-driven approach을 도입해야 하지요.'

슈테판의 혁신은 Bosch가 사물 인공지능Artificial Intelligence of Things, AIoT 기업으로 변

혁하자 이에 대한 대응 차원에서 이루어졌다. 사물 인공지능 기업으로 변혁시키기 위해 Bosch는 기업 경영활동을 선진화된 수준으로 확장하고 자동화해야 했다. 사업에 포함된 각각 모든 영역이 상당한 영향을 받았다. 슈테판은 피플 애널리틱스의 리더로서 자신의 팀과 조직 전체를 AIoT 기업의 정체성에 맞게 변혁해야 한다는 사실을 알고 있었다.

슈테판은 2019년 그 사안을 중심으로 수십 명의 이해 관계자를 만나 변혁의 결과로서 요구되는 스킬을 논의했다. 그가 진행한 리서치를 통해 알게 된 것은 많은 근로자가 사업의 급격한 변화와 더불어 새로운 전략과 기업의 미래에 자신을 부합시키는 방법을 걱정하고 있었다는 사실이었다. 이로서 슈테판은 디지털 솔루션과 결합된 피플 애널리틱스가 근로자와 사업 모두에 가치를 더하며 Bosch의 변혁 활동transformation을 계획하고 촉진하며 기여할 수 있다는 사실을 깨닫게 되었다. 슈테판은 피플 애널리틱스 비전을 '사업 전반에 걸쳐 피플 애널리틱스 팀이 주도하고 즉시 이용 가능하며, 실행할 수 있는 전략적 스킬 솔루션을 구현해내는 것'이라고 구상했다. 그 비전에 따르면 각기 재직인재군 모두가 기존에 있는 스킬과 새로운 사업에 맞춰 자신을 개발하는 방법으로 자신의 데이터와 집합 데이터를 이용할 수 있을 것으로 보였다.

슈테판과 그의 팀은 매우 복잡한 스킬 관리 플랫폼 프로젝트를 생성할 때 직면할 강점, 약점, 기회, 위협SWOT을 빈틈없이 평가했다(그림 5.5). SWOT 분석을 통해 팀이 직면한 주요 도전과제가 드러났다. 단 5명인 팀원 대부분이 스킬 관리 플랫폼 규모의 프로젝트와 연관된 유의미한 경험이 없어서 도움을 필요로 했다. 피플 애널리틱스 팀은 사업 전략에 기재되어 있는 일정에 따라 그 프로젝트를 신속하게 실행하기를 원했다. 그

탁월한 피플 애널리틱스를 위한 9가지 관점

그림 5.5   피플 애널리틱스 팀이 정의한 스킬 관리 플랫폼의 강점, 약점, 기회, 위협

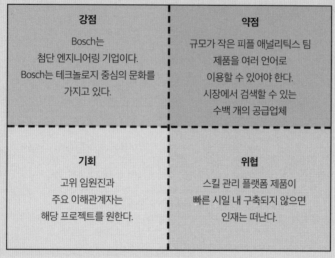

강점	약점
Bosch는 첨단 엔지니어링 기업이다. Bosch는 테크놀로지 중심의 문화를 가지고 있다.	규모가 작은 피플 애널리틱스 팀 제품을 여러 언어로 이용할 수 있어야 한다. 시장에서 검색할 수 있는 수백 개의 공급업체
기회	위협
고위 임원진과 주요 이해관계자는 해당 프로젝트를 원한다.	스킬 관리 플랫폼 제품이 빠른 시일 내 구축되지 않으면 인재는 떠난다.

출처 2021년 2월 Bosch 승인 후 인용

팀은 이 점을 고려하여 그 작업을 완료하는 데 필요한 전문 지식과 기술 기법상의 수행 능력을 외부에서 들어오는 것이 가장 순조롭게 일을 진행하는 방법이라고 판단했다.

피플 애널리틱스 팀은 공급업체에게 연락하기 전에 스킬 관리 플랫폼 프로젝트의 비전을 명확히 한 뒤에, 그 프로젝트가 사업에 기여하는 효과를 도출함으로써 가치를 확장할 수 있는 방법을 파악해야 했다. 슈테판은 앞서 언급한 다양한 기능의 이해관계 자와 협업해 영향을 받는 사업 기능과 근로자가 미래 스킬 플랫폼에서 필요로 할 40 가지 사용사례use cases를 상세하게 기술하여 명확한 스킬 관리 플랫폼 개요를 작성할 수 있었다. 슈테판은 사용사례가 정의되자 스킬 관리 플랫폼 관련 공급업체 시장vendor market으로 나섰다.

공급업체와의 회의는 같은 방식으로 차례대로 진행되었다. 슈테판이 프로젝트 개요와 40가지 사용사례를 공유하면 공급업체는 '네, 저희가 도울 수 있습니다... 그 중 한두 가지 영역에서요!'라고 말했다.

스킬 관리 플랫폼 강화를 목적으로 테크놀로지 솔루션을 구매하는 것은 두 가지 중에 하나를 의미한다는 사실이 분명해졌다. 즉 영향을 받을 사업 기능으로 전달하는 가치를 타협하거나, 피플 애널리틱스 팀이 다양한 테크놀로지를 이어 붙여야 한다는 것이었다. 테크놀로지를 직접 이어 붙여 개발을 하게 되면 시간과 비용이 소요되고 잠재적으로는 사업 성과 도출 목적의 전략과제나 도전과제가 해결되지 못할 수도 있었다. '우리는 해당 대안 중 어느 것도 적합하지 않다고 느껴서 기본을 고수하기로 결정했어요. 우리는 테크놀로지에 사업 전략을 끼워 맞추는 식으로 타협하지 않으려 했지요.'

슈테판은 이렇게 회상했다. '우리는 그 비전에 충실하고 싶었어요. 우리는 Bosch의 변혁 여정에서 구멍 메꾸기 식의 파편화된 일부 기능만 가진 솔루션을 원하지 않았거든요. 우리는 스킬 관리 플랫폼이 견고한 완전체로 사물 인공지능 기업인 자사의 현재와 수년 동안의 미래를 지원할 수 있기를 원했어요.' 슈테판은 분석을 통해 파생된 스킬 플랫폼이 자사에서 매우 중요하다고 판단하여 피플 애널리틱스 팀이 40가지 사용사례 모두를 충족시키는 대상 테크놀로지를 구축해야 한다고 결정했다.

슈테판은 내부 이해관계자의 반응을 기억하면서 미소 지었다. 'Bosch의 소비자 제품과 외부 대면 비즈니스 기능은 이미 내부에서 개발한 테크놀로지를 기반으로 운영되고 있었어요. 우리가 하려던 일과 관련된 사용 선례는 이미 많이 있었던 것이죠.' 기업 조직 전체를 사업 변혁 활동에 맞추어 조정하고 스스로도 디지털 중심으로 변화해 가던 시점이었기 때문에 이는 HR기능과 피플 애널리틱스에도 매우 중요한 순간이기도 했다.

피플 애널리틱스 팀은 2020년 중반 Bosch의 테크놀로지 중심적인 소비자 제품과 마케팅 기능 소속 내부 파트너의 도움으로 자사 스킬 관리 플랫폼skills management platform을 구축하기 시작했다. 스킬 관리 플랫폼 시스템 구성architecture은 견고하며 Bosch의 전략적 목표 또한 정확히 반영한다.

그림 5.6과 같이 스킬 관리 플랫폼은 자연어 처리와 머신러닝 알고리즘을 토대로 구축되어 있으며 다양한 사용자와 주요 이해관계자의 피드백을 바탕으로 반복된 수정과 보완을 거쳐 발전 중이다. 실제로 스킬 관리 플랫폼은 검색 엔진과 유사하다. 스킬 관리 플랫폼의 접속 권한을 가지고 있을 경우 질문이나 'B2C 영업' 같은 용어를 입력하면 해당 스킬이나 개인에게 필요한 스킬 세트, 팀 혹은 조직에 필요한 스킬 세트를 검색 결과로 제시한다. 스킬 관리 플랫폼은 직관적이어서 시스템 사용 교육이 필요하지 않다. 또한 가장 인기 있는 인터넷 검색 엔진과 유사한 플랫폼이어서 해당 플랫의 사용이 회사 전체로 현재까지 확산되고 있다.

그 새로운 테크놀로지 프로젝트는 사업 전략과 완벽하게 연계되어 있다. 그러나 해당 작업은 끝나지 않았다. 슈테판은 회상한다. 'AIoT에 중점을 둔 대기업에서 테크놀로지를 구축하는 활동은 계속 진행되어야 하는 프로젝트입니다. 제가 깨달은 것은 우리는 결코 그 솔루션의 끝에 도달할 수 없다는 것이지요. 그러나 이해관계자 피드백에 대

| 그림 5.6 | Bosch 2020 스킬 플랫폼(Skills Platform) 기술 구조

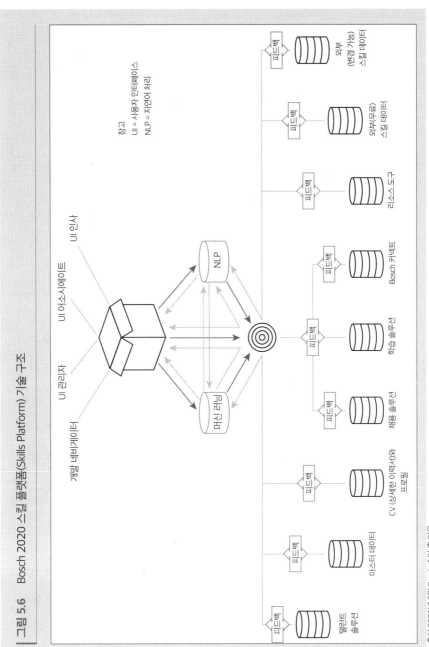

참고
UI = 사용자 인터페이스
NLP = 자연어 처리

출처 2021년 2월 Bosch 승인 후 인용

탁월한 피플 애널리틱스를 위한 9가지 관점

응해서 지속적으로 반복된 수정과 보완을 거쳐 개선하는 활동은 특히 그 솔루션이 사업 전략을 염두에 두고 설계되었다는 점에서 꾸준히 가치를 더해갈 것이라는 사실을 의미하기도 하지요.'

TOP TIP

테크놀로지가 필요할 때 구축하는 것을 두려워 말라.

애널리틱스 확장과 제품화를 위한 테크놀로지 활용

애널리틱스 분석이 완료되거나, 애널리틱스 예측이 추산되거나, 애널리틱스로 도출한 권고사항을 이해관계자와 공유할 때에도 애널리틱스는 계속된다. 애널리틱스를 통해 수행된 분석이 가치를 지닌 통찰 결과와 함께 강력한 권고사항을 제공함으로써 이를 실행하고자 하는 욕구가 생겨난 경우에 제품화라는 힘든 작업이 시작된다. 전 영국 총리 윈스턴 처칠의 말처럼 '이제 이것으로 끝이 아니다. 심지어 그 끝이 시작도 아니다. 반대로 아마도 그 시작이 끝이기도 하다.'

윈스턴 처칠의 말은 애널리틱스 프로젝트에서 가설이 검증되고, 해결안이 생성되어, 예측이 추산되면서, 권고사항이 전달될 때에 동일하게 적용된다. 이 과정을 다 거친 이후부터 정말 힘든 작업이 시작된다. 테크놀로지는 피플 애널리틱스를 확장하고 해결안을 제공가치를 지닌 제품이라는 솔루션으로 변환하면서 동시에 상황 맥락에 맞게 그 솔루션을 유연하게 만드는 데 있어서 기초이기도 하다. 테크놀로지는 1,000명 정도의 근로자에게 혜택을 주는 솔루션을 수만 또는 수십만 명으로 구성된 조직 전체로 혜택을 주는 솔루션으로 전환되도록 만들 수 있다.

4장(스킬)은 고객 동인과 요청 사안을 중요한 사업상 비즈니스 최종 결과물로 바꾸는 고객 중심 관점outside-in과 가치를 기준으로 작업을 추진하는 접근 방식value-driven approach을 전제로 하여 피플 애널리틱스 운영 모델에 대한 권고사항을 논의한다. 그림 4.7과 같이 피플 애널리틱스 운영 모델은 수요 엔진, 솔루션 엔진, 제품 엔진이라는 세 가지 엔진으로 활성화된다.

제품 엔진은 애널리틱스를 통해 얻은 해결안을 전사로 구현하고 확장하며 사용이 가능한 제품으로 변환하는 기능을 담당한다. 애널리틱스에서 얻은 해결안을 사용이 가능한 제품으로 변환하고 전사로 구현하여 확대하기 위해서는 피플 애널리틱스에서의 초점을 일련의 기존 '실험'과 '프로젝트'에서 '제품'과 '제공가치offerings'로 맞추어 옮겨야 한다.

이를 위해 사고 방식의 전환이 필요하다. 실험만 생각하지 말고 실험을 제품화의 도입부로 간주해라. 이런 사고방식의 방향 전환은 테크놀로지만이 아니라 사람에 의해서도 가능하며, 동시에 제품 관리와 사용자 경험 전문 디자이너specialist user experience designer 같은 다양한 비정형 피플 애널리틱스 스킬non-typical people analytics skills에서의 필수 요건으로 이어진다.

제품 관리

제품 관리자는 조직에서 소비자를 대상으로 하는 제품의 설계, 개발, 확장 영역에서 대부분 활동하지만 지금까지 피플 애널리틱스에서 존재하지 않던 역할이다. 우리는 극소수의 피플 애널리틱스 팀이 현재까지 일정한 '제품'을 개발하면서 테크놀로지 소프트웨어 조직에서 흔하게 활동하는 일종의 '제품 관리자'를 영입해 왔다는 사실을 발견했다.

피플 애널리틱스 솔루션으로 만들어진 대부분의 제품은 테크놀로지 응용 프로그램technology applications(모바일 또는 데스크탑에서의 응용 프로그램)이기 때문에 제품 엔진을 소프트웨어 설계와 개발 공장software factory으로 생각해 보는 것이 중요하다. 여기서 대상 제품은 사용자인 근로자가 즐겨 사용하며 상호작용할 '하나의 소프트웨어'로 변환된다.

하지만 특히 대상 '제품'이 애널리틱스에서 얻은 '해결안'의 일환으로 많은 권고사항을 수용해 만든 다양한 제품군인 경우, 소프트웨어 설계와 개발을 위한 제품 엔진 단계에서의 검토 과정이 복잡해진다. 우리가 접한 사례인 2장(방법론)의 '적합한 후원자로 매출 성장 실현하기: Swarovski'에서 여섯 가지 권고사항이 고객 전환율의 '해결안'으로 등장했었다. 그 해결안은 직원 유지, 직원 스태핑staffing(채용, 모집, 선발, 이동 그리고 인력 계획)과 일정 관리, 매장 관리자의 리더십 특성, 영업 컨설턴트의 자질을 포함한 행동과 스킬, 적시에 정확한 수준으로 훈련을 받은 근로자, 중대형 매장의 팀 구성이었다.

해당 권고사항을 수용해 만든 제품 중 일부는 매장 관리자의 새로운 리더십 특성 진단과 측정 같은 평가 방법을 다루는 HR 담당자를 대상으로 한 훈련 가이드처럼 비교적 단순할 수 있지만, 다른 제품은 더욱 복잡하다. 관리자의 스태프 일정 계획 활동에서 '최적의 일정 계획' 필수 조건을 충족하는 시점을 보여주게끔 설계된 매장 관리자를 대상으로 한 응용 프로그램이 그 예이다. 혹은 직원 유지 일환으로 매장 관리자가 교육이 필요한 직원을 파악하도록 도움을 주는 매장 관리자 대상 응용 프로그램도 있을 수 있다. 이러한 용도로 알림 기능과 '콕 찔러보기nudge' 기능을 가진 앱을 완성하려면 일정 수준의 상당한 소프트웨어 엔지니어링이 필요할 것이다.

다시 말하지만 애널리틱스 솔루션을 구현하는 방법을 신중하게 생각하면서 '프로젝트'를 '제품'이나 '서비스 결과물'로 전환하여 일터에 도입할 때 필요한 스킬과 프로세스를 면밀히 검토해라. 도움이 될 만한 다른 예는 7장(재직인재군 직원경험)의 Santander Brasil과 8장(비즈니스 결과)의 IBM 사례연구이다.

제품 관리에 대해 자세히 알아보기 위해 온라인에서 '제품 관리 스킬product management skills'이라고 검색해보면 9억 개 이상의 결과가 나온다. 이 지점을 좋은 출발점으로 만들고자 할 때, 이해하기 쉬운 기사로는 Harvard

Business Review(2017)에 발표된 줄리아 오스틴Julia Austin의 '훌륭한 제품 관리자가 되기 위해 필요한 것What it takes to become a great product manager'과 올리비아 타누위자자Olivia Tanuwidjaja의 '애널리틱스 제품 관리자 소개Introducing analytics product manager'(2020)가 있다.

인간 중심 설계(human-centered design)

소비자 경험은 직관적인 사용자 인터페이스와 함께 고도로 개인화된 경험이 반영되어 강화된 제품화 모델을 기반으로 한다. 이제 피플 애널리틱스도 동일한 길을 걷고 있다.

솔루션을 개발하기 위해 제품 관리자가 필요한 것과 마찬가지로, 인간 중심 사용자 설계human-centered user design 또한 소프트웨어에 적용된다. 이 때문에 인간 중심 사용자 스킬은 복잡하고, 많이 필요하기도 하다.

설계design는 근로자가 실제로 서비스 결과물을 사용하도록 하는 데에 핵심이다. 사용자에게 친화적인 제품이 아니면 사용자들은 이를 사용하지 않는다. 따라서 훌륭한 설계에서 핵심은 일정한 HR 프로세스로서 응용 프로그램에 따라 대상 제품을 기존처럼 파악해 검토하는 것이 아니라 직원 개인, 관리자나 임원의 경험을 개선하기 위한 접점interface으로 검토하는 것이다.

사용자 설계 스킬은 피플 애널리틱스 운영 모델의 일부로서 제품 엔진 관련 주제를 다루는 4장(스킬)에서도 언급된 바 있다.

마지막으로 우리는 5장에서 애널리틱스 확장 활동이 중요한 이유를 실사례로 공유한 Microsoft Corporation 사례연구를 다룬다. 해당 사례연구의 핵심 메시지는 '애널리틱스가 전사 수준으로 확장될 때 가치가 생성되므로 애널리틱스를 확장하기 위해서라도 테크놀로지가 필요하다'는 것이다.

사례연구

전사로 피플 애널리틱스 확장하기: Microsoft[55]

1990년대 후반부터 현재까지 돈 클링호퍼Dawn Klinghofer는 Microsoft에서 피플 애널리틱스가 부각되도록 조율해 왔다. 돈은 이렇게 말했다. '저는 인재경영 의사 결정에서 자신감을 가지고 사업 성과에 기여하는 효과를 도출할 수 있도록 데이터가 중심이 되어 업무를 주도하는 창의적인 방법을 찾고 있었고, 이는 지금도 진행 중입니다.' 부연해 설명하자면 인재경영 의사 결정people decision은 인재 관리, 인재 개발, 인재 확보 영역에서의 의사 결정 활동이다. 인재경영에서의 의사결정 관점은 '사람'은 누구나 일정한 직무나 수행 역할에 맞는 개인 고유의 자질, 스킬, 지식을 그 수준과 정도에서 다르게 가지고 있다고 간주한다. 또한 사람이 생산 투입 요소이자 인적자본으로서 생산 활동을 포함한 사업 성과 창출 과정에 기여하는 잠재성을 가지고 있다고 보고 인재경영 영역의 의사 결정을 내린다. 더 나아가 노동자의 자발적인 직무 몰입과 조직 몰입을 통해 업무 생산성이 향상되며 창의적인 혁신에 의한 성과가 도출되고 그 결과가 매출로

탁월한 피플 애널리틱스를 위한 9가지 관점

도 이어진다고 본다.

현재 Microsoft의 HR Business Insights의 총괄 관리자이며 피플 애널리틱스 리더인 돈은 원래 보험 계리사로 일을 시작했다. 그녀는 Microsoft 근무 초기에 사람의 책무people accountability 소재에 따른 손익profit and loss, P&L을 생성하는 일을 맡았다. 그녀는 그 일 덕분에 안목이 트이는 순간lightbulb moment을 갖기도 했다. 돈이 깨달은 것은 사람은 사업에서 비용 이상의 의미를 갖는다는 사실이었다. 효과적인 사람 관리는 혁신, 성과에 따른 사업에서의 영향력, 매출 성장 기회로 이어진다. 그녀는 안목을 갖게 된 그 순간부터 열정과 비전을 가지고 지금 '피플 애널리틱스'로 알려진 분야에서 직업인으로서 자신의 삶을 헌신하고 있다.

'피플 애널리틱스에서는 가장 단순한 형태로 콕 집어 얘기하면 양질의 데이터와 견고한 분석, 효과적인 프로세스가 필요해요. 하지만 피플 애널리틱스가 근로자와 사업에 실질적인 변화를 가져오려면 확장될 수 있어야 합니다. 근로자, 관리자, 임원진 같은 사람들이 실제 사용하지 않으면 수많은 이전의 사례처럼 애널리틱스가 가진 가치는 제한되게 되지요.'

그림 5.7 HR Business Insights 팀이 피플 애널리틱스를 확장하는 방법

출처 2020년 9월 Microsoft 승인 후 인용

돈은 이를 염두에 두고 Microsoft의 사고와 태도는(그림 5.7 참조) '사람은 사업에서 비용 그 이상을 의미하며 성과에 따른 사업에서의 영향력을 대표한다'라는 비전에 초점이 맞춰져 있다고 설명한다. 이 비전은 1) 데이터 부문 윤리와 그 법적 측면에서의 강력한 책무, 2) 과학, 데이터, 조직 행동, HR 기능 전문가로 구성된 숙련된 팀, 2) 단순하고 정교한 테크놀로지의 집합 4) 투명성을 확보한 강력한 내부 커뮤니케이션과 더불어 외부 커뮤니케이션과 그녀의 작업 최종 결과물에 대한 관심과 참여 유도라는 네 개의 요소로 파악될 수 있다.

돈은 '이 모든 것들이 함께 어울려 규모를 결정해요. 그러나 이 네 가지 요소 중 '테크놀로지'는 어느 일정 시점부터 현재까지 단연코 가장 중요한 중심축이었어요. 우리는 150,000명 이상의 근로자로 구성된 사업체입니다. 20,000명의 관리자를 포함한 거의 모든 직원이 우리가 분석으로 도출한 통찰 결과와 상호작용하고 그 결과로 파생되는 조치 사안에 따라 영향을 받게 되지요.'라고 말했다.

2020년 코로나-19 대유행과 세계적인 반 인종주의 운동인 흑인의 생명은 소중하다 Black Lives Matter와 같은 두 가지 위기를 겪고 있던 기업들은 자사 재직인재군이 보여주는 반응과 느낌, 일하는 방식을 빠르게 파악해야 했다. 이러한 상황에서 그 어느 때보다도 피플 애널리틱스 확장의 필요성이 부각되었다.

돈이 2020년에 이르러 깨달은 것은 직원 개인의 온전한 의견을 청취하기 위해서는 천편일률적인 직원 몰입 설문조사 그 이상이 필요할 것이라는 사실이었다. 돈과 그녀의 팀은 새로 입사한 근로자를 대상으로 직원경험 파악과 개선을 목적으로 근로자 피드백 수집 도구employee listening tool를 개발하기 위해 외부 파트너와 협력했다. 그들은 매일 무작위 대표 샘플로 선택한 근로자에게 개방형 질문을 보내 근로자의 통찰을 집계하는 동시에 조직문화 모니터링이 가능한 일일 현황진단pulse 설문조사를 개발했다.

2020년 초 코로나-19가 전 세계를 강타한 시점에 근로자는 필연적으로 재택 근무를 해야 하는 환경 변화에 새롭게 적응해야 했다. 돈은 이전에 구현해 놓은 직원경험 파악과 개선 목적의 근로자 피드백 수집 테크놀로지employee listening technology를 다행으로 여겼다. 해당 테크놀로지를 확장한다면, HR Business Insights 팀, 조직, 조직 내의 모든 직원 개개인에게 이익이 되리라는 사실이 이제 그녀에게 증명되었기 때문이다.

이 시기처럼 직원 개인의 목소리와 영향력이 그렇게 중요하거나 듣기 어려운 적이 없었다. 세계적으로 코로나-19 대유행 첫 3개월의 사건은 전에 볼 수 없었던 속도로 전개되었다. 그리고 엎친 데 덮친 격으로 '흑인의 생명은 소중하다Black Lives Matter'라는 반인종 차별 운동이 근로자 의견 청취employees listening를 더 불가결하게 만들었다.

HR Business Insights 팀은 권리를 침해하지 않으면서도 실제 가치를 도출할 수 있는 방식을 사용하여 전 세계 근로자로 구성된 대표 샘플을 대상으로 설문조사를 할 수 있었다. 2020년 3월까지 매일 1,500명의 무작위로 표본 추출된 근로자는 해당 설문에 응답하도록 요청을 받았다. 코로나-19가 창궐하는 동안 Daily Pulse가 조직 내부 정서를 파악하기 위한 방법으로 점점 중요해지면서 돈의 팀은 2020년 4월부터 매일 2,500개의 설문 초대장을 보내 '설문 요청 규모를 키웠다'.

그 설문에는 정성적 질문과 정량적 질문 모두가 포함되어 있었다. '코로나-19와 관련해 Microsoft 고위 리더십에게 가지는 의견이나 질문이 있으면 제공해 주십시오'나 'Microsoft 내외부에서 진행 중인 사안이나 상황에 대해 생각하는 것을 공유해 주십시오'와 같은 개방형 질문을 활용하여 Microsoft와 전 세계에서 일어나는 사안에 대해 근로자가 실제로 얻은 통찰 사항을 제시할 수 있도록 만들었다.

돈과 그녀의 팀은 이보다 더 나아가 24시간 내에 질문을 추가하거나 제거, 수정할 수 있었다. Daily Pulse가 간단히 소화할 수 있는 소량의 내용과 어우러져 있어서인지 이러한 민첩성 덕분에 사업 활동은 전염병의 확산과 흑인의 생명은 소중하다Black Lives Matter 운동에 보조를 맞출 수 있었다. 질문은 항상 상황 맥락에 적합하도록 작성했고 해당 답변이 즉각 이루어지도록 만들었다. 위기 상황에서는 피드백이 그 어느 때보다 중요하다. Daily Pulse에서 얻은 통찰 결과는 매주 집계되어 HR 리더십 팀에 전달되었다.

질문에 대한 답은 인간과 기계의 개입을 통해 분석되었다. 돈의 팀은 의견을 수작업으로 코딩하는 것부터 시작해 의견들을 범주화하는 목적으로 포괄적인 코딩 시스템을 개발했다. 그 다음으로 해당 코딩 시스템을 활용하여 감독을 받는 몇 가지 자연어 처리 모델supervised natural language processing models을 개발했다. 이 덕분에 최소한의 사람 개입으로도 의견들을 확장 가능한 범주로 분류하는 것이 가능해졌다.

통찰과 권고사항은 최고 인사 책임 임원인 케쓰린 호건Kathleen Hogan과 정기적으로 컨텐츠와 통찰을 공유하기 위해 만든 별칭으로 보낸 정기 이메일을 통해 20,000명의 관리자에게 공유된다. 팀은 학습과 개발L&D 팀과 긴밀하게 협업해서 통찰과 최종 결과물을 중심으로 다루는 전체 능력별 학습 과정content streams을 개발했다. 돈은 능력별 학습 과정 또한 근로자가 자신의 개인 데이터와 분석 결과insights 모두를 이용할 수 있는 또 다른 전용 플랫폼으로 보완되기를 바랐다.

그 팀이 Daily Pulse에서 수집한 정보는 전사 근로자에게 적합한 지원을 제공하고 지속적으로 프로그램에 대한 정보를 알리면서 협업과 팀워크를 촉진하는 데 도움을 준다. Daily Pulse를 통해 수집한 의견은 원격 근무에서 일터 근무로 전환을 계획하기 위한 추가 작업장 설문조사(위치 기준)로 이어진다. '이 정도 규모와 세부 사항으로 자사 재직인재군을 대상으로 하는 직원경험 파악과 분석 목적의 근로자 피드백 수집employee listening과 응답 능력은 우리가 영업 중인 모든 국가에서 새로운 유연 근무 환경에 처한 근로자를 지원하는 방식을 알려 주는데 매우 가치가 있었다는 것이 증명되었어요.'

또한 돈은 이렇게 회상했다. '2020년 두 가지 위기에서 배운 것이 있다면 피플 애널리틱스가 모든 사안의 중심에 있다는 것입니다. 저희 팀이 근로자 피드백 수집employee listening, 특히 현황 파악pulsing에 주로 투자하고 있어서 매우 기뻐요. 이러한 투자는 대규모 재직인재군 의견을 경청하며 소통할 수 있도록 하는 테크놀로지를 우리에게 제공해 주고 있기 때문이예요.'

일부 사람들은 대규모 글로벌 테크놀로지 기업인 Microsoft에서 이 정도 작업이 가능했다는 사실이 놀랍지 않다고 할 수도 있다. 그러나 돈이 발견한 사실은 회사가 아무리 테크놀로지에서 역량을 갖추고 있다고 하더라도 어느 기업이나 상황은 늘 같다는 점이었다. 규모 확장에 적합하게 조정할 수 있는 일정한 모델을 확보하고 있지 않다면 그 규모에 적합하게 분석을 수행하고 통찰 사항이나 통찰 결과를 도출해 얻을 수 없다.

이런 점에서 Microsoft는 우연히 테크놀로지 기업이 된 것이 아니며, 돈이 어떤 위기가 발생했을 때 사례에서 언급된 그 인프라가 잘 자리잡도록 애널리틱스 확장을 검토할 선견지명을 가지고 있었음을 알 수 있다.

돈은 상황과 목적에 적합한 테크놀로지와 프로세스 모두를 갖춘 상태에서 세상이 변했을 때 Microsoft가 최근에 얻은 통찰 결과를 참고해 주어진 상황을 대응해 나가도록 지원할 준비가 되어 있었다. 이것이 모든 피플 애널리틱스 리더의 목표여야 한다.

> **TOP TIP**
>
> 규모에 따른 확장을 위해 테크놀로지를 활용하는데 대담해져라

요약

테크놀로지는 피플 애널리틱스에서 데이터 수집과 분석을 돕고 데이터의 범용화를 지원하며 전사로 애널리틱스 솔루션을 확장하는 토대를 제공하면서 피플 애널리틱스가 그 기능을 수행하도록 돕는 핵심 요소이다. 다음은 테크놀로지 관련 주요 메시지이다.

- 리서치와 동료를 통해 피플 애널리틱스 테크놀로지 시장의 최근 정황을 지속해서 파악한다고 하더라도 정의된 일정한 비즈니스 사안 해결에 도움이 되는 경우에만 테크놀로지 구매를 고려해라.
- 특히 새롭게 등장한 테크놀로지 일부에 대해서는 개인 정보 보호와 윤

탁월한 피플 애널리틱스를 위한 9가지 관점

리 영역에서 건전하고 확고한 접근 방식을 요구해라.

- 조달 팀과 관계를 지속적으로 강화하고 그 팀이 비즈니스 사안을 파악하도록 도우면서 공급업체 선정 과정에 그 팀을 참여시켜라.

- 협력하려 노력하는 자세를 갖고 로드맵과 시범 운용pilots에서 유연한 태도를 보여라. 또한 데이터 개인 정보 보호 영역에서 명확한 접근 방식을 갖추고 있는 공급업체로 초점을 맞춰라.

- 테크놀로지 솔루션 구축을 위한 스폰서십을 확보하고, 투자 사례와 관련해 재무 기능과 협력하며, 전사 테크놀로지와 더불어 HR 테크놀로지 팀과 투명한 방식으로 파트너십을 가져라.

- 가능한 경우 전사로 테크놀로지를 구현해서 애널리틱스를 확장하고 제품화해라. 피플 애널리틱스 팀 내에 제품 관리와 인간 중심 설계 스킬을 개발해 구축해라.

각주

1 2021년 2월 7일 기준 https://companiesmarketcap.com(https://perma.cc/V6H8-G24A

2 Oracle Corporation은 텍사스 오스틴에 본사를 두고 있는 미국의 다국적 컴퓨터 테크놀로지 기업으로 1976년에 설립되었다. (www.oracle.com(https://perma.cc/3NUJ-3FMR) 2021년 2월 7일 최종 접속).

3 SAP America, Inc는 인적자본관리 용도의 클라우드 기반 소프트웨어를 제공하는 미국 기업으로 2001년에 설립되어 2011년에 SAP에 인수되었다. (https://www.sap.com/products/human-resources-hcm)html(https://perma.cc/E5ZS-PQ3Z) 2021년 2월 7일최종 접속)

4 Workday, Inc는 2005년에 설립된 미국 주문형 재무 관리 및 인적자본 관리 소프트웨어 공급업체이다. (www.workday.com(https://perma.cc/CS95-XZR2), 2021년 2월 7일 최종 접속).

5 용어집 참고: 온프레미스 테크놀로지

기업 현장(온프레미스)에 위치한 컴퓨터에 설치되거나 실행되는 소프트웨어

6 용어집 참조: SaaS(또는 Software as a Service) 참조.

소프트웨어가 클라우드에서 원격으로 호스팅되고 인터넷 브라우저를 통해 액세스되는 소프트웨어 라이선스와 소프트웨어 제공 방식

7 '야근 근로자'라는 문구는 요청자가 보통 이해나 관심을 갖지 않는 문제를 해결하는 과정에서 기한 압박과 복잡함 때문에 밤샘 작업을 하면서 작업과 업무 활동을 완료해야 하는 근로자를 의미한다.

8 온라인 크런처(Crunchr) 플랫폼은 2015년에 만들어졌다.

Crunchr는 네덜란드 암스테르담에 기반을 둔 HR 자문 회사 Focus Orange의 일부이다. (https://www.crunchrapps.com(https://perma.cc/Y8SZ-VUCS) 2021년 2월 7일 최종 접속).

9 One Model, Inc는 미국 텍사스에 기반을 두고 있으며 2014년에 설립되었다. (https://www.onemodel.co(https://perma.cc/BXD3-F7C2) 2021년 2월 7일 최종 접속).

10 Panalyt, Pte Ltd는 싱가포르에 본사가 있으며 2017년에 설립되었다. (https://www.panalyt.com(https://perma.cc/QP83-MXEB), 2021년 2월 7일 최종 접속).

11 QuIRC, Inc('PeopleInsight'로 사업수행)는 캐나다 오타와에 본사를 두고 있으며 2002년에 설립되었다. (https://www.peopleinsight.com(https://perma.cc/9CT9-5FSF). 2021년 2월 7일 최종 접속).

12 SOLVE는 미국 캘리포니아주 로스앤젤레스에 기반을 두고 있으며 2008년에 설립된 HCMI의 일부이다. (https://www.hcmi.co/solve(https://perma.cc/6SWB-LENW), 2021년 2월 7일 최종 접속).

13 Splash Business Intelligence, Inc는 미국 조지아에 본사를 두고 있으며 2014년에 설립되었다.

(https://splashbi.com(https://perma.cc/3MGF-7CGJ) 2021년 2월 7일 최종 접속).

14 Visier, Inc.는 캐나다 밴쿠버에 본사가 있으며 2010년에 설립되었다.

(https://www.visier.com(https://perma.cc/WGB9-S254), 2021년 2월 7일 최종 접속).

15 2021년 2월 7일 기준 데이터.

16 Arctic Shores Limited는 영국 맨체스터에 본사가 있으며 2013년에 설립되었다.

(https://www.arcticshores.com(https://perma.cc/C4QMG5BA) 2021년 2월 7일 최종 접속).

17 Hirevue, Inc는 미국 유타주 사우스 조던에 기반을 두고 있으며 2004년에 설립되었다.

(https://www.hirevue.com/(https://perma.cc/TL3Y-USBZ) 2021년 2월 7일 최종 접속).

18 Pymetrics, Inc는 미국 뉴욕주에 본사를 두고 있으며 2013년에 설립되었다.

(https://www.pymetrics.ai/(https://perma.cc/NQ94-SA33)) 2021년 2월 7일 최종 접속).

19 Culture Amp Pty Ltd는 호주 리치몬드에 본사가 있으며 2009년에 설립되었다.

(https://www.cultureamp.com(https://perma.cc/X9NM-P3W2), 2021년 2월 7일 최종 접속).

20 미국 캘리포니아주 서니베일에 기반을 둔 Glint, Inc는 원래 2013년에 설립되었으며 2018년 LinkedIn Corporation에 인수되었다. (https://www.glintinc.com/(https://perma.cc/2UCZ). NX26), 2021년 2월 7일 최종 접속).

21 Humu, Inc는 미국 캘리포니아주 마운틴뷰에 본사가 있으며 2017년에 설립되었다. (https://humu.com/(https://perma.cc/VS78-56MV), 2021년 2월 7일 최종접속).

22 Medallia, Inc는 미국 캘리포니아주 샌프란시스코에 본사가 있으며 2001년에 설립되었다. (https://www.medallia.com/(https://perma.cc/YS9GRTZH), 2021년 2월 7일 최종접속).

23 Peakon ApS는 덴마크 코펜하겐에 본사가 있으며 2015년에 설립되었다.

24 Perceptyx, Inc는 미국 캘리포니아주 테메큘라에 본사를 두고 있으며 2008년에 설립되었다. (https://www.perceptyx.com/(https://perma.cc/Y6MW-7JY7), 2021년 2월 7일 최종 접속).

25 Qlearsite Ltd는 영국 런던에 본사가 있으며 2015년에 설립되었다 (https://www.qlearsite.com(https://perma.cc/E3RH-3AY8), 2021년 2월 7일 최종 접속).

26 Qualtrics International Inc는 워싱턴주 시애틀과 미국 유타주 프로보에 공동 본사를 두고 있으며 2002년에 설립되어 2020년에 SAP SE에 인수되었다. (https://www.qualtrics.com(https://perma). .cc/2HGK-MEH5), 2021년 2월 7일 최종 접속).

27 Reflektive, Inc는 미국 캘리포니아주 샌프란시스코에 본사를 두고 있으며 2013년에 설립되었다. (https://www.reflektive.com/(https://perma.cc/NU7P-3ZUU)). 2021년 2월 7일 최종 접속).

28 Workometry는 스위스 St Moritz에 기반을 둔 OrganizationView GmbH의 제품이다. OrganizationView GmbH는 2010년에 설립되었다. (https://www.workometry.com/(https://perma.cc/PP96-5G2W), 2021년 2월 7일 최종접속).

29 Burning Glass Technologies, Inc는 미국 매사추세츠주 보스턴에 본사가 있으며 1999년에 설립되었다. (https://www.burning-glass.com(https://perma.cc/CJ27-ZB4J)). 2021년 2월 7일 최종접속).

30 Joberat, Inc(Claro Workforce Analytics로 비즈니스 수행)는 미국 뉴햄프셔주 내슈아에 본사가 있으며 2014년에 설립되었다. (https://claroanalytics.com/(https://perma.cc/BDR3-BMSG) 2021년 2월 7일 최종 접속).

31 Economic Modeling LLC 또는 'Emsi'는 미국 ID, 모스크바에 본사가 있으며 1987년에 설립되었다 (https://www.economicmodeling.com(https://perma.cc/TB74-DV92), 2021년 2월 7일 최종 접속).

32 Faethm Holdings Pty Ltd는 호주 시드니에 본사가 있으며 2016년에 설립되었다.

(https://www.faethm.ai (https://perma.cc/6WWM-UUZH), 2021년 2월 7일 최종 접속).

33 Gartner TalentNeuron은 Gartner, Inc의 사업부로 미국 코네티컷주 스탬포드에 있다. TalentNeuron은 2012년 방갈로르에 기반을 둔 경영 컨설팅 회사인 Zinnov에 의해 인큐베이션 되었다. 2014년 CEB에 인수되었으며 2017년 Gartner, Inc에 인수되었다. (https://www.gartner.com/en/human-resources/research/talentneuron(https://perma.cc)/XN2JB6JQ), 2021년 2월 7일 최종 접속).

34 Horsefly는 2011년에 설립되었으며 영국 리버풀에 본사를 두고 있는 AI Recruitment Technologies Ltd의 일부이다. (https://horseflyanalytics.com(https://perma.cc/5438-CGGA), 2021년 2월 7일 최종 접속)

35 LinkedIn Talent Insights는 원래 2002년에 설립된 미국 캘리포니아주 서니베일에 기반을 둔 LinkedIn Corporation의 제품이다. (https://business.linkedin.com/(https://perma.cc/E9MZ-V2WQ) 2021년 2월 7일 최종 접속).

36 Cognitive Talent Solutions, Inc는 미국 캘리포니아주 팔로알토에 본사가 있으며 2018년에 설립되었다. (https://www.cognitivetalentsolutions.com(https://perma.cc/Z2K7-RTHT)), 2021년 2월 7일 최종 접속).

37 Microsoft Workplace Analytics는 미국 워싱턴주 레드몬드에 본사가 있고 1975년에 설립된 Microsoft Corporation의 제품이다. (https://www.microsoft.com/en-gb/microsoft-365/business/workplace-analytics).(https://perma.cc/S8GW-HRUG), 2021년 2월 7일 최종 접속).

38 Polinode Pty Ltd는 호주 시드니에 본사가 있으며 2014년에 설립되었다. (https://www.polinode.com(https://perma.cc/7ASSGEZG), 2021년 2월 7일 최종 접속).

39 TrustSphere PTE Ltd는 싱가포르에 본사가 있으며 2011년에 설립되었다. (https://www.trustsphere.com(https://perma.cc/HP4D-KRHY), 2021년 2월 7일 최종 접속).

40 Worklytics, Co는 미국 뉴욕주에 본사가 있으며 2015년에 설립되었다. (https://www.worklytics.co(https://perma.cc/64MUQF87), 2021년 1월 29일 최종 접속).

41 Yva.ai, Inc는 미국 캘리포니아주 산타클라라에 본사가 있으며 2016년에 설립되었다. (https://www.yva.ai/(https://perma.cc/C9N6-BRSB)). 2021년 2월 7일 최종 접속).

42 Clustree는 프랑스 파리에 본사가 있으며 2014년에 설립되었다. (https://www.clustree.com(https://perma.cc/TR3W-U8GY), 2021년 2월 7일 최종 접속).

43 Cobrainer GmbH는 독일 뮌헨에 본사가 있으며 2013년에 설립되었다. (https://www.cobrainer.com(https://perma.cc/FJA2-SWUY), 2021년 2월 7일 최종 접속).

44 Degreed, Inc는 미국 캘리포니아주 플레젠튼에 본사를 두고 있으며 2012년에 설립되었다. (https://degreed.com (https://perma.cc/G83R-BJ7L), 2021년 2월 7일 최종 접속).

45 Gloat Ltd는 미국 뉴욕주 뉴욕에 본사를 두고 있으며 2016년에 설립되었다. (https://www.gloat.com(https://perma.cc/2RFY-JHUM), 2021년 2월 7일 최종 접속) .

46 TechWolf BV는 벨기에 겐트에 본사가 있으며 2018년에 설립되었다.
(https://techwolf.ai/(https://perma.cc/DT55-NLXT), 2021년 2월 7일 최종 접속).

47 Anaplan, Inc는 미국 캘리포니아주 샌프란시스코에 본사가 있으며 2006년에 설립되었다.
(https://www.anaplan.com/(https://perma.cc/978YG3MC), 2021년 2월 7일 최종 접속) .

48 Dynaplan AS는 노르웨이 Manger에 본사가 있으며 2004년에 설립되었다.
(https://www.dynaplan.com(https://perma.cc/3CQC-4T42), 2021년 2월 7일 최종 접속).

49 eQ8은 호주 시드니에 본사가 있으며 2020년에 설립되었다.
(https://www.eq8.ai/(https://perma.cc/8LEY-78PK), 2021년 2월 7일 최종 접속).

50 orgvue는 2011년에 설립되어 영국 런던에 본사를 두고 있는 Concetra Analytics의 한 부서이
다. (https://www.orgvue.com(https://perma.cc/2EPC-YKVN), 2021년 2월 7일 최종 접속).

51 용어집 참조: 제안 요청서(RFP) 참조.

52 1989년에 설립되어 미국 매사추세츠주 보스턴에 본사를 두고 있는 Vertex Pharmaceuticals
Inc는 서부 보스턴과 런던, 북미, 유럽, 호주 그리고 라틴 아메리카의 연구 개발 사이트
와 영업 사무소에 위치해 있으며 약 3,000명의 직원이 근무한다. https://investors.vrtx.
com/news-releases/news-release-details/vertexreports-full-year-and-fourth-quarter-2019-
financial(https://perma.cc/XWH7-2EN5)

https://www.forbes.com/companies/vertex-harmaceuticals/#6d84f9ca58e9(https://
perma.cc/R3ME-7X93), 2021년 2월 7일 최종 접속).

53 Forbes Magazine에서 보고한 S&P 500에 따른 53 Vertex Pharmaceuticals
(https://www.forbes.com/companies/vertex-pharmaceuticals/#6d84f9ca58e9(https://
perma.cc/R3ME-7X93)), 2021년 2월 7일 최종 접속).

54 Bosch는 독일 Gerlingen에 본사를 둔 엔지니어링과 테크놀로지 회사이다. 60개국에서
약 400,000명의 직원으로 구성된 개인 소유 회사는 1886년에 설립되었으며 대부분의 지
분은 자선 재단인 Robert Bosch Stiftung이 보유하고 있다. (https://www.bosch.com/
company/). https://perma.cc/58BH-K3B4), 2021년 2월 7일 최종 접속).

55 Microsoft Corporation은 워싱턴 주 레드몬드에 본사를 둔 미국 다국적 기업으로 컴퓨터
소프트웨어, 소비자 전자 제품, 개인용 컴퓨터 이외에도 서비스를 개발, 제조, 라이선싱,
지원과 판매를 한다.
(https://www.microsoft.com/en-gb/). about/ (https://perma.cc/22UV-T3E6), 2021년 2월
7일 최종 접속).

06

데이터(data)

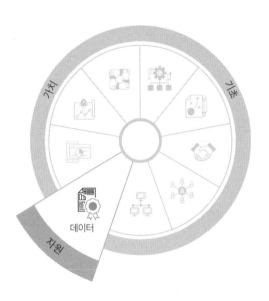

데이터

가치

기초

자원

6장에서는 피플 애널리틱스 리더가 HR의 최고 데이터 책임 임원이어야 하는 이유, 데이터 관리에서 가장 중요한 측면, 내외부 또는 새로운 테크놀로지를 사용하여 다른 데이터 출처sources를 활용하는 행위가 어떻게 실현된 비즈니스 최종 결과물을 더 개선시키는지에 대해 논의한다.

. 탁월한 피플 애널리틱스를 위한 9가지 관점

핵심 포인트

- 데이터 관련 사회적 책무에 따른 책임이 중요한 이유

- 데이터 관리를 방해 요소가 아닌 촉진 요소로 만드는 방법

- 새로운 테크놀로지를 이용한 데이터 활용이 피플 애널리틱스를 가속화하는
  이유

핵심 포인트와 연계된 실제 사례 중심의 통찰

- HSBC 사업 성과에 기여하는 가치를 목적으로 데이터 관리하기

- Nokia Corporation 뛰어난 데이터 인프라가 가치를 드러내게 한다

- Tetra Pak 주요 사업 목표 관련 데이터의 표준화를 위해 재무 기능과 파트너
  되기

개관

데이터

이번 6장에서는 데이터와 관련된 사회적 책무에 따른 관리책임, 데이터 관리, 더

많은 가치를 기업에 제공하기 위해 데이터를 활용하는 방법에 대해 기술하고자

한다. 가장 복잡한 비즈니스 사안을 해결하는 사람들에게 특히 중요한 사안은

HR 정책과 프로세스에만 초점을 두지 않고 점진적으로 가치를 더해가면서 피

플 애널리틱스를 확장해 나갈 데이터 출처sources인 새로 등장하는 데이터를 활

용하는 것이다.

데이터는 어디에나 존재한다. 5년 CAGR(연평균 성장률)을 기준으로 2020년에서 2024년 사이에 생성, 채집, 복사, 소비된 데이터의 양은 과거 30년 간 생성된 양을 상회한다(International Data Corporation, 2020; Press, 2020). 데이터의 기하급수적 성장은 기업에게 도전적이지만 경쟁 우위의 기회를 제공하기도 한다.

데이터는 모든 애널리틱스에서 가공되지 않은 원재료이자 애널리틱스 성공의 핵심이기도 하다. 데이터–정보–지식 피라미드(그림 6.1 참조)를 참고할 때, 1970년대 공공 행정 리뷰(Administration Review, Henry, 1974)에서의 상세한 설명처럼 데이터는 애널리틱스라는 용어가 일반 사전에 등재되기 전부터 애널리틱스에서 원재료이자 성공의 핵심이라고 특징지어져 있었다.

그러나 우리는 실제로 피플 애널리틱스 기능 다수가 애널리틱스 시작 이

그림 6.1 데이터-정보-지식 피라미드

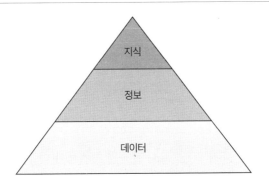

출처 Henry (1974)

탁월한 피플 애널리틱스를 위한 9가지 관점

전부터 모든 피플 데이터는 '정리되어' 있어야 한다고 믿고 있기 때문에 데이터가 피플 애널리틱스 기능의 아킬레스건[1]이 되기도 한다는 것을 경험하고는 한다. 물론 조직화된 데이터가 중요하다고 하더라도 피플 애널리틱스 프로젝트 시작 전에 먼저 완벽한 데이터를 만들어야 한다는 제안은 터무니없는 소리이다.

이보다 데이터의 가용성, 품질, 접근성을 향상시킬 핵심 주제로 초점을 맞추는 것이 오히려 상식에 맞다. 이 때 중요한 사항은 아래와 같다.

- 사용이 가능한 데이터 식별과 이해
- 데이터 수집, 정제, 처리, 분석, 보고를 가능하게 하는 이해력, 컴퓨터 활용과 소프트웨어 스킬 보유
- 피플 데이터의 구조화, 관리, 통제, 보안 방법 숙지
- 지속해서 증가하는 요청 사항, 도전과제와 기회를 충족시키기 위해 탐색할 새로운 데이터 출처sources 파악

처음 두 가지 사항은 이 책에 논의되어 있지 않다. '사람들의 힘: 성공적인 조직이 재직인재군 애널리틱스를 활용해 비즈니스 성과를 개선하는 방법(The Power of People: Learn how successful organizations use workforce analytics to improve business performance, Guenole, Ferrar, Feinzig, 2017)'은 피플 데이터를 실용적으로 사용하는 것에 대한 내용을 장chapter 전체를 할애해서 다루고 있다. 해당 장chapter은 HR 기능 내외부 이외에도 기존에 존재하던 다른 데이터 출처sources

로부터 수집된 데이터를 간결하게 나누는 것뿐만 아니라 양질의 데이터, 누락된 데이터, 사용 시기를 넘겨 트렌드에 부적합해진 데이터, 이용이 가능한 데이터가 아예 없을 때 해야 할 일, 비정규 데이터 분포non-normal data distribution, 데이터 이상값data outliers, 일관성 없는 데이터 등을 파악하는 것을 그 내용으로 다루고 있다. 우리는 해당 서적에서 이미 다뤄진 내용을 여기에서 논의하지 않으려고 한다.

따라서 6장의 나머지 부분에서는 위 목록의 세 번째와 네 번째 포인트를 논의하고자 한다.

HR 기능 담당 최고 데이터 책임 임원으로서 피플 애널리틱스 리더

최초로 알려진 CDO(최고 데이터 책임 임원) 역할은 2002년 Capital One에서 생겨났고(Forbes Insights, 2019), 현재 대규모 조직 대부분은 이 직함으로 역할을 전사 수준에서 수행하는 인력이 존재한다.

HR 기능을 담당하는 최고 데이터 책임 임원의 역할은 상당히 최근에 등장했으며, 집필 중 리서치 과정에서 발견했던 것은 피플 애널리틱스 리더의 단 28%만이 최고 데이터 책임 임원, 통제와 관리체제 혹은 데이터에 대한 사회적 책무를 반영한 관리책임을 피플 애널리틱스 책임 영역의 일환으로 일정 정도 지고 있다는 사실이다.

우리는 피플 애널리틱스 리더가 HR 기능을 담당하는 최고 데이터 책임 임원이 되어야 한다고 믿는다. 2020년 '여러분 기업의 최고 데이터 책임 임원에게 너무 많은 것을 요구하고 있는가?'라는 제목의 기사에서 톰 데이븐포트Tom Davenport와 랜디 빈Randy Bean는 최고 데이터 책임 임원 7가지 유형을 구분했다. 피플 애널리틱스에서 이 7가지 유형 중에 세 가지는 피플 애널리틱스 리더의 최고 데이터 책임 임원 역할에서 주요 역할로 결합되어야 한다. 주요 세 가지 역할로서 최고 데이터 책임 임원이자 최고 애널리틱스 책임 임원, 데이터 운영 책임자, 데이터 윤리 책임자에 대한 내용을 차례대로 논의해 보자.

최고 데이터 책임 임원이자 최고 애널리틱스 책임 임원

데이터는 피플 애널리틱스를 도구로 사용하여 성공적인 결과를 도출하는데 필요한 하나의 핵심 요소이다. 그러므로 데이터 관리, 데이터 과학, 애널리틱스 영역에서의 역할과 책임이 결합한다면 피플 애널리틱스 리더는 자신의 명운을 통제할 수 있게 된다. 피플 데이터와 연관된 사안을 민감하게 다루려는 경향이 시사하는 점은 피플 애널리틱스 리더가 조직에서 피플 데이터에 대한 통제와 관리체제 이외에도 현명하고 윤리적인 사용에서 전반적인 책임을 맡는 게 좋다는 것을 중요하게 여긴다는 의미이다.

피플 애널리틱스에서의 방법, 이점, 통제와 관리체제 구조 등을 다루는 내용은 1장(통제와 관리체제)에 개괄적으로 요약되어 있다. 우리는 1장에서 데이터 관련 사회적 책무에 따른 관리책임data stewardship이 탁월한 피플 애널리틱스를 달성하고자 한다면 필요한 통제와 관리체제 6가지 유형 중 하나임을 제시했다. 애널리틱스 통제와 관리체제와 더불어 데이터 통제와 관리체제를 결합하자는 우리의 제안은 4장(스킬)에서 설명한 피플 애널리틱스 리더의 역할에 딱 들어 맞는다.

데이터 운영 책임자 (Data governor)

HR 기능을 담당하는 최고 데이터 책임 임원 역할에 대한 많은 통찰 외에도 시간이 지나면서 해당 역할이 진화하는 방식을 알고 싶은 사람에게 우리는 Boston Consulting Group의 '보여주기 식의 접근방식이 데이터 통제와 관리체제에서의 접근방식을 대변하지 않는다(A show–don't–tell approach to data governance, Aractingi et al, 2020)'라는 글을 읽어 보라고 권한다. 이 글은 최고 데이터 책임 임원이 자신의 비전을 설정하는 과정에서 그 토대를 세울 때 경험하는 역할 변화와 그 방법을 설명한다. 최고 데이터 책임 임원은 피플 애널리틱스 비전을 설정하는 초기에 '실행자' 역할을 수행하지만 피플 애널리틱스 수행 역량이 확고해지는 시점 이후부터는 모범 사례 외에도 데이터 통제와 관리체제를 확보하는 '퍼실리테이터facilitator' 역할로 변신하게 된다.

명확한 피플 데이터 전략 설정하기

데이터 운영 책임자 역할도 수행하는 피플 애널리틱스 리더가 경험하는 주요 이점 중에 하나는 자사 피플 데이터 사용 전략에서 명확한 비전을 설정할 수 있다는 점이다.

그림 6.2　제안된 피플 데이터 전략

> 피플 데이터 전략은 사업에서 영리가치를 창출하고 해당 사업과 근로자를 보호하며, 혁신을 장려하고 가능케 하는 방식으로 모든 데이터를 활용한다.

그림 6.2는 제안된 피플 데이터 전략을 구성하는 요소를 소개하고, 그 요소들이 중요한 이유를 강조한다. 이러한 전략을 구성하는 핵심 요소에 대해 자세히 살펴보자.

모든 데이터

모든 데이터는 전사 모든 피플 데이터뿐만 아니라 용도에 적합하다면 재무, 고객, 운영, 영업, 부동산 기능 등의 피플 데이터가 아닌 데이터를 포함한다.

사업 성과에 기여하는 가치

피플 애널리틱스는 대상 사업에 가치를 제공하는 것에 중점을 두어야 한다. 피플 애널리틱스는 절대 특정 기능이나 팀을 대상으로 가치를 제공하는데 중점을 두지 않는다. 이를 위해서는 다양한 이해관계자와의 강력한 파트너십 이외에도 '데이터 공유가 저력'이라는 업무 수행 태도와 사고가 요구된다.

보안

피플 데이터를 윤리적으로 현명하게 사용하는 행위와 함께 데이터 개인 정보 보호와 관련된 측면 모두를 고려하는 강력한 프로세스도 상당히 중요하다. 이는 단순히 법과 규정을 준수하기보다는 '옳은 일'을 실천하는 것에 대한 인식이기도 하다.

혁신

조직 전반으로 협업 활동과 함께 데이터 공유 활동을 전개하면 창의성, 새로운 솔루션, 사업과 자사 재직인재군을 대상으로 한 최종 결과물 등이 도출되는 기회가 더 많이 나타날 것이다.

엄격한 피플 데이터 전략과 접근 방식 덕분에 도출되는 주요 최종 결과물은 세 가지이다(그림 6.3). 첫째, 피플 데이터 전략과 접근 방식에 따라 사업 성과에 기여하는 가치 창출 및 성과 개선 책임이 주어진다. 둘째, 윤리 중심의 강력한 통제와 관리체제가 데이터 전략과 접근 방식을 통해 이행되기 때문에 대상 사업과 재직인재군을 보호한다. 동시에 근로자는 본인의 데이터를 공유한 대가로 개인화된 혜택을 얻는 분위기가 조성된다. 셋째, 피플 데이터 전략과 접근 방식은 피플 데이터 활용을 중심으로 건전한 문화를 창조하는데 유용하다. 피플 데이터 전략과 접근 방식에 따라 피플 데이

그림 6.3　피플 데이터 전략에 의한 최종 결과물

가치는..
사업 성과에 기여하는 가치를
창출하고 성과를 개선한다.

윤리는..
그 사업과 근로자를
보호한다.

문화는…
혁신을 추진하며
추진력을 형성한다.

터를 활용함으로써 건전한 문화를 창조하는 활동은 사업 전체로 혁신을 추진할 수 있는 방식이자 피플 애널리틱스의 성장과 확장에 필요한 추진력을 획득하는 방법이기도 하다.

강력한 통제와 관리체제 프레임워크 설정하기

데이터 운영 책임자로서 피플 애널리틱스 리더는 전체 피플 데이터 통제와 관리체제 프레임워크를 설정할 때 굉장히 중요한 역할을 한다. 우리는 그림 6.4처럼 세 가지 주요 범주를 중심으로 여러 하위 구성 요소가 정렬되어 있는 모델을 제안한다.

이 그림에서 일부 요소가 건물의 기반 토대를 이루는 기초 요소로 들어가 있지만 그 외 요소는 눈에 보이는 건물과 비슷하다. 이러한 모형은 인재 people 통제와 관리체제를 구성하는 일부 요소가 다른 사람들이 종종 평가하지 않는 '지면 밑'의 기초 요소인 반면, '지면 위의' 요소는 다른 이해 관계자와 더 자주 공유하는 항목이라는 점에서 앞서 언급한 건물과 유사하다.

그림 6.4   피플 데이터 통제와 관리체제라는 '건물'

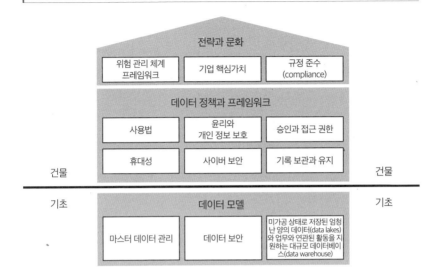

전략과 문화

전략과 문화는 기업 전체 통제와 관리에 도움이 되는 규제, 규정 준수 compliance, 위험 관리 체계 프레임워크, 기업의 핵심가치에 피플 데이터 통제와 관리체제를 일치시키는 활동을 의미한다. 지붕이 집을 비바람으로부터 보호하는 것처럼 전략과 문화를 구성하는 요소는 지배 구조 관리의 관점으로 총괄 데이터 정책, 구조frameworks, 모델에 보호 장치를 제공한다.

데이터 정책과 프레임워크

데이터 정책과 프레임워크는 피플 데이터 통제와 관리체제를 구성하는 특정 요소가 데이터 개인 정보 보호에서의 관할권과 기업 윤리, 법, 규제에 따라 부과되는 의무 사항을 충족시키도록 만든다. 또한 데이터 정책과 프레임워크는 데이터의 사용과 이동성, 승인permission, 접근 권한access, 필요한 기록 보존과 유지 체계frameworks 관련 제도와 구조frameworks 뿐만 아니라 사이버 보안과 관련된 중요한 주제도 포함한다. 건물에 다양한 모양과 크기의 방이 있는 것처럼 이러한 주제에도 다양한 수준으로 복합적인 복잡함이 함께 따라오기 마련이다.

데이터 모델

데이터 모델은 조직 내부의 모든 피플 데이터에 기본적인 토대와 원칙을 제공한다. 데이터 모델에 따라 데이터는 적절하게 식별, 저장, 공급provision, 처리, 통제, 관리가 될 뿐만 아니라 양질의 데이터가 검색, 접근, 상호 정보 교환과 재사용이 가능하다는 조건으로 생성되어 유지되고 관리된다. 데이터 모델은 비중을 데이터 웨어하우징data warehousing[2]과 데이터 레이크data lakes[3] 모두를 포함한 피플 데이터의 저장과 보안에 둔다. Amazon Web Services 에 따르면 이 두 가지 모두가 필요하다. '일반적인 조직은 서로 다른 니즈와 사용사례use cases를 충족시킬 때 데이터 웨어하우스와 데이터 레이크 모두를 필요로 할 것이라고 한다.'[4] 건물이 토대를 이루는 견고한 기초 요소를 가지듯이 데이터 모델은 피플 데이터와 실제 모든 피플 애널리틱스에서 토대 역할을 한다.

우리가 데이터 통제와 관리체제에 대해 가지고 있는 신념은 언급된 모든 요소들이 잘 구현되기만 한다면 일반적으로 HR 기능만 아니라 피플 애널리틱스 팀의 신뢰성도 또한 크게 향상되리라는 것이다. 우리는 특히 데이터 윤리 책임자 되기에서 피플 애널리틱스의 역할이 핵심이라고 생각하고 이 점을 더 논의하고자 한다.

데이터 윤리 책임자 (Data ethicist)

윤리와 데이터 개인 정보 보호는 피플 애널리틱스에서 가장 중요한 두 가지 주제이다. 1장(통제와 관리체제)에서 우리는 윤리와 데이터 개인 정보 보호 구성 요소 관리 수단으로 윤리와 개인 정보 보호 위원회의 설치와 개발에 대해 논의했다. 우리가 권고하는 사항은 피플 애널리틱스 리더가 데이터 윤리 책임자로서 최고 개인 정보 보호 책임 임원, 주요 노사 협의회와 노사 관계 전문가로 구성된 주요 대표 기구로 대표자로서 윤리와 개인 정보 보호 위원회를 지휘하는 것이다.

조직은 윤리적인 사안의 접근 방식을 투명하게 공개함으로써 전사 근로자와 노동자로부터 더 많은 신뢰를 얻을 수 있다. 이는 '가치의 공정한 교환'이 실현되도록 하는데 있어서 중요하다. 신뢰를 창출하고 그 신뢰를 통해 근로자로부터 더 많은 피플 데이터를 수집할 수 있게 되면 더 많은 가치가 실현될 수 있다.

향후 영향력을 크게 미칠 Accenture 연구에서 신뢰와 재직인재군 가치를 다루고 있는 내용을 보면, '신뢰 배당trust dividend은 책임을 다할 수 있는 전략을 채택한 조직에서 미래 매출 성장 6% 이상의 가치가 되기도 했다(Shook, Knickrehm 그리고 Sage-Gavin, 2019)'. 책임을 다할 수 있는 전략으로서 다음을 제안한다.

통제권을 제공하고 신뢰를 획득해라.

본인 데이터와 관련해 사람들에게 더 많은 통제 권한을 부여해라.

책임과 혜택을 함께 공유해라.

사람들이 시스템 설계 활동에 참여와 동시에 관여할 수 있도록 유도하고 책무를 다할 임원진을 식별해라.

사람이 가진 가치가 높이 인정받도록 하되 책임을 지도록 만드는 방식으로 테크놀로지를 사용해라

사람이 가진 가치를 격상시키는 동시에 의도치 않은 결과를 수정하기 위해서는 책임 소재를 분명히 할 수 있는 새로운 방식으로 테크놀로지가 사용되게끔 만들어라.

일정한 윤리 헌장을 만들라는 우리의 조언은 역할과 책임을 공유하는 동시에 혜택 또한 공유하는 '가치의 공정한 교환'을 창조하고자 할 때 적용이 가능한 체계systems 중 하나이다. 1장(통제와 관리체제)의 사례연구인 '피플 애널리틱스의 윤리 기준 구축하기: Lloyds Banking Group'에서 윤리 헌장 구축에서의 주요 관점을 설명한다.

HR 기능을 담당하는 최고 데이터 책임 임원 되기

HR 기능을 담당하는 최고 데이터 책임 임원의 역할과 피플 애널리틱스 팀을 지휘하는 활동을 연결하는 것만으로 피플 애널리틱스 리더가 본인의 명운을 통제할 수 있게 되는 것은 아니다. 해당 역할과 활동을 연결하면 근로자로부터 높은 신뢰를 얻을 수 있게 되고, 장기적으로 그 사업에 지속 가능한 가치를 일관되게 제공할 가능성이 궁극적으로 커지게 된다.

이러한 상호작용 관계가 실제 현실에서 어떻게 작동하는지 보여주는 예로서 아래의 HSBC의 사례연구는 이러한 맥락을 상당히 잘 보여준다. 다음은 사례연구가 던지는 핵심 메시지이다. '데이터 통제와 관리체제에 초점을 예리하게 맞추면 가치로 이르는 기회를 얻을 수 있다.'

사례연구

사업 성과에 기여하는 가치를 목적으로 데이터 관리하기: HSBC[5]

성숙한 피플 애널리틱스 조직을 갖추고 그 피플 애널리틱스 기능과 조직에 의해 설계된 강력한 데이터 통제와 관리체제 모델을 정립해 온 기업은 거의 없다. 자사 애널리틱스에 지침을 제공하는 역할을 수행할 사회적 책무를 반영한 데이터 관리 책임제data stewardship를 활용하는 기업의 수는 그보다도 훨씬 적다. 그래서인지 현재까지 손에 꼽힐 정도로 적은 수의 기업만이 자사 피플 애널리틱스 리더에게 HR 기능 담당 최고 데

탁월한 피플 애널리틱스를 위한 9가지 관점

이터 책임 임원Chief Data Officer 역할도 수행하도록 요청하고 있을 뿐이다.

HSBC는 피플 데이터 안전과 관리 책임제data stewardship의 수준을 피플 애널리틱스 리더가 HR 기능을 담당하는 최고 데이터 책임 임원 역할을 수행하는 정도로 끌어올린 조직 중에 하나이다. 그 결과 HSBC는 250,000명 이상의 노동자에게서 채집된 데이터를 조심스럽게 분석하고 안전하게 저장할 수 있다. 개인 직원 전부는 다양한 계층의 은행 데이터로 셀프 서비스 접속 권한을 가지고 있고, 관리자는 전사 사업 활동에서 채집된 정보와 함께 자신의 팀 단위 피플 데이터를 바로 볼 수 있으며, HR 기능과 CFO/COO 커뮤니티는 권한만 있으면 언제든지 일일 정보에 바로 접속이 가능하고, 최상위 조직 계층은 HR 기능의 데이터를 분석해서 도출한 통찰 결과를 제공받아 실행한다.

은행은 사업을 포함한 경영활동에서 데이터 아키텍처data architecture를 반영해 애널리틱스가 가진 가치를 발전시켜 오던 수준이 어느 정도였는지를 보여주고자 한다. 그 결과로 셀프 서비스 플랫폼 사용자가 대화 스타일로 질문하면 자동 수행 프로그램bot 자체에서 관련 데이터를 분석해 도출한 통찰 결과를 질문의 답변으로 제시하는 피플 애널리틱스 챗봇people analytics chatbot을 출시할 예정이다. HSBC가 통제와 관리체제, 데이터 관리와 메타데이터 모델 정의에 적용해 온 주안점focus이 존재하지 않았다면 이러한 성과는 불가능했을 것이다. 단 한 가지 요소만 고려해라. 데이터는 다양한 시스템에서 가져오고 데이터의 대상 범위는 60개 이상 국가를 포함한다. 이 종류의 작업에서 데이터 모델링, 개인 정보 보호, 보안, 데이터 품질 요구 사항만 해도 어마어마하다.

이러한 전략과 접근 방식의 배후 인물은 이든 브릿Eden Britt이다. 그는 HSBC의 피플 애널리틱스 글로벌 책임자이자 HR 기능을 담당하는 최고 데이터 책임 임원으로 2016년부터 이 전략을 지휘해 왔다.

이든은 이렇게 설명한다. '아주 강력한 데이터 통제와 관리체제로 피플 애널리틱스는 근로자와 사업에 가치를 더할 수 있어요. 결국 견고한 데이터 구조 덕분에 우리는 확신을 갖고 신속하게 작업할 수 있지요. 데이터 관리 체계를 정립해 가면서 이를 지속적으로 개선하는 활동은 은행이 해 온 가장 값진 일입니다.'

HR 분야 20년 이상의 근무 경력, IT 학위'pre-internet!', 디자인과 코딩에 대한 관심을 가진 이든은 우수한 HR 경력과 탄탄한 데이터, 시스템 관련 경력 모두를 갖추고 있다. 해당 이력과 배경 덕분에 그는 HR 기능과 운영 방식, 직원 개인의 생애주기, 데이터 처리와 구조, 대상 비즈니스 맥락을 고려해 애널리틱스를 이해할 수 있는 드문 능력을 가지고 있다. 은행의 그룹 데이터 리더십 팀 일원으로서 HR 기능을 담당하는 최고 데이터 책임 임원이라는 이든의 역할은, HR 기능 데이터 전략과 은행 데이터 전략 모두를 개발하고 실행하는데 도움을 준다. 이러한 구도하에 HSBC는 데이터 관리, 데이터 품질, 무결함integrity, 통제와 관리체제, 데이터 아키텍처 영역에서 훨씬 더 진보된 통제 장치를 정립했다. 또한 최고 데이터 책임 임원과 피플 애널리틱스의 책임자라는 '이중 직책'은 이든이 피플 데이터 이외에도 애널리틱스와 데이터 사이언스 전략을 정의하고 개발하며 실행하는 책임을 진다는 것을 의미하며, 동시에 피플 데이터 영역에서 강력한 기반을 갖추기 위한 수행 역량을 쌓아 가는데도 도움이 된다.

이든은 최고 데이터 책임 임원과 피플 애널리틱스 책임자라는 이중 직책에 대해 말해 준다. '그 역할에서 이중 직책이 가지게 되는 성격이 상당히 중요합니다. 이중 직책 덕분에 저는 일정한 전략을 구조화하는 방법을 검토할 때 조직이 지향하는 방향, 그에 따라 전략에 HR 기능이 부합되도록 만드는 방안, 이를 고려한 양질의 데이터 관리(필요 데이터 선정)와 애널리틱스(활용 필수 데이터 선정) 등을 중심으로 주의 깊게 생각해 볼 수 있었어요. 그래서 결과적으로 조직을 개선하고 HSBC가 사업 전략에 연계된 전략과제나 도전과제를 해결하도록 도움을 줄 수 있었죠.'

이든과 그의 팀은 통제와 관리체제를 확립하는 것부터 시작했다. 이든은 이렇게 설명했다. 'HR 데이터를 사용하는 영역에는 은행 전체, HR 프로세스와 서비스, 인력 운용과 관리 역할을 수행하는 관리자, 보안 프로파일, 그룹 디렉토리 정보와 비즈니스 시스템 접근 권한까지도 포함됩니다. 우리는 이러한 사용 현황을 고려하여 데이터 구조를 명확하고 정밀하게 만듦으로써 모든 피플 데이터가 안전하고 오염이 없는 탄탄한 데이터 상태로 유지되도록 하여 오차가 발생하지 않도록 해야 했어요.'

이든은 1장(통제와 관리체제)의 논의와 유사한 기본 질문부터 시작했다. 누가 데이터 처리 책임 관리자data steward인가? 누가 데이터 소유자인가? 데이터 처리 책임 관리자와 데이터 소유자를 어떻게 그 프로세스로 연결할 것인가? 우리는 어떻게 데이터 사전을 문서화하는가? 데이터 용어집으로? 우리는 어떻게 통제 체제를 관리하는가? 우리는 통제 체제가 효과적일 수 있도록 통제 체제에 대해 어떤 방법으로 지속적인 모니터링 활동을 운영하는가? 마지막으로 우리는 양질의 데이터 관리를 어떻게 운영하고 있는가?

이든은 회상한다. '제가 데이터 관리와 데이터 통제와 관리체제를 검토할 때면, 고려해야 하는 다양한 요소가 많이 존재하지요. 저는 윤리, 데이터 개인 정보 보호와 통제 체제, 문서화, 엄격함에 대해서만 고려하지 않아요. 저는 데이터를 수집capture해서 애널리틱스 목적에 맞게 데이터를 사용이 가능한 환경으로 투입하는 방법도 곰곰이 생각해 보지요. 이러한 과정은 우리가 품질 보증quality assurance을 목적으로 중점을 두어야 하는 결정적 데이터 요소, 코어 플랫폼core platforms에서 데이터 웨어하우스data warehouse로 가져올 데이터 요소, 그 데이터를 데이터 웨어하우스에서 구조화하는 방식 등에서 우선순위를 결정할 때 도움이 되거든요. 또한 저는 직접 가공straight through processing과 반복 업무 자동화 기술robotic process automation과 같은 자동화가 지닌 이점을 활용하기 위해 HR 기능의 운영이 어떻게 진화되어야 하는지에 더불어 이를 현실화할 방법을 검토해 보기도 해요.'

이러한 관점은 일반적으로 최고 데이터 책임 임원의 역할과 피플 애널리틱스 리더의 역할을 결합한 조직에서만 존재한다. 최고 데이터 책임 임원 역할만 하는 리더에게는 사업 성과에 기여하는 가치를 수반하는 애널리틱스를 구현할 책무accountability가 없다. 따라서 최고 데이터 책임 임원 역할만 하는 리더들은 종종 데이터 관리data management를 '데이터 품질 및 관리, 무결성 관리integrity management를 기준으로 대상 데이터와 관련 사안을 전반적으로 처리하는 활동'이라고 단순하게 분류하기도 한다. 이들은 애널리틱스 관점에 더불어 자신의 직무와 역할에 따른 책임 의식만responsibility 아니라 그것에서 파생되는 역할 범위에서까지 임무를 다하려는 책무 의식accountability을 갖추고 나면 데이터를 사용해 사업 성과에 기여하는 가치를 실현하려는 사고방식으로 변모한다.

피플 데이터의 통제와 관리체제 외에도 문서화에 대한 팀의 다면적 접근 방식은 확실히 이든에게 도움을 주었다. 게다가 그는 HR 기능 외부의 데이터를 수집capture하는 가내 공업cottage industries에 도전과제를 부여하고 데이터 웨어하우스의 무결성integrity을 철저하게 점검하는 권한을 과거에 부여받았다. 이로써 데이터와 관련해 HR 기능의 '골든 소스golden source'를 구현해 낸 것이다. 골든 소스는 은행 전체 여러 시스템의 모든 피플 데이터를 단일 기준점single reference point으로 집계해 찾을 수 있도록 하는 방식이다SSOT, single source of truth. 고로 이든은 최고 데이터 책임 임원의 직책도 수행하기 때문에 '골든 소스'를 관리할 수 있다. '이해관계자는 우리 데이터를 사용할 때 데이터가 정확하다고 확신합니다. 우리가 어려운 문제를 포착한 지점에서 제대로 살펴보면 그 문제는 아직 업데이트되지 않은 시스템에서 비롯된 경우가 많거든요.'

이든이 설명한 훌륭한 예는 (비)자발적 인력 감소attrition 사례이다. 어떤 관리자가 HRMS 플랫폼으로 사직서를 입력하지 않아도 해당 비즈니스 기능은 그 대상 직원을 이미 퇴사자로 간주한다는 것이다. 이 예시와 관련해 그가 제시한 조언은 항상 대상이 된 프로세스를 다시 되짚어서 시스템에서 데이터를 분리해 '조정'하는 대신에 대상이 된 코어 플랫폼에서 그 데이터가 업데이트 되도록 하라는 것이다. 이 방식은 정확성을 높인다. 이든은 '금일 시스템 업데이트 대상이 된 해당 데이터는 내일 보고서에 나타나게 되지요!'라고 설명하였다.

그리고 이든이 데이터의 정확성을 확보함으로써 신뢰성을 획득했다는 것은 양과 질에서 고품질인 데이터를 기초로 인재경영 의사 결정과 사업 관련 의사 결정이 내려질 수 있도록 만들었다는 사실을 시사한다. 피플 데이터는 현재 정기적으로 그룹 집행 위원회group executive committee에 제출되고 승인을 받는다. 이든은 이에 대해 말했다. '최상위 HR 데이터 영역과 재무 기능 같은 다른 기능에서 데이터에 대한 확신을 확보하는 활동인 피플 데이터 통제와 관리체제는 신뢰성에서만 아니라 성공적인 최종 결과물과 같은 실사례로 입증해 내는 여정에서도 큰 부분을 차지하거든요.'

탄탄한 데이터 통제와 관리체제는 그 팀이 문제를 해결하는 데도 도움이 된다. 이든은 피플 애널리틱스 기능 외부의 모든 새로운 데이터 혹은 피플 데이터와 관련된 까다로운 문제에서는 근인 분석root cause analysis을 수행한다. '그러면 우리는 데이터 문제와 근본 원인 모두를 수정할 수 있습니다. 우리가 두 가지 모두를 수정한다는 것은 제공하는 그 데이터가 대상 비즈니스의 필요 요건을 뒷받침하도록 반복해서 오류를 수정하고 보완하는 주기를 지속함으로써 개선한다는 사실을 의미해요.'

이든은 이러한 성공을 통해 데이터 통제와 관리체제를 조직에 스며들게 하여 이를 관리할 수 있었기 때문에 공학적 사고방식engineering mindset을 높이 평가하고는 한다. '우리가 데이터를 사용하는 방법, 중요한 데이터, 정보 참조 구조reference structures를 결정하는데 실용주의pragmatism와 더불어 프로세스 및 데이터 구조를 적절하게 논리적으로 파악하는 이해도, 비즈니스 맥락과 위험 관리체제를 관리하는 관점 모두가 도움이 되지요. 저는 문제를 해결하는 사람들과 큰 그림을 그리는 사람들이 최고의 데이터 운영 책임자data governor가 될 수 있다고 생각해요.'

이든은 자신의 두 가지 역할을 회고하면서 HR 기능을 담당하는 최고 데이터 책임 임원 역할 덕분에 애널리틱스에서 더 많은 가치를 얻을 수 있다고 믿는다. 그는 최고 데이터 책임 임원 역할에서 순전히 테크놀로지에 초점을 맞춘 기법적 관점보다는 실용적인 위험 관리 방식을 선택한다. 이든은 말한다. '테크놀로지에 초점을 맞춰 기법적 관점을 사용하는 사람들은 종종 아키텍처와 데이터 흐름을 문서화하고 그것을 프로세스로 연결하는 과정에서 헤매는 경우가 많아요. 그것도 좋습니다만 여러분이 큰 그림을 볼 수 있도록 만들어 주는 것은 항상 문서화 활동만 있는 게 아니거든요.'

'실용적이고 실천 지향적인 태도와 사고를 갖는 것이 더 낫다고 생각해요. 여러분이 최종 결과로 비즈니스 목표를 염두에 두는 경우에는 기술자technician보다 전략가나 사업가처럼 작업에 접근하는 것이 필요합니다. 여러분이 일을 하면서 견뎌내고 변화를 만들 준비가 되어 있더라도 행동으로 옮길 때 수반될 수 있는 위험을 완벽하게 이해해야 합니다. 여러분이 위험 범위와 층위spectrum를 탐색할 수 있게 되면 애널리틱스와 데이터 과학은 수행하기가 더 수월하거든요.'

> **TOP TIP**
> 피플 애널리틱스 리더를 HR 기능 담당 최고 데이터 책임 임원으로 만들어라.

데이터 관리

데이터 관리 관련 서적과 기사는 다수 쓰여 있으며, 실제로 전체 학위 과정에서 데이터 관리를 주제로 복잡한 내용을 다루기도 한다. 이 책에서는 우리가 데이터 관리 영역에서 일부 안내 사항을 추가하기 위해 리서치 과정에서 습득해 온 핵심 통찰 몇 가지를 다룰 예정이다.

우리가 이미 개괄적으로 설명한 것처럼 어느 조직이나 피플 애널리틱스를 수행하는 상황을 예방하기 위해 데이터 품질과 데이터 관리에서 더 이상 개선이 필요하지 않게끔 만드는 것이 중요하다. 그렇지만 피플 애널리틱스가 장기적으로 지속 가능하면서도 일관될 수 있게 만들려면, 데이터 품질과 관리를 개선하는 데에 시간을 투자해서 데이터 관리를 고려한 동적이며 반복 가능한 솔루션을 개발하는 것이 중요하다.

무엇보다 준비 태세를 갖춰라. 효과적인 데이터 관리에는 상당한 노력과 시간이 필요하기 때문이다. 6장 후반부에 나오는 사례연구인 '뛰어난 데이터 인프라가 가치를 드러내게 한다: Nokia Corporation'에서는 데이터 관리에 수년이 소요되었던 방법에 대해 설명한다. 수년이 걸렸었다고 해도, 코로나-19 초기 단계에서 피플 애널리틱스 팀이 직원 정보에 대한 해당 기업의 필요 조건을 신속하게 대응해 나갔던 속도로 입증했던 것처럼 그 노력은 그만한 가치가 있었음을 파악할 수 있다.

매우 강력한 참고 사례로서 유용한 하나는 계단 적층형 효과 창출 모델(Stairway to Impact model, Ledet et al, 2020)을 다루는 McKinsey & Co의 기사이다. 글로벌 기업의 12개의 피플 애널리틱스 팀이 대담 형식으로 참여한 인터뷰를 정리한 '탁월한 피플 애널리틱스가 되는 방법How to be great people analytics'이라는 제목의 기사에서 저자들은 선도적 피플 애널리틱스 팀이 되는데 필요한 사항을 다음과 같이 강조한다.

데이터 관리를 피플 애널리틱스 비전에 일치시켜라

데이터를 추출해 정형하고 정리해서 재코딩을 하기에 앞서 데이터 관리가 피플 애널리틱스 전체 비전에 합치되는지 확인하는데 시간을 써라. 수요가 없거나 효과가 낮은 프로젝트와 관계 있는 데이터를 추출해 정형하고 정리해서 재코딩을 하는 과정을 계속 반복하는 활동에 시간을 허비하지 말라.

데이터 영역에서 공통 용어, 정의, 표준을 정립해라

피플 애널리틱스 리더에게 가장 중요한 모든 데이터 요소들을 다루는 데이터 계층 구조hierarchies에 맞게 사전dictionary이 합치되도록 만들려면 그 기업의 전체 특히 재무 기능과 협업해라. 데이터 계층 구조에 맞는 용어가 사전으로 정리되면 일관된 용어를 그 기업 전반에서 사용하는 것이 가능해지고 피플 애널리틱스 기능 또한 신뢰를 얻을 수 있다. (6장 후반부 사례연구, 주요 사업 목표와 관련된 데이터의 표준화를 위해 재무 기능과 파트너 되기: Tetra Pak 참조)

테크놀로지에 있어서는 교차 기능적(cross-functional) 접근 방식을 취해라

피플 애널리틱스 팀은 양질의 데이터 관리를 전사적으로 뒷받침하는 테크놀로지와 인프라를 고려해서 조직의 동료 전체와 애자일 방식으로 협업하는 게 좋다.

데이터 과학자를 개입시켜라

데이터 과학자은 R과 파이썬Python과 같은 프로그래밍 언어를 활용할 때 서로 상이한 출처sources를 결합해 모델을 만들어 실행 가능한 권고사항을 임원진에게 제안하는 방식으로 데이터를 한층 더 높은 단계로 끌어올릴 수 있는 능력을 갖추고 있다.

데이터 전 처리와 가공 전용 자원(data engineering resources)에 투자해라

McKinsey & Co는 가장 탁월한 팀을 구분 짓는 요소가 데이터 전 처리와 가공 전용 자원에서의 수준이라는 사실을 발견했다. 선도적인 팀은 데이터 전 처리와 가공 전용 자원에 많은 투자를 한 경우에 '자체 데이터 저장소data repositories에 대해 높은 주체적 책임 의식full ownership을 보여주었다. 이로서 그들은 새로운 아이디어를 신속하게 검증하고 반복해서 오류를 수정하거나 보완해서 전사적으로 구현된 테크놀로지enterprise-level technology 자원에 대한 의존도를 점진적으로 낮출 수 있었다.'

데이터 출처(sources)의 범위와 층위

선도적 피플 애널리틱스 기능은 견고한 HR 데이터 기반을 정립하는데 상당히 많은 투자를 진행해 왔다. 또한 이들은 내부 데이터 출처sources를 추가하기 위해서 코어 HRcore HR의 경계 밖에 있는 데이터를(5장 테크놀로지 참조) 분석해서 보다 더 진보된 통찰 사항 혹은 통찰 결과와 솔루션을 제공할 수도 있다.

데이터 관리는 전반적으로 일종의 고립된 활동으로 간주되지 않는 것이 좋다. 실제로 데이터 관리가 제대로 수행되면 데이터 관리는 강력한 효과가 도출될 피플 애널리틱스 작업으로 이르는 경로를 제공한다. 그래서 우리는 피플 애널리틱스 리더가 피플 데이터 전략을 거머쥐고 조율하는데 항상 주의를 기울이면서 위에서 설명한 대로 데이터 관리와 그 안에 수반되는 프로세스를 인도해야 한다고 권고하고는 한다.

때로는 Nokia Corporation 사례연구에 설명한 것처럼 '변화의 절박함을 느끼게 하는 기제인 다급한 상황burning platform 전략'[6]이 이를 위해 필요하다. 다음은 동료 애널리스트와 HR 임원진에게 보내는 핵심 메시지이다. '데이터 관리를 위해 오류를 수정하거나 보완하는 작업을 반복할 수 있는 유동적인 시스템을 빠르게 구축해라.'

사례연구

뛰어난 데이터 인프라가 가치를 드러내게 한다: Nokia[7]

2020년 초 코로나—19 발생 시점에 Nokia은 내외부 인재 데이터와 함께 다른 비즈니스 데이터를 신속하게 수집해 연속되는 사업 활동과 직원의 안전을 지원할 정보를 제공할 수 있었던 능력을 가지고 있었다. 이러한 빠른 대처 능력은 회사가 피플 데이터와 HR 데이터 영역에서 목표 지향적인 데이터 관리 방식을 갖추고 있었기 때문에 가능했다.

고품질 데이터를 관리하는 것에 대해 명료하게 정의된 접근 방식은 2016년 1월 다급한 상황burning platform이 등장하면서 생겨났다. 그해 Nokia는 프랑스-미국 통신 기업인 Alcatel-Lucent를 인수했다. 합병 당시 두 조직은 수만 명의 직원과 수십 개국에 지사를 두고 있어 규모가 유사했고, 그 덕분에 프로세스 변혁을 고려하던 시점에 두 기업의 장점을 활용할 기회를 얻었다. 재직인재군 애널리틱스Workforce Analytics와 연관해 두 기업은 데이터 관리 용도의 명확한 테크놀로지와 시스템을 갖추지 못한 상태에서 이어 붙여 모아 놓았던 초기 단계의 보고 활동reporting과 전 세계에 산재된 애널리틱스 팀들을 갖추고 있었다. 참고로 재직인재군 애널리틱스는 인력 계획, 노동 생산성, 이동과 배치, 근태 관리, 조직 몰입, 인력 구조 포함 조직 구조 분석, 승계 계획 영역에서 알고리즘을 기반으로 투자 수익률을 다루는 애널리틱스이다.

'합병은 "여기서부터 시작해라!"라고 하는 듯한 조직에 나타난 거대한 경고등과 같았어요.' Nokia의 재직인재군 애널리틱스와 조직 관리Workforce Analytics & Organization Management 책임자인 데이비드 숀츠David Shontz는 회상했다. 새로 합병된 기업이 애널리틱스의 가치를 효과적인 방식으로 전달하고자 한다면, 유일한 방법은 단순화된 시스템을 통해 견고한 데이터 통제와 관리체제를 갖추는 것이었지요. 우리가 단순화된 시스템을 사용한 견고한 데이터 통제와 관리체제를 갖추고 싶으면 빠르게 어떤 행동을 취해 시스템과 데이터를 통합해야 한다는 것을 인지하고 있었어요.'

HRIS 비즈니스 변혁 활동HRIS business transformation 책임자였던 헨드릭 피터스Hendrik Pieters가 시스템과 데이터 통합을 목적으로 한 프로젝트 팀을 이끌었다. 그 과정의 첫 단계는 명확한 전략을 정립하는 것이었다. 헨드릭과 그의 프로젝트 팀은 전략 동인 4

탁월한 피플 애널리틱스를 위한 9가지 관점

가지에서 의견이 일치되었다(그림 6.5 참조).

- 최종 사용자 경험을 강화해라 — 직원경험에 긍정적 영향을 미치는 전략 동인 strategic driver이다.
- HR 프로세스와 이와 연관된 테크놀로지를 간소화해라 — 모든 라인의 관리자와 근로자의 일상을 향상시키는 전략 동인으로서 측정이 가능한 혜택으로 해당 비즈니스로 돌아간다.
- 변화관리를 역동적으로 변화시키면서 실행해라 — Nokia와 Alcatel—Lucent 팀들이 시스템과 HR 프로세스를 보다 신속하게 선택해 두 기업 간 조직문화를 통합하는 속도를 높이는 전략 동인이다.
- 다운스트림 시스템과downstream systems 인터페이스interfaces를 재정비해라 — 간접비와 비용 절감을 목표로 하는 전략 동인이다.

프로젝트 팀은 명확하게 정의된 그 전략을 가지고 테크놀로지 선정 활동을 시작할 수 있는 상태였다. 테크놀로지 선정 활동은 통합에서 가장 도전적이며 복잡한 부분이

그림 6.5 Nokia와 Alcatel—Lucent 통합에서의 전략 동인(strategic drivers)

출처 2020년 12월 Nokia 승인 후 인용

었다. 프로젝트 팀은 두 기업의 데이터와 테크놀로지 목록을 하나로 종합했다. 그 다음 합병된 하나의 기업에 적합한 시스템을 신속하게 결정할 수 있는 일정한 프로세스를 정립했다.

코어 HR 시스템core HR system 선택과 같은 일부 경우는 비교적 선택이 간단했다. 먼저 Nokia의 프로세스를 새로 합병된 기업에서 기준으로 할 것을 검토하고 선택했다. 또한 속도가 시스템 통합에서 중요했기 때문에 향후 계속 사용할 시스템으로 노키아의 코어 HR 시스템을 선정했다. 성과관리와 보상 기능은 연간 보상 프로세스를 고려해 매우 빠르게 가동되어야 했고, 이와 동시에 실행하면서 운영해야 하는 우선순위 사안이었기 때문에 상대적으로 선택이 간단했다. 요약하자면 Nokia가 보유한 프로세스가 기준이 되었기 때문에 그 선택도 쉬웠다. 마찬가지로 학습과 개발learning and development의 경우 Alcatel−Lucent가 자사 학습과 개발 시스템에 상당한 비중을 두고 있어서 그 시스템이 Nokia의 시스템을 제치고 최종 선택되었다.

그러나 모집recruitment과 같은 다른 시스템의 경우 '완벽하게 딱 맞는 조화'는 없었다. 프로젝트 팀은 공식적인 견적을 요청하기 전 금액을 기반으로 선정하는 프로세스 request for quotation-based selection process[8]와 관련한 일부 요청으로 인해 종종 다른 후보로 보강이 된 레거시 시스템legacy systems을 선정하면서 건별case-by-case로 작업을 수행했다. 보통 IT 용어로 자사 내부의 기존 시스템을 레거시 시스템이라고 부르는데 낮은 기술이나 방법론, 컴퓨터 시스템, 소프트웨어를 통틀어 지칭한다. 현대까지도 남아 쓰이는 기술을 부르는 용어일 수도 있지만 더 이상 쓰지 않더라도 현대 기술에 영향을 주는 경우의 시스템도 포함한다.

탁월한 피플 애널리틱스를 위한 9가지 관점

대상이 된 코어 HR 시스템은 물결 파동이 일어나는 순서처럼 사안별 패턴 방식으로 작은 규모에서 점차적으로 더 크고 복잡한 단계로 구현되었다. 첫 번째 파동에서 프로젝트 팀의 업무로 발생하는 업무 중단을 덜 경험할 재직인재군으로 구성된 국가로서 재직인재군을 합친 규모가 가장 적거나 Alcatel-Lucent보다 Nokia 근로자가 더 많은 국가에 비중을 두었다. 프로젝트 팀은 최종 파동의 단계로 넘어가면서 비슷한 규모의 직원 규모를 가진 좀 더 복잡한 시장, 혹은 미국(Nokia 직원 4,000명, Alcatel-Lucent 직원 6,000명)과 중국(Nokia 9,000명 직원, Alcatel-Lucent 직원 11,000명)처럼 Alcatel-Lucent의 재직인재군이 압도적인 시장과 협업했다.

현지화된 시스템들과 테크놀로지를 갖추고 있는 국가에서는 그 국가의 현지 시스템을 글로벌 전사적으로 선정한 시스템으로 변경했다. 시간이 흐르면서 헨드릭과 프로젝트 팀은 각기 모든 것을 한 가지 일련의 테크놀로지로 간소화할 수 있었다.

불안정한 환경에서 통합 활동은 어려웠고, 심지어 빠른 의사 결정에도 불구하고 해결하기에도 벅찬 문제들은 차고도 넘쳤다. 인수 후 3개월 뒤 연례 보상 캠페인이 시작되었고 새로운 보상 산정 엔진calculation engine, 2배 많은 수의 법인체, 매출과 비용을 책임지는 5배가 많은 비즈니스 단위business units들로 분산될 예산, 기존 두 기업의 실무위원회working councils와의 검토 과정, 그에 따른 해결하기에도 벅찬 더 많은 문제들이 필수적으로 따라붙었다. 그럼에도 불구하고 명확하고 체계적인 접근 덕분에 첫해 연례 연봉 협상salary review은 마감일Day Zero로부터 불과 4개월 전에 시행될 수 있었다!

프로젝트 팀은 프로세스 통합 기간 동안 공통 데이터 모델이 진화되게끔 발전시켰다. 공통 데이터 모델로 다양한 시스템에서 채집한 모든 데이터 항목과 그 데이터간 관계, 보안, 접속 권한 규약access protocols을 함께 통합했다. 오늘날 이러한 공통 데이터 모델은 모든 Nokia 전사 공동 피플 애널리틱스corporate people analytics의 토대이다. 이러한 공통 데이터 모델은 다양한 HR 시스템과의 통합 활동을 통해 최신 상태로 유지된다.

프로젝트 팀은 선정을 완료한 테크놀로지로 새로운 접근 방식에 맞게 데이터 관리 체제를 다시 재구성하고 있다. 데이비드는 이렇게 설명한다. '우리가 취한 접근 방식은 미래에 필요할 가능성이 높은 통찰 유형을 고려하는 것부터 시작했어요. 이러한 접근 방식은 우리가 대상 비즈니스와 근로자에게 가치가 높은 통찰을 제공할 수 있는 능력을 갖추기 위해 시스템과 데이터 관리를 항상 최선의 방식으로 구현하려 했다는 점을 의미해요.' 미래에 필요할 통찰 유형을 고려하는 것은 두 사업체에서 수집되는 데이터와, 사람들을 쉽게 통합할 수 있는 가능한 적은 수의 효율적인 도구를 확보하려는 차원이었다.

데이터와 시스템 통합 활동은 믿기 힘든 놀라운 속도로 이루어졌다. 빠른 의사 결정이 빠른 구현과 실행으로 이어졌다. 전체 데이터 관리와 테크놀로지 선정 프로세스는 18개월 이상이 소요되었고 이 기간 내내 구현과 실행 활동이 진행되었으며 추가로 12개월이 소요되었다(그림 6.6 참조).

주요 성공적 결과 사례:

• 연례 보상 수준 검토 프로세스는 통합일로부터 4개월 이내에 각각 하나의 프로세스와 시스템을 통해 지원되었다.

탁월한 피플 애널리틱스를 위한 9가지 관점

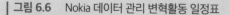

그림 6.6   Nokia 데이터 관리 변혁활동 일정표

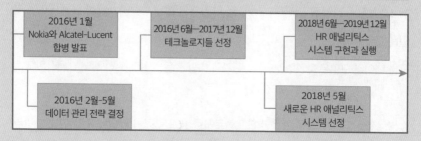

출처 2020년 12월 Nokia 승인 후 인용

- 통합일로부터 12개월 이내에 단일 시스템이 단일 프로세스를 중심으로 통합되면서 영업 인센티브, 직원 인정employee recognition, 근로자 대상 인센티브employee incentive, 근로자 대상 주식 매입 프로그램employee equity purchase 모두를 이용할 수 있게 되었다.

- 급여payroll 통합을 포함한 코어 HR 시스템은 단 2년 반 만에 단일 테크놀로지와 데이터 관리 플랫폼으로 조정되어 맞춰졌다.

마침내 데이비드의 재직인재군 애널리틱스 팀은 새로 합병된 노키아 조직 전반의 피플 애널리틱스를 변화시키는 방법을 그제서야 검토할 수 있었다. 그의 팀은 테크놀로지와 유기적인 단일 데이터 관리 시스템으로 구성이 되어 통합을 완료한 무기를 가지고 글로벌 전사적으로 피플 애널리틱스를 뒷받침할 데이터 대중화data democratization 와 시각화 플랫폼을 선정했다.

데이비드는 이렇게 말한다. '상황이 HR 기능으로만 한정되었다면 우리는 기존 시스템을 계속 유지했을 겁니다. 하지만 우리는 비즈니스 현업 이해관계자, 다른 기능 부서와의 대화 도중 상대의 테크놀로지가 우리 것보다 훨씬 더 우수하다는 사실을 깨닫게 되었지요. 그 작업의 시작 초기부터 우리가 가진 전략은 피플 데이터와 비즈니스 데이터를 하나로 통합하는 것이었기 때문에 우리는 전사 수준에서 사용되고 있었던 그 테크놀로지 플랫폼을 수용하기로 했어요.' 그 전사 테크놀로지 플랫폼을 선택한 것은 올바른 결정이었다. 몇 년 안에 Nokia HR 기능과 비즈니스 현업 리더 모두가 의사 결정을 위해 자신에게 친숙한 또 다른 플랫폼을 사용하여 피플 데이터로 도출된 통찰을 매일 사용했다는 점에서 말이다.

데이비드는 시스템과 데이터를 통일하는 전체 통합 전략에 대해 '우리는 처음 시작부터 입장이 명확했어요. 그러한 간소화 활동으로 실제적이면서도 반복 가능한 성공적인 결과를 도출할 수 있어야 했거든요. 이게 의미하는 것은 "산출된 결과물output"이 곧 통찰이어야 하고 그 통찰 결과는 실행이 가능해야 한다는 것이지요.'라고 회상했다. 팀은 그 이후 계속해서 본인의 업무 수행에 필요한 통찰이 무엇인지 파악하고자 Nokia 관리자 및 사용자와 꾸준히 협업하고 있으며, 현재까지 디자인 사고design thinking를 활용해 글로벌 HR 기능과 리더십 조직에 유용하고 관심을 불러일으키는 제품을 제공하고 있다.

재직인재군 애널리틱스 팀은 이처럼 정제되고 내재화된 프로세스를 바탕으로 2020년 초 코로나-19 발생 당시처럼 사안이 향후 결과에 영향을 미칠 정도로 중대한 경우, 신속하게 요청에 대응하며 가치를 더할 수 있다. 최근 변혁을 완료한 HR 애널리틱스 플랫폼을 갖게 되면서 재직인재군 애널리틱스 팀은 이전에는 대응할 수 없던 속도로 자신감을 가지고 정확하게 대응할 수 있었다.

'우리는 2016년 이전에 갖추지 않았던 두 가지를 갖췄습니다. 그것은 바로 모든 재직 인재군 애널리틱스를 위한 강력한 토대, 그리고 새로운 데이터 출처sources를 빠르고 쉽게 통합하는 수행 능력입니다. 우리는 비즈니스에서 필요로 할 만한 것을 공급하고자 한다면 단지 비즈니스 현업이나 그 비전에서 파생되는 질문이 필요했을 뿐이었어요. 우리는 세계적 대유행이 그 시스템을 검증하리라고 예상하지 못했지만 무엇이든 간에 대응할 준비가 되어 있어야 했지요. 실제로 우리는 준비가 되어 있었던 것이고요.'

'우리가 다른 사람들에게 전하는 메시지는 모든 HR 데이터를 통합하는 어려움을 과소평가하지 말고 최종 결과물이 얼마나 유용할지도 과소평가하지 말라는 것입니다.'

곰곰이 생각해보면 Nokia의 데이비드, 헨드릭 그리고 참여한 팀 모두가 세 가지 핵심 원칙을 중심으로 접근했던 덕분에 성공했던 것임이 분명하다(그림 6.7).

그림 6.7   데이터 관리 시스템 통합 활동을 위한 기본 방침

출처 2020년 12월 Nokia 승인 후 인용

첫째, 전략이 구체적인 모습으로 정립되도록 하는 동시에 언급했던 4가지 동인이 각기 기능할 수 있도록 만들어 뚜렷한 방향을 향해 나아갈 수 있었다. 둘째, 팀은 최고의 프로세스, 최고의 테크놀로지 또는 근로자 사이에서 현실적으로 가장 익숙해진 시스템을 기준으로 시스템과 더불어 테크놀로지를 정했고 이로서 단순한 의사 결정이 가능하게 되었다. 마지막으로, 빠르게 의사결정과 실행을 위한 행동을 했다. 이는 우리가 대부분의 조직에서 경험해 왔던 것보다 훨씬 더 빠른 속도였다. 망설임이 없어서인지 조달 프로세스를 사용하면 의사 결정과 조치가 신속하게 실행되었다.

그 전반적 과정에서 사안을 고려하는 비중은 그 팀이 보유하고 있는 것에 맞춰졌고 이를 잘 사용해 빠르게 행동을 취한 것이다. 그 덕분에 합병된 조직 전반에 데이터와 시스템 관리를 신속하게 구축해서 피플 애널리틱스를 적용해 그 상황에 필요한 가치를 바로 제공할 수 있었다.

> **TOP TIP**
>
> 사업 목표를 유념해서 사전에 데이터 관리를 미리 주도적으로 검토해라.

비즈니스 최종 결과물을 산출할 목적으로 기업 전체의 데이터를 활용해라

피플 데이터와 비즈니스 데이터의 결합은 '2 더하기 2는 5'[9]라는 개념을 보여주는 강력한 사례다. 그 개념으로 보면 개별 요소를 더한 것 이상으로

탁월한 피플 애널리틱스를 위한 9가지 관점

총합이 더 크다.

우리는 처음부터 끝까지 전사 고객의 요구를 파악하는 동시에 이를 실체가 있는 비즈니스 최종 결과물로 전환하는 활동을 기준으로 피플 애널리틱스를 고객의 관점outside-in으로 보는 방식을 제시한다. 이를 위해 피플 애널리틱스 팀은 비즈니스 현업의 다른 기능 부서와 파트너십을 형성하고 그들의 데이터와 전문 지식을 결합해 당면한 사업적 비즈니스 도전과제를 함께 해결해야 한다.

1부(피플 애널리틱스 사례)에 포함된 사례연구인 'People analytics in practice: National Australia Bank'에서 우리는 그 은행이 '전사 애널리틱스 데이터 위원회Enterprise Analytics Data Council'를 운영하는 방법을 설명했다. 전사 애널리틱스 데이터 위원회는 협업을 촉진하고 중앙으로 집중되어 있는 기술 기법적인 전문성에 대한 사용 권한을 제공하며, 은행 전반에 걸친 모든 애널리틱스 전문가를 대상으로 학습과 경력개발 기회를 제공한다. National Australia Bank와 전사 수준에서 유사한 위원회 또는 CoPCommunities of Practice(문제 해결을 통한 혁신을 기반으로 발전하는 학습 조직의 근간인 지식 실행 공동체)를 구성해 본 기업은 여러 애널리틱스 팀이 사업 전략과 연계된 중요한 전략과제나 도전과제를 중심으로 협업하도록 하는 이상적 환경을 조성해 오고 있다.

우리는 이러한 유형의 구조를 갖추지 못한 피플 애널리틱스 리더에게 기업 내에 최고 애널리틱스 책임 임원Chief Analytics Officer이 있다면 이를 활용해서 회사 전체 동료와 협업을 해 보라고 권한다.

실용적인 측면에서 협업은 데이터, 자원, 테크놀로지를 공유하는 활동과, 차이점을 수용하는 행위를 포함한다. 우리는 이를 수행하는 팀이 '공유 데이터는 곧 힘'이라는 원칙을 따르면서도 복잡한 사업 맥락과 연관되어 있는 주제를 더 성공적으로 해결하는 사례가 많다는 사실을 발견했다.

피플 데이터와 다른 비즈니스 데이터를 함께 병합해서 실현할 수 있는 비즈니스 최종 결과물은 무한하다. 일반적으로 데이터를 공유한 일부 기회에서의 '사용사례use cases'의 예들은 아래에 제시되어 있다.

피플 데이터와 결합한 고객 데이터 (customer data plus people data)

피플 데이터와 결합한 고객 데이터는 고객 순수 추천 지수cNPS[10] 점수, 고객 전환율, 고객 서비스 데이터 같은 고객 데이터를 포함한다. 예를 들자면 ISS는 직원 순수 추천 지수eNPS[11]가 고객 순수 추천 지수cNPS 및 계약 수익성에 미치는 영향을 식별해 냈다(Kamp Andersenet et al, 2015). 마찬가지로 1부(피플 애널리틱스 사례)의 사례연구인 'People analytics in practice: National Australia Bank'에서는 은행 지점들에서 직원 몰입이 고객 순수 추천 지수cNPS에 직접적이고 강력한 영향을 미쳤다는 사실을 발견했다.

피플 데이터와 결합한 재무 데이터(Finance data plus people data)

피플 데이터와 결합한 재무 데이터는 매출, 수익, 비용, 경비, 부서별 비용 데이터, 간접비 및 기타 급여와 보상 그리고 복리 후생에 더한 표준 증분 비용[12] fully loaded costs, 주당 순이익EPS을 포함한다. 아래 사례연구인 '주요 사업 목표와 관련된 데이터의 표준화를 위해 재무 기능과 파트너 되기: Tetra Pak'에서는 직원 생산성과 관계된 사업 성과 도출 목적의 전략과제나 도전 과제를 해결하기 위해 피플 애널리틱스 팀과 재무 팀이 함께 협력했던 방식을 상세히 검토한다.

피플 데이터와 결합한 판매 데이터와 수익 데이터(Sales and revenue data plus people data)

피플 데이터와 결합한 판매 데이터와 수익 데이터는 신규 고객 판매액, 기존 고객 성장률, 고객 갱신율과 유지율, 시장 점유율 데이터를 포함한다. 예를 들어 Virgin Media가 발견한 것은 회사에 지원했을 때 좋지 않은 경험으로 구독을 취소하고 있는 고객들이 연간 500만 달러(약 60억원)의 비용 손실을 야기한다는 사실이다(Steiner, 2017).

피플 데이터와 결합한 안전과 사고 데이터(Safety and accident data plus people data)

피플 데이터와 결합한 안전과 사고 데이터는 안전 사고 건수, 사건 보고서 건수, 사고와 관련된 결근 데이터를 포함한다. 예를 들어, 머스크 드릴링Maersk Drilling은 자사 시추 시설에서의 리더십 자질을 더 낮은 팀원 이직률 및 더 개선된 안전 성능 향상과 연결한 일정한 가치사슬을 정립했다.

지금까지 제시한 예시들은 네 가지에 불과하지만 비즈니스 최종 결과물 실현을 목적으로 피플 데이터와 결합되고 있는 다른 비즈니스 데이터는 부동산과 IT 데이터를 포함한다. 부동산 데이터는 상점을 찾는 고객 수footfall, CCTV, 사무 역학, 일터 설계workplace design와 협업에 정보를 주는 유용한 건물 위치가 있고, IT 데이터로는 원격 근무 효과성, 생산성, 협업, 건강한 삶의 방식, 포용성을 측정하기 위한 컴퓨터와 애플리케이션 사용 양식 등이 있다.

위에서 언급한 다음 사례연구는 부서와 그들의 데이터가 공유될 때만 해결이 가능한 조직상 주제를 다루기 위해 데이터 공유로 가능해지는 혜택들을 회고한다. Tetra Pak 사례연구의 핵심 메시지는 '피플 데이터가 재무 의사 결정에서 지침으로 사용될 수 있게 하기 위해서라도 재무 팀과 협력해 피플 데이터에 대한 신뢰성을 높여 나가라'라는 것이다.

사례연구

사업 목표와 연관된 데이터의 표준을 정립하려면 재무 기능과 파트너가 되라: Tetra Pak[13]

많은 사람들이 Tetra Pak을 알고 있지만 그 제품이 사용되는 정도는 깨닫지 못했을 수 있다. 이 회사는 우유팩과 같은 식품 포장 용기 제조로 가장 잘 알려져 있다. 1951년 설립 이후 괄목할 만한 유기적 성장을 이룩했으며 2019년에만 순매출액 115억유로(약

탁월한 피플 애널리틱스를 위한 9가지 관점

15조 5천억원)를 달성했고, 동시에 약 25,000명의 인력이 160개 이상의 국가에서 제품과 서비스를 제공하고 있다.[14]

지난 20년 동안 Tetra Pak HR 팀은 확장 및 성장 중인 사업과 관계된 활동에 관여되어 있었기 때문에 재직인재군 인력계획workforce planning에 계속 무게를 두어 왔다. 사업과 기업 경영활동이 성숙 단계로 (확실히 2010년대 후반 즈음) 진입하면서 관심 비중은 생산성 측정과 관리, 잠재적인 미래 사안 예측으로 이동했다. 사업과 기업 경영활동에서 성숙 단계로 진입한 조직 다수가 자원에 의한 비용이 매출보다 더 큰 비율로 증가하는 시점인 생산성이 문제가 되는 지점에 Tetra Pak도 도달했던 것이다. (그림 6.8 참조) 근래에 생산성 관리의 필요성이 대두되면서 글로벌 HR 기능도 관심 영역을 변경해야 했다. 관심 영역 변경은 더 넓은 범위로 이해관계자와 협업하는 것을 의미한다.

│ 그림 6.8   일반적으로 성숙기에 진입한 사업에서의 전형적 비용 지수와 생산성 지수. 대표 값만 표시

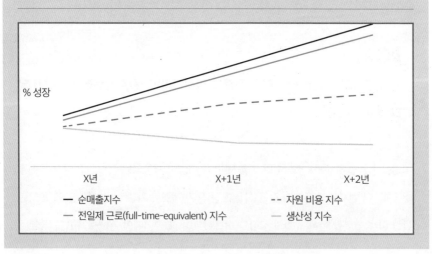

HR 테크놀로지, 프로세스와 프로젝트HR Technology, Process & Projects 담당 이사인 에바 아케손Eva Åkesson은 팀과 특히 세 가지 유형 이해관계자(작업을 대변할 HR 리더십 팀 내 후원자, 재무 기능부서의 동료, 비즈니스 현업 임원의 지원)와의 관계가 필요하다고 판단했다.

테트라팩 과정처리 시스템 ABTetra Pak Processing Systems AB의 HR 부사장인 존 아르가브라이트John Argabright는 그 작업으로 실현될 수 있는 잠재적 가치에 고무되어 그 기획안의 책임자 및 HR 리더십 팀을 대표하는 주요 후원자가 되었다. Tetra Pak의 피플 애널리틱스 담당People Analytics Lead인 아드리안 벤베누토Adrian Benvenuto와 함께 리더십 팀은 그 프로젝트에 적합하고 그 목적을 달성할 수 있는 협업 팀을 구성했다.

그들이 과거 데이터와 사업 계획 프로세스의 많은 부분을 조사하면서 금방 깨닫게 된 것은 재무 기능과 파트너 관계로 적극적으로 협업을 진행할 때 사업 계획 시나리오와 모델이 훨씬 더 강력해지고 이해관계자에게서 더 광범위하게 인정받을 것이라는 사실이었다. 이 외에 존과 아드리안은 사업 전략과 연계된 재직인재군 운용 계획strategic workforce planning을 선도하는 HR 기능의 단지 8%가 HR 데이터에서 파생된 인재 데이터와 통찰을 신뢰했음을 리서치로 파악했다. 그 리서치에서 HR 애널리틱스가 비중을 두고 있는 사안이 적합하다고 생각하는 사람은 5명 중 1명 미만이었음도 추가로 발견했다. 그 결과 단지 15%만이 HR 데이터의 결과를 참조해 지난해 의사 결정을 바꾼 적이 있었을 뿐이었다. 존과 아드리안은 여러 이해관계자와 다층적으로 협업하지 않으면 그 작업이 Tetra Pak의 의사 결정 과정과 활동에 내재화될 가능성은 훨씬 낮을 것이라는 사실을 인식하게 되었다.

존은 이렇게 말했다. '우리는 폭풍 속 찻잔과 같은 상황에 직면해 있었어요.' HR 기능이 생산성과 관련해 많은 의견을 내기 시작했다고 해도 그 팀은 재무 부서 동료를 처음부터 끝까지 전 과정에 참여시키는 것이 신뢰를 얻는데 좋다는 사실을 인지하고 있었어요. 결국 존과 아드리안은 재무 기능이 적극적으로 그들을 지원해주면 이사회가 다루는 사업 계획과 연계된 재직 인재군 운용 계획에서의 의사 결정이 기본적으로 더욱 신뢰할 수 있게끔 변하는 원리를 깨닫게 되었다.

HR 기능과 재무 기능은 협업을 하면서 그 비즈니스 기회를 얻고 그에 집중하기 위해 힘을 모았다. 그들은 그 주제에 이목을 집중시키면서 사업 계획을 실행하는데 필요한 통찰 결과를 제시하는 여러 주요 지표가 포함된 새로운 생산성 보고서를 공동으로 개발하는 것에 우선순위를 부여했다. 두 기능들이 한 뜻으로 일치가 되어있다는 사실이 분명해졌을 때 모두 기뻐했다. 에바가 '사람들이 HR 기능과 재무 기능 각자 스스로의 정체성을 떼어내자 일은 쉬워졌어요. 우리는 사업 성과 도출 목적의 전략과제와 도전과제를 해결하려 애쓰는 중인 한 팀으로 구성된 세력이었어요.'라고 회상했다. 존도 이에 동의하며 말했다. '우리 모두는 자사 사업에 가치 있는 무언가를 만들기 위해 협력하기를 원했어요. 우리 각자가 가진 목표에서 공통 분모를 발견하게 되자 예전에 서로 달랐던 목표는 그저 말장난semantics에 불과해졌지요.'

HR 기능과 재무 기능은 애널리틱스 방법론과 연관된 영역이라면 함께 협력했다.[15] 실무 차원에서 이루어진 협력 영역은 사업을 포함한 경영활동과 연관된 사안에 대한 명확한 질문 및 가설, 데이터 요소에 대한 정의, 데이터의 품질 타당성 검증, 생성된 모델의 진전, 관련 분석 활동 수행, 시각화 방식 합의, 제품 검증, 측정 지표 정의, 통찰 사항이나 통찰 결과에 대한 검토, 권고사항 구현을 포함한다. 또한 의사결정 차원에서 수행한 협력에는 효과가 가장 클 것이라고 판단되는 적합한 테크놀로지와 시각화 시스템을 임원진과 함께 선정하는 활동이 포함된다. 아드리안은 말한다. '대상 데이터가 나타내는 것, 대상 데이터가 정의되는 방식, 애널리틱스가 Tetra Pak 리더십 팀을 지원하는 방법 등에서 서로 함께 공유하고 이해할 수 있는 영역을 형성하면서 그 폭과 깊이를 공통된 수준으로 발전시킨 활동이 돌파구였어요.'

사업 계획과 애널리틱스 작업에서 가장 중요한 검증 활동은 임원진으로 구성된 이해관계자가 권고사항을 채택하도록 하는 것이었다. 검증 활동이란 GLT(글로벌 리더십 팀)를 대상으로 발표를 진행하고 이로부터 승인을 얻는 것을 의미했다. HR 기능은 단순히 일부 슬라이드를 제시하고 계속 진행할 수 없었다. 대신 HR 기능은 최상위 비즈니스 현업 리더가 행동으로 이어지는 구체적인 조치를 취하도록 정보를 제공하고 동기를 제공해야 했다. HR 기능과 재무 기능은 생산성과 연관해서도 조치가 취해지도록 글로벌 리더십 팀 구성원에게 높은 수준의 기대감을 서서히 주입시켰다. 협력을 통해 연합된 접근 방식을 취하자 팀에게 가장 기억에 남는 하나의 순간이 탄생했다. 2019년 4월 임원진 회의에서 재무 기능과 나란히 승인을 얻어 냈고 그 접근 방식은 재무 기능과 완전히 동의했던 사항이기도 했다. 재무 기능과 함께 해당 자료를 글로벌 리더십 팀에 발표함으로써 공동 협업을 위한 토론 포럼이 만들어졌다.

존은 회상한다. '시각화 생성에 투입된 그 애널리틱스 작업은 글로벌 리더십 팀이 행동으로 이어지는 구체적인 조치를 취하도록 동기를 부여해 주었어요. 사람들이 관심을 갖는 사업 계획과 연계된 재직 인재군 운용 계획을 포함한 경영활동에서의 사안을 기준으로 간단한 시각화 작업을 지원하는 믿을 만한 데이터가 대상 비즈니스 전반에 활기를 불어넣고 있어요. 임원진이 투자하게 되는 방식을 이해하는 건 상당히 흥미롭습니다.'

그 새로운 기획안은 계속해서 성공을 거두고 있다. 나아가 HR 기능과 재무 기능 간의 파트너십이 계속 강화되면서 사업 전략과 연계된 중대한 전략과제나 도전과제를 해결하는 토대도 마련하고 있다.

두 기능 모두 합의를 이루어 가면서 다른 작업에서도 속도를 높일 수 있게 되었다. 아드리안은 지금 상황을 간단히 설명했다. '우리는 사업에 변화를 줄 수 있는 지점을 찾았던 것이지요. 재무 기능과 함께 그 변화가 일어나게 했던 것이고요.'

> **TOP TIP**
>
> 당면한 사안에 집중하고자 한다면 기능 부서 간의 장벽silos을 한 편으로 치워 두어라.

새롭게 등장하고 있는 데이터 출처

피플 애널리틱스 작업을 지원할 이용 가능한 새로운 데이터 출처가 점점 더 늘어나고 있다. 새롭게 등장하는 출처와 이를 가능하게 하는 테크놀로지는 피플 애널리틱스 팀이 사업을 포함한 경영활동에서 이해관계자가 요청하는 보다 복잡한 비즈니스 문제를 해결할 수 있도록 도움을 준다. 이러한 데이터가 공급될 수 있게끔 하는 테크놀로지 중 일부는 5장(테크놀로지)에 기술된 3차 트렌드에 정리되어 있다.

우리는 리서치를 수행하며 경험하던 기간 동안 새롭게 등장한 데이터 출처와 그 공급을 돕는 테크놀로지에 투자를 꺼리는 HR 팀을 만나곤 했다. 주요한 이유는 새로 나타난 데이터 출처가 복잡하고 비싸다는 것이었다. 더나아가 데이터 개인 정보 보호 영역을 고려해 검토하는 과정에서 조직 전반에서 이러한 데이터 출처를 수용하는 것에 대한 이의가 제기되었다고 한다. 이런 조직들은 복잡하고 진일보한 분석 주제를 해결하지 못하는 경우가 많고, 대용 데이터proxy data를 찾기 위해 열심히 노력한다. 그러나 이러한 팀들은 예외 없이 무언가 부족한 상태를 벗어나지 못한다.

선도적인 피플 애널리틱스 관행을 보여주는 피플 애널리틱스 팀들은 복잡한 여건이나 상황과 관계없이 이해관계자가 답변을 얻기를 원하는 사업을 포함한 기업 경영활동에서의 비즈니스 문제를 해결하기 위해 새로운 방법을 늘 노력해서 찾아내고는 한다. 선도적인 피플 애널리틱스 관행을 추구하는 팀들은 위에서 언급한 새로운 데이터 출처를 활용해 당면한 사안을 해결하고 있다. 'Accenture의 연구물인 조직 DNA 해독하기: 신뢰, 데이터, 디지털 업무 공간의 가치 발견(Decoding organization DNA: Trust, data and unlocking value in the digital workspace, Shook, Knickrehm 그리고 Sage-Gavin, 2019)'에 반영된 바와 같이 새롭게 등장한 데이터 출처는 다루기에 복잡하다는 특징이 있지만 가치를 구현할 수 있는 엄청난 기회를 제공한다.

피플 애널리틱스 팀이 특별히 관심을 둬야 한다고 권고하는 데이터 출처는 4가지다.

- 직원 개인 데이터에 담긴 목소리
- 비정형 데이터unstructured data
- 노동 시장과 인재 시장 데이터
- 협업과 생산성 데이터

직원 데이터에 담긴 목소리

직원 데이터에 담긴 목소리는 무엇인가?

직원 데이터에 담긴 목소리는 조직이 기존 직원 몰입도 설문조사 이면에 존재하고 있는 '의견'과 세부 사항을 인식하도록 돕는 직원 개인의 상세 데이터이다. 직원 개인 데이터는 보통 정성적이지만 정량적일 수도 있다. 이 데이터를 수집하기 위해 보통 사내에서 직원경험 파악과 개선 목적의 근로자 피드백 수집 플랫폼을employee listening platform 조달하거나 개발한다.

대상 데이터는 어디에 쓰이는가?

마케팅 기능이 고객 의견을 파악하고자 유사한 접근 방식을 따르는 것처럼, 피플 애널리틱스 팀과 이들이 담당하는 HR 기능도 직원의 의견을 파악하고자 근로자 피드백 수집 플랫폼employee listening platforms을 활용한다. 이 데이터는 직원 복지, 회사에 대한 생각, 원격 근무가 미치는 영향, 고객이외에도 다른 비즈니스 최종 결과물 개선 방식에 대해 직원이 갖는 정서employee sentiment를 포함한 일련의 사용사례use cases를 분석하기 위해 사용될 수 있다.

직원 의견 데이터를 수집하는 사례는 사례연구 전사로 '피플 애널리틱스 확장하기(Scaling people analytics: Microsoft Corporation, 5장 테크놀로지)'에 기술되어 있다. 해당 사례를 보면 팀은 다중 채널을 활용해 모든 반응형(능동, active)과 비반응형(수동, passive) 출처를 일일 현황진단 설문조사daily pulse로 한데 모았다. 채집한 데이터를 통합한 뒤에 직원 의견으로 구성된 전사 차원의 그림을 새롭게 만들어서 여러 주제에 대한 통찰 사항을 매일 제공한다. 이 때 아래와 같은 사항을 고려하는 것이 중요하다.

a 목적: 필수 투자 사항을 감안할 때 대상 작업에 대한 헌신은 장기적으로 이루어져야 하므로 직원경험 파악과 개선 목적의 근로자 피드백 수집employee listening을 기준으로 명확한 이해와 전략을 발전시켜라.

b 스폰서십: 가능한 최고위 비즈니스 현업 임원을 후원자로 참여시켜라. 최고위 비즈니스 현업 임원이 후원자로 참여하면 전략과의 연계가 확보되고, 근로자는 그 중요성을 의식하게 되어 결과적으로 더 탄탄한 데이터 컬렉션을 만드는 것뿐만 아니라 직원경험을 개선할 때에도 도움이 된다.

c 데이터: 데이터 통합에 대한 투자는 특히 근로자 피드백 수집 플랫폼

탁월한 피플 애널리틱스를 위한 9가지 관점

employee listening platform의 정성적 데이터 외에도 코어 HR과 비즈니스 데이터 사이의 근로자 피드백 수집 플랫폼에서도 핵심이다.

d 윤리: 근로자 피드백 수집 전략에서 윤리적 관행을 내재화하고 1장(통제와 관리체제)에서 설명한 윤리와 개인 정보 보호 위원회와 협력(또는 해당 위원회를 설치)해라. 그 일환으로 노사 협의회 같은 직원 대표 단체만 아니라 근로자에게도 투명하고 지속적인 소통 활동을 수행해라. 헌신을 독려하고 혜택을 실사례로 입증하려면 초기 단계부터 최고 개인 정보 보호 책임자 이외에도 노사 협의회와 협력해라.

e 비전: 직원경험 분석과 개선 목적의 근로자 피드백 수집 플랫폼employee listening platform을 구현하는 것은 복잡하며, 이를 단계별로 구축하기 위해서는 장기적 비전과 애자일 접근 방식이 필수적이다.

비정형 데이터(unstructured data) — 텍스트 애널리틱스

비정형 데이터(텍스트 애널리틱스)는 무엇인가?

피플 애널리틱스 분야에서 비정형 데이터를 분석하기 위해서는 일반적으로 NLP(자연어 처리) 같은 분야에 특화된 전문 소프트웨어와 자원을 활용해서 대용량 텍스트(근로자, 채용 후보자 또는 퇴사자)를 분석하는 활동이 필요하다. 일반적인 데이터 출처는 직원을 대상으로 한 설문조사를 구성했던 개방형 질문의 답변 같은 조직 내부나 Glassdoor[16] 리뷰의 의견처럼 조직 외부나 또는 이 모두에 존재할 수도 있다.

대상 데이터는 어디에 사용되는가?

특히 설문조사에서 취합되는 근로자 의견을 고려해 보면 개방형 텍스트 질문은 분석 시 더 풍부하고 심층적인 데이터를 제공하며 임원진의 행동을 유도해 낸다. 7장(재직인재군 직원경험)의 '직원경험 측정: ABN AMRO' 사례연구는 개방형 텍스트가 제공하는 데이터의 풍성함과 관련된 대표적 사례이다.

피플 애널리틱스에서 텍스트 데이터가 쓰이는 일반적인 다른 용도는 재직인재군 인력 계획을 지원하는 직원 스킬 추론, 챗봇을 개발하기 위한 HR 헬프데스크 요청 분석, 심리적 편향bias이 섞인 질문과 답변을 관리하기 위한 성과관리 평가performance management review 데이터 분석, 내외부 직원 몰입 추세를 파악하기 위한 외부 데이터 사용 등이 있다. 아래에 제시된 사항은 중요하게 고려해야 될 사항이다.

a 스킬: 텍스트 분석에 필요한 전문 스킬을 갖춘 인재를 모집해 육성하거나 영입해라. 우리는 4장(스킬)에 기술된 운영 모델의 솔루션 엔진에서 이에 대해 어느 정도 할애해 그 역할을 전반적으로 다루었다. 일부는 텍스트 분석이 데이터 과학자 누구나 수행할 수 있는 또 다른 분석이라고 하겠지만, 우리가 지금까지 경험한 것을 보면 선도적인 피플 애널리틱스 팀은 텍스트 분석이 증가하는 현상을 고려하여 전담 인력을 육성하거나 채용한다. 팀에 채용하는 것이 불가능하다면 소비자

애널리틱스 팀 같은 다른 기능에서 사용되는 스킬을 그 기업에서 찾아서 활용해라.

b 우선순위 지정: 텍스트 분석 전문가인 앤드류 매릿Andrew Marritt은 '훌륭한 모델(텍스트 분석용)은 질문 하나에 대한 분석 상황에서 효과가 있지만, 이를 일반화해서 사용하는 것은 좀처럼 가능하지 않다고 한다(Green, 2018).' 이러한 제약을 고려해 사업을 포함한 경영활동에서 문제가 되는 사안과 그 최종 결과물을 신중하게 검토하고 가장 중요한 것을 제일 먼저 수행해라.

c 개인 정보 보호: 코어 HR처럼 다른 비즈니스 데이터와 피플 데이터가 병합되어 있을 때 대부분의 비정형 데이터는 분석할 때 더 흥미롭다. 이는 보통 속성 데이터attributable data와 기밀성이 익명성보다 더 중요하다는 것을 의미하기도 한다. 분명히 암호화, 데이터 보안, 개인 정보 보호 통제 체제를 잘 이해하고 관리하라.

d 의사소통: 근로자는 데이터를 사용하려는 요청 사유와 모든 사항 각각이 완벽하게 안전하다고 생각할 때 비정형 의견을 제공할 가능성이 더 높다. 직원 커뮤니케이션 활동에 많은 시간을 할애해라.

노동 시장 데이터와 인재 시장 데이터

노동 시장 데이터와 인재 시장 데이터는 무엇인가?

노동 시장 데이터와 인재 시장 데이터는 지리, 사람, 스킬, 직무, 임금 salary, 직종functions, 경쟁자와 관련된 외부 데이터 수집과 분석 활동의 결과 이다. 이러한 외부 데이터는 내부 데이터와 결합하면 의사 결정을 더 수월 하게 내릴 수 있도록 돕는다.

대상 데이터는 어디에 쓰이는가?

이러한 유형의 데이터는 일반적으로 스킬을 지닌 인재 모집, 인력 계획, 인재 가용 상황talent availability, 재직인재군 미래 현황 예측forecasting에 영향을 미치는 다양한 외부 노동 시장 요인을 분석하고 통찰 사항을 제공하기 위 해 사용된다. 또한 이러한 유형의 데이터는 위치 전략, 부동 자산 계획, 위 험 관리 같은 전사적 수준의 주제에서도 사용될 수 있다. 이외에 노동 시장 데이터와 인재 시장 데이터는 경쟁사 조직 및 경쟁사 인재와 관련된 유용 한 정보를 제공해 줄 수 있다. 아래에 제시된 사항을 중요하게 고려해라.

a 목적: 인재 시장 데이터 사용 이유를 명확히 해라. 데이터 필요 사유 가 불분명한 경우 외부 공급업체로부터 받은 데이터가 유용하지 않을 수 있으므로 인재 시장 데이터가 필요한 이유를 신중하게 검토해야 한다.

탁월한 피플 애널리틱스를 위한 9가지 관점

b 데이터 통합: 수행 예정인 작업의 범위를 고려해 지리적 범위나 인재 범주에 따라 공급업체 한 곳 이상으로부터의 데이터 통합이 필요할 수 있다.

c 측정: 노동 시장 데이터와 인재 시장 데이터의 양이 방대하고, 분석에 소요되는 노력은 그 양을 훨씬 상회할 수 있으므로 성공 결과를 미리 측정하는 방법을 검토해라.

협업 데이터와 생산성 데이터

협업 데이터와 생산성 데이터는 무엇인가?

일반적으로 과학적 명칭인 조직 네트워크 분석ONA에서 협업 데이터와 생산성 데이터를 참조한다. 조직 네트워크 분석ONA은 전사로 정보가 흐르는 방식과 공식 보고 구조를 넘어 팀 내부, 혹은 팀과 팀 사이에 사람들이 협업하는 방식을 연구한다. 조직 네트워크 분석은 새로운 것은 아니지만 현재 더 널리 보급되고 있다. 이는 해당 분석 방법론이 많은 양의 데이터를 분석하면서도 이를 내부 비즈니스 협업 데이터와 병합해 중요한 통찰을 이끌어낼 수 있기 때문이다. 조직 네트워크 분석에서 쓰이는 데이터는 능동 데이터active data(설문조사 같은 '능동적' 메커니즘으로 수집됨) 또는 수동 데이터passive data(이메일, 캘린더 그리고 협업 도구 같은 커뮤니케이션 시스템에서 생성된 비연속적 지속성을 지닌 데이터의 흐름을 통해 수집됨)일 수 있다.

대상 데이터는 어디에 쓰이는가?

많은 글들은 조직 네트워크 분석 데이터를 사용해 분석 가능한 대상에 대해 기술해 왔다. 일반적인 '사용사례'는 성공적인 영업 팀과 리더의 네트워킹 행동 연구(Green, 2019), 원격 작업이 협업에 미치는 영향(Green and Goel, 2019), 직원 건강과 만성 피로(burnout)(Irwin, 2019), 혁신 추진을 목적으로 한 직원 네트워크 활용(Arena et al, 2017), 다양성과 포용성 관련 새로운 통찰(Newman, 2019)을 포함한다. 즉 조직 네트워크 데이터를 수집하고 분석할 수 있는 가능성은 무궁무진하다. 이 때 고려해야 할 사항은 다음과 같다.

a 목적: 사업을 포함한 경영활동과 연관된 사안으로 물꼬를 터라. '멋있게' 들린다는 것 때문에 조직 사회 네트워크 분석을 사용하지 않도록 해라. 사업을 포함한 경영활동과 연관된 현실적인 사안 해결에 도움이 될 정도로 적합한 경우에 활용해라.

b 공급업체: 각 공급업체의 수행 능력은 조금 상이하기 때문에 공급업체를 선택하는 것은 사업에 연계된 전략과제나 비즈니스 도전과제에 따라 달라진다. '일반화된' 공급업체 프로파일은 존재하지 않는다. 일부 공급업체는 생산성 조사에 더 적합하고 다른 일부 공급업체는 협업과 포용성에 특화되어 있다.

c 윤리: 기업이 보안, 개인 정보 보호, 윤리 영역에서 필요한 매우 견고한 프로세스를 갖춰 놓지 않아서 조직 네트워크를 분석할 때 수동 데

이터를 사용하려는 새로운 다수의 계획안이 실패하는 것을 우리는 종종 목격한다. 사안을 반영해서 조직 네트워크 분석의 일환으로 수동 데이터를 포함하는 명확한 이유를 정리해라. 1장(통제와 관리체제)에서 기술한 윤리와 개인 정보 보호 위원회와 함께 협업해라. 마지막으로 분석하려는 대상 데이터 외에도 연관 조직과 재직인재군을 대상에게 돌아가는 잠재적 혜택 같은 부분에서 투명한 태도를 유지해라.

d 검증하고 학습해라: 우리는 먼저 조직 네트워크 분석 시범 운용 프로젝트를 수행할 것을 권고한다. 작게 시작해서 선호를 검증한 다음 이를 확장해라. 많은 통찰 및 이점이 존재하더라도 대상 데이터의 사용은 소심한 피플 애널리틱스 리더나 최고 인사 책임 임원에게는 적절하지 않다. 그렇더라도 사업 성과 창출에 기여하는 효과와 가치 측면에서 생각해 보면 그 기회는 실제로 상당히 크다.

요약

데이터는 모든 애널리틱스에서 가공 이전의 원재료이다. 데이터의 구조화, 관리, 통제 그리고 보안이 피플 애널리틱스 성공의 핵심 포인트이다. 새로운 데이터 출처가 비즈니스 최종 결과물을 고려한 새로운 통찰을 잠재적으로 제공할 수 있다는 점을 이해하는 것도 피플 애널리틱스에서 중요하다.

- HR 기능 담당 최고 데이터 책임 임원을 두어라.

- 데이터 관리, 데이터 과학, 애널리틱스 영역에서의 책임을 하나의 역할로 통합해라.

- 피플 데이터 용도로 강력한 통제와 관리체제를 이행해라. 통제와 관리체제는 데이터 개인 정보 보호와 데이터 관리 영역에 명확한 지침을 제공한다.

- 데이터 관리에 주의를 기울이고 이를 전략에 일치시키면서 명확한 정의와 표준을 만들어라. 그 후 데이터 전 처리와 가공 자원data engineering resources에 투자해라.

- 교차 기능적 접근 방식cross–functional approach을 취하는 동시에 전사 데이터와 스킬을 활용해서 개선된 비즈니스 최종 결과물을 만들어 내는 작업으로 협업해라.

- 조직 내외부에서 새롭게 등장한 데이터 출처sources를 활용해라. 그리고 사업과 연계된 전략과제나 도전과제 외에도 사업을 포함한 경영활동에서 발생하는 문제를 해결하기 위한 새로운 방안을 끊임없이 모색해라.

각주

1 누군가의 아킬레스건은 품성이나 본성에서 가장 약한 부분으로 타인의 공격이나 비판을 받기 가장 쉬운 부분이다.

해당 용어는 취약성과 잠재적 활동 중단으로 이어지는 시스템, 프로세스 또는 팀의 약점을 지적하려 할 때 비즈니스에서 사용된다. Collins Dictionary (see https://www.collinsdictionary.com/dictionary/english/achilles-heel ₩ (archived at https://perma.cc/4S78-SVA7), 2021년 2월 7일 최종 접속). 콜린스 사전 (https://www.collinsdictionary.

com/dictionary/english/achilles-heel 참조)

2 용어집 참조: 데이터 웨어하우스
하나 이상의 소스에서 통합된 데이터의 중앙 저장소(repository)로 현재와 과거 데이터를 한 곳에 저장한다. 데이터가 미리 정의된 구조와 프로토콜을 사용해 저장되도록 형식이 지정되는 경우가 많다.

3 용어집 참조: 데이터 레이크
순서나 사전 기술된 형태로 데이터를 먼저 구조화하지 않고 정형 데이터와 비정형 데이터를 대규모로 저장하는 중앙 집중식 저장소(repository)이다.

4 https://aws.amazon.com/big-data/datalakes-and analytics/what-is-a-datalake/(https:// perma.cc/43NL-C8EX에 보관) 2021년 2월 7일 최종 접속)

5 HSBC Bank plc는 1836년 영국 버밍엄에 설립되었으며 영국 런던에 글로벌 본사가 있다. 전 세계 4천만 명 이상의 고객에게 서비스를 제공하고 있으며 85,000명 이상의 직원을 고용하고 있다.
(https://www.about.hsbc.co.uk/(https://perma.cc/S87E-BTCV에 보관) 참조). 2021년 2월 7일 최종 접속).

6 용어집 참조: 불타는 갑판(burning flatform)
변하지 않았을 경우 사람들이 겪게 될 결과를 보도록 돕는 과정을 설명하는 용어이다. 그대로 현상 유지가 되면 어떻게 되는지에 대해 충분한 우려를 촉발시켜 사람들이 변화를 수용하게 한다.

7 Nokia Corporation은 1865년에 설립된 핀란드 다국적 통신, IT, 소비자 전자 제품 기업이다. 2020년 현재 Nokia는 100개 이상의 국가에서 약 103,000명의 직원을 고용하고 130개 이상의 국가에서 사업을 영위하고 있다. (https://www.nokia 참조). com/about-us/ (https://perma.cc/NC33-VFV5에 보관됨), 2021년 2월 7일 최종 접속

8 용어집 참조: 견적 요청
RFP(Request for Proposal)와 유사하지만 일반적으로 공급 후보업체에 서비스 또는 제품에 대한 견적을 요청하고자 RFP의 전 단계에서 더 간결하게 사용되는 문서이다.

9 2+2=5는 두 회사나 조직이 독립적이기 보다 함께 일할 때 더 많은 것을 성취하고 더 성공적이라는 이론이다.
Cambridge 비즈니스 영어 사전
(https://dictionary.cambridge.org/dictionary/english/2-2-5 참조(https://perma.cc/8VM9-X63B에 보관)(2021년 2월 7일 최종 접속).

10 용어집 참조: NPS(Net Promoter Score)는 Fred Reichheld, Bain & Company와 Satmetrix Systems, Inc.에서 개발한(등록 상표) 고객 충성도 측정 지표이다. Reichheld는 2003년 Harvard Business Review 기사 'One number you need to grow'에서 NPS를 소개했

다. cNPS는 NPS를 설명하는 또 다른 방법으로 고객 순추천 점수를 의미하며 일반적으로 eNPS와 구별하는 데 사용된다.

11 용어집 참조: eNPS는 직원 순추천 점수(Net Promoter Score)를 의미하며 NPS의 한 버전이다.

eNPS는 일반적으로 직원에게 다음 한 가지 질문으로 조직을 지칭하게 한다. 일하기 좋은 직장으로 [회사명]을(를) 추천하시겠습니까? eNPS의 점수 계산 방법은 NPS와 동일하다.

12 용어집 참조: '완전 적재(fully loaded)'는 한 사람의 직접비(즉, 급여, 기타 보상 그리고 복리후생)에 표준 증분 비용을 더한 직원 비용을 나타낸다. 재무 기능은 일반적으로 부동산 점유, IT 비용 및 본사 직원 비용 같은 항목을 포함하는 이러한 증분 비용 계산식을 가지고 있다.

13 Tetra Pak은 스웨덴 Lund와 스위스 Pully에 본사를 두고 1951년에 설립된 다국적 식품 포장 및 가공 업체이다.

(https://www.tetrapak.com/about/our-identity-and-values 참조(https://www.tetrapak.com/about/our-identity-and-values 참조). //perma.cc/Z3G3-GPUE), 2021년 2월 7일 최종 접속).

14 https://www.tetrapak.com/about/facts-figures(https://perma.cc/G553-BTXZ에 보관됨) 참조. 마지막 2021년 2월 7일 최종 접속.

15 팀은 2장(방법론)에 설명된 8단계 방법론을 효과적으로 따랐다.

16 Glassdoor는 전·현직 직원들이 익명으로 회사를 리뷰하는 웹사이트이다.

07

재직인재군 직원경험
(workforce Experiences)

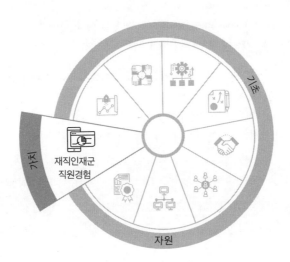

7장에서는 HR 기능의 소비자 중심주의consumerization(기업이 주도하는 서비스가 아닌 개별 소비자로서 최종 사용자를 고려해 제품과 서비스 설계 방향을 변경하는 경향) 개념과 피플 애널리틱스가 직원 개인, 관리자, 임원, 재직인재군을 대상으로 소비자 중심주의를 고려한 책임을 수행하도록 유도하는 방법을 검토한다.

핵심포인트

- '소비자 중심주의'가 HR 기능에 제공하는 기회

- 직원경험이 피플 애널리틱스에 영향을 미치는 방식

- 피플 애널리틱스 기능이 근로자, 재직인재군, 관리자, 임원진에게 갖는 책임

핵심 포인트와 연계된 실제 사례 중심의 통찰

- ABN AMRO Bank N.V. 직원경험 측정하기

- FIS 데이터를 활용한 전사 성과관리 시스템 변경하기

- Banco Santander S.A. 임원진 앞에서 애널리틱스에 생명을 불어넣어라

개관

재직인재군 인재 경험

재직인재군 직원경험은 모든 조직에서 여러 계층과 그룹이 피플 애널리틱스로 혜택을 받는 방식을 설명한다. 재직인재군 직원경험은 직원경험의 소비자 중심주의와 개인화, 모든 관리자를 대상으로 한 데이터 범용화, 대화형 애널리틱스 interactive analytics로 임원진의 흥미를 유발하는 방법과 대상 재직인재군 전반의 직원경험 개선을 위해 프로세스를 조직적으로 변경하는 방법 같은 주요 주제를 간략하게 설명한다.

피플 애널리틱스는 '사람'과 '애널리틱스'라는 두 단어로 구성된다. 7장의 핵심은 바로 '사람'이라는 단어이다. 데이터를 제공하는 사람들인 근로자에게 애널리틱스가 가진 이점을 제공하는 것으로도 사업 성과 창출에 긍정적인 영향을 미친다.

Accenture 스터디 보고서인 '조직 데이터 해독: 신뢰, 데이터와 디지털 업무 공간의 가치 발현(Decoding Organizational Data: Trust, data, and Unlocking value in the digital workspace, Shook, Knickrehm, Sage–Gavin, 2019)'에 따르면 근로자의 92%가 '가치의 공정한 교환fair exchange of value'[1]이 존재하며 이러한 원리에 기반하여 데이터 제공 대가를 개별적으로 받을 수 있다는 점을 전제로 재직 중인 기업이 데이터를 수집하고 분석하는 것에 대해 개방적 태도를 취하고 있다고 한다. 또한 이러한 '신뢰 배당trust dividend'[2]이 성장률에 미치는 차이는 12.5%로 전 세계적으로 31억 달러(약 3조 7천억원)의 가치에 이른다고 한다. 그러므로 피플 애널리틱스를 도구로 적용해서 재직인재군의 직원경험을 만들어내는 활동은 타당하다. 더 나아가 이는 기업에 막대한 이익을 제공하기도 한다.

우리는 '재직인재군 직원경험'이 피플 애널리틱스에 의한 핵심 최종 결과물 중 하나라는 점을 1부(피플 애널리틱스 사례)에서 주목해서 언급한다(그림 7.1 참조). 우리는 이제 '재직인재군 직원경험'이라는 주제를 아래 요소를 중심으로 더 자세히 살펴보고자 한다.

그림 7.1　다층적 활동과 최종 결과물로 구성되는 피플 애널리틱스

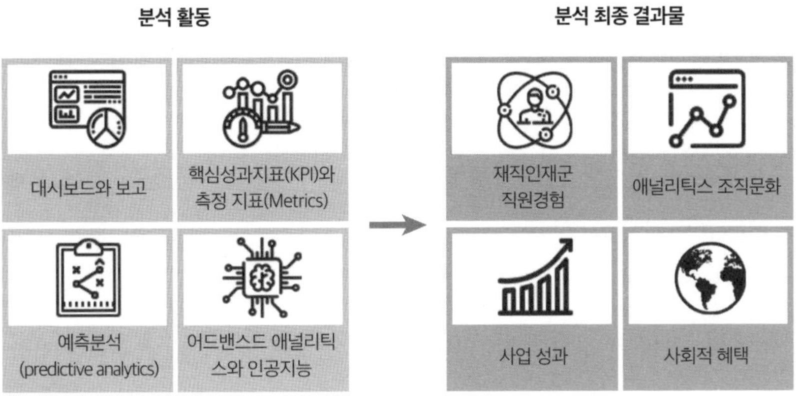

분석 활동 　　　　　　　　　　　　　분석 최종 결과물

| 대시보드와 보고 | 핵심성과지표(KPI)와 측정 지표(Metrics) | 재직인재군 직원경험 | 애널리틱스 조직문화 |
| 예측분석 (predictive analytics) | 어드밴스드 애널리틱스와 인공지능 | 사업 성과 | 사회적 혜택 |

- HR 기능의 소비자 중심주의: 소비자 중심주의가 HR 기능과 그 기능이 지는 책임과 관련되어 있기 때문에 탐색해 보려 한다.

- 피플 애널리틱스의 책임 4가지: 우리는 소비자 중심주의가 청중 4가지 유형에 적용되는 방식과 피플 애널리틱스 기능이 개별 단위로서 4가지 청중 유형인 직원, 재직인재군, 관리자, 임원에게 책임을 갖게 되는 이유를 논의하려 한다.

HR 기능의 소비자 중심주의

피터 힌센Peter Hinssen은 2018년 Forbes 기사에서 HR 기능이 직원경험과

관련해 마케팅 기능으로부터 학습할 수 있는 사항에 대해 설명한다. '과거 마케팅 활동은 방송을 활용하는 것이 전부였습니다. 제품이나 서비스가 있으면 그저 소비자에게 밀어 넣기로 판매했거든요. 우리는 소비자가 원하는 것을 전혀 몰랐고, 우리의 해결 방법이 매우 훌륭해서 충분히 많은 사람들에게 홍보를 할 수만 있으면 그 중 많은 비율이 우리가 제공하는 것을 구매하리라고 믿었어요.'

어디서 들어 본 경험이 있지 않은가? 이 상황이 익숙하게 들리는 이유는 이러한 방식이 일반적으로 대다수 조직이 수십 년간 자사 재직인재군을 대해 온 방식이기 때문이다. 기업은 지금까지 일정한 교육 과정이나 성과관리 시스템 같은 일정한 HR 프로그램을 그 영향이 미치는 근로자 범위나 의견을 거의 반영하지 않은 채 개발했다. 기업은 그 다음 일부 비즈니스 기능에서 시범 운용을 실행하고, 가끔(항상 그런 것은 아니지만) 해당 프로그램을 지역, 비즈니스 라인business line(특정 종류의 제품이나 상품), 적용 대상의 인구 통계나 조직문화와 관계없이 전사로 확대하여 실행한다. 수집되는 피드백 내용은 종종 그 대상 프로그램의 구현과 관련이 있다. 지금껏 경험으로 보면 비즈니스 최종 결과물은 거의 측정되지 않았다.

이 정도까지는 괜찮다고 생각해보자. 우리의 표현이 조금 귀에 거슬릴 수도 있다! 일부 기업은 의사 결정 활동에 정보를 제공하기 위해서 데이터를 활용할 때 다른 방법으로 작업을 하기 시작했다. 또한 HR 기능의 일부 임원은 직원경험을 보다 차별화되고 세분화된 방식으로 제공하는 활동에 대해 탁월한 관점을 지니고 있는 경우도 있다. 그러나 우리의 연구를 보면 상대적으로 극소수 기업과 그 기업의 HR 기능 임원만이 자사 HR 프로그램 대부분에서 의사 결정 활동에 정보를 제공하기 위해 직원 데이터와 애널리틱스를 광범위하게 활용하고 있을 뿐이다.

이를 바탕으로 HR 기능은 고객이 소비자로 변해 온 방식으로 마케팅 기능이 얻게 된 경험에서 분명히 배울 점이 있다. HR 기능 특징을 고려했을 때 앞서 언급한 학습이란 근로자를 일종의 소비자로 간주해 보는 것이다. 우리는 이러한 관점 전환을 'HR 기능의 소비자 중심주의'라고 부른다.

지난 15년 동안 마케팅 기능은 데이터, 애널리틱스, 테크놀로지에 의해 변혁을 경험했다. 이제 기업은 고객 데이터를 활용하는 동시에 애널리틱스를 적용해 각 고객을 단일화된 개인 또는 '일정 유형의 고객(Howell, 2020)'으로 대하며 분류 범주에 따라 서비스 제공을 개별화하고 있다. Amazon과 Netflix 같은 기업은 고객 선호 사항을 기준으로 추천안을 제공하는 정교한 개인화 엔진을 토대로 믿을 수 없을 정도로 사업 영역을 현재까지 성공적으로 구축했다. 실제로 Amazon의 추천 엔진recommendation engine은 매출의 35%를 창출한다고 한다(Morgan, 2018).

선도적인 HR 기능은 현재 비슷한 경로를 밟고 있으며 고객경험CX이 마케팅 기능과 소비자에게 긍정적인 영향을 미쳤던 것처럼 직원경험EX 또한 HR 기능과 재직인재군에게 유사하게 긍정적인 영향을 미치리라 예상한다.

Accenture의 2015년 보고서인 '자사 구성원을 일정 유형의 인재군으로 관리하기Managing your people as a workforce of one'에서 다음의 분명한 메시지로 직원경험에서의 길을 제시하는데 도움을 주었다. '인재를 관리하는 활동에서 하나의 접근 방식만이 모든 직원에게 더 이상 적용되지 않는다(Smith and Cantrell, 2015).'

기업이 직원경험에 비중을 두게 되면서 HR 분야에서 새로운 리더십 역할인 직원경험 리더가 등장한다. 이러한 변화를 수용한 최초의 기업 중 하나는 Airbnb로, 2013년 초 마크 레비Mark Levy를 직원경험 리더로 임명했다. 마크는 2016년 Forbes의 제이콥 모건Jacob Morgan과의 인터뷰에서 아래와 같이 의견을 밝혔다. 'Airbnb에 고객경험 그룹이 있다면 직원경험 그룹도 만들지 않을 이유가 있나요?'(Morgan, 2016).

그렇다면 무엇이 직원경험인가? 마크는 '직원경험은 자사 근로자를 대상이 아닌 파트너이자 목적으로 삼고 해당 사안을 수행하는 것과 관련이 있지요(Levy, 2020).'라고 이를 정의했다. 우리는 이러한 태도가 직원경험의 본질을 완벽하게 포착했다고 생각한다. 직원경험은 종종 직원 몰입employee engagement과 혼동되지만 서로 관계가 있다고 하더라도 이 두 개념은 상당히 다르다. 직원경험은 직원 개인이 관찰한 것에 더불어 개인이 입사 초부터 퇴사까지 재직하는 동안 경험하는 대상 기업과의 모든 개별적 상호작용을 어떻게 인식하고 느끼는지 설명한 것이다. 반면, 직원 몰입은 경험이 지각이 되던 실재하고 있던 간에 그 경험을 판단하기 위한 측정 기준이다.

Airbnb와 같은 개척자들 이외에도 IBM(Burrell and Gherson, 2018), Microsoft (Hougaard, Carter and Hogan, 2019), ABN AMRO(7장 후반부 사례연구 참조)와 같은 다른 개척자들은 직원경험 관행에서의 모범 선례를 만들어 도움을 주었다. 2019년에 이르러 케네디 피치(Kennedy Fitch,2019)가 진행한 200개 기업을 대상으로 한 연구를 보면, 직원이 50,000명 이상인 기업 모두 각자가 직원경험 여정을 HR 기능의 운영과 실무에 적용하기 시작했다. 2019년 직원경험 현황 조사에서 TI People은 23%의 기업에서 '직원경험 책임 임원'이 최고 인사 책임 임원CHRO을 직접 보고 라인으로 한다는 사실을 확인했다.

여러 면에서 직원경험 영역이 성장하고 있다는 사실은 실현의 시대에 피플 애널리틱스도 성장했다는 점을 반영한다(1부 피플 애널리틱스 사례 참조). 실제로 직원경험과 피플 애널리틱스는 HR 분야에서 가장 빠르게 성장하는 영역이다. 리서치 연구를 보면 비즈니스 현업 리더와 HR 담당자가 그 중요성을 계속해서 지속적으로 언급하고 있다. 직원경험에서 두 개의 사례는 세계 경제 포럼World Economic Forum의 4차 산업 혁명 보고서(2019)인 'HR 4.0: 인재경영 전략 구성하기HR 4.0: Shaping People Strategies'에 포함되어 있다. 이 보고서에서 직원경험과 피플 애널리틱스는 기업과 HR 리더가 실행해야 할 6가지 핵심 과제 중 2가지로 주목받기도 했다. 두 번째 사례는 LinkedIn의 'Global Talent Trends 2020' 보고서로, HR 담당자들은 인재 유인과 인재 유지 방식을 변화시키는 가장 중요한 두 가지 트렌드로 직원경험과 피플 애널리틱스를 선정했다. 두 가지가 상호 연결되어 나타나는 모습은 우연이 아니다. 직원경험과 피플 애널리틱스는 본질적으로 연결되어 있어서 각각 부분적으로 서로 영향을 주며 성장한다.

이제 HR 기능의 소비자 중심주의에서의 시사점과 함께 이러한 소비자 중심주의가 피플 애널리틱스의 역할에 어떻게 영향을 미치는지에 대해 살펴보자. 피플 애널리틱스의 네 가지 책임 영역을 살펴봄으로써 HR 기능의 소비자 중심주의와 그 영향 관계를 검토할 것이다.

피플 애널리틱스의 네 가지 책임 영역

피플 애널리틱스는 HR 기능의 소비자 중심주의에서 중요한 역할을 수행한다. 피플 애널리틱스가 수행하는 중요한 역할은 4가지 유형의 청중, 재직 인재군에서의 인재 유형 구분, 소비자로서 이들이 가진 기대 수준을 기준으로 하여 검토해 볼 수 있다. 우리는 이러한 중요한 역할을 피플 애널리틱스가 갖는 네 가지 책임 영역으로 정의한다(그림 7.2 참조).

- '일정한 유형의 근로자Employee of One'로서 직원 개인을 대상으로 한 피플 애널리틱스의 책임
- '핵심가치 내재화를 위한 인재경영 체제people process 소비자'로서 재직인 재군을 대상으로 한 피플 애널리틱스의 책임
- '피플 데이터의 소비자'로서 관리자를 대상으로 한 피플 애널리틱스의 책임
- '인재경영 통찰people insights의 소비자'로서 임원진을 대상으로 한 피플

'일정한 유형의 근로자(Employee of One)'로서 직원 개인을 대상으로 한 피플 애널리틱스의 책임.

피플 애널리틱스는 근로자를 대상으로 입사 이전부터 퇴사 직전까지의 단계마다 연결된end-to-end 효과적인 직원경험 여정을 설계해 측정하고 의사소통 하면서 개선하는 활동에서 일종의 필수 구성 요소이다.

직원경험을 숙지한 기업은 근로자를 사회적 역할persona을 중심으로 한 소비자군으로 구획하고 분류한 이후에 그 특성을 정의하는 용도로 피플 애널리틱스를 활용한다. 또한 이러한 기업에서 피플 애널리틱스는 주요 근로자 유형군이 갖는 직원경험 여정에서 '접점touchpoints'이나 '중요한 순간'을 식별해 경험 여정 지도를 생성하고 HR 프로그램과 이에 따른 기업 내 처리과정company process의 틀을 만드는 통찰 사항이나 통찰 결과를 제공한다.

6장(데이터)에서는 직원경험을 분석하는 데 피플 애널리틱스 팀이 활용할 수 있는 새로운 데이터 출처sources를 강조해서 정리했다. 새롭게 부상한 데이터 출처에는 설문조사 데이터(연간 설문조사, 월간 또는 일일 현황진단 설문조사), 협업 데이터(조직 네트워크 분석, ONA), 코어 HR 시스템의 데이터가 포함된다.

그림 7.2 HR의 소비자 중심주의 과정의 4가지 People Analytics 책임 영역

1

'일정한 유형의 근로자'로서 직원 개인을 위해서 피플 애널리틱스는

- '중요한 순간'과 '경험 여정'의 접점 (touch points)'이 되는 지점에서 정보를 수집하고 관리하면서 측정하고 보고한다.
- '개인화'와 '사람 행동 변화'를 촉진하는 다양한 동기 부여가지 (nudges)'가 구현되도록 돕는 새로운 테크놀로지를 통해 직원경험 여정을 혁신한다.
- 직원경험과 다른 주요 HR 기능 전문가 조직(Center of Excellence)의 리더와 파트너십을 맺는다.
- 투명성과 함께 직원 개인을 대상으로 분석을 시행할 수 있도록 데이터 개인 정보 보호와 윤리적 관행을 정립한다.

2

'핵심가치 내재화'를 돕는 HR 정책, 제도, 관행에 직원을 연계하는 인재경영 체제(people process) 소비자'로서 재직인재군을 위해서 피플 애널리틱스는

- 대상 기업의 분위기에 귀 기울이고 반영하는 디지털 생태계를 조성한다.
- '직무 역할, 커뮤니케이션 관계, 전반적 업무 환경 등을 주제로 직원 의견 현황을 취합하는 활동 (pulsing)' 이외에도 텍스트 분석 영역에서 전문성을 개발한다.
- 직원 개인 수준에서 세부적으로 차별화되고 세분화된 방식으로 분석할 수 있도록 데이터 모델을 구축한다.
- HR 리더가 데이터를 기반으로 통찰을 사용하여 인간 중심 접근 방식으로 HR 프로그램을 설계할 수 있도록 만든다.

3

'피플 데이터 소비자'로서 관리자를 위해서 피플 애널리틱스는

- 전사 모든 관리자를 대상으로 데이터를 범용화한다.
- 대상 팀과 직원 개인 수준으로 상세하게 데이터와 통찰 사항을 제공하는 정교한 테크놀로지에 투자한다.
- '알림을 맡아 넣어 관리자의 '의도된 행동을 변화를 유도(nudge)'하는 새로운 테크놀로지를 통해 혁신을 실행한다.
- 사업 성과 창출에 기여하는 효과를 도출하고 가치를 실현하는 조치 시행으로 이어지는 예측에 비중을 둔 통찰 사항과 통찰 결과를 통합한다.

4

'인재경영 통찰 소비자'로서 임원'을 위해서 피플 애널리틱스는

- 어드밴스드 애널리틱스 솔루션을 직관적이며 사용이 쉬운 소비 기능한 제품으로 제공한다.
- '모바일 우선'으로 생각하면서 피플 애널리틱스 솔루션을 모바일 기기 용도의 제품으로 제공한다.
- 개별 '알고리즘을 임원진에게 밀어 두기 보다 예측 애널리틱스 솔루션을 묶어 패키지로 만든다.
- 대시보드, 성과표(scorecards), 어드밴스드 애널리틱스를 응용 프로그램(application) 하나로 통합한다.

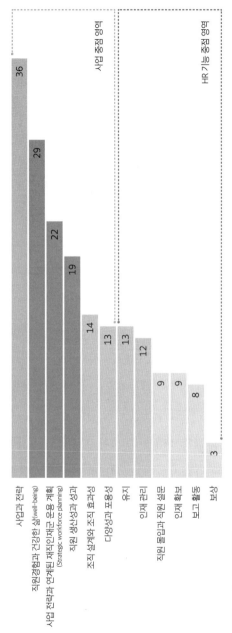

그림 7.3 피플 애널리틱스가 가치를 더하는 주요 영역

사업 중점 영역

HR 기능 중점 영역

영역	값
사업과 전략	36
직원경험과 건강한 삶(well-being)	29
사업 전략과 연계된 재직/인재군 운용 계획) (Strategic workforce planning)	22
직원 생산성과 성과	19
조직 설계와 조직 효과성	14
다양성과 조직 포용성	13
유지	13
인재 관리	12
직원 몰입과 직원 설문	9
인재 확보	9
보고 활동	8
보상	3

출처 Ferrar, Styr, Ktena (2020)

특히 피플 애널리틱스의 맥락에서 유념해야 하는 중요한 측면 하나는 HR 기능이 라인 관리자의 관심을 이끌어 내고 관여하도록 하는 동시에 IT, 부동산 및 다른 기능과 협력하는 것이 직원경험을 관리하는 활동에서 필요하다는 점이다. 그 이유는 실제로 연관된 비즈니스 현업이 직원경험에서 근로자에게 가장 중요한 모든 접점을touchpoints 소유하고 있기 때문이다. 실제로 2019년 TI People의 리서치에서는 36개 경험 여정의 접점touchpoints 중에 HR 기능이 소유한 것은 단 하나뿐인 것으로 나타났다.

이외에도 상세한 수준으로 직원경험을 분석하기 위해서는, 데이터 개인 정보 보호에 있어서 보다 세부적인 접근 방식이 필요하다. 개별 직원 개인에 대한 유용한 데이터를 수집하는데 필요한 세부 사항 수준을 고려할 때 피플 데이터 사용에서의 윤리 정책 전체를 다시 검토해야 한다. 근로자, 노동 조합, 노사 협의회와 다른 직원 대표 기관으로부터 예상할 수 없는 반응이나 이의제기가 직원 계층을 세부적으로 분석하는 것으로도 발생할 수도 있다. 즉, 직원 데이터 수집이 개인 권리 침해 정도가 큰 데다 기업 내 '감시 통제Big Brothers',[3] 문화를 우려한 반응이 야기될 수도 있기 때문이다. 그 어느 것도 이러한 현실과 다르지 않다. 그러므로 데이터 개인 정보 보호 팀, 데이터 보안 팀, 직원관계 팀, 피플 애널리틱스 팀이 신뢰 배당trust dividend을 현실에서 획득할 수 있도록 근로자에게 완전한 투명성을 제공하는 현대화된 윤리 헌장(1장 통제와 관리체제 참조)을 작성하는 것이 필요한 것이다.

핵심은 피플 데이터를 분석하지 않고는 직원경험을 측정하고 개인화해서 제품화한 결과를 개선하는 것도 불가능하다는 사실이다. 그러므로 하나의 기능으로서 피플 애널리틱스가 기초 토대라고 하는 것이다. 따라서 직원경험에서 '눈에 띄게 상황을 변화시키기move the needle'[4]를 원하는 최고 인사책임 임원Chief Human Resources Officer은 피플 애널리틱스에 훨씬 더 많은 투자를 해야 한다.

이를 짚어 설명하면 피플 애널리틱스 투자에서 핵심은 직원경험 각각과 연관된 데이터를 채집하는 활동이라는 의미다. 또한 이는 직원 개인 수준의 정성적 데이터와 정량적 데이터 모두를 통합하는 일정한 데이터 모델에 투자함으로써 결과적으로 피플 데이터로 구성된 '빅 데이터 플랫폼Big Data Platform'을 만들어 필요한 초세분화 작업micro-segmentation을 실행하는 것을 의미하기도 한다. 이를 위해서는 더 많은 통제와 관리체제 외에도 새로운 수준의 사회적 책무에 따른 관리 책임이 요구될 수도 있다(6장 데이터 참조).

이에 덧붙여 새로운 테크놀로지로 투입되는 투자는 통찰 사항이나 통찰 결과가 개별 개인 수준으로도 도출될 수 있도록 할 것이다. 개별 개인 수준에서 통찰 사항을 도출하는 것이 매우 필요하고 가능한 상황에서 근로자가 행동으로 옮기도록 지원하기 위한 '행동 변화를 위한 다양한 인센티브 제도 기획이나 설계nudge' 또한 개발할 수 있다. 이러한 테크놀로지를 사용해서 기업은 개별화된 개인이기도 한 사람들을 '한 명의 소비자 같은 직원employee of one'으로 보고 다가서려는 목표에 더 가까워질 것이다.

마지막으로 커뮤니케이션을 포함해 개인 정보 보호와 윤리를 관리하는 영역과 함께 텍스트 분석과 같은 특히 전문가 스킬이라 간주되는 데이터 분석 영역에서 투자가 훨씬 더 신중한 방식으로 이루어져야 할 것이다.

최고 인사 책임 임원은 이 모든 투자와 직원경험을 가능하게 만드는 조력자 역할의 중추이다. 그럼에도 불구하고 피플 애널리틱스 리더의 자질 또한 그만큼 중요하다.

직원경험 영역의 과업을 수행하는 동료와 협업하는 과정에서 직원경험 데이터를 수집하여 관리하고 측정하며 분석하기를 달가워하지 않은 피플 애널리틱스 리더는 누구나 직원경험 영역의 전반적인 개념을 혼란스럽게 만든다. 그 결과 피플 애널리틱스 리더의 이러한 태도는 직원 개인 모두가 기업 경영활동 전반에 걸쳐 갖게 되는 잠재적인 직원경험에 영향을 미친다.

바로 이러한 부분이 피플 애널리틱스 리더와 그 팀이 수용해야 하는 책임 영역이며 일정 부분 이들이 져야하는 막중한 책임이기도 하다.

다음 사례연구인 '직원경험 측정하기: ABN AMROMeasure employee experience: ABN AMRO'는 근로자 의견 청취, 내용 분석, 통찰 사항이나 통찰 결과에 대한 의사소통, 애자일 방식을 이용한 조치 사항 추진 등을 목적으로 피플 애널리틱스를 사용할 수 있는 방법을 보여주는 흥미로운 예시를 제공한다. 핵심 메시지는 이와 같다. '여러분이 직원경험을 제대로 실행해 보고자 한

다면 의견 청취로부터 시작해서 대상 사안을 즐겨하며 행동으로 실행해라.'

직원경험을 측정해라: ABN AMRO[5]

ABN AMRO의 피플 애널리틱스, 사업 전략과 연계된 재직인재군 운용 계획과 HR 기능 설문 관리 글로벌 책임자인 패트릭 쿨렌Patrick Coolen은 말한다. '근로자가 실제 생각하는 것을 통찰 사항이나 결과로(employee insights, AI 기반 텍스트 분석을 사용해서 근로자가 실제로 생각하는 바를 통찰한 결과물) 도출해서 파악하려면 반드시 피플 애널리틱스를 활용해야 해요. 하지만 피플 애널리틱스가 지닌 실제 가치는 근로자가 가진 실제 생각을 분석한 통찰 결과를 행동으로 옮겨 실천하는 것에 있어요. 이때가 바로 HR 기능이 직원 개인의 직원경험에 진심과 정성을 다해 영향을 미칠 수 있는 시점이기도 하지요.'

이 철학은 패트릭이 은행에서 피플 애널리틱스 기능을 조직화하기 시작한 이래 거의 10년 동안 그를 대변해 왔다. 패트릭은 항상 '비즈니스 우선' 접근 방식과 데이터뿐만 아니라 근로자를 세분화하는 것에 비중을 두는 사고방식을 견지해 왔다.

'우리가 업무 철학에서 견지하는 기조ethos는 고객 만족, 매출, 비용 최적화 같은 사업 성과 지표business performance indicators와 연결된 재직인재군 주제에서 보다 더 나은 의사 결정이 이뤄지도록 행동으로 실천이 가능한 통찰 사항이나 통찰 결과를 도출해 내는 것입니다.'

　　　　　　　　　　　　탁월한 피플 애널리틱스를 위한 9가지 관점

팀의 명성이 수년 동안 은행 내에서 높아지면서 관할 책임 영역은 어드밴스드 애널리틱스 뿐만 아니라 사업 전략과 연계된 재직인재군 운용 계획과 직원경험 측정을 함께 통합하는 것으로 확대되어 왔다. 그 팀은 2019년 초부터 현재까지 은행이 직원 개인의 직원경험을 정의하고 측정하는 방법을 변혁하는데 긴밀하게 관여하고 있다.

ABN AMRO 기업 전략[6] 세 가지 핵심 기둥 중 하나는 '미래를 선도하는 은행future-proof bank'을 구축하는 것이다. 은행은 '자사 근로자가 미래를 선도하는 은행의 기초이자 토대'이며, 이러한 기업 전략을 실제 사업을 포함한 경영에서 현실적인 운영 활동으로 변환하여 실행한다는 점을 인정하고 있다. 은행은 미래를 선도하는 은행을 만들어가는 전략으로서 기업 전략에 더불어 HR 전략의 중심에 직원경험을 두고 있다.

은행이 '행복한 사람, 행복한 고객'이라는 신념을 바탕으로 직원경험과 고객경험을 변혁하는 과정에서 이 두가지를 연결해 이원적으로 강조하는 방식은 은행에서는 중요한 이정표가 되었고, 현재까지 패트릭과 그의 팀에게는 일종의 처리 지침guiding principle으로 입증되고 있다(Sexton-Brown, 2018).

패트릭은 이에 대해 이렇게 설명했다. '우리는 처음부터 끝까지 자사 근로자가 최고의 커리어를 경험했으면 합니다. 다시 말해 우리는 근로자 스스로 더 수월하면서도 현명한 방식으로 신속하게 자신의 직무를 수행할 수 있도록 돕기 위해 자사 근로자가 말해주려는 바를 "청취"하고 그 의견으로부터 학습하고 이를 실천적 행동으로 이어주는 통찰 사항이나 결과와 함께 조치 사항이 솔루션으로 도출되게끔 해야 하겠지요.' 패트릭은 '청취'라는 단어를 사용해 근로자가 작성하려는 내용과 요청하려는 내용을 총괄

해서 수집하는 분석의 본질을 설명한다. 이 방식은 근로자의 의견을 개별로 '청취'하고 그들의 어구를 이야기 형식의 일화처럼 되풀이하는 기존의 접근 방식과 매우 다르다.

'청취' 활동에서 이러한 접근 방식이 피플 애널리틱스 학문 분야에서 진화하고 있는 영역 중 하나이기 때문에 패트릭은 고객경험 분야 동료로부터 이를 배워 통달하는 수준이 되었다. 그에게 직원경험이 HR 기능과 피플 애널리틱스 팀을 넘어서 확장된다는 것은 구체적으로 시설 관리, IT, 직원 커뮤니케이션internal communication과의 공동 협력에 의한 노력으로 해석되었다. 그는 이 점을 인지하고서 '연속 청취 프레임워크'를 공동 협업으로 개발했다.

2013년부터 패트릭이 피플 애널리틱스 분야에서 근무하면서 발견한 것은 이 프로젝트 덕분에 피플 애널리틱스 리더로서 자신의 발전에 어떤 중요한 순간이 만들어졌다는 사실이었다. 첫째, 그는 다양한 데이터를 수집하면서 그 데이터의 모든 요소들을 마스터해야 했다. 둘째, 그는 이전보다 훨씬 더 광범위하게 다른 기능과 협업해야 했다.

패트릭과 그 팀의 애널리틱스 숙달 수준은 이러한 과정을 거쳐 새로운 수준으로 도약했다. 그들은 숙달 수준을 높이면서 그림 7.4와 같은 지속적 청취를 위한 프레임워크를 만들어 냈다.

피플 애널리틱스 팀은 은행 근로자 약 18,000명의 의견을 청취하기 위해 적극적이고 다각적인 방식을 꾸준히 개발하고 있다. 연례 직원 몰입도 설문조사 같은 기존 도구는 이제 대상 재직인재군 10% 샘플군에게 매월 전송되는 짧은 '현황진단pulse' 설문조

그림 7.4   ABN AMRO 연속 청취 프레임워크

1. 의견 청취를 시작해라	2. 사안에 몰입해라	3. 행동으로 옮겨라
• 직원경험 설문조사를 수행한다 • 비즈니스 변화 추이 설문조사와 함께 현황진단 설문조사 (pulse survey)를 수행해라 • 거래적이거나 교환적 성격의 데이터(transactional data)를 수집해라	• 대상 데이터를 파악해라 • 열정을 가지고 분석을 수행해라 • 권고사항을 제시해라	• 소통해라 • 솔루션의 오류를 수정 및 보완하는 활동을 반복해라 • 기능 부서 파트너와 협업해라

출처 2020년 5월 ABN AMRO 승인 후 인용

사(그림 7.5 참조)로 확대되었다.

'이것이 우리가 "청취" 접근 방식에 생기를 불어넣기 위해 데이터를 수집하는 방법입니다. 우리는 다음 질문을 통해 근로자의 요구 사항을 현실적으로 이해하고자 할 때 도움을 받지요.'

샘플링sampling(더 큰 데이터 세트에서 유의미한 정보 추출을 위해 모든 데이터의 일부를 분석하는 방법)은 매우 중요하며 우리가 연구해 온 다른 조직과 패트릭의 접근 방식을 차별화하는 요소 중 하나이다. 피플 애널리틱스 팀은 계층적 샘플링stratified sampling[7] 같은 기법을 사용해서 월별 현황진단 설문조사pulse survey를 진행하는 근로자의 10%가 전체 재직인재군을 대표하도록 만든다. 이 방식은 팀이 효과적으로 '청취'하면서도 설문조사에서 오는 피로 위험을 완화하는 데 도움이 된다. 이해를 돕기 위해 설명하자면 데이터 분석 시 일부 데이터를 가져오는 것을 샘플링이라고 하며, 샘플링에는 인위적인 편향을 방지하기

그림 7.5 근로자를 대상으로 하는 현황진단 설문조사(pulse survey) 샘플

예시 질문 1: ABN AMRO를 친구나 친척에게 적절한 고용주로 추천할
가능성은 얼마나 되는가?
입력: 수치화된 점수
출력: NPS 형식 등급

예시 질문 2: ABN AMRO는 고용주로서 무엇을 잘하고 있는가?
입력: 개방형 텍스트
출력: ABN가 어떤 분야에서 잘 하고 있는지 나타내는 최고 점수

예시 질문 3: ABN AMRO가 고용주로서 무엇을 더 잘할 수 있는가?
입력: 개방형 텍스트
출력: ABN을 무엇에서 더 잘 할 수 있는지 나타내는 최고 점수

출처 2020년 5월 ABN AMRO 승인 후 인용

위해 무작위로 데이터를 가져오는 임의적 샘플링random sampling과 데이터의 비율을 반영하기 위한 계층적 샘플링stratified sampling이 있다. 데이터 세트가 충분히 크다면 임의적 샘플링 방식을 적용해도 큰 문제가 되지 않지만 그렇지 못한 경우 데이터 편향 현상이 발생할 수 있다. 데이터의 신뢰성을 높이기 위해 데이터 세트를 그룹으로 나누고 각 계층을 고루 대표할 수 있도록 층을 나눠 표본을 추출하는 계층적 샘플링 방식을 적용하기도 한다.

피플 애널리틱스 팀은 직원경험을 고려한 다양한 주제에 초점을 맞춘다. 직원경험을 고려한 다양한 주제를 도출하기 위해 고급 텍스트 마이닝 기법을 사용한다. 패트릭

은 프로세스를 일단 시작해 보는 것을 돕고자 인력 데이터 기업workforce data company OrganizationView[8]의 설립자이자 CEO인 텍스트 분석 전문가 앤드류 매릿Andrew Marritt 에게 전화를 했다. 앤드류는 ABN AMRO 피플 애널리틱스 팀에게 텍스트 애널리틱스를 훈련시킴으로써 팀의 숙련도를 높여 장기적으로 볼 때 피플 애널리틱스 팀이 은행을 도울 수 있도록 했다.

그의 원칙은 탐색 중인 대상을 구체화하는 텍스트 분석에 근간을 둔다. 그런 다음 상세한 정보를 채집할 수 있도록 탄탄한 방법과 더불어 엄격한 접근 방식을 사용해라. 많은 조직이 '대상이 될 핵심 주제는 무엇인가? 라고 스스로에게 먼저 질문해 보지 않은 상태에서 유용한 무언가를 찾으리라고 바라면서' 텍스트 데이터의 바다에서 끝없이 낚시질하는 것처럼 보인다는 것이 앤드류의 관점이다.

패트릭은 이렇게 설명한다. '우리는 자사 근로자를 대신해 그들이 해결하려 애쓰는 대상 사안에 몰입하는 법을 배웠지요. 여러분의 근로자도 진지하게 받아들여질 자격이 있고 이를 위해서는 대상 사안을 제대로 파악하려 노력해야 합니다. 여기에 적합한 기법인 텍스트 마이닝이나 화제 탐지 활동은 근로자가 실제 말하려는 내용의 이면을 훨씬 더 심층적으로 속속들이 보여주는 통찰 사항이나 결과를 우리에게 제공해 주지요.'

전반적으로 ABN AMRO 피플 애널리틱스 팀은 근로자 의견을 청취하는 방식으로 화제 탐지 활동, 트렌드 분석, 모델링, 핵심 주제focus 탐색, 실행 및 모니터링 같은 6가지 학습 포인트를 정리했다(그림 7.6 참조).

'우리는 근로자 의견 청취하기, 실행을 목적으로 동료들과 협업하기, 개입intervention
으로 도출된 효과 측정하기로 은행의 직원경험 영역에서 실질적인 변화를 만들고 있
어요.' 패트릭은 'ABN AMRO의 고위 경영진은 직원경험 개선에 온 신경을 쏟으면서
조직을 개선하는 과정에서 "미래를 선도하는" 은행을 만들어 나가는 활동을 지원하는
피플 애널리틱스 팀이 제공하는 통찰 사항이나 결과를 활용하고 있어요.'라고 결론 내
렸다.

| 그림 7.6   텍스트 분석 요소 6가지

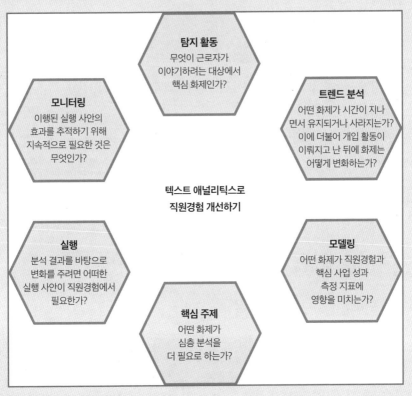

탐지 활동
무엇이 근로자가
이야기하려는 대상에서
핵심 화제인가?

트렌드 분석
어떤 화제가 시간이 지나
면서 유지되거나 사라지는가?
이에 더불어 개입 활동이
이뤄지고 난 뒤에 화제는
어떻게 변화하는가?

모니터링
이행된 실행 사안의
효과를 추적하기 위해
지속적으로 필요한 것은
무엇인가?

**텍스트 애널리틱스로
직원경험 개선하기**

실행
분석 결과를 바탕으로
변화를 주려면 어떠한
실행 사안이 직원경험에서
필요한가?

모델링
어떤 화제가 직원경험과
핵심 사업 성과
측정 지표에
영향을 미치는가?

핵심 주제
어떤 화제가
심층 분석을
더 필요로 하는가?

출처 2020년 5월 ABN AMRO 승인 후 인용

탁월한 피플 애널리틱스를 위한 9가지 관점

직원경험 분석과 개선을 목적으로 시행되는 근로자 피드백 수집employee listening은 근로자와 경영진이 소통하는 수준 정도에서만 유효하다. 패트릭과 그의 팀은 2020년 LinkedIn 기사(Coolen et al, 2020)에서 세 가지 사항을 강조하며 이 점을 다룬다.

첫째, 모든 근로자와 통찰 사항이나 결과를 직접 공유하는 활동의 중요성이다. 결국 우리가 직원경험을 개선하려 노력하는 대상은 근로자이기 때문에 모든 근로자와 통찰 사항이나 결과를 직접 공유하는 것은 존중의 의미일 뿐만 아니라 설문 응답률도 향상 시킨다.

둘째, 연관된 모든 비즈니스 기능이 자신의 소유 프로세스와 함께 관행을 개선할 때 사용할 수 있도록 권고사항을 이해하기 간단하게 만드는 것이다.

마지막으로, 직원경험 분석과 개선을 목적으로 시행되는 근로자 피드백 수집employee listening은 일정한 주제 형식으로 데이터 시각화를 최대한 활용하는데 적합하다. 수천 명의 사람들을 대상으로 소통할 때 '그림은 천 마디 말의 가치가 있다'는 옛 속담이 현실화되는 것이다. 패트릭과 팀은 시각화를 사용해 천 마디 말의 가치를 전달하기 위해서 통찰 결과를 이행할 실행안을 정확히 담아 낼 간단한 시각 자료들을 사용한다.

피플 애널리틱스 팀은 각 현황진단 설문조사pulse survey에서 얻은 데이터를 결합해 그림 7.7과 같은 시각 개체를 생성할 수 있다.

오른쪽 상단 사분면Celebrate은 직원들이 ABN AMRO가 잘하고 있다고 인식하는 주

그림 7.7   단기 현황진단 설문조사(pulse survey) 결과의 시각화 예시

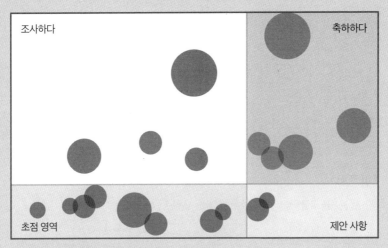

조사하다

축하하다

초점 영역

제안 사항

NOTE   x축은 수치화된 대상 추천 지수를 나타낸다. y축은 '상단(top)' 대비 '하단(tip)'의 차이를 나타낸다. 각 거품은 각기 하나의 재
직인재군 주제(예시: 경영관리직 성과)를 나타낸다. 거품의 크기는 집계된 여러 텍스트 주석의 상대적인 숫자를 나타낸다.
출처 2020년 5월 ABN AMRO 승인 후 인용

제로 묶어 놓은 가장 높은 순수 추천 지수Net Promoter Score를 보여준다. 왼쪽 하단 사분
면 초점 영역(주제 영역)은 개선 권고사항을 주제로 묶어 놓은 상대적으로 낮은 순수 추
천 지수를 보여준다.

　피플 애널리틱스 팀과 직원경험 팀 동료들은 정기적으로 이러한 통찰을 집행 위원
회executive committee(중요한 조직 결정을 하고 집행하는 권한이 부여된 최고위 경영 관리 위원회로 종종
감시자로서 활동하며 활동을 계획할 뿐 아니라 어떤 사안에서의 정당성 부여를 요청할 권한을 가짐)와 고위
경영진에게 발표한다. 이것이 바로 피플 애널리틱스가 ABN AMRO 직원경험 영역에
미친 영향력이기도 하다. 가장 중요한 것은 이 과업이 기업 활동과 사업 활동 개선을
위한 의사 결정 활동의 일부로 최고위 비즈니스 현업 경영진 팀 모두가 참석한 자리에

서 논의되고 있다는 사실이다.

패트릭은 이렇게 결론짓는다. '이 모든 것이 우리에게 증명해 준 것은 우리 조직이 직원 개인의 의견을 진지하게 생각하고 고려한다는 사실입니다. 피플 애널리틱스 팀은 직원경험에 비중을 두고 자사 구성원을 실제로 돕는 동시에 은행도 덕을 보게 되는 통찰 사항이나 결과를 제공해요.'

TOP TIP

텍스트 분석을 피플 애널리틱스 기능에서 전문 스킬로 만들어라.

'핵심가치 내재화를 위한 인재경영 체제 소비자'로서 재직인재군을 대상으로 한 피플 애널리틱스의 책임

일정한 유형의 근로자 개인이 더해져 근로계약 관계에 있는 근로자 전체가 될 때는, '일정한 유형의 근로자 개인'이라는 개념은 실제로 상당히 복잡해진다. 여러분은 승계계획, 학습과 개발, 성과관리, 보상 같은 핵심 가치 내재화를 돕는 HR 정책, 제도, 관행에 직원을 연계하는 인재경영 체제people process의 전체 스펙트럼을 이해하여 분석하고 관리하는 동시에 그 인재경영 체제의 스펙트럼을 개별적으로 어떻게 '느끼게' 만드는가?

여기에서 핵심은 근로자가 피드백을 제공할 기회를 주는 테크놀로지를 활용하는 것이다. 피드백을 얻는 여러 다양한 방법은 본질적으로 데이터 채집 활동에서의 일정한 기법으로서 여러 새로운 툴킷toolkits을 피플 애널리틱스 실무자의 도구 박스toolbox에 추가한다. 여기서 도구박스toolbox는 통상적으로 소프트웨어 개발에서 규칙적으로 적용하는 순서와 방법이 모여 집합되어 있는 것이다. 툴킷toolkit은 소프트웨어 개발 용도의 새로운 기본 구성 요소components(재사용이 가능한 각각의 독립된 소프트웨어 모듈로 독립적인 업무 단위로 개발되어 시스템 유지보수시 교체 가능한 부품 같은 요소)들의 집합이다.

예를 들어 IBM 전 최고 인사 책임 임원인 다이앤 거슨Diane Gherson은 Digital HR Leaders 팟캐스트에서 근로자가 세계적 대유행으로 촉발된 새로운 작업 방법에 대해 인식하는 방식을 파악하려는 노력의 일부로 하나의 에피소드를 설명했던 것처럼 IBM은 전사적 차원의 즉흥적인 아이디어 공유 회합jam을 개최하고 수집 및 분석 활동을 수행하는 동시에 통찰 사항과 결과를 소통하기 위해 피플 애널리틱스를 사용했다(Green, 2020). 7장 후반부에 제시된 사례연구 '데이터를 활용한 전사 성과관리 시스템 변경하기: FIS'에서 FIS는 성과관리 시스템을 정밀하게 검사하려는 목적으로 유사한 크라우드 소싱 접근 방식을 사용했던 예시를 보여준다.

이러한 예시들은 재직인재군 전반에서 데이터 수집이 가능해지는 방법을 대략적으로 제시한다. 이는 7장 전반부에서 언급한 과거 '두루 적용되도록 만든' HR 프로그램 설계 개념을 보다 현대적인 방법으로 대체할 수 있는 방식을 실사례로 입증해 보여준다.

일단 데이터가 수집되고 분석되면 통찰 사항이나 결과를 활용해 재직인 재군 분류segments에 따른 여러 최종 결과물을 분류된 인재군 단위대로segment by segment '필요와 상황에 따라 맞춤화 하는' 것이 가능해진다. 이러한 방식으로 서로 다르게 분류된 인재군은 '핵심가치 내재화를 돕는 HR 정책, 제도, 관행에 직원을 연계하는 인재경영 체제'에서의 동일한 프로세스'를 서로 다르게 변용된 방식으로 경험한다.

또한 근로자는 피플 애널리틱스가 내어 놓는 산출물을 보급 용도의 제품화 방식으로 소비자의 필요와 상황에 맞추는 여러 솔루션이나 제공가치 offerings 형태로 경험하는 게 좋다. 이 좋은 예는 '어드밴스드 애널리틱스와 테크놀로지로 가치 확장하기: IBMScaling analytics for value(IBM, 8장 참조)'이다. 여기에서 다이앤 거슨Diane Gherson은 '제공가치offerings'가 중요한 이유를 설명한다. '우리는 우리 업무를 '프로그램' 대신 '제공가치'라는 의미를 지닌 오퍼링 offerings으로 지칭해서 기업과 자사 재직인재군이 HR 기능의 과업을 전달받던 과거의 방식을 변화시켰어요. '제공가치offerings'가 가지는 함의는 누군가 여러분의 과업 반대편에 존재하고 개별 직원이 대상이 된 해당 과업을 가치가 있다고 보는 관점을 가질 수도 있다는 겁니다. 그래서 여러분의 과업은 유의미한 중요성을 가진 것으로 그런 생각을 하는 직원들에게 받아들여질 것이라는 의미이거든요.'

다음에 제시되는 사례연구인 '데이터를 활용한 전사 성과관리 시스템 변경하기: FIS'는 개인 수준에서 수집되는 동시에 코어 HR을 함께 사용해서 집계된 피플 데이터를 활용함으로써 HR 프로세스 전체 하나를 또 다른 새로운 방식으로 다시 구상할 수 있는 방법을 제시한다. 다음은 FIS 사례연구의 핵심 메시지이다. '비즈니스 최종 결과물을 실현해서 성과관리를 재설계하고자 한다면 데이터를 사용해라.'

사례연구

데이터를 활용한 전사 성과관리 시스템 변경하기: FIS[9]

많은 조직이 성과관리가 이끌어내는 효과에 더불어 이를 통해 성과를 향상시키는 방법을 지속적으로 논의한다. 이러한 논의는 최근 몇 년 동안 Deloitte(Cappelli and Tavis, 2016)와 IBM(Gherson et al, 2019)이 성과관리 시스템 변경에 대해 공개적으로 발표한 글에 나타난 선호도와 함께 계속 점점 더 활발해지고 있다. 논의가 추구하는 목적은 성과관리 시스템 변경으로 가치를 개선하는 것뿐만 아니라 이상적인 성과관리의 모습에 근로자가 스스로 참여하게 하는 것이다. Fidelity National Information Services, Inc 또는 약어로 'FIS'는 데이터로 성과관리가 발전하는 기틀을 만들고 이를 트렌드에 맞춰 매력적이고 가치 있게 만드는 방법을 대표적으로 제시하는 기업이다.

이사벨 나이두Isabel Naidoo는 FIS의 포용성과 인재Inclusion & Talent Lead를 담당하며, 전 세계 포용성과 인재 담당 전문가 조직Inclusion & Talent Centers of Excellence에서 200명이 넘는 팀을 책임지고 있다. 그녀는 팀과 함께 인재경영 전략, 글로벌 학습, 직원경험, 포용과 다양성, 인재와 경력관리, 재직인재군 애널리틱스와 기획workforce analytics and planning을 관리하기 때문에 FIS에서 전략적 인재경영 의제의 개발과 실행을 주도한다.

'저희 팀에는 사명이 있어요. 세계 최고 수준의 인재가 자신의 경력에서 높은 성취감을 주는 일을 수행할 수 있는 환경을 창조하는 것입니다.'

FIS에서 HR 조직은 인재경영 본부People Office(사람을 소비하는 재화로 간주하지 않고 잠재력을 갖고 사업에 기여하는 인적자본으로 보는 관점)로 알려져 있다. HR 조직의 명칭은 FIS가 자사 재직인재군에게 취하는 접근 방식을 대표적으로 보여준다. HR 조직은 인적자원을 관리하는 과정마다 보다 개인화된 접촉을 끊임없이 지속적으로 추구하고자 한다. 이 접근 방식은 이사벨과 팀이 애널리틱스로 수행해 온 작업에서 분명히 드러난다. 그들은 데이터에 싸여 그에 집중하고 있을 때 조차도 그 데이터 출처source에서 대상이 된 다양한 여러 사람을 결코 간과하지 않는다. 이러한 접근 방식은 FIS의 성과관리 시스템 재설계에서 중심축이었다. 또한 과거 당시의 성과관리 접근 방식에서 구성원, 구성원의 관심과 참여, 구성원의 개발 영역에서 더 많은 지원이 필요했다는 관리자와 근로자의 피드백을 반영한 결과이기도 했다. 이사벨은 성과관리를 재정립하고자 데이터와 그 영향을 받는 사람으로부터 얻은 여러 통찰을 활용해 FIS의 성과관리 접근 방식을 개정하는 여러 단계를 밟았다.

성과관리 접근 방식을 개정하면서 밟은 첫 번째 단계는 그 프로젝트에서 전반적인 주제가 무엇인지를 정의하는 과정에서 후원관계sponsorship를 형성하는 것이었다. 이사벨의 팀은 회사 외부와 더불어 특히 회사 내부의 여러 모범사례를 조사해 그 결과를 사용하기 전에 인재경영 본부의 여러 고위 리더와 관리자를 만나 회의를 진행했다. 팀은 그 프로젝트에 대한 조직 내 선호를 발견하자마자 새로운 성과관리 개념을 신속하게 개발해서 내어 놓았다. 그들은 전 세계 동료에게서 성과관리 명칭을 크라우드 소싱한 후 해당 성과관리 개념을 'Performance365'라고 명명했다. 이 과정을 통해 프로젝트를 명확화 할 수 있었다.

그 다음 단계step는 데이터 분석 단계phase였다. Performance365 프로젝트에서 데이터는 빠르게 축적되었다. FIS는 그 풍부한 데이터와 함께 데이터를 분석해 도출한 통찰 사항이나 결과를 가지고 강력한 솔루션과 최종 결과물을 만들어 낼 수 있었다. Performance365 프로젝트를 정말 특별하게 만들었던 것은 프로젝트가 정립이 된 방식이었고 동시에 계속해서 발전해 나아간다는 점이다. 이러한 Performance365 프로젝트에서 기초가 되었던 토대는 설문조사, 텍스트, 포커스그룹, 광범위한 데이터와 함께 코어 데이터를 통계로 분석하는 것을 포함한 무수한 여러 데이터 채집 방법이다. Performance365 프로젝트는 이를 기반으로 하여 정립되었다. 공통적으로 이러한 여러 방법 각각이 다양한 통찰 사항이나 결과를 제공하고 그 모두가 하나의 프로젝트로 지속적으로 반영되었던 것이다.

데이터를 채집하는 이러한 접근 방식은 10년 전 여러 HR 팀 대부분이 수백 명을 대상으로 설문조사를 진행하고 여러 대상자에게 얻은 의견을 회사 전체를 대표하는 것처럼 간주했던 당시와는 상당히 다르다!

이사벨은 이렇게 설명한다. '우리는 근로자가 진심으로 무엇을 요구한 것인지 제대로 파악하고, 그에 대한 경험을 바탕으로 한 증거를 임원진에게 전달하기 위해 유효한 데이터를 가능한 많이 사용하려 했어요. 두세 군데 포커스그룹 현황진단 설문조사pulse survey로는 전체 그림이 결코 드러나지 않을 것이기 때문이었지요. 우리는 Performance365가 가치를 지니고 실질적으로 그 사안을 해소하기를 원했으니까요!'

지난 과거 몇 년 동안 FIS는 자사 데이터 인프라와 피플 애널리틱스 테크놀로지에 막대한 투자를 했었다. FIS는 계층에서 가장 맨 위에 자리한 피플 애널리틱스 테크놀로지인 Visier와 함께 구성원의 피드백 제공과 참여 기능embedded engagement(설문조사에서 구성원이 피드백을 제공하도록 참여를 유도하는 기능)이자 현황 조사 도구인 Glint를 접목시켜 Workday를 구현한 조합을 갖추고서 데이터 채집을 이 정도의 수준으로 쉽게 수행할 수 있다는 자신감을 갖게 되었다. FIS는 데이터의 가치를 파악하고 이를 HR 기능에 적용하기를 원하게 되어서, 실제 그와 연관된 투자를 받아 여러 필수 데이터 자원과 테크놀로지 구현만 아니라 여러 전문가에게도 투자를 했던 상당히 훌륭한 예이다. 많은 기업이 그 비전을 가지고 이에 대해 논의하지만 실제로는 아무것도 하지 않는다. FIS는 Performance365와 같은 일정한 프로젝트를 수행하기 위해 여러 필수 데이터 자원과 테크놀로지를 구현하고, 그 최종 결과물을 활용하면서 여러 전문가에게 투자할 수 있는 능력을 가진 기업poster child이다.

프로젝트에서 그 다음으로 이어진 세 번째 단계는 공동 설계 철학을 반영하여 Performance365 프로젝트로 근로자의 관심을 이끌어 내고 참여시키는 것이었다. 팀은 설계 의사 결정을 위해 사용된 대상 데이터에서 추출해 낸 모든 통찰 사항이나 결과가 반복적인 협업을 통해 도출되도록 하는 동시에 설문조사, 포커스그룹, 인터뷰 등을 사용해서 피드백을 지속적으로 빈번하게 수집하기 위해 해당 사안과 관련된 모든 부문과 가까워지려고 했다.

팀은 대상 설문조사에서 당시 관리 프로세스와 관련해 수백 명의 직원과 관리자의 의견을 분석했다. 팀은 부정적인 인식 영역은 따로 떼어 통합함으로써 해결하고자 하는 여러 주요 사안을 구분하여 파악해 낼 수 있었다. 또한 이들은 설문조사 외에도 다양한 평가등급 계층과 여러 국가의 근로자를 대상으로 50회 이상의 일대일 인터뷰를 수행했으며, 모든 인터뷰는 관리 프로세스의 시작 시점부터 종료 시점까지 고루 나누어지고 분배되어 시행되었다.

이러한 여러 방식을 층층으로 쌓아 올렸다는 사실은 이사벨의 팀이 데이터와 이해도에서 신뢰할 만한 수준의 기준치를 갖추고 있었음을 의미한다. 또한 그 기준치는 당시 인터뷰를 통해 수집된 실시간 데이터로 조정될 수 있었다. 1,000명 이상의 근로자가 직간접적으로 프로젝트 설계에 영향을 미쳤다.

프로젝트에서 네 번째 단계는 여러 권고사항을 만들고 이와 관련된 스토리를 전달하기 위해 대상 데이터를 사용하는 것이었다. 당시 팀이 대상 데이터 모두를 사용해 사업을 포함한 경영활동에서 갖게 되는 여러 주요 이점 중 일부를 강조할 수 있었던 2018년 말 즈음에 마법 같은 첫 순간이 찾아왔다.

'우리가 핵심 통찰 사항으로 처음 발견한 것은 근로자와 관리자가 협업하는 팀에서 자발적 사직률resignation rates이 더 낮다는 점이었어요. 그 다음으로 발견한 핵심 통찰 사항은 근로자와 관리자가 정기적으로 만날 때 자발적 사직률이 더 낮다는 것이었지요. 우리는 이를 반영하여 관리자가 매우 구체적인 방식으로 개별 근로자와 협업 활동을 시작해야 한다고 권고했어요.'

FIS가 실행한 여러 권고사항 중 하나는 Quarterly Connect로 관리자가 성과와 경력 개발을 논의할 목적을 가지고 분기마다 개별 근로자를 만나도록 요청하는 기획안이었다. 현재까지 분기별 만남은 구조화되어 권고사항의 지침대로 특정 날짜에 개최되고 있다.

다섯 번째 단계는 해당 권고사항을 실행하는 것이었다. FIS는 관리자와 근로자가 Quarterly Connect Meeting을 수행할 자신을 가지고 있다는 것을 보여 주는 앞서 언급한 매우 강력한 데이터 근거를 가지고 있었다. 그래서 FIS는 Quarterly Connect Meeting이 대상이 된 개인, 팀 그리고 FIS 모두에게 이점이 있다고 인식하고 있었다. 여기서 더 나아가 FIS가 그보다 중요하다고 느꼈던 것은 전사 근로자가 성과관리 재설계에 모두 귀를 기울이고 참여하게 되면서 성과관리 시스템과 프로세스가 전반적으로 더 명료해지도록 데이터를 활용하고 있었다는 사실이었다.

이사벨은 곰곰이 생각했다. '어떤 면에서는 여러 관리자와 HR 담당자가 이 사실 모두를 계속 알고 있었어요. 성과관리는 수십 년 동안 교육 과정에 녹여져서 내재화되고 있었거든요. 어쨌든 우리가 데이터를 가지고 경험적 증거를 증명하면서 근로자와 공동으로 성과관리를 새롭게 만들었기 때문에 이러한 변화를 구현할 수 있는 것이겠지요. 환상적인 상황이예요! 피플 데이터 분석으로 성과관리가 지닌 그 이점이 실현되니까요.' 2020년 즈음에 이르러 Performance365는 FIS의 근로자가 목표에 맞춰서 본인 역량개발 부분에서 역량개발 활동과 내역의 비중을 조정하도록 빈번한 접점touchpoints 을 제공할 수 있었다. 그 결과 Performance365는 근로자만이 아니라 향상된 성과를 통해 회사에도 이익을 주는 것으로 입증되었다. 동료 중 95%가 Quarterly Connects를 첫 해에 참여했으며 93%는 설문조사에서 성과관리 프로세스가 유용하다고 응답했다.

회고해 보면 이사벨과 팀은 이 작업으로 많은 것들을 배워왔다. 이 중 하나는 미래 대규모 여러 전사 프로젝트에 맞는 일정한 프로젝트 방법론을 개발했다는 점이다. (그림 7.8 참조) 또 다른 하나는 공동 설계 과정에서 전사적으로 매우 많은 사람들과 관계를 형성하고 협력해서 실행과 수용에서의 속도 측면에서도 도움을 얻게 되었다는 점이다.

'우리가 인터뷰하고 이야기를 나눈 사람들은 Performance365 전도사champion 네트워크를 형성해 왔지요. 전도사 역할을 하는 분들은 보통 분들이 아닙니다! 우리가 어떤 새로운 프로세스나 권고사항을 배포하면 그분들은 창의적으로 협조해 주시거든요.' 해당 프로젝트에 참여한 여러 전도사champion 중 일부는 대상이 된 사안을 설명하는 동시에 근로자의 관심을 개별적이고 인간적인 수준에서 유도하면서 자신의 현지 사무소를 대상으로 내부 토크 쇼와 라디오 쇼를 주최하기도 했다.

이사벨은 Performance365 프로젝트가 팀에게도 중요한 한 획을 긋는 기회였다고 굳게 믿는다. '우리에게 그 프로젝트는 정말 인생을 바꿀 만한 사건이었어요. 말 그대로 "우리가 하나의 기능 부서로 할 수 있는 것이 무엇인가"라는 관점에 더불어 고유의 개성을 가지면서도 우리 작업에 생명을 불어넣어 줄 여러 사람과의 대화라는 관점에서 보면 말이지요.'

그림 7.8 피플 애널리틱스 프로젝트 방법론

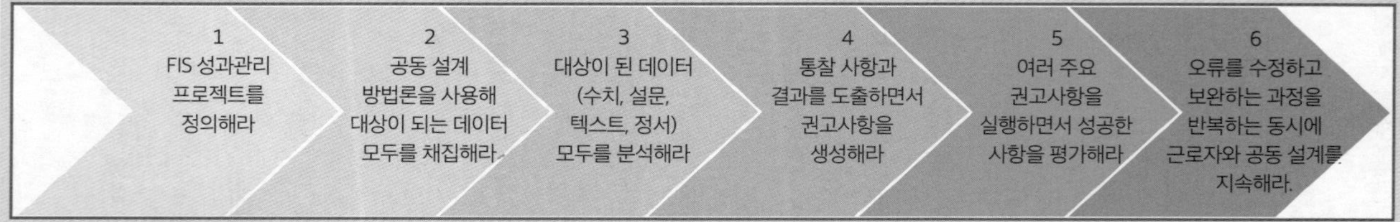

1
FIS 성과관리
프로젝트를
정의해라

2
공동 설계
방법론을 사용해
대상이 되는 데이터
모두를 체집해라

3
대상이 된 데이터
(수치, 설문,
텍스트, 정서)
모두를 분석해라

4
통찰 사항과
결과를 도출하면서
권고사항을
생성해라

5
여러 주요
권고사항을
실행하면서 성공한
사항을 평가해라

6
오류를 수정하고
보완하는 과정을
반복하는 동시에
근로자와 공동 설계를
지속해라.

출처 2020년 8월 FIS 승인 후 인용

'피플 데이터의 소비자'로서 관리자를 대상으로 하는 피플 애널리틱스의 책임

피플 애널리틱스는 세 번째 대상으로 사람을 관리하는 역할을 담당하는 전문화된 근로자인 관리자에 초점을 맞춘다. 관리자는 개인과 팀에게 방향, 지원, 영감, 동기부여, 사고와 이해 과정에서의 명확성을 제시할 필요가 있다. 관리자가 본인이 이행하는 여러 책임 사항을 효과적으로 수행하기 위해서는 개인 한 사람과 연관된 데이터와 본인의 팀과 전체적으로 연관된 데이터에 접속 권한access을 갖고 있어야 한다. 관리자는 언급한 데이터에서 도출된 통찰 사항이나 결과를 참고하여 자신의 팀과 팀원 개인이 자신의 성과 목표를 성취하는 동시에 그 성취가 결과적으로 기업 성과 목표를 달성하는데 기여하도록 도와주는 방식을 파악해야 한다. 마지막으로 관리자는 구성원이 자신의 역할을 보다 효과적으로 수행할 수 있도록 도움을 제공하고, 각 팀원의 성과가 향상되도록 도움을 주기 위해 여러 통찰 결과와 권고사항을 수용해야 한다.

관리자는 자신의 팀과 연관된 데이터와 정보를 요청할 때 지원 역할을 해 온 HR 비즈니스 파트너에게 관례에 따라 의존해 오고 있다. 이와 달리 관리자는 피플 애널리틱스가 실현하는 데이터의 범용화에 따라 또 다른 대안을 선택할 수 있게 된다. 관리자는 사용 목적과 맥락에 적합한 피플 데이터와 정보를 직접 이용해서 조직과 근로자에 대한 여러 통찰 사항과 권고 사항을 추출할 수 있다. 데이터 범용화로 얻는 또 다른 부수적인 이점은 HR 비즈니스 파트너가 실시간으로 의사 결정 활동과 전략적 논의를 추진하기 위해 그와 동일한 데이터를 사용하는 것이 가능하다는 점이다.

이 점은 Forbes 기사(Marr, 2017)가 뒷받침한다. 데이터의 범용화와 관련해 저자는 개괄적으로 설명한다. '우리는 데이터 범용화가 이루어지도록 사람들이 신속하게 의사 결정하는 동시에 조직 차원의 기회를 발견하기 위해 데이터를 사용할 수 있게끔 데이터를 쉽게 이해하도록 하는 방법과 이용 권한이 수반되도록 해야 해요.'

실행 중인 데이터 범용화 사례는 9장(조직문화) 사례연구인 '피플 애널리틱스 조직문화의 전사 내재화: Merck KGaAScaling people analytics adoption: Merck KGaA'에 제시되어 있다. 사례연구에서 피플 애널리틱스와 사업 전략과 연계된 재직인재군 기획people analytics & Strategic Workforce Planning의 글로벌 책임자 알렉시스 소시난Alexis Saussinan이 인식한 것은 팀이 애널리틱스 문화 구현과 더불어 HR 기능과 비즈니스 기능으로 권한 부여를 하기 위해서는 여러 'HR 동료와 비즈니스 현업 리더 모두에게 자사 피플 데이터 접속 권한을 투명하게 제공해야 한다'는 사실이었다.

성공적으로 피플 데이터 범용화를 완료했다는 사실은 여러 사용자가 '비즈니스 상황이나 사람들의 상황이 변화하는 속도만큼 빠르게 실시간으로 현황을 파악하고 계속 확인하면서 여러 새로운 전략을 정비하거나 개발할 수 있다는 의미이다'.

피플 애널리틱스 팀이 관리자를 대상으로 데이터를 범용화 하는 능력은 혁신 시대를 맞이하여 기하급수적으로 증가했다. 이러한 현상은 5장(테크놀로지)에 기술된 것처럼 강력한 통찰 사항이나 결과와 함께 여러 시각화 자료를 제공하는 다양한 출처sources의 데이터를 대시보드로 집계하는 관리자 대상의 새로운 시스템과 플랫폼 출현으로 나타났다. 기업이 이러한 시스템이나 플랫폼을 '구매'하든지 '구축'하든지 간에 피플 데이터를 집계하여 시각화하고 범용화하는 테크놀로지는 잘 구현된다면 큰 영향을 미칠 것이다.

2018년 McKinsey 기사의 일부분에서 당시 Boeing의 CIO였던 테드 콜버트Ted Colbert는 데이터 범용화의 어려움을 토로하면서 데이터 범용화의 혜택으로서 접근 용이성, 행동 변화, 가치를 다음과 같이 설명한다. '여러분은 데이터 애널리틱스의 수행 능력을 실제로 대중화하는 방법을 파악해야 해요. 다시 말해 사람들이 데이터를 쉽게 찾고 이용할 수 있도록 일정한 플랫폼을 여러분이 구축해야 한다는 의미이지요. 사람들은 플랫폼이 구축되면 데이터 범용화가 옳다고 믿으면서 값비싼 데이터 과학자가 필요하지 않는 여러 해결책을 발견해내니까요. 사람들이 데이터에 신뢰를 갖기 시작하면 이전 상황은 변화하기 시작해요. 사람들은 우리 시스템과 여러 프로세스의 표면 아래에 갇혀 있는 데이터의 모든 풍성함을 새롭게 이해하면서 자신의 행동을 바꾸기 시작하니까요(Díaz, Rowshankish and Saleh, 2018).'

우리가 가치 시대로 이행해 진화될수록 테크놀로지는 관리자가 데이터를 훨씬 더 수월하게 이용할 수 있고 활용하기 쉽도록 데이터 범용화를 이루어 갈 것이다. 버나드 마르Bernard Marr는 2018년 저서 '데이터 기반 HRData-Driven HR'에서 이렇게 언급한다. '전사 곳곳의 여러 HR 담당자와 관리자가 데이터를 읽고 해석하는 대신 자연어 처리와 챗봇 같은 기술 진보에 의해 데이터 애널리틱스 도구를 가지고 대화하며 "우리 팀에서 이직 예정인 사람은 누구인가?"를 질문하는 것이 가능해질 거예요.'

우리는 데이터 범용화와 관련된 논의로서 다음과 같이 결론을 내린다. 기업 관리자를 '소비자'이자 '이해관계자'로 대하는 것은 피플 애널리틱스 팀의 주요한 책임 영역이 될 것이고 더 광범위하게는 몇 년 안에 HR 기능의 주요 책임 영역이 될 것이다.

'인재경영 통찰의 소비자'로서 임원을 대상으로 하는 피플 애널리틱스의 책임

임원진은 이해관계자로만 간주되는 경우가 많다(3장 이해 관계자 관리 참조). 그러나 실제로 임원진은 직원, 관리자, 임원, 이해관계자, 후원자처럼 수많은 다중적 역할persona들을 가지고 있다. 이 부분에서는 각각의 사회적 인격을 '소비자'라는 새로운 각도로 검토해 본다.

임원진은 많은 통찰 사항이나 통찰 결과를 보고 받고는 한다. 그 중 일부는 단일 프로젝트나 작업 일부에서 얻은 통찰을 바탕으로 그 당시에 맞는 여러 의사 결정을 내리는데 적합하다. 여러 의사 결정이 내려지고 통찰 사항이나 통찰 결과를 채택해 적용하면서 '그 사안은 변화한다'. 그럼에도 때로 양상이 다르게 나타나기도 한다. 생성된 그 통찰 사항이나 통찰 결과가 반복 가능한 것이라면 이를 사용하는 프로세스 또한 여러 번 소비될 수 있다.

예시를 하나 검토해보자. 어떤 프로젝트 후원자가 중요한 역할을 하는 핵심 임원(이들을 경영진 A라고 칭함)이 퇴사했을 때 무슨 일이 일어났는지 검토하라고 요청한다. 퇴사한 핵심 임원은 그 기업에 위험 요인이 되었을까? 다른 근로자도 그 기업을 그만 둘 위험한 상태에 있는가? 이러한 예시는 익숙한 시나리오이다.

통찰 사항을 가지고 특정한 인구 통계학적 특성을 가진 근로자(최소 3년 동안 임원 A와 함께 일한 직원으로 가정)가 그 회사를 떠났다는 사실을 밝혀냈다고 가정해 보자. 이에 따라 임원 A는 관련 근로자(임원 A와 3년 이상 함께 근무한 직원)를 보유하는데 있어 위험 요소retention risk가 된다.

이제 요청을 했던 동일한 후원자가 이러한 상황이 회사를 떠나는 모든 주요 임원진에게도 적용되는지 알고 싶어한다. 이에 따라 그 연구는 지난 5년 동안 그 기업을 사임한 100명 이상의 임원진과 함께 이들이 다른 근로자에게 미친 영향을 살펴본다. 그 연구 결론은 그 임원이 퇴임하기 직전 최소 3년 동안 함께 근무한 근로자(관리 대상이 된 핵심인재)는 실제로 더 높은 퇴사 가능성을 가지고 있다는 사실이다.

이제 핵심 포인트는 이러한 통찰 결과를 제품으로 만드는 것이다. 다른 여러 임원을 관리하는 고위 임원 각자 모두가 관리 대상이 된 핵심인재들key employees을 식별할 수 있는 일정한 '제공가치offering'를 가진 솔루션을 필요로 한다. 이러한 '제공가치offering'는 어떤 직원 개인이 관리 대상이 되는 핵심인재가 될 때(예를 들어 이직 위험을 보이는 임원과 함께 근무한 기간이 3년에 도달한 경우) 취할 수 있는 실행 조치를 허용하는 조기 경고 시스템일 수도 있다. 그러한 '제공가치'는 선제적 예방 조치와 함께 이직 위험 리스크 감소를 고려한 여러 대안이며, 여기서 분석 알고리즘analytical algorithm이 그 근간이 된다. 이 모든 사항은 관리 대상이 되는 핵심인재key employees가 '떠나기' 이전에 대책을 사전에 강구하는 차원에서 이뤄진다. 물론 모든 사람 각각이 회사를 그만두는 것을 막을 수는 없지만 이 예시는 임원진을 '소비자'로 간주한다면 그들을 대상으로 피플 애널리틱스 솔루션을 '제품화'할 수 있는 방식을 명시적으로 보여준다.

또 다른 조언은 소비자인 임원진이 일을 수행하는 방식에 맞는 솔루션을 만드는 것이다. 현대 비즈니스 세계에서 고위 임원진 다수가 모바일과 태블릿 장치를 주요 디지털 장비로 사용한다는 점에서 우리는 임원진을 대상으로 하는 '모바일 우선' 접근 방식을 권장한다.

여기서 더 나아가 여러 피플 애널리틱스 솔루션을 하나의 상호작용형 시스템interactive system으로 통합시키면 얻을 수 있는 이익이 커질 수 있다. 임원진은 '사람'을 고려하는 계층이다. 임원진은 '자연적 감소 또는 자발적 이직attrition' 다음으로 '승계 계획' 그리고 이어서 '보상', 마지막으로 '훈련' 순서로 연결을 지어서 생각하지 않는 경향이 있다. 소비자로서 임원진을 생각해 보면서 보고서와 대시보드와 함께 어드밴스드 애널리틱스 솔루션advanced analytics solutions을 하나의 플랫폼에 통합할 수 있는 방법을 검토해라.

우리가 리서치를 하면서 발견한 사실은 피플 애널리틱스 영역에서 이 정도의 정교함은 매우 드물다는 점이다. 실제로 지난 3년 동안 찾을 수 있었던 유일한 사례 중 하나는 다음 사례연구인 '애널리틱스에 생명 불어넣기: Santander BrasilBring analytics to life: Santander Brasil'에 기술되어 있다. 여기에서 여러 솔루션을 애플리케이션 하나로 통합한 방법을 기술한다. 핵심 메시지는 '대상 비즈니스 현업이 실제로 사용할 수 있는 알고리즘만 만들라'라는 것이다.

애널리틱스에 생명을 불어넣어라: Santander Brasil

Banco Santander[10]은 세계에서 가장 큰 여러 은행 중에 하나이다. 196,000명 이상의 근로자와 함께 모든 글로벌 금융 센터에 자리를 잡고 있는 규모가 상당히 큰 글로벌 기업이다. 금융 서비스 기업으로서 현재까지 주로 라틴 아메리카와 북미 지역에서 인수 이력을 다수 쌓고 있다. Banco Santander의 브라질 지사인 Santander Brasil[11]은 그 자체로도 규모가 크다. 현지 본사는 산탄데르의 상파울루에 위치하며 50,500명 이상의 직원과 4,000개 가까이 되는 많은 지점을 갖추고 있다.

우리가 알기로는 피플 애널리틱스의 분야에서 Santander Brasil은 현재까지 전 세계 그 어떤 조직도 달성하지 못한 성과를 거두었다. 여러 어드밴스드 피플 애널리틱스 알고리즘advanced people analytics algorithms을 플랫폼 하나에 통합하면서 리더가 유지, 보상, 승계 계획을 중심으로 여러 의사 결정을 내리기 위해 그 플랫폼에 접속해 사용하는 것이 가능하다.

피플 애널리틱스가 전달 가능한 가치를 제공하지 않는 경우가 많다. 이는 여러 리더가 문의하는 다음의 다양한 질문을 현실적으로 답하려다 보니 답변이 그 리더가 즉시 사용할 정도로 '멋진 최종 결과물'이 아닌 경우도 있기 때문이다.

누가 우리 팀에서 이직 위험이 가장 큰가? 만약 그들이 내일 떠난다면 그들을 대체할 5명은 누구인가? 자사의 구성원을 회유할 전직 임원은 누구인가? 그들이 계속 근무하도록 어떻게 동기를 부여할 것인가? 누군가의 임금salary을 인상하고자 한다면 그 임금 인상이 어느 정도로 보상 예산에 영향을 미치고 이를 감당할 수 있겠는가? 그 임금 수준은 외부 시장 임금 수준과 어느 정도로 비교되는가?

이러한 질문의 대다수는 개별로 답이 가능하다. 자세한 답을 얻으려면 HR 기능에 특화된 숙련가HR specialist를 데리고 와야 한다. 일부 사례를 보면 조직이 필요로 하는 관련 데이터를 체계적으로 정리해 놓지 않아서 그와 관련된 자세한 답을 찾을 수가 없고 결론 또한 도출할 수가 없다.

이러한 사례에 산탄데르 브라질은 속하지 않는다. 피플 애널리틱스 팀의 리더는 상파울루에 있는 HR 정보 및 애널리틱스 책임자Head of HR Information and Analytics인 비니시오스 아우구르토스 베빌라쿠아 코스타Vinicios Augustos Bevilacqua Costa이다. 우리는 비니시오스를 2019년 멕시코시티에서 개최된 워크샵에서 만났다. 당시 그 워크샵은 글로벌 HR 데이터 애널리틱스Global HR Data Analytics 책임자 루이스 페르난도 아랑게스 몬테로Luis Fernando Aránguez Montero와 HR 조직문화 및 전략HR Culture and Strategy 글로벌 책임자 페레 토렌스Pere Torrens가 이끄는 Banco Santander의 모든 피플 애널리틱스 팀을 대상으로 하고 있었다. 우리는 그 리더들과 전사 피플 애널리틱스 팀과 긴밀히 협업하면서 Banco Santander가 기업 경영활동business operations을 관리할 때 데이터에 더불어 통찰 사항이나 통찰 결과를 사용하는 전반적인 방식에서 깊은 인상을 받았다.

비니시오스의 경력은 재무 위험관리이며 그 업무의 관점으로 피플 애널리틱스를 살핀다. 그는 피플 애널리틱스와 데이터 과학에서 인상적인 여러 스킬을 보유하고 있었

탁월한 피플 애널리틱스를 위한 9가지 관점

으며 이해관계자와 심층적인 관계를 형성할 때 강력한 감성 지능emotional intelligence과 함께 그러한 여러 스킬을 같이 사용하고는 한다. 비니시오스는 피플 애널리틱스 리더로서 리더가 사람에 대해 알고 싶어하는 것이 무엇인지 파악하는 사람이다.

비니시오스와 그의 팀은 자연적 감소 또는 자발적 이직, 인정, 보상, 네트워크, 승계 계획을 분석했던 4가지 알고리즘을 개발하는 데 수개월을 보냈다(그림 7.9 참조). 각각의 알고리즘은 리더가 인재경영 의사 결정people decision을 내리는데 도움이 될 수 있는 현실적인 통찰 사항이나 통찰 결과를 제공했다. 그럼에도 비니시오스는 자연적 감소 또는 자발적 이직 용도로 알고리즘을 처음 배포한 후에 그 통찰 사항이나 통찰 결과가 인재경영 스토리의 일부만을 전달하고 있었다는 점을 깨닫게 되었다. 그리고 이러한 여

그림 7.9   임원진의 통찰을 위해 생성된 여러 알고리즘이 다룬 HR 주제

출처 2020년 10월 Santander Brasil 승인 후 인용

러 알고리즘을 그들 자신만의 방식으로 전달했던 여러 시스템이 리더가 실천할 만한 권고사항을 제공할 정도로 직관적이지도 않았다. 비니시오스는 소수 몇몇의 리더와 HR 비즈니스 파트너가 이러한 4개 시스템에 접속해 여러 분석 모델을 사용하고 있었다는 사실을 주목했다.

비니시오는 이렇게 회상했다. '일부 사람들은 그러한 여러 시스템이 있다는 것은 인식하고 있었지만 아무도 피플 애널리틱스 알고리즘을 매일 또는 매월 사용하지는 않았어요. 우리가 여러 훌륭한 도구를 새롭게 만들어 냈다고 해도 그 여러 시스템에 생명을 불어넣기 위해서는 여전히 리더를 위해 무엇인가를 해야만 했던 것이지요.'

비니시오스의 팀이 생성한 것과 유사한 여러 알고리즘이 수많은 기업에서 논의되고 있다. 그러나 우리가 접해 왔던 그 어떤 기업도 서로 연결이 되어있으면서도 사용 맥락에 맞게 완성한 4개 예측 솔루션으로predictive solutions 구성한 자체 시스템을 구축한 적이 없다. 비니시오스는 '우리는 기발한 도구를 필요로 하지 않았어요. 우리가 예상한대로 HR 비즈니스 파트너와 리더가 애널리틱스를 사용하지 않는 이유를 검토했을 때 개별 알고리즘이 특정된 하나의 문제만 다루고 있었다는 사실을 깨닫게 되었지요. '라고 회고했다.

비니시오스와 그의 팀이 'Portal de Gestão RH'(HR 관리 플랫폼)를 구축하는데 족히 몇 주가 걸렸다. 그 플랫폼은 피플 데이터 이외에도 이와 연관된 비즈니스 사안을 종합적인 모아보기 형식으로 만들어 내기 위해 여러 시스템에서 데이터를 가져오는 단일 대시보드이다. 이에 사용된 여러 알고리즘은 각각 대상 플랫폼에서 간단한 언어와 견고한 사용자 경험 원칙을 기반으로 직관적으로 나타나도록 되어 있다.

리더는 그 플랫폼을 활용해 특정 지역, 부서, 인구 통계, 다양성, 자신의 팀내 개인으로 범위를 좁혀 성과, 취약현황vulnerability, 네트워크, 보상 영역으로 구성된 전체 그림을 볼 수 있다. 그 플랫폼은 HR 애널리스트 여럿이 사람 관련 정보를 보유한 그럴듯한 정보 출처source를 가지고 임원진을 대상으로 하여 구축한 것이다.

비니시오스는 이를 전사로 내재화하는 변화관리 프로그램을 통해서 추동력을 얻고자 그 테크놀로지를 리더십 로드쇼에서 공유했다. 그 플랫폼은 최상위 계층 리더 800명과 모든 HR 비즈니스 파트너가 사용할 수 있게 고안되었다.

그는 그 플랫폼이 가진 가치를 실사례로 입증하기 위해 통찰 사항이나 결과를 다룬 여러 실제 사례를 활용했다. 우리의 눈에 들어온 하나의 실례는 비니시오스가 1년 전 조직을 떠난 리더를 기준으로 자연적 인력 감소 및 (비)자발적 퇴사 모델attrition model을 백테스트back test하고자 플랫폼을 사용했던 방식이다. 그는 12개월 전 그 리더와 함께 이직 위험이 가장 높은 5명 중에 3명이 이미 회사를 떠난 사실을 발견했다. 이제 팀은 확신을 가지고 이직 위험이 높다고 판단되는 나머지 사람을 식별하고 이미 이직을 했거나 이직 위험이 높은 리더와 연관해 의사 결정을 내릴 수 있었다.

또 다른 좋은 예시로서 팀이 주로 관심을 두는 사안은 특정 역할position에서의 승계 관리, 승계관리 대상자가 된 여러 개인의 개별적인 보상사안 의사 결정 사전 예측, 외부 노동 시장의 보상 수준이 내부 보상 수준에 주는 영향, 보상 수준 조정으로 발생하는 추가 비용(보상에 있어서의 영향) 모델링이다.

또 다른 세 번째 예시는 사용자에게 회사를 떠난 리더를 살펴보고 이직 위험을 가진 미래 이탈 예정 인재talent leavers에 우선순위를 부여하여 선별하는 방법을 보여주는 것이었다. 이어 사용자는 선호 순위가 가장 높은 잠재적 조치 사항을 파악하고자 성과-보상 격자 다이어그램performance-pay grid에 미래 이탈 예정인 여러 사람을 개별로 강조해 표시할 수 있었다.

비니시오스는 이렇게 그 플랫폼에 대한 스토리를 직원 개인과 리더 개인의 시각으로 제시했다. 리더가 로드쇼 형식으로 각자 사례를 가져와 실황으로 그 플랫폼을 검증해 보도록 권장하기도 했다.

비니시오스는 이렇게 말했다. '그 플랫폼은 개인 각자 모두에게 깊은 인상을 남겼어요. 그 플랫폼을 경험해 본 사람들 각자 자신만의 사용 용도를 가지고 있었고 우리는 그 중 많은 부분을 숙고해 본 적이 없었거든요. 그리고 우리는 현재까지 그 플랫폼과 더불어 HR 애널리틱스 팀에게도 신뢰가 쌓이도록 그 로드쇼를 활용하고 있지요. 우리는 그 플랫폼이 여러 리더에게 더욱 도움이 되게끔 파트너십도 넓혀가고 있어요. 결국 그것이 최우선으로 우리가 그 플랫폼을 구축했던 이유이기도 하거든요.'

이러한 파트너십을 보여주는 또 다른 예시는 그 플랫폼을 반복해 개선하는 활동later iteration에서 추가되었던 '예측 통찰 기능'predictive insights function이라는 개선 사항이었다. 비니시오스는 설명했다. '리더 한 분이 그 플랫폼을 "데이터로 가득해 호기심만 불러일

탁월한 피플 애널리틱스를 위한 9가지 관점

으키는 사탕가게"라고 묘사했어요. 여러 리더가 그 데이터를 여러 조치사항으로 변환하는 사안에서 어디부터 시작할지 감을 잡을 수 없다고 말했거든요. 그래서 우리가 일정한 권고 기능을 만들었던 것이지요.'

팀이 만든 권고 기능은 두 가지 방식으로 작동한다. 먼저 그 권고 기능은 더 많은 정보 요청에 따라 리더가 취해야 할 조치사항을 바로 제안할 수 있다. 예를 들면 '누구를 승진시키는 것이 좋겠는가'라는 질문에 그 플랫폼은 성과, 스킬세트, 이직 위험을 기준으로 여러 후보를 최상위 순서로 나열한 일정한 리스트를 생성한다. 그 후, 리더는 그 플랫폼으로 질문을 문의하는 동시에 특정한 조치사항을 실행할 경우 일어날 상황에 대한 예측 시뮬레이션을 실행해 볼 수 있다.

비니시오스가 데이터를 기반으로 과업을 수행하는 비즈니스 리더이자 상황을 반전시키는 사람game-changer이어서인지 HR 애널리틱스 팀은 여러 다양한 리더를 대상으로 한 피플 애널리틱스 알고리즘을 구현하는데 필요한 것을 갖추고 있다. HR 애널리틱스 팀은 대상이 된 비즈니스 현업의 요청에 대응하는 방식으로 이 플랫폼을 만들어내거나 승인을 요청하려 하지 않았고 후원자 물색에서도 시간을 끌지도 않았다. 비니시오스는 대상이 된 비즈니스 현업에 진심으로 공감했고 유용한 애널리틱스 제품을 개발하기 위해 리더가 현실적으로 필요로 하는 것을 예상하며 위험관리 분야에서의 본인 경험을 참조했다. "어떻게 브라질 전역의 40,000명이 넘는 사람들과 함께 일하는가?"라는 사업을 포함한 기업 경영활동에서의 도전과제를 우리가 검토했던 당시에 우리에게 명확했던 것은 리더를 지원해야 하는 방법이었어요.'

비니시오스는 피플 애널리틱스가 가진 진정한 가치를 실현하는 활동에 생명을 불어넣기 위해 제3의 공급업체에서 최신의 멋진 테크놀로지를 구입해야 하거나 심지어 최상의 통계 모델을 새롭게 만들어 낼 필요가 없었다. 단지 모든 HR 비즈니스 파트너와 여러 관리자가 해당 통찰 사항이나 결과를 필요로 할 때 이를 신속하게 이용이 가능하게 만드는 HR 애널리틱스 팀의 수행능력을 제공하는 것이 매우 중요할 뿐이다.

그가 지금까지 경험한 여정을 회고해보면 그 솔루션이 지향하는 바는 분명하다고 말한다. '여러분이 비즈니스 현업 리더처럼 생각하면서 여기에 분석적 사고방식과 실행력을 보태면, 솔루션이 지닌 가치를 충실하게 전달할 수 있어요.' 비니시오스의 신념은 데이터 과학을 활용해 여러 다양한 비즈니스 현업 리더와 HR 비즈니스 파트너 앞에 그 솔루션을 생생하게 구현해 제공하는 것이다. 솔루션이 현장에서 실제로 활용되고 나서야 의사 결정 활동이 활성화되기 때문이다. 지원적 태도를 가진 리더의 존재 또한 기본적으로 매우 중요하다. '이러한 진화는 HR 부사장인 바네사 로바토Vanessa Lobato가 우리 작업을 신뢰하고 자율성을 부여하면서 끊임없이 우리가 HR 변혁 리더가 되도록 자극해 주었기 때문에 가능했어요.'

TOP TIP

집행 목적을 가진 의사 결정executive decision-making을 기능으로 활성화하려면 여러 예측모델predictive models을 완전한 퍼즐의 형식으로 함께 결합해라.

요약

피플 애널리틱스는 재직인재군 경험을 소비자인 여러 재직인재군에 맞게 제공함으로써 기업 조직에서 4가지 유형의 소비자군(근로자, 관리자들, 임원진, 전체 재직인재군)에게 혜택을 제공할 수 있어야 한다. 다음은 이러한 여러 청중 유형을 검토해 보는 과정에서 고려할 사항들이다.

- '가치의 공정한 교환'을 제시하여 근로자가 자신의 데이터를 조직에 공유해서 개인화된 이익을 얻도록 하는 것을 목표로 해라.
- HR 기능의 동료가 데이터를 기반으로 하는 접근 방식을 따라 직원경험을 정의하여 측정하고 관리하도록 도움을 제공하라.
- 입사부터 퇴직에 이르는 직원경험 여정에서 근로자에게 '중요한 순간들'을 분석하고 발굴해라.
- 개별 근로자에게 유용한 통찰 사항이나 통찰 결과를 제공하고 개인화된 경험을 주는 여러 테크놀로지를 구현해라.
- 대상이 된 재직인재군의 의견을 지속적으로 청취하는 디지털 생태계를 창조하고 그 다음 인간 중심의 접근 방식으로 HR 프로그램을 설계해라.
- 여러 다양한 관리자가 본인 팀과 개별 근로자를 파악할 수 있도록 도움을 주고 싶다면, 관리자 대상으로 데이터를 범용화해라.
- 임원진에게 어드밴스드 애널리틱스 솔루션을 사용하기 쉬운 직관적인 소비재 제품 형식으로 전달해라.

각주

1 용어집 참조: 가치의 공정한 교환. 일반적으로 합리적이고 정직한 거래의 토대로서 동일한 가치의 두 가지를 교환하는 것을 의미한다. 피플 애널리틱스의 맥락에서 가치의 공정한 교환은 분석 작업 수행이 가능하게 근로자가 조직과 데이터를 공유한 대가로 애널리틱스로 인해 받게 되는 개별화된 혜택을 설명한다.

2 용어집 참조: 신뢰 배당. 근로자 데이터 사용과 관련해 재직인재군의 신뢰가 재무 성과에 미치는 영향. Accenture의 2019년 연구인 Decoding Organizational Data: Decoding Organizational Data: Trust, data and Unlocking value in the digital workplace에서 가장 눈에 띄게 인용되고 있다.

3 용어집 참조: 빅 브라더. 조지 오웰(George Orwell)의 소설 1984(Nineteen Eighty-Four)에서 유래한 것으로 지속적이며 억압적인 감시와 관련된 주제를 상징한다. 오늘날 널리 사용되며 사람들의 일상 삶을 완전히 통제하고 감시하는 사람, 조직 또는 정부를 의미한다.

4 '바늘을 움직이다'는 진행과정의 속도를 높이는 것을 나타내는 업무 표현이다. 속도계(주행거리계)의 바늘이 차량에서 엑셀을 밟았을 때만 움직인다는 은유이다.

5 ABN AMRO Bank NV는 17,000명 이상의 직원을 보유한 네덜란드계 은행이다. (https://www.abnamro.com/en/about-abnamro/profile/who-we-are/purpose-and-strategy/indEX.html 참조)(https://perma.cc/3PZ5-MNHR), 2021년 2월 7일 최종 접속).

6 https://www.abnamro.com/en/about-abnamro/profile/who-we-are/purpose-and-strategy/indEX.html (archived at https://perma.cc/D3YT-U8HK), last accessed 7 February 2021.

7 용어집 참조: 계층화 된 샘플링. 관심 인구를 사회계층이라고 불리는 더 작은 그룹으로 나누는 과정. 그 다음 이러한 계층에서 샘플을 추출하고 더 많은 관심 모집단 관련 추론을 위해 분석이 수행된다.

8 OrganizationView GmbH는 스위스 생모리츠에 기반을 두고 있으며 2010년에 설립되었다. (https://www.workometry.com/ 참조(https://perma.cc/PP96-5G2W), 2021년 2월 7일 최종 접속)

9 FIS는 미국 금융 서비스 및 기술 제품을 제공하는 기업으로 50대 은행의 90%와 상위 20대 사모펀드 회사의 90%에 서비스를 제공한다. 57,000명 이상의 직원이 전 세계적으로 750억 건 이상의 거래를 처리하고 그 처리액은 연간 평균 총 9조 달러에 달한다. (https://www.fisglobal.com/about-us (https://perma.cc/Y8F8). -9BRP), 2021년 2월 7일 최종 접속).

10 Santander Group으로 사업을 하고 있는 Banco Santander는 스페인의 다국적 금융 서비스 기업이자 세계에서 가장 규모가 큰 은행이다.1857년에 설립되었으며 해당 기업은 10개 주요 시장에서 사업 중이며 2021년에는 196,000명 이상의 직원이 근무 중이다.

(https://www.santander.com/en/about-us/key-facts-and-Figures(https://www.santander.com/en/about-us/key-facts-and-figures). /perma.cc/F8J4-SRSC), 2021년 2월 7일 최종 접속).

11 브라질에서 유일한 규모의 국제 은행으로서 Santander Brasil의 약 43,000명의 직원은 브라질 전역의 4,830만 명 이상의 고객에게 서비스를 제공하고 있다. (https://www.santander.com/en/about-us/where-we-are/santander-brasil 참조 https://perma.cc/XDE7-K44S), 2021년 2월 7일 최종 접속).

08
비즈니스 최종 결과물

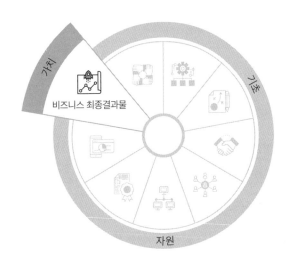

8장에서는 피플 애널리틱스에서 가장 중요한 측면인 조직에 제공하는 실제 최종 결과물과 성공적인 결과를 도출하는데 적합한 일정한 가치사슬 (접근방식, 사고방식, 구조)을 사용하는 방법을 논의한다.

탁월한 피플 애널리틱스를 위한 9가지 관점

개관

비즈니스 최종 결과물

9가지 차원의 하나인 비즈니스 최종 결과물은 피플 애널리틱스 활동으로 도출되는 결과로서 최종 결과물로 이어지는 과정에서의 논리적 근거와 기법을 자세하게 설명한다. 최종 결과물로는 실행이 가능한 통찰 사항이나 통찰 결과, 권고 사항, 재무 가치, 실속을 확보한 전사 비즈니스 개선이 있다.

피플 애널리틱스로 기업 매출과 이익에 유의미한 재무 가치를 제공하는 방법에 대한 사례가 많이 존재하며, 그 중 일부를 이 책에 기술해 놓았다. 가시적인 투자 수익ROI으로 이어지는 작업은 고위 비즈니스 현업 임원진을 기대감으로 들뜨게 한다. 이러한 상황은 피플 애널리틱스 기능의 입지를 높이며 더 많은 투자를 이끌어 낼 수 있는 분위기도 제공한다.

그럼에도 불구하고 우리가 제시한 사례연구 다수가 증명하듯이 모든 피플 애널리틱스 프로젝트가 재무 수익과 관련되어 있는 것은 아니다. 1부(피플 애널리틱스 사례)에서 논의한 것처럼 피플 애널리틱스가 성과에 기여하는 효과를 담보한 중간 산출물을 도출해 결과로 실행하는 최종 결과물을 범주화하면 대략 4 가지이다(그림 8.1 참조).

의사 결정을 위한 정보로서 전달되는 통찰 사항이나 통찰 결과insights를 생성해 내는 것은 모든 피플 애널리틱스 작업의 기초로 자주 언급된다. 그러나 통찰 너머에는 훨씬 더 강력한 것이 존재한다. Johnson & Johnson의 전사 인재 관리와 통찰Enterprise Functions Talent Management and Insights 글로벌 책임자인 피유쉬 마투르Piyush Mathur는 팟캐스트(Green, 2020) Digital HR Leaders에서 다음과 같이 완벽하게 짚어낸다. '최종 결과물로 이어지지 않는 통찰 사항이나 통찰 결과는 그저 간접 비용overhead일 뿐이거든요.' 피플 애널리틱스에서 측정이 가능한 최종 결과물을 도출해 실현하면 '애널리틱스를 위한 애널리틱스'라는 비난을 피할 수 있다. 더 나아가 현실화가 가능한 최종 결과물은 조직과 자사 재직인재군을 대상으로 가치를 창출하며, 애널리틱스가 중요한 이유를 입증하고, 추가 투자를 유치할 수 있는 연관 사례 구축으로 이어진다.

'비즈니스 우선' 접근 방식 채택하기

이 책은 조직이 당면한 주요 도전과제를 해결하기 위해 비즈니스 현업 임원진과 긴밀하게 협력하는 것에 초점을 맞추어 피플 애널리틱스 기능에서 '사업을 포함한 기업 경영활동 사안에 대한 고객 니즈를 중시하는outside-in' 접근 방식이 고취되도록 만드는데 의의를 두고 있다. 여러 조직과 함께

| 그림 8.1 피플 애널리틱스의 4가지 최종 결과물

재직인재군 경험(workforce experiences)

- 직원경험(employee experiences)
- 관리자를 대상으로 하는 데이터 범용화
- 임원진을 위한 통찰
- 전사 재직인재군 개선
  (entire workforce improvements)

애널리틱스 문화

- 관리자 대상으로 실시간 통찰 제공
- HR 기능에서의 분석적 판단력(savviness)
- HR 기능에서의 데이터를 중심으로 한
  스킬 개발
- 피플 데이터를 활용한 스토리텔링

사업 성과

- 재무 성과(영향)
- 위험 관리 및 컴플라이언스(compliance)
- 매출과 시장 점유율 성장
- CEO 스킬 및 도전적 난제

사회적 혜택

- 조직 전반의 포용성
- 노동 평등
- 성평등 개선
- 건강한 삶(wellness)과 심리적 건강
  (mental awareness)

일하고 연구하던 현장에서의 몇 년과, 이 책을 집필하고 리서치 하면서 보낸 시간 동안 우리가 관찰해 온 것은 선진화된 조직일수록 피플 애널리틱스에서 비즈니스 우선 접근 방식을 취하고 있다는 사실이다.

우리는 매출을 효과적으로 확보하는 영업력sales effectiveness, 사업 전략 실행, 리스크와 컴플라이언스, 위기관리, 조직문화와 같은 사업 및 전략 관련 주제가 점점 피플 애널리틱스 팀의 공통 관심 영역이 되고 있다고 생각한다. 60개 글로벌 조직(Ferrar, Styr 및 Ktena, 2020)을 대상으로 수행한 연구에서 그 사실을 확인할 수 있었다(그림 8.2 참조).

해당 기업은 인재 유지, 인재 관리, 인재 확보 같은 기존 HR 주제보다 사업business과 전략 성격의 주제를 더 중요하게 여긴다. 사업business과 전략을 직원경험, 건강 유지well-being, 사업 전략과 연계된 재직인재군 운용계획 strategic workforce planning, 직원 생산성 같은 다른 중요한 비즈니스 관심 영역보다도 가장 많은 가치를 증가시키는 우위 영역으로 여긴다.

우리는 리서치에서 해당 부분의 연구 결과를 통해 글로벌 대기업의 여러 피플 애널리틱스 팀이 현재 사업과 연관된 사안에 더 집중하고 있다는 확신을 갖게 되었다. 구체적으로 말하자면 글로벌 대기업 피플 애널리틱스 팀은 HR 기능의 책임 영역과 별개 주제로 자주 간주되는 조직상 필요에 따른 주제에 관여되어 있다.

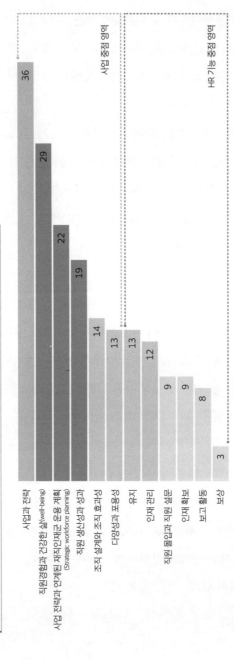

그림 8.2 피플 애널리틱스가 가치를 증가시키는 최상위 영역

사업 중점 영역

HR 기능 중점 영역

사업과 전략 36

직원경험과 건강한 삶(well-being) 29

사업 전략과 연계된 재직인재군 운용 계획
(Strategic workforce planning) 22

직원 생산성과 성과 19

조직 설계와 조직 효과성 14

다양성과 포용성 13

유지 13

인재 관리 12

직원 몰입과 직원 설문 9

인재 확보 9

보고 활동 8

보상 3

출처 Ferrar, Styr, Ktena (2020)

피플 애널리틱스 가치사슬

피플 애널리틱스는 사업에 비중을 보다 더 많이 두는 접근 방식으로 성공적으로 전환하면서 기업에서 그 중요성이 점점 더 부각되고 있다. 피플 애널리틱스가 사업을 포함한 기업 경영활동 사안에서의 고객 니즈를 중시하는outside-in 접근 방식을 취하게끔 그 관점과 과업 수행방식을 전환하도록 만드는 활동은 어렵다. 일정 부분에서는 '백지 상태a blank of sheet of paper'에서 새로운 방식으로 시작하는 것이 더 간단하다.

우리는 그림 8.3의 피플 애널리틱스 가치사슬을 비즈니스 최종 결과물을 제공하려는 목적에 적합한 모델로 추천한다. 그 모델은 1부(피플 애널리틱스 사례)에서 논의된 가치 시대의 모델이다. 더불어 4장(스킬)에 설명된 피플 애널리틱스 운영 모델을 결정짓는 모델이기도 하다.

피플 애널리틱스 가치사슬은 다음과 같은 단일 원칙을 근거로 한다. 가치는 분석으로부터 시작해 사업 성과에 기여할 효과가 담보된 중간 산출물을 거쳐 최종 결과물로 이어지는 과정을 통해 실현된다. (Value eats analysis for breakfast)![1]

풀어서 설명하면 고객 동인(사업 전략, 이해관계자가 직면한 도전과제, 인재경영 전략과 HR 전략)은 입력물input이며, 측정이 가능한 비즈니스 최종 결과물(영리적 가치, 직원경험, 5조직 전반의 유기적 변화)은 최종 산출물output이다. 이러한 전체 프로

그림 8.3 피플 애널리틱스 가치사슬

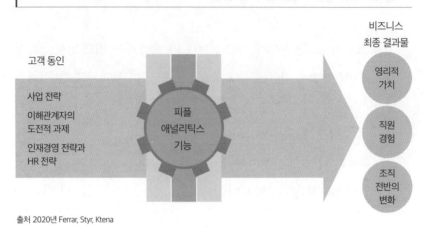

비즈니스
최종 결과물

고객 동인

사업 전략

이해관계자의
도전적 과제

인재경영 전략과
HR 전략

피플
애널리틱스
기능

영리적
가치

직원
경험

조직
전반의
변화

출처 2020년 Ferrar, Styr, Ktena

세스가 피플 애널리틱스 기능에서의 책임 영역이다.

　실제 피플 애널리틱스 가치사슬에서 피플 애널리틱스 기능은 '우리 기업의 감가 상각률은 얼마인가?'와 같은 주요 질문을 고려하는 대신 '사람 요소를 투입물로 하여 사람이 지닌 어떤 인적 요인people factor이 사업 성과를 향상시키겠는가?'와 '우리 조직의 어떤 역할이 가장 많은 가치를 실현하는가?'와 같은 사업을 선도하는 더 많은 질문을 상세히 검토한다.

　피플 애널리틱스 기능은 사업을 포함한 기업 경영활동 사안에서 고객 니즈를 중시하는 관점outside-in을 유지하는 접근 방식을 통해 사업 성과 도출 목적의 전략과제나 도전과제에 집중하여 사업 성과에 기여하는 가치를 생성할 수 있게 된다. 그 결과 피플 애널리틱스는 재직인재군 경험을 강화하고 혜택을 더 광범위하게 사회로 확장하여 제공한다. 피플 애널리틱스 가치사슬은 조직에 더 유용하며 사업 성과에 기여하는 더 많은 효과가 도출될 최종 결과물을 내어 놓을 것이다.

비즈니스 최종결과물을 이끌어내는 방법

책 전체에서 우리는 피플 애널리틱스에서 고객 니즈를 중시하는 관점 outside-in을 유지하는 접근 방식이 가지는 이점과 그에 따라 누릴 수 있는 비즈니스 최종 결과물을 강조하는 다수의 사례연구를 지금까지 제시했다. 이점은 8장 후반부 사례연구로 제시된 MetLife, Nestlé, IBM의 사례에서 특히 분명하게 드러난다.

사례는 각각 다르지만 각각의 피플 애널리틱스 팀 모두는 비즈니스 최종 결과물 도출을 목적으로 두고 모든 여러가지 활동이 현실에서 실행이 가능한 비즈니스 최종 결과물로 이어져 그 최종 산출물이 사업 성과 창출에 기여하도록 만드는 접근 방식을 취했다. 우리가 이 점을 심사숙고해 본다면 피플 애널리틱스 기능이 수행하는 5단계를 식별할 수 있다. 피플 애널리틱스 기능이 수행하는 5단계는 다른 사람도 기억하기 쉬운 지침을 제시한다. 비즈니스 최종 결과물 도출의 5단계는 그림 8.4에 제시되어 있으며 아래에 자세히 설명되어 있다.

탁월한 피플 애널리틱스를 위한 9가지 관점

그림 8.4

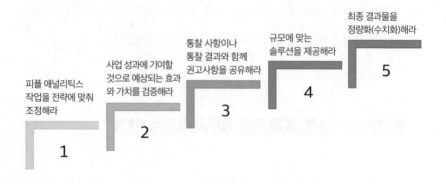

1단계: 피플 애널리틱스 작업을 전략에 맞춰 조정해라

사업 전략과 연계된 가장 중요한 전략과제나 도전과제로서 기업이 당면
하고 있는 여러 사안에 맞게 피플 애널리틱스를 조정하는 것이 필요하다.
2장(방법론)에서 논의된 것처럼 범주를 중심으로 우선순위를 부여하는 프로
세스가 가장 높은 가치로 이어질 피플 애널리틱스 작업을 선정하는 기준을
설정하는 단계를 제공한다. 가치가 높은 피플 애널리틱스 과제는 2장에 따
르면 '성공적 결과가 빨리 도출되는 프로젝트'나 '성공하면 효과가 큰 프로
젝트' 등의 범주를 적용해 결정한다. 우선순위 지정 활동에서 본질은 '무엇
이 잠재적으로 사업 성과에 기여하는 가치인가?'라는 핵심 질문에 그 답을
일치시키는 것이다. 이 질문에 답을 하기 위해서는 이해관계자에게 가장
큰 가치를 드러낼 여러 주제 이외에도 그 기회를 찾기 위해 그에 적합한 질
문을 하는 것이 필요하다. 이와 관련된 내용은 3장(이해관계자 관리)에서도 논

의되었다.

　작업에 전념하기 전에 질문을 하고 답을 찾아가는 단계에서 필요한 비즈니스 최종 결과물을 곰곰이 생각해라. 비즈니스 최종 결과물을 생각해 보기 위한 방법 하나는 '사람의 힘(Power of People, Guenole, Ferrar 및 Feinzig, 2017)'에서 논의되었다. 수요의 7가지 동인 모델Seven Forces of Demand model(그림 8.5 참조)은 피플 애널리틱스에서 동인이 되는 비즈니스 수요 중에서 공통 영역을 찾아 구분하고 파악해 낸다. 경쟁 우위, 규제 사안, 운영의 효율성, 비용 압박을 포함한 비즈니스 동인 중 일부는 사업 전략 이외에도 기업 경영활동과 보다 더 자연스럽게 정렬된다.

| **그림 8.5**　수요의 7가지 동인

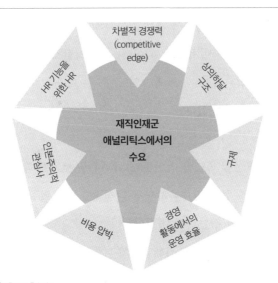

출처 2017 Guenole, Ferrar, Feinzig

사업 성과 도출 목적의 전략과제나 도전과제를 파악한다는 것은 목적을 고려하여 초점을 맞춘 여러 최종 결과물이 도출될 가능성이 더 높아진다는 의미이다. 이를 위해 관련 이해관계자와의 협업을 바탕으로 답을 도출해야 하는 여러 비즈니스 사안을 구조화하고 각 사안별로 가설을 개발하여 검증하는 과정에서 피플 애널리틱스 프로젝트의 타당성과 비즈니스 최종 산출물이 가진 목적을 확인해라.

2단계: 사업 성과에 기여할 것으로 예상되는 효과와 가치를 검증해라

피플 애널리틱스 작업에서 우선순위를 지정했다면, 최종 결과물을 측정하는 것을 목표로 삼고 해당 작업의 범위를 정의하는 동시에 필요한 투자 사례라면 어느 것이든 생성해서 재무 기능과의 협업을 위해 여러 이해관계자의 관심과 참여를 다시 유도할 때이다. 애널리틱스 프로젝트가 성공하도록 설정하는 기법은 2장(방법론)에 요약된 초점–효과–가치 모델이며 해당 내용은 아래에 요약되어 있다.

• 초점 — 대상 프로젝트의 범위를 정의하고 프로젝트 후원자를 확보해서 예산에 대한 합의를 도출하면서 현실적으로 투입 가능한 시간과 함께 기간의 범위를 구조화해서 정의해라.
• 효과 — 대상 프로젝트가 이해관계자 7개군 각각에 미치는 효과가 무엇일지 정의하고 연관 작업에서의 이해관계자 참여도를 설정해라.

- 가치 — 대상 프로젝트가 가지고 있는 예상 가치를 진단해 측정하고 정의해라.

애널리틱스 프로젝트가 가진 잠재적 재무 가치를 평가하는 예시를 주의하여 검토해라. 재무 기능과 협업하면 이 단계를 완료하는 속도는 빨라지고 다른 이해관계자 이외에도 대상 프로젝트 후원자와의 후속 논의 추진 과정에서 요구를 받는 타당성 검증이 가능하다. 일반적으로 재무 기능과의 협업에서는 투자 수익률ROI, 순 현재 가치NPV, 내부 수익률IRR로 모델링하는 방법만 아니라 수익revenue이나 비용 최적화 관점으로 결과를 측정하는 방법에 대한 합의도 다루어진다.

다음 사례연구(피플 애널리틱스 용도로 투자 확보하기: MetLife)는 일정한 투자 사례를 공동으로 개발하기 위해 재무 기능과 협업하는 방법에 대한 완벽한 예시를 보여준다. 피플 애널리틱스 팀과 재무 팀 간에 생성된 파트너십은 강력한 원칙 하나를 바탕으로 한다. '재무 기능의 언어를 사용해라.'

사례연구

피플 애널리틱스 용도로 투자 확보하기: MetLife, Inc.[2]

로라 슈페르트Laura Shubert는 미국 보험사인 MetLife에서 글로벌 전사 재직인재군 애널리틱스 기능Global Workforce Analytics business을 이끌고 있다. 이 팀은 HR 기능과 여

탁월한 피플 애널리틱스를 위한 9가지 관점

러 다양한 비즈니스 현업 리더가 인재경영 의사 결정을 정보와 사실에 입각해서 내리도록 재직인재군 관련 통찰 사항이나 통찰 결과를 제공하기 때문에 팀의 작업에서 최종 결과물은 복잡한 분석과 모델링에서부터 일반 보고 활동까지 애널리틱스 전 범위에 걸쳐 이어져 있다. 로라가 이룬 성공적 결과는 필요할 때 투자를 확보할 수 있는 그녀의 능력 덕분이기도 하다.

로라의 팀은 2020년 매우 중요한 새로운 계획안에 착수했다. 새로운 계획안은 두 가지 재직인재군 관리에서의 접근법으로 사업 전략과 연계된 재직인재군 운용계획 strategic workforce planning 수행역량을 구축하는 활동과 함께 내부 경력시장을 새롭게 만드는 활동이었다. 이러한 작업이 결실을 맺어 기업과 근로자에게 가치를 더하려면 점증적인 예산 증가가 요구되었다. 로라는 HR 기능으로 합류하기 전에 재무와 투자 영역에서 계획과 분석, 펀드 관리, 인수 합병 경험을 15년간 쌓았다.

로라는 이렇게 말한다. '제 경력이 의미하는 것은 제가 자금을 주제로 재무 기능에 말을 거는 방법을 파악하고 있다는 점이겠지요. 그리고 기억해야 하는 핵심 사항은 아주 단순해요. 재무 분석가를 작업 초기 단계에 참여시키고 항상 HR 기능의 여러 조치 사항을 여러 다양한 비즈니스 최종 결과물로 해석해 보는 겁니다.'

로라는 사업 전략과 연계된 재직인재군 운용계획과 내부 경력시장 작업에서 자신이 했던 조언을 그대로 실천했다. 그녀는 여러 재무 동료와 진행하는 회의가 대상 작업의 초기 기획 단계에서 이뤄지도록 일정을 정하고, 그 새로운 계획안과 연관되는 MetLife 방식의 재무 분석 자료를 수집했다.

로라는 이렇게 조언한다. '이 작업을 수행하는데 정형화된 재무 업무 경험이 꼭 필요하지는 않아요.' 그녀는 실제로 이번 사례에서 현존하면서도 쉽게 즉시 구할 수 있는 일반 비즈니스 정보를 수집하는 것부터 시작했다. 우선 로라는 공개된 비즈니스 정보를 온라인에서 샅샅이 뒤졌다. 로라는 한 보도 자료에서 MetLife의 CEO가 2019년 말까지 회사 가동률을 10억 달러(약 1조 2천억원) 정도 줄이겠다고 발표한 2016년을 떠올리게 하는 성명서statement를 뒷받침할 정보를 찾아냈다(Scism, 2016). 로라는 자발적 이직, 경력개발, 인원 증가 대비 근로자 채용과 관련된 데이터를 조사하기 위해 2016년의 성명서와 함께 유사한 정보를 활용했다. 그녀는 이러한 정보를 심층적으로 검토함으로써 사업 전략과 연계된 재직인재군 운용계획 수행역량 구축과 내부 경력시장 생성 작업에 수반될 여러 사안을 더욱 잘 이해할 수 있었다. 리서치 활동을 통해 비즈니스 현업과의 대화를 대비한 탄탄한 토대도 마련했다.

로라는 일단 종이에 펜을 대기 시작하면 업무를 일사천리로 진행했다. 그녀는 새로운 계획안을 고려해 팀이 필요로 하는 투자 항목인 테크놀로지 공급업체, 외부 컨설턴트, 인력 증원을 요청했다. 로라는 '제가 수년 동안 학습한 한 가지는 필요로 하는 것보다 적게 요구하지 않는 것입니다. 대담한 태도를 가지세요. 처음부터 전체 비용이 명확하게 파악되지 않는데 전체 투자 규모를 어떻게 예상해서 평가해 볼 수 있겠어요? 방어적인 태도를 가지고 일을 시작하지 마세요.'라고 말했다.

또한 로라는 비즈니스 현업 임원진이 이해할 수 있는 방식으로 재무 용어를 사용해 제안서의 틀을 만들고자 했다. 그녀는 새로운 계획안과 관련해 재무 기능의 지원을 공식으로 요청해야 했다. 로라의 팀은 재무 분석사financial analyst가 재직인재군 애널리틱스workforce analytics에 대해 질문으로 무엇을 하게 될지 생각한 후, 그 작업과 MetLife로 제공될 가치를 내용으로 구성한 재무 분석을 수행했다. 팀은 리서치 과정에서 MetLife가 일반적으로 투자 수익ROI 관점에서 재무 분석 모델링을 하지 않는 대신에 5년 간의 내부 수익률IRR을 재무 분석 모델링에 사용한다는 사실을 알아냈다. 그래서 로라는 내부 수익률IRR 관점으로 해당 프로젝트의 사례를 발표했다. 로라는 내부 재무 분석 산정법을 적용함으로써 사람들에게서 그녀의 팀 작업과 대상 작업에 대한 신뢰를 공고히 쌓아가고 있었다. 그 무엇보다도 사람들과 의사소통하는 중요한 방식으로서 사람들이 전사적으로 이해하고 있었던 언어로 내용을 전달하고 있었다.

일단 관련 논의가 시작되자 모든 사안이 깔끔하게 정리되었다. HR 기능과 MetLife의 재무 전문가들은 그 계획안의 투자 규모와 더불어 잠재 가치 산정을 목적으로 재무 분석 모델을 검증하기 위해 협업했다. 모든 사람이 자신의 전문 지식과 그 작업에 대한 관점을 공유하도록 요청을 받았다. 로라는 즐거웠다. '재무 기능이 수치를 모의 산정해 보는 과정에서 재직인재군 애널리틱스 프로젝트와 관련하여 실제로 제안한 사항은 보수적으로 계획을 잡지 않아도 좋다는 것이었어요. 심지어 재무 기능은 계획안의 가치를 극대화하는 방법에 대해서도 아이디어를 제공했지요!' 로라는 두 가지 이유 덕분에 논의가 잘 진행되었다고 생각했다. 우선 그녀는 데이터를 다루는 사람들을 포함해 정보에 정통한 다수의 사람을 그 방으로 데려갔다. '저는 그 회의실에 있는 우리 팀원이 질문에 답을 못하는 상황을 원하지 않았기 때문에 그 계획안을 제대로 이해하는 사람들을 데려와서 재무 기능이 그 계획안에 있는 모든 사항을 조사하고 파악할 수 있도록 했어요. 그 계획안과 관련해서 알려주지 않은 사항은 하나도 없었어요. 우리는 재무 담당자가 소임에 충실할 뿐이라고 이해했기 때문에 모든 질문에 기꺼이 답했어요.' 그 다음 로라는 그 논의에서의 팀 접근 방식을 말한다. '우리는 재무 기능과 관계를 만들어 나갈 각오를 다지고 그 과정에 임했어요. 관계를 구축하는 것에는 시간이 소요되고 모델과 계획을 여러 번 반복해 보는 과정이 필요하니까요. 우리는 재무 기능이 우리에게 원하는 것을 파악하고 있었고 그에 따라 협업할 준비가 되어 있는 상태였어요.'

로라의 시도는 효과가 있었다. 그 계획안이 집행 운영 위원회executive operating committee에 제시되자 재직인재군 애널리틱스Workforce Analytics 팀은 사업 전략과 연계된 재직인재군 운용계획strategic workforce planning과 새로운 스킬을 습득할 기회를 주는 경력시장reskilling career marketplace에 대한 사안에서 모두 승인을 얻어냈다. HR 기능과 재무 기능을 각각 담당하는 최고위 임원진은 그 회의 주제만 아니라 이미 수행이 끝난 분석에서도 서로 교감 중인 것이 분명했다. 재무 기능은 충실한 파트너였다. 재무 기능은 그 계획안이 가진 잠재적인 사업 성과에 기여하는 가치를 빈틈없이 파악해 검증한 뒤 투자금액에서 소소한 부분까지도 모두 일정한 회계 항목으로 설정하고 계정을 지정해 분류해 놓고 있었던 것이다.

코로나-19가 전 세계를 강타했던 시기에 이러한 여러 프로젝트에서의 작업 강도는 더욱 높아졌다. 로라는 이렇게 설명한다. '전염병의 영향으로 그 비즈니스 사례는 투명해졌어요. 투자는 문제가 없었고 재무 분석 과정에서 의견이 합치되어 있어서 우리가 지출 내역 모두를 보고할 수 있었기 때문에 우리는 이에 따라 대응할 수 있었던 것이지요. 우리가 이 모든 리서치와 모델링을 완료한 다음 처음부터 재무 기능과 협력했던 덕분에 모든 상세 조사가 더 수월해지고 여정이 원활해진 것이지요.'

탁월한 피플 애널리틱스를 위한 9가지 관점

재직인재군 애널리틱스 팀은 먼저 명확한 요청을 했고, 이어서 그 프로젝트가 사업 성과에 기여하는 효과를 분석하면서 재무 기능 용어를 활용하여 투자를 확보했다. 로라가 경험에서 얻은 시사점은(그림 8.6 참조) 예산 확보를 기대하는 모든 HR 담당자에게도 적용된다.

'프로젝트 초기부터 재무 기능을 달성하려는 사안에 참여시키세요. 재무 용어를 사용하는 동시에 여러분은 전문 용어와 용어의 정의를 파악해야 해요. 재무모델을 제출할 때 여러분은 세부 사항 모두를 공유하고 재무모델 설계에 사용된 여러 기법과 그 이면의 여러 가정을 투명하게 공개해야 합니다. 마지막으로 비밀스럽게 진행하려고 하거나 여러분의 작업에 대해선 어떤 것이든 숨기려 하지 마세요. 블랙박스를 열어 젖혀 투명하게 공개해 주세요.'

'우리는 조심스럽고 신중하게 여러 단계를 밟아 진행했어요. 이제 재직인재군 애널리틱스 팀은 지속 가능한 방식으로 자사 근로자와 사업에 변화를 만들어 내는 중이랍

| 그림 8.6   자금 조달 목적으로 블랙박스(black box)[3] 열기: 재무 기능 동료와 협업 시 접근 방식

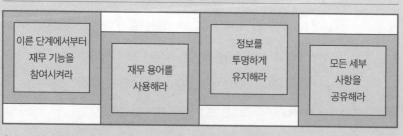

출처 2020년 10월 MetLife 승인 후 인용

니다.'

3단계: 통찰 사항이나 통찰 결과와 함께 권고사항을 공유해라

비즈니스 최종 결과물을 도출하는 세 번째 단계(그림 8.4 참조)는 비즈니스 현업이 현실에서도 실행할 수 있는 통찰 결과와 권고사항을 애널리틱스 작업으로 제공하는 것이다.

주목해야 하는 핵심 사항은 아래와 같다.

• 통찰이 드러나게 해라 — 피플 애널리틱스 팀은 검증 중인 가설의 증명 혹은 반증에 도움이 되게끔 분석 단계에서 통찰 사항이나 통찰 결과를 식별해 낼 필요가 있다. 더욱이 피플 애널리틱스 팀은 프로젝트 후원자나 이해관계자 스스로 통찰 사항이나 통찰 결과를 도출할 수 있는 능력을 갖추고 있다고 가정해서도 안 된다. 피플 애널리틱스 팀이 데이터와 분석 결과에서 통찰 사항이나 통찰 결과를 도출하지 못한 상태에서 임원진과 프로젝트 후원자에게 분석 결과를 제출하면, 이들은 자신의 목표, 선입견 혹은 편견에 가장 잘 부합하는 자신만의 결론을 도출할 수도 있다는 점이다.

• 권고사항을 결정해라 — 통찰은 흥미를 자아내지만 권고사항만이 사안 개선에 도움이 된다. 피플 애널리틱스 팀은 여러 의사 결정 사항을 도출하는 동시에 변화를 이끌어내는 추진력을 형성하려는 목적으로 설계한 명확한 권고사항을 자체적으로 제공하거나 여러 이해관계자와의 협업을 통해 제시할 필요가 있다. 권고사항을 결정하는 여러 과정에서 핵심이 되는 부분은 분석을 맡았을 때 여러 이해관계자가 내놓은 원래 비즈니스 사안과 함께 사업을 포함한 경영활동에서의 성과 창출에 기여하는 잠재적인 효과와 가치를 항상 고려하는 것이다. 비즈니스 사안과 성과 창출에 기여하는 잠재적인 효과와 가치를 유념하는 과정에서 '여러분의 입장을 이해시키는' 방법에 대해 고민을 시작해야 한다.

• 당신의 입장을 상대방에게 이해시켜라 — 설득 과정은 모든 애널리틱스 프로젝트에서 성공 여부를 파악하는 척도이다. 여러 프로젝트 후원자와 이해관계자가 실행하는 것을 전제로 하여 통찰 사항 혹은 통찰 결과와 함께 권고사항을 이들에게 소통을 통해 전달할 수 있는가? 효과적인 스토리텔링, 신중하게 검토된 시각화, 적합한 용어 사용 모두 피플 애널리틱스에서 작업 성공률을 높인다.

대상 비즈니스 영역에 적합한 언어를 구사하려면 대상 프로젝트의 후원자 이외에도 여러 이해관계자 뿐만 아니라 비즈니스 영역까지 이해해야 한다. HR 기능에서 쓰는 용어가 아닌 대상이 된 비즈니스 기능에서 쓰는 용어로 통찰 사항, 통찰 결과, 권고사항을 구조화하기 위해 학습하는 것은 배울 만한 가치가 있는 스킬이다.

우리는 MetLife 사례연구에서 이와 관련된 대표적 사례를 접했다. 다음 Nestlé의 사례연구에서도 대상 비즈니스 기능에서 쓰는 용어로 소통하는 것이 중요하다는 사실을 강조한다. 다음 사례는 모든 애널리틱스 작업을 순전히 재무 용어로 다듬지 않아도 좋다는 내용을 실사례로 제시한다. 핵심 메시지는 '때때로 스토리를 재무 용어로 구조화하는 방식에서 특정 매출과 비용을 담당하는 비즈니스 기능에서 쓰는 언어로 구조화하는 방식으로 전환해 보라.'는 것이다

사례연구

비즈니스 기능의 언어로 말하기: Nestlé S.A.[4]

네스프레소Nespresso는 네슬레Nestlé[5] 커피 사업에서 중요한 부문이다. 네스프레소 전문점boutique은 전문가의 조언과 함께 커피 시음 과정에 대한 지침과 안내 사항을 제공하여 소비자에게 흥미로운 경험을 선사한다. 단정하게 차려 입은 커피 전문가인 스태프는 가늘고 다채로운 색상의 캡슐 커피를 선정해 고객을 위해 제작된 세련된 전용 쇼핑백에 담아 준다. 네슬레 브랜드 중에서 네스프레소는 모든 면에서 인상을 강하게 남긴다. 피플 애널리틱스에 대한 그들 스스로가 내리는 평가 또한 마찬가지로 인상적이다. 피플 애널리틱스 글로벌 책임자인 조던 페트먼Jordan Pettman은 수년 동안 네슬레 Nestlé 전사와 특히 네스프레소 사업부를 대상으로 분석적 접근 방식을 개발하는 활동

에 참여해 왔다.

분석적 접근 방식 개발은 HR 데이터와 HR 활동을 전문점의 성과로 연결하는 시도에서 시작되었다. 2019년 HR 팀은 네스프레소의 특정 교육 과정 이수가 전문점의 상업적 성공으로 이어진다는 가설을 세웠다. 이와는 다른 분석 결과가 나와 그 가설은 기각되었다. 교육 대상자가 해당 교육 과정을 수료한 이후에 실질적으로 차이가 나는 성과가 전문점에서 전혀 나타나지 않았던 것이다.

네스프레소 사업부 리더십은 여전히 상당한 관심을 갖고 여러 다른 가설을 제시했다. 조던은 여러 이해관계자와 협력하는 동시에 컨설턴트로서 이전 경험을 활용해서 가설을 명확화하고 세분화해서 우선순위가 높은 순서로 목록을 작성했다. 피플 애널리틱스 팀은 스태프 이직률, 관리자 이직률, 훈련, 다양성, 조직 몰입을 주제로 심층적이고 포괄적인 분석에 착수했다.

네스프레소 사업부 HR 기능과 비즈니스 현업 리더십 팀의 전폭적 지원으로 여러 데이터 과학자 및 분석가로 구성된 조던의 팀은 일부 흥미로운 통찰 사항을 발견해 냈다. 근로자의 근속 기간과 조직 몰입이 전문점의 성과에 주는 영향은 미미했다. 그러나 관리자의 자발적 퇴사율이 훨씬 더 큰 영향을 미쳤다. 리더들의 눈길을 사로잡은 통찰 사항은 전문점 관리자의 자발적 퇴사율이 전문점의 영업 매출 실적과 밀접하게 관련되어 있었다는 사실이었다. 분석에 따르면 네스프레소 사업부가 관리자의 자발적 퇴사율을 5% 이상 감소시킬 수만 있다면, 전문점 영업 매출 실적에서 긍정적인 성과를 경험하게 될 것으로 파악되었다.

조던은 관련된 기억을 떠올렸다. '우리가 조사한 결과 전부를 재무 용어로 정량화해서 수치로 바꾸었어요. 우리는 그 사업부에서 전반적으로 듣기를 희망했던 "와우!"와 같은 놀라운 반응을 듣지 못했어요. 그래서 우리는 이 접근 방식을 발전시키면서 조사한 결과 모두가 사업부 전반에서 쓰이는 대부분의 언어에 가까워지도록 만들었지요. 우리는 네스프레소 커피 캡슐 판매수로 그것을 이야기하기 시작했어요. 커피 캡슐 판매수는 재무에서부터 마케팅 및 제조에 이르기까지 네스프레소 사업부 모든 사람이 이해하는 지표거든요.'

프로젝트는 대성공을 거뒀다. 먼저 팀은 처음 가설이 반증된 후에도 결과에 영향을 줄 만한 통찰 사항과 통찰 결과를 가까스로 파악해내는 데에 성공했다. 그 다음, 팀은 파악한 통찰 사항과 통찰 결과를 여러 이해관계자의 관심을 끌어낼 만한 해당 사업부의 언어로 번역했다. 마지막으로 팀은 관리자를 대상으로 하는 여러 가지 권장 교육 과정을 전 세계 전문점으로 신속하게 배포해 조치 사항이 사업에서의 실적과 영업활동 개선으로 이어지도록 했다. 피플 애널리틱스는 그 가치를 입증해 냈다.

조던은 기쁨으로 환호성을 올렸다. '근로자와 리더로부터 나오는 동의는buy-in 피플 애널리틱스가 향후 몇 년간 사업 성과에 기여하는 가치를 계속해서 창출해야 한다는 정식 요청을 받았음을 의미해요! 네스프레소 사업부 사례는 성공이 성공을 낳은 케이스였어요. 리더가 일단 피플 애널리틱스가 보탤 수 있는 가치를 파악한 후부터는 모든 부서에서 애널리틱스를 필요로 했거든요! 우리 회사는 근무하기에 흥미를 더할 나위 없이 많이 불러일으키는 곳이예요.'

2020년 6월 발레리 로버트Valerie Robert가 HR 글로벌 책임자로 합류했을 때 조던은 그녀가 먼저 연락한 사람 중 하나였다. HR 전문성을 가진 비즈니스 리더로서 발레리는 작년에 피플 애널리틱스가 전문점의 상업적 성공에 기여한 방법을 듣고 그 사업이 훨씬 더 발전되게끔 만드는 중요한 일부가 바로 피플 애널리틱스라는 사실을 알아차렸다.

조던과 발레리가 처음으로 논의한 여러 주제 중에 하나는 문화와 행동으로 구성된 네스프레소의 생태계ecosystem였다. 그들은 특히 문화와 행동이 전문점의 성과에 미치는 영향과 이를 측정할 수 있는 방법을 검토했다.

발레리는 이에 대해 설명했다. '저와 저희 팀은 피플 애널리틱스가 문제를 해결하는 처리 과정과 절차와 같은 기제mechanism라는 근거를 발견했어요. 요르단의 글로벌 네슬레 팀과 네스프레소 간 양질의 파트너 관계 같은 전례가 정립되어서야 우리가 피플 데이터를 분석해 도출한 통찰 사항과 통찰 결과가 유의미한 가치로 이어지도록 만들 수 있는 방법을 위한 증거 또한 존재하게 되는 것이었으니까요.'

발레리는 도착한 직후 조던과 함께 문화를 주제로 작업을 시작했다. 2020년 8월, 그들은 오류를 수정하고 보완하는 과정을 일정하게 반복하는 방식으로 작업을 시작했다. 조던과 발레리는 힘을 합쳐 포괄적 여론 조사inclusive polling와 우선순위 지정 테크놀로지가 탑재되도록 만들고 네스프레소 HR 기능이 8개의 가상 포커스그룹과 1,300명 (전체 재직인재군의 10% 대표) 대상의 정량적 설문조사를 3개 언어로 실시해 피드백을 얻을 수 있도록 했다. 정밀한 정확성보다 오류를 수정하고 반복하는 과정과 속도를 강조해서인지 3,000표를 모으는 데 90초밖에 걸리지 않았다.

발레리와 조던의 팀은 수집된 피드백이 분석되면 이해관계자에게 발견한 결과를 발표했다. 조던은 처음 수행했던 프로젝트와 유사하게 오류를 수정하고 보완하는 과정을 일정하게 반복하는 방식을 취했다. 이와 동시에 그는 사람들이 애자일 프로세스에 처음부터 끝까지 관심을 갖고 참여하게끔 하기 위해 모든 개별 사항을 사업 성과로 해석해서 보여주는 것에 주의를 기울였다.

발레리는 고참 HR 전문가로서 애널리틱스에서 영감을 받고는 한다. 이 작업에서 피플 애널리틱스와 파트너 관계를 형성하면서 몇 가지 교훈을 얻었다. 그녀는 이를 다음과 같이 동료에게 전달했다.

완벽한 데이터를 무작정 기다리지 마라.
- 반드시 충분한 데이터 양을 확보하고 그 데이터를 신뢰할 수 있게 수정과 보완을 일정하게 반복해라.
- 일부 최종 결과물과 그에 대한 반응이 긍정적이지 않을 수 있다는 사실을 견지하며 그 상황을 대비해라.
- 통찰 사항이나 통찰 결과를 제공하는 과정에서 오류의 수정과 보완을 일정하게 반복하는 방식은 경영진이 꾸준히 점진적으로 관심을 가지고 참여하게 만드는데 도움을 준다.
- 피플 애널리틱스를 수행하기에 적합한 시기는 대상 비즈니스가 분석을 필요로 하는 때이다. 그러니 '완벽한' 시기를 기다리지 마라.

조던은 네스프레소의 피플 애널리틱스 성공 사례가 다른 곳에서도 재현될 수 있다

탁월한 피플 애널리틱스를 위한 9가지 관점

고 말한다. '리더 다수가 우리에 대해 확고한 신뢰를 가질 수 없었는지 처음에는 우리를 신뢰하지 않았어요. 우리가 네스프레소 사업부와 함께 진행했던 작업 덕분에 사업부 전체로 기회가 열리기 시작했어요. 우리가 지금까지 학습했던 가장 중요한 사항 중에 하나는 리더의 애착 프로젝트pet projects(효과가 미비한 프로젝트) 너머에 있는 기회를 예상해 보면서 의미가 있을 법한 작업을 나가서 찾아야 한다는 것이었지요. 여러분이 유의미한 작업을 수행하고 있어야 최고의 여러 이해관계자 이외에도 대변인과 옹호자가 모여 들기 시작하지요.'

조던은 이렇게 결론짓는다. '모든 피플 애널리틱스 프로젝트가 "그 사업을 살려내는 역할을 하지 않지요!" 여러분은 일부 프로젝트가 미치는 효과가 미비하고 그 투자 수익ROI이 또한 적다는 사실을 때로는 받아들이는 것이 좋습니다. 그래도 괜찮아요. 일단 여러분이 신뢰할 만하다는 믿음을 얻으면, 여러분은 그 사업부 내부에서 신뢰를 쌓는 것만으로도 훨씬 더 중요한 일들을 수행할 수 있게 되니까요.'

TOP TIP

애널리틱스는 점진적이며 지속적인 활동이다. 즉 오류를 수정하고 보완하는 작업을 반복하고 이해관계자가 제시하는 의견이 진전되는 양상에 따라 여러 문제도 함께 수정해라. 그 과정에서 데이터 분석으로 도출한 통찰이 사업 성과에 기여하는 가치로 이어지는 방식을 해석한 유의미한 스토리를 전달해라.

4단계: 규모에 따라 솔루션을 제공해라

비즈니스 최종 결과물 추진에서 네 번째 단계(그림 8.4)는 분석 솔루션 확장과 함께 제품화를 통해 가치를 실현하는데 비중을 두는 것이다.

피플 애널리틱스에서 새로운 작업 방식은 사업을 포함한 기업 경영활동 사안에서 고객 니즈를 중시하는 관점outside-in을 유지하고자 피플 애널리틱스 가치사슬(그림 8.3)에 초점을 맞추는 것뿐만 아니라 여러 서비스를 상품화하는 것과 서비스에 초점을 맞춘 이행 모델service-centric delivery model의 채택에 따라서도 달라진다.

규모에 따른 가치 제공: 피플 애널리틱스의 새로운 운영 모델(Delivering Value at Scale: A new operating model for people analytics, Ferrar, Styr 및 Ktena, 2020) 보고서에 나와 있는 설명처럼 '피플 애널리틱스 기능은 대변화 촉발 지점tipping point을 자주 경험한다. 이러한 현상은 피플 애널리틱스 기능의 변화를 유도하는 중심축이 프로젝트를 찾아보려는 노력에서 제안이 완료된 프로젝트 모두를 완료할 방법을 모르는 대변화 촉발 지점tipping point의 방향으로 옮겨 가기 때문에 발생한다. 대변화 촉발 지점tipping point의 이전과 이후 기간 모두가 피플 애널리틱스 기능의 향후 방향성에 영향을 줄 정도로 중요하기 때문에 그 시기에 비중을 두는 영역도 달라져야만 한다. 피플 애널리틱스 기능은 대변화 촉발 지점 이전 기간 동안 신뢰성, 작업 수행 능력치, 인프라 구축에 중점을 두더라도 그 이후 기간 동안 가치와 최우선 중요도 순위대로 여러 애

널리틱스 솔루션을 신속하게 확장할 수 있어야 한다.'

이에 대한 예를 들자면 어떤 피플 애널리틱스 프로젝트가 가치를 제공한다고 증명되자마자 그 프로젝트는 여러 유관 부문 전체로 제공될 일정한 제품으로 신속하게 변환되어야 할 필요가 있다. 이를 위해 대상이 된 솔루션의 제품화가 요구된다. 솔루션의 제품화에 필요한 스킬은 4장(스킬)에서 이미 논의를 마무리했다.

아래에 기술된 '어드밴스드 애널리틱스와 테크놀로지로 가치 확장하기: IBM' 사례연구는 테크놀로지를 활용해 애널리틱스 스킬과 수행 능력치를 개발해서 HR 기능 전체로 애널리틱스를 확장하고 제품화를 진행했던 방법을 보여주고 있다. 9장(조직문화)의 논의처럼 전사적으로 피플 애널리틱스를 내재화하기 위해서는 HR 기능이 데이터를 사용해 업무를 추진하는 문화가 전반적으로 조성되어야 한다.

5단계: 최종 결과물을 정량화(수치화)해라

놀랍지만 피플 애널리틱스 기능 구축에 투자하는 다수의 기업이 자사 작업에서 비즈니스 최종 결과물을 수치로 정량화하지 않는다. 실제 일부 기업 몇몇은 프로젝트를 사정해 평가해 보지 않고, 심지어 그 조직에 기여하는 가치 대비 자사 수익율을return on value을 결정하는 활동을 상세히 검토하지도 않는다. 이러한 현상으로 인해 프로젝트가 지닌 잠재력이 제한되게 되고 투자가 경직되는 동시에 피플 애널리틱스를 책상 속 서류로 만드는 위험이 발생한다.

반면 최종 결과물을 수치로 정량화하는 기업들은 달성하려 설정한 가치를 실현했다는 사실을 증명해 내고 이어서 대상이 된 재직인재군과 근로자에게 혜택을 제공한다. 이는 결과적으로 종종 이해관계자와의 신뢰를 동시에 향상시키고는 한다. 이러한 기업 사례가 IBM이다.

마지막으로 피플 애널리틱스에서의 성공적 결과를 내외부로 소통하는 것이 중요하다. 내부 커뮤니케이션은 추진력을 창출하고 수요를 촉진하며 투자를 늘려 규모를 향상시킨다. 외부 커뮤니케이션은 애널리틱스 인재를 유치하고 보유하는 것에 도움이 되며 기업 브랜드의 긍정적 이미지 형성에 도움이 될 수 있다. 적어도 피플 애널리틱스 리더는 자신이 담당하는 기능이 신뢰할 만하다는 믿음을 획득한다.

다음 사례에서 피플 애널리틱스 작업이 가진 가치는 여러 재무 전문가와 협업 하에 평가를 받고 산정된다. IBM은 현재까지 이러한 방법론으로 인상 깊은 결과를 성취했다. 다음은 사례연구의 핵심 메시지다. '피플 애널리틱스가 가진 재무적이면서도 사업상 영리적인 이점을 입증해 신뢰할 만하다는 믿음을 획득해라.'

어드밴스드 애널리틱스와 테크놀로지로 가치 확장하기: IBM[6]

IBM의 HR 기능은 피플 애널리틱스를 활용해 사업 성과에 기여하는 가치를 제시하는 선구자로 인정받고 있다. 이는 피플 애널리틱스가 선도하고 있는 영역으로 인정받는 대부분의 경우에서 인공지능(AI) 테크놀로지를 적용하는 수준까지 진보한 덕분이다.

IBM은 20년 이상 구조화된 피플 데이터를 보유해 왔고 그 결과 형식을 갖춘 피플 애널리틱스 기능이 2000년대 후반부터 발전했다. IBM의 HR 기능은 피플 애널리틱스 선도 기업으로서 피플 애널리틱스 분야의 발전에 지속적으로 기여하고 있다. 그 결과 IBM에서 HR 기능은 현재까지 수백만 달러의 가치를 사업에 제공하고 있고 전 세계 수십만 근로자의 경험도 개선했다. 비즈니스 우선 접근 방식, 피플 애널리틱스가 가진 재무 가치에 대한 심층적 이해, 인공지능을 통한 피플 애널리틱스의 진보가 없었더라면 이러한 여러 성취는 불가능했을 것이다.

이러한 성공을 이끈 리더로는 2013년 6월부터 2020년 9월까지 최고 인사책임 임원 겸 수석 부사장인 다이앤 거슨Diane Gherson, 전 인사부 부사장이자 현재 최고 인사 책임 임원인 니클 라모로Nickle LaMoreaux, 데이터, 인공지능, 제공가치 전략Data, AI & Offering Strategy의 부사장이자 최고 기술 책임 임원으로서 IBM 최고 엔지니어상IBM Distingshed Engineer을 수상한 안술 셰푸리Anshul Sheopuri가 있다.

형식을 갖춘 피플 애널리틱스 기능으로 변화하기 위한 움직임은 170개 이상 국가로 구성된 글로벌 조직 전체에 보고서와 통찰 사항이나 통찰 결과를 제공하는 단일 팀과 함께 2010년에 시작되었다. 이러한 움직임에 힘입어 피플 애널리틱스 기능은 공통으로 정의한 방식을 사업 전체에서 취합된 데이터와 측정 지표metrics에 적용했다. 그 결과 그 데이터와 측정지표가 다수의 글로벌 리더에게 일관되게 제공되도록 준비하는 것이 가능해졌다. 2013년 초에 이르자 피플 애널리틱스 기능은 일부 진일보한 연구를 맡아 시작하면서 직원경험 분석과 개선 목적의 근로자 피드백 수집employee listening 같은 보다 복잡한 테크놀로지를 구현하기 시작했다.

그래도 직원경험의 관점에서는 근로자 각자가 여전히 프론트엔드 솔루션frontend solution을 혼자 이어 붙여서 사용해야 했다. 예를 들어 새로운 입사자 모두가 복리후생이나 보안 카드security badge 주문 혹은 업무용 장치를 활성화하기 위한 목적으로 각기 다른 시스템을 개별로 사용하고는 했다.

다이앤은 이를 떠올린다. '이러한 각기 다른 프로세스는 모두 효율적이기는 해도 직원경험 관점에서는 좋지 못했어요.' 다이앤은 처음 최고 인사 책임 임원이 되자마자 HR 정책과 HR 프로세스에 비중을 두기 보다 직원경험 관점에서 구성원 관리people management에 집중했다. 'HR의 목적은 인간을 이롭게 하는 것이므로 우리는 인간의 경험을 측정할 수 있는 전략을 토대로 (직원경험 관점의 구성원 관리를) 시작했어요.' 이에 따라 HR 기능은 2013년에 이르자 여러 제공가치HR offerings가 도출한 성과와 효과를 순수 추천 지수NPS, Net Promoter Score 기준으로 측정하기 시작했다.

다이앤이 두 번째로 취한 조치는 HR 기능이 비즈니스에 서비스를 제공하는 방식을 다시 새롭게 구조화하는 것이었다. 그녀는 미소 지으며 말했다. '말장난sematics처럼 들릴 수도 있지만 우리는 우리 작업에 "프로그램"이 아닌 "제공가치offerings"라고 명칭을 붙이고 대상 비즈니스 현업과 재직인재군이 그 작업을 수용하는 방식을 근본에서부터 바꾸었어요. 제공가치offerings라는 명칭 자체가 특징적인 의미를 내포하고 있지요. 누군가 여러분의 어떤 업무 반대편에 그 제공가치의 수혜자로서 존재하고 직원 개인이 해당 업무에 대해 매우 유용한 관점을 지닐 수도 있다는 가능성은 여러분이 수행하는 해당 업무가 그러한 직원 개인에게는 유의미한 중요성으로 전달될 수 있다는 의미거든요.'

이 외에도 HR 기능은 대상이 된 비즈니스 기능에 실질적인 혜택을 제공하려고도 노력했다. 피플 애널리틱스 팀은 사업 성과 도출 목적의 전략과제나 도전과제를 해결하는 것에 착수했다. 여러 전략과제나 도전과제 중에 하나는 상황과 사업이 변모함에 따라 사업의 미래 성공에 필요한 스킬을 보유한 인재를 유치하고 유지하는 방법을 파악하는 활동이었다. 어떤 상황에서든 사업의 영속성 관점에서 주요 기능을 담당하는 현존 핵심 기능BCF, business critical function의 (비)자발적 퇴사 혹은 퇴직예정 인재군pockets of attrition을 관리하는 것은 또 다른 과제였다. 사업이나 경영상의 이유로 직무를 개편하게 되어서 인력을 재배치하는 사안 혹은 정년에 도달해 퇴직 예정이거나 자발적으로 퇴사하는 인력이 수행하던 업무를 대체할 인력을 확보하는 사안 모두 비즈니스 영속성 관점에서 사업 전략과 연계되는 전략과제이기도 했지만 HR 기능의 운영 효과성과 효율성 관점에서 기회비용, 시간, 금전적 자원의 재배분을 고려해야 하는 도전과제이기도 했다.

피플 애널리틱스 팀은 IBM의 왓슨 애널리틱스Watson Analytics [7] 팀과 협력해 3년에 걸쳐 일련의 반복된 프로젝트를 수행한 결과, 스킬과 인재 유지에서 정확도가 현재 95%에 육박하는 예측 알고리즘을 정교하게 만들었다. 피플 애널리틱스 팀은 구현 후 3년 이내에 인공지능 기술을 적용해 사전 예방 성격의 인재 유지 제공가치를 강화했고 그 결과 그 제공가치는 상황 추이에 따라 더욱 기민하게 변화 발전하였다. 인공지능 기술을 적용한 인재 유지 제공가치는 실시간 인재 유지를 고려한 각 직원 개인 사례를 학습하는 여러 애널리틱스 솔루션으로 이어졌다. 2019년 당시 IBM CEO인 지니 로메티Ginni Rometty의 설명대로 IBM은 어드밴스드 피플 애널리틱스advanced people analytics 맥락에 최첨단 인공지능을 사용하여 사업에서 핵심적인 수십 가지의 주요 스킬을 확보함으로써 결과적으로 3억 달러(약 3천 600억원)를 절약하게 되었다.[8]

데이터를 바탕으로 사업을 포함한 기업 경영활동에서의 문제를 해결하는 방식은 피플 애널리틱스 팀에 또 여러 다른 기회를 만들기도 했다. 사업을 포함한 기업 경영활동 비즈니스 기능에서 피플 애널리틱스 팀에 대한 선호가 증가하자 팀은 전사로 피플 애널리틱스를 확장하는 방법을 살펴보기 시작했다. 피플 애널리틱스 팀이 두 가지 주요 기능에서(재무 기능과 IT 기능) 가지고 있는 관계가 더욱 강조하는 부분은 다음과 같은 전략이다.

첫째, 초기 단계에서 모든 피플 애널리틱스 작업의 가치를 재무 전문가와의 파트너십을 통해 재무 팀과 함께 측정한다. 이에 대해 안술은 '현재까지도 모든 제공가치offering는 대상이 된 비즈니스 기능에서 무엇이 중요한 지를 규명하고 해당 사안으로 생성될 잠재적인 가치를 수치로 정량화하는 과정에서 제시하려는 가치에 따라서 우리의 노력을 조정하는 활동에서부터 시작해요. 이러한 원칙에 의해 피플 애널리틱스 팀이 중요하다고 판단 내린 여러 분석을 계속해서 수행하면서 대상이 된 직원경험을 개선하게 되었지요'라고 말했다.

둘째, 여러 IT 동료와의 협력은 피플 애널리틱스 팀이 테크놀로지와 함께 애자일 프로젝트 관리법을 사용하는 다양한 IT 동료의 경험에 접근할 수 있었다는 것을 의미한다. 그리고 테크놀로지와 애자일 프로젝트 관리법은 다수의 제공가치offerings를 근로자에게 전달하며 확장하는 능력을 지니는데 있어 중요한 부분이다. IBM은 사전 예방 성격의 인재 유지 계획안에서 성공적인 결과를 도출하고 이어서 테크놀로지 기업으로서 인공지능 수행 기능인 Watson 제품군 일부를 사용해 자사의 여러 다른 제공가치offerings를 강화할 기회를 얻기도 했다. 인공지능 구현 속도가 대다수의 조직이 이러한 진보된 여러 테크놀로지를 이제 수월하게 사용할 수 있을 정도로 빨라졌다. 피플 애널리틱스는 개발자에게 낮은 이러한 진입 장벽 덕분에 광범위한 전체 재직인재군 예측을 개선하는 동시에 다수의 제공가치offerings를 신속하게 확장하는 수단으로서 기계 학습machine learning을 내부로 도입할 수 있었다.

특히 다이앤이 자랑스럽게 생각하는 제공가치 하나는 IBM Your Learning[9]이다. 이 플랫폼은 스킬, 인재군 인력 운용 계획안, 콘텐츠와 다수의 경력 대안 영역에서 데이터를 하나로 모아 분석해서 근로자에게 개인화된 형태의 개인 역량개발에 대한 내용을 권고사항으로 제공한다. Your Learning 플랫폼은 다이앤의 경험에서 시작된 철학을 반영해 적합한 여러 측정 지표(이 경우 순수 고객 추천 지수와 사용자 행동)로 측정되고 있다.

2020년 10월 Your Learning은 100점에서 빛나는 58점의 순수 고객 추천 지수NPS를 달성했으며 35,000명 중 IBM이 보유한 전체 재직인재군의 거의 10%에 달하는 수가 매일 해당 플랫폼에 로그인하고 있다. 또한 대상이 된 비즈니스 기능의 98%가 매 분기마다 적극적으로 이를 사용하고 있다. 결과적으로 그 플랫폼은 재무 영역에서 심층적인 세분화가 가능해지고 투명성이 나타나도록 했을 뿐만 아니라 근로자를 유지하고 스킬 세트skill sets를 보유하는데 상당히 중요한 역할을 지금까지 수행하고 있다. 다이앤은 Your Learning을 IBM이 세계에서 가장 일하기 좋은 기업으로 자리잡게 한 기여요인contributing factor이라고 평가한다(Stoller, 2020).

다이앤은 지금까지의 경험을 성찰해 보는 과정에서 리더가 피플 애널리틱스와 테크놀로지를 활용해 사업을 포함한 기업 경영활동에서의 이해사안을 HR 기능과 일치시키기 위해 활용해야 하는 실천 사항 4가지를 제안한다.

첫 번째 실천 사항은 사업 전략을 온전히 숙지하는 것이다. '저는 컨설팅이 계기가 되어서 그 일을 맡게 되었기 때문에 HR 기능이 사업 전략을 지원하는 방식을 완전히 파악하기 전까지는 비즈니스 현업 의견을 경청하며 사업 전략을 조사하는 데 몇 년을 보냈어요. 그녀는 콕 짚어 언급했다. '그 단계를 건너뛰는 것이 첫 번째 큰 함정이랍니다.'

두 번째 실천 사항은 작업을 취소하는 동시에 방향을 전환할 준비를 하는 것이다. 다이앤은 사업 전략을 숙지하는 단계를 건너 뛰는 것이 얼마나 그릇된 것인지 보여주는 증거로 자신이 개인적으로 선호하는 최근 프로젝트를 인용하여 말했다. '대상이 된 비즈니스 기능에서는 스킬과 경력개발 제공가치를 필요로 했어요.

MyCareerAdvisorMYCA 플랫폼은 컴플라이언스compliance 관점으로 HR 기능을 재구성하고 업무 흐름을 재창조해서 관리자가 양질의 결정들을 내리도록 지원하기 위해서 개념적으로 구상되었지요.' 그녀는 설명한다. '원래 의도와는 반대로 그 플랫폼의 순수 고객추천 지수NPS는 형편없었어요. 사람들이 그 플랫폼을 단지 사용하려 하지 않는다는 현실을 간과할 수만은 없었어요.' 다이앤은 스스로 MYCA를 폐기시켰다.

  피플 애널리틱스 팀은 그 플랫폼MYCA을 여러 부분으로 쪼개는 과정에서 결국 비즈니스 요구 사항을 염두에 두고 설계했기 때문에 플랫폼 작업이 아직 유용할 가능성이 있다는 사실을 깨닫게 되었다. 피플 애널리틱스 팀은 IBM이 보유한 여러 스킬과 경력개발 목표와 일치도가 가장 높은 여러 구성 요소components(재사용이 가능한 각각의 독립된 소프트웨어 모듈로 독립적인 업무 단위로 개발되어 시스템 유지보수시 교체 가능한 부품 같은 요소)를 재작업하고 이어서 피드백 기능을 성공적이었던 것으로 앞서 언급했던 플랫폼인 Your Learning이라는 새로운 계획안으로 통합했다. 피플 애널리틱스 팀은 작업의 목표가 사업에 초점이 맞춰지도록 하고 있었고 이에 따라 여러 재무 측정 지표metrics도 맥락에 적합하게 조정해 놓았다. 피플 애널리틱스 팀은 이러한 상황을 고려해 기업과 직원 개개인의 요구 사항과 조직문화에 어울릴 법한 또 다른 제공가치를 만들어 갈 방법을 파악했다.

  세 번째 실천 사항은 HR 기능의 실무자가 분석을 통달하게끔 환경을 조성해 주고 비즈니스 최종 결과물을 실현하는 것이다. 여러 HR 실무자를 대상으로 제공된 애널리틱스 영역의 첫 번째 정규 교육education은 2012년 초 즈음으로 HR 비즈니스 파트너 600명 이상이 애널리틱스 기본 교육 프로그램의basic analytics 과정을 수강하기 시작했다. 2020년 10월 즈음에 이르자 IBM HR 기능의 구성원 6,000명은 신뢰받는 여러 인공지능 솔루션과 데이터를 책임감을 가지고 윤리적으로 사용하는 방법이 포함된 심층적인 분석 스킬 정규 교육analytical skills education을 받았다. 심층적인 분석 스킬 정규 교육은 HR 기능의 행동 강령Code of Conduct의 기초를 형성해 주었다.

다이앤이 제안하는 네 번째 실천 사항은 강렬하다. 피플 애널리틱스의 진정한 목적은 대상이 된 사업을 포함한 기업 경영활동 비즈니스 기능 각각에 소속된 근로자를 동시에 이롭게 하는 것이다. '기업 조직에서 피플 애널리틱스 역할은 비용 낮추기가 아닌 사업을 포함한 기업 경영 활동에 가치를 추가하는 것이지요. 그 역할은 규정 준수compliance에 관한 것이 아닌 항상 기회와 관련된 것이어야 해요.'

다이앤의 후계자이자 2020년 9월 IBM의 최고 인사 책임 임원으로Chief Human Resources Officer 배치 전환된 니클Nickle은 애널리틱스의 목적을 공유했다. '자사 피플 애널리틱스 제공가치를 구성하는 일부분인 인공지능을 성공적으로 활용함으로써 근로자는 훌륭한 리더가 될 수 있고, 피플 애널리틱스 팀을 포함한 유관 팀 모두는 시장 상황 변화에 따라 필요한 스킬을 개발할 수 있게 되고, 사업을 포함한 기업 경영 활동 영역에서 기업은 경쟁 우위를 확보할 수 있어요.'

피플 애널리틱스 분야가 지금껏 확대되었던 것은 IBM과 IBM이 구현한 인공지능 테크놀로지 제품군 덕분이다. 다른 기업은 IBM이 사업을 포함한 기업 경영활동과 소속 근로자를 대상으로 피플 애널리틱스가 지닌 가치를 확장하고 증대하기 위해 수행하는 여러 활동에서 영감을 얻고 있다.

요약

사업 성과를 개선하고 전략을 지원하며 위험을 관리하는 최종 결과물을 다양하게 제공하는 활동은 피플 애널리틱스에서 가장 중요한 책임 영역이다. 다음은 최종 결과물에 비중을 두고 있을 때 취해야 할 중요한 단계를 제시한다.

- 투입물인 고객 동인과 최종 산출물인 측정이 가능한 비즈니스 최종 결과물에 비중을 두는 피플 애널리틱스 프로젝트에서는 일정한 가치사슬 접근 방식을 취해라.
- 피플 애널리틱스 작업과 연관된 모든 활동이 정량화가 가능한 최종 결과물로 전달되게끔 방향을 설정해라.
- 재무 기능과 긴밀한 협력을 통해 최종 결과물을 측정하는 방법에 대한 동의 지점을 처음부터 도출해라.
- 학습을 통해 스토리텔러가 되고 개별 청중과 그 청중에게서 행동을 유도해낼 그들의 언어를 파악해라.
- 애널리틱스를 전사로 확장하는 것을 모색해라. 전사로 애널리틱스를

확장하는 시점은 가치가 완전히 실현되어 있을 때이다. 애널리틱스를 실험, 프로젝트 또는 시범 운용pilots에만 한정하지 마라.

각주

1 저명한 경영 사상가인 피터 드러커(Peter Drucker)가 말한 'Culture eats strategy for morning' 인용문에서 영감을 받음. 해당 아이디어는 분석 자체가 아니라 통계 분석에서 파생된 가치가 필수적이라는 의미를 가진다.

2 MetLife, Inc.는 60개 이상 국가에서 9천만 명의 고객을 보유한 보험, 연금 및 직원 복리 후생 프로그램을 다루는 글로벌 최대 기업 중 하나이며 미국의 상위 100대 FORTUNE 500® 기업 중 90개 이상 기업에 서비스를 제공하고 있다. MetLife는 5개 지역에서 49,000명의 직원을 고용하고 있다. (참조 https://www.metlife.com/about-us/corporate-profile/global-locations/(https://perma.cc/VN2H-DAEP); https://s23.q4cdn.com/579645270/files/doc_financials/2019/ar/2019_Annual_Report.PDF(https://perma.cc/SJE4-WFBN), 2021년 2월 7일 최종접속)

3 Oxford Dictionary에 따르면 '블랙 박스'는 내부 작동이 숨겨져 있거나 쉽게 이해되지 않는 복잡한 시스템 또는 장치이다.

4 Nestlé Nespresso SA(Nespresso)는 스위스 로잔에 본사를 둔 Nestlé Group의 운영 중인 사업 단위로 최고 품질의 커피 영역에서 선도 기업으로 인용된다. (참조:https://www.nestle.com/investors/annual-report(https://perma.cc/UZU2-DUK2에 보관됨), 2021년 2월 7일 최종접속).

5 Nestlé S.A.는 세계 최대의 식음료 회사이다. 2,000개 이상의 브랜드가 통합된 Nestlé는 187개국에 주재하며 352,000명의 직원이 근무하고 있다. (https://www.nestle.com/investors/annual-report(https://perma.cc/56MB-5YMD 참조). 2021년 2월 7일 최종접속).

6 IBM(International Business Machines Corporation)은 172개국에서 360,000명 이상의 직원이 근무하는 미국계 테크놀로지 기업이다. (https://www.ibm.com/uk-en/about 참조(https://perma. cc/J7YTGTPS), 2021년 2월 7일 최종접속).

7 Watson Analytics는 클라우드 테크놀로지로 호스팅이 되는 AI 기능 제품군이다. HR 용도로 적용하면서 IBM의 피플 애널리틱스 여정의 속도를 상당히 높였다. (https://www.ibm.com/watson, 2021년 2월 7일 최종접속).

탁월한 피플 애널리틱스를 위한 9가지 관점

8 IBM 2011—2020 CEO 지니 로메티(Ginni Rometty)는 2019년 미국 뉴욕시에서 열린 Work Talent and Human Resources Summit에서 해당 결과를 발표했다.

9 IBM Your Learning (see https://yourlearning.ibm.com/about/ (archived at https://perma.cc/QA3N-A97U), 2021년 2월 7일 최종 접속).

09
조직문화

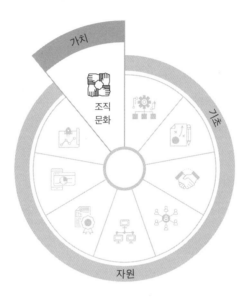

9장에서는 데이터를 토대로 하여 업무를 수행하는 조직문화가 HR 기능과 함께 더 넓은 범위의 전사 전체로 구축되도록 하는 방법으로서 분석적 사고 방식을 발전시키는 과정에서 HR 전문가들이 피플 애널리틱스 솔루션 및 피플 애널리틱스 활동과 관련된 사안에 참여하도록 만드는 방식을 논의한다.

핵심포인트

- 미래 HR 전문가에게 필요한 스킬
- 애널리틱스에 적합한 사고 방식을 새롭게 형성하는 방법
- 애널리틱스에 HR 담당자HR professional가 참여하도록 만드는 방법

핵심 포인트와 연계된 실제 사례 중심의 통찰

- Merck KGaA 피플 애널리틱스 조직문화의 전사 내재화
- Rabobank HR 기능을 참여시켜서 데이터 중심의 조직문화를 시작해보도록 환경을 조성하는 방법
- PepsiCo 글로벌 범위로 구축하고 현지에서 실행이 가능하게 해라

개관

조직문화

9가지 차원의 하나인 조직문화는 HR 기능 전반 영역을 분석해 보려는 의지와 통찰력을 갖춘 사람을 육성해 인력층을 두텁게 하는 것에 초점을 맞추고 있다. 조직문화는 미래 HR 담당자에게HR professional 요구되는 여러 스킬 및 사고방식 mindset, 혁신, 호기심, 조직으로 가치를 전달하는 활동을 위한 토대를 제공하는 것을 목적으로 이러한 스킬과 사고방식이 개발되고 내재화될 수 있는 방법을 검토한다.

2019년 에이온Aon의 무형자산 재무제표 효과 비교 보고서Intangible Assets Financial Statement Impact Comparison Report에 따르면 40년 남짓한 기간 동안 무형자산은 투자자가 주로 고려하는 주요 사안으로 진화했다. 2018년 말에 이르러서는 이러한 무형자산이 S&P 500 기업 가치의 84%를 구성하고 있다. 이는 1975년 17%에서 크게 증가한 수치이다. 무형자산에는 지적 자산, 브랜드, 데이터, 사람, 네트워크, 관계가 포함된다.

사람들이 만들어 내는 네트워크와 조직문화는 점점 더 중요해지고 있다. 맥킨지 앤 컴퍼니McKinsey & Co는 데이터를 토대로 업무를 수행하는 조직문화도 중요하다고 설명한다. 2018년 맥킨지의 보고서는 현대의 조직 어디에나 존재하며 실재하는 데이터 애널리틱스의 출현이 데이터 문화에서의 건전성이 중요해진 현 상황을 의미한다고 언급한다(Díaz, Rowshankish and Saleh, 2018).

이에 따라 피플 애널리틱스를 지원하는 조직문화가 중요하다. 최고 인사 책임 임원은Chief Human Resources Officer 데이터를 토대로 업무를 수행하는 조직문화가 HR 기능 전체로 확산되게 하고 싶은 니즈를 피할 수 없다. 최고 인사 책임 임원이 이러한 니즈를 가지고 있어도 문제는 다음이다. HR 기능은 하나의 개별 기능으로서 애널리틱스를 수행할 준비가 얼마나 되어있는가?

하버드 비즈니스 리뷰Harvard Business Review 2018년 기고문에서 구에놀Guenole과 파인치히Feinzig는 데이터에 정통한 HR 부서를 개발하는 방법을 논의했다. 저자는 HR 기능 내부에 공존하는 사람을 세 가지 유형으로 나누어 분석에 정통한 사람, 데이터를 분석해 보려는 의지를 가진 사람, 데이터 분석을 반대하는 사람으로 요약한다.

이외에도 2019년 시행한 Insight222의 연구에 따르면 피플 애널리틱스가 HR 기능의 조직문화로 깊숙이 내재화되어 있을수록 HR 담당자HR professionals는 이를 사용하는데(Green, 2019) 덜 저항적이다. 또한 추가 연구[1]에서 피플 애널리틱스 스킬을 수행하는 능력이 결여되어 있는 상태가 HR 담당자의 낮은 자기 효능감과 자신감으로 이어진다는 결론을 내린다. 그 결과 HR 담당자는 데이터로 업무를 수행하는 조직문화data-driven culture를 수용하는 것이 어렵다고 느끼게 된다.

지식의 결여와 동기 결여를 혼동하지 않는 것이 중요하다. Insight222의 연구는 낮은 수준의 분석 스킬과 지식을 가진 HR 담당자가 피플 애널리틱스를 거부한다는 근거 없는 믿음이 틀렸다는 것을 입증해냈다. 그림 9.1처럼, HR 담당자 80% 이상이 피플 애널리틱스가 사업 성과에 기여하는 가치를 창출한다고 매우 분명하게 동의하고 있으며 유사한 비중으로 피플 애널리틱스가 자신의 경력에 도움이 된다고 믿고 있다.

유감스럽게도 설문조사 응답자의 3분의 2만이 애널리틱스와 연관 지어 대화를 할 수 있는 능력을 갖추고 있다고 여기고 있으며 그보다 훨씬 적은 수가 지침guidance 없이도 애널리틱스를 사용하는 것에 자신 있다고 응답하고 있다.

그림 9.1   HR 리더와 실무자 대상 설문조사에서의 주요 시사점

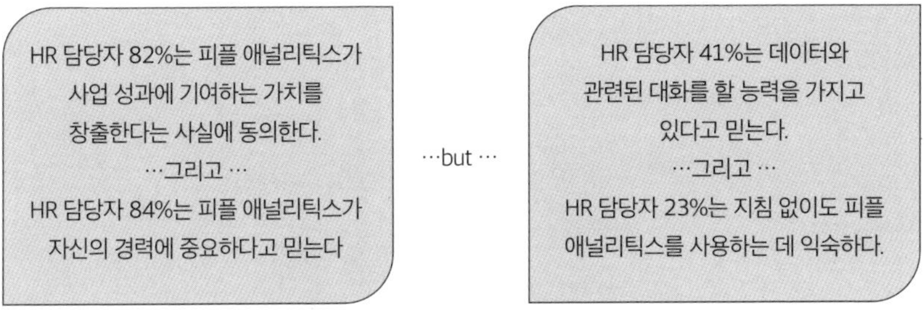

> HR 담당자 82%는 피플 애널리틱스가 사업 성과에 기여하는 가치를 창출한다는 사실에 동의한다.
> …그리고…
> HR 담당자 84%는 피플 애널리틱스가 자신의 경력에 중요하다고 믿는다

…but…

> HR 담당자 41%는 데이터와 관련된 대화를 할 능력을 가지고 있다고 믿는다.
> …그리고…
> HR 담당자 23%는 지침 없이도 피플 애널리틱스를 사용하는 데 익숙하다.

출처 2019년 11월 Insight222 승인 후 인용

여기서 메시지는 분명하다. 스킬을 개발하는 과정에서 자신감도 가질 수 있도록 해야 한다는 것이다. HR 담당자 사이에는 이미 부여된 동기와 신념이 자리하고 있다.

요약하면 데이터를 토대로 업무를 수행하는 피플 애널리틱스 조직문화가 HR 기능 전체로 확산되어 정립되도록 하고 싶으면 기초 요소 4가지는 필수라는 점은 분명하다.

기초 요소 4가지는 조직문화 피라미드 형태로 계층화되어 있다(그림 9.2 참조). 각 계층은 집 짓기 블록building block처럼 전 단계 계층을 필요 조건으로 갖는다. 그리고 데이터를 토대로 업무를 수행하는 조직문화가 HR 기능 전반으로 광범위하고 영속적으로 구축되게 하려면 4가지 계층 각각이 필요하다. 다음은 기초 요소 4가지이다.

그림 9.2   조직문화 피라미드

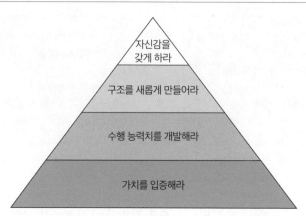

출처 2021년 2월 커스틴 레버모어(Kirsten Levermore) 승인 후 인용

- 가치를 입증해라: 피플 애널리틱스가 가지는 고유의 가치를 소통하는 동시에 입증해서 보여 주고 애널리틱스에 대한 신념 기반platform이 생성이 되도록 만들어라.
- 수행 능력치를 개발해라: 미래에 필요한 스킬 영역에서 HR 담당자HR professionals가 진화할 수 있도록 하려면 교육education과 학습learning에 투자해라.
- 구조를 새롭게 만들어라: HR 기능에 소속된 광범위한 모든 전 계층의 사람이 애널리틱스에 관심을 가지고 참여하게 만들 여러 도구와 다양한 활동을 개발해라.
- 자신감을 갖게 하라: 데이터를 토대로 하여 작업을 수행하는 방식으로 사고방식을 전환하게끔 장려해라

우리는 8장(비즈니스 최종 결과물)에서 피플 애널리틱스에서 가치가 전달되는 방식을 논의했었다. 그래서 9장에서는 피플 애널리틱스에서 가치가 전달되는 방식을 자세히 논의하지 않고 대신에 기회가 있을 때마다 피플 애널리틱스 가치를 주입하고 지지하는 것이 피플 애널리틱스 리더와 최고 인사 책임 임원 모두의 책임이라는 점을 주로 논의한다. 이러한 방식으로 피플 애널리틱스가 가진 가치를 HR 기능의 일부분이 되도록 만드는 과정에서 데이터를 토대로 업무를 수행하는 조직문화가 만들어지고 강화되어 간다.

HR 기능 내부에서 일정한 조직문화를 개발하는 활동에는 여러 요소가 복잡하게 얽혀 있다. 미래 HR 담당자에게 필요한 스킬을 자세히 살펴보기 전에 한 기업이 HR 기능 내부에 데이터가 주도하는 조직문화를 형성하는 데 에너지를 집중한 방법을 간략히 설명한다. 사례연구 'Merck KGaA: 피플 애널리틱스 조직문화의 전사 내재화'는 데이터를 토대로 업무를 수행하는 조직문화가 형성되도록 실천과 실행에서 지속성이 필요했던 상황을 실사례로 제시한다. 이것이 바로 그 핵심 메시지다. 'HR 기능 내부에서 피플 애널리틱스를 확장하는 동시에 데이터를 토대로 업무를 수행하는 조직문화를 새롭게 조성하는 활동은 다년 간의 접근 방식을 필수로 한다'

탁월한 피플 애널리틱스를 위한 9가지 관점

피플 애널리틱스 조직문화의 전사 내재화: Merck KGaA[2]

머크Merck KGaA, 'Merck'사 피플 애널리틱스와 사업 전략과 연계된 재직인재군 운용 계획People Analytics & Strategic Workforce Planning의 글로벌 책임자인 알렉시스 사우시난Alexis Saussinan과 그의 팀은 HR 기능과 전사로 애널리틱스 문화를 구현한 인상적인 사례를 만들어 냈다.

명확히 표현된 4개년 비전과 다년간의 로드맵을 갖춘 피플 애널리틱스는 현재 HR 기능의 일상적 접근 방식의 일부이자 2022년 글로벌 HR 전략Global HR Strategy에서 최우선 과제가 되었다. 머크사 HR 조직의 70% 이상이 글로벌 피플 애널리틱스 플랫폼을 적극적으로 사용하고 있기 때문에 HR 담당자 다수가 비즈니스 현업 임원진과 대화하는 중에도 임원이 데이터를 토대로 전략적 의사 결정을 내리도록 만들 수 있다.

알렉시스Alexis는 전화를 통해 이와 같은 성과는 하룻밤 사이에 일어나지 않는다며 설명한다. 알렉시스는 이에 대해 떠올렸다. '2015년은 우리가 피플 애널리틱스 업무를 본업으로 시작했던 해였어요. 머크 사에는 피플 애널리틱스 영역 업무를 수행하던 단 3명으로 구성된 소규모 팀이 있었지요. 저는 2016년에 입사해서 팀을 인솔하며 발전시켰어요. 제 과업은 머크 사의 HR 기능 전체로 애널리틱스 조직문화를 만들어 나가는 것이었어요.'

알렉시스는 전형적인 글로벌 비즈니스인의 예를 보여 준다. 그는 프랑스인의 정체성을 가지고 유럽에서 성장했으며 현재 싱가포르에 거주하면서 미국, 유럽, 아시아 전역에서 비즈니스, 마케팅, 영업 이외에도 HR 기능에서 일정 역할을 담당해 왔다. 그는 이러한 이력을 가지고 글로벌 팀을 구축하고 다양한 문화권의 사람에게 영감을 주는 일정한 비전을 실현한다는 사실이 상당히 감사하다고 한다. 알렉시스의 배경은 글로벌 단위의 HR 변혁 프로젝트 수행에 확실히 도움이 되었다.

2020년이 되면서 알렉시스 팀은 규모가 3배 이상 커졌고 피플 애널리틱스와 함께 인재 관리를 고려한 사업 전략과 연계된 재직인재군 운용 계획strategic workforce planning을 머크사 글로벌 HR의 과업 수행 지향성ethos을 구성하는 중심 요소로 정립했다. 더 나아가(알렉시스는 '우리에게는 이를 측정할 데이터가 있었지요'라고 덧붙였다) 피플 애널리틱스는 이사회board, 집행 위원회executive committee 그리고 전사 수준에서 이뤄지는 인재 관리와 인재 개발 영역에서의 전략적 인재경영 의사 결정strategic people decision 활동에서 논의의 중심이다. 피플 애널리틱스는 이 과정에서 이사회를 포함한 임원진이 데이터를 토대로 사업 전략과 연계하여 전략적 의사결정을 내릴 수 있도록 지원한다. 전략적 인재 경영 의사결정은 '사람'은 누구나 잠재력을 가지고 있으며 사업성과 창출에 기여한다는 것에 전제를 두고 인재 관리, 인재 개발, 인재 확보를 포괄한 영역에서 의사 결정을 내리는 활동이다.

팀은 알렉시스의 리더십 아래 글로벌 HR 기능이 현실에서 실제로 변혁이 되게끔 하려면 수행해야 할 여러 작업들이 있다는 사실을 확인했다.

• 명확한 비전을 확립해라

- 사업 성과 도출 목적의 전략과제나 도전과제에 대해 명확히 이해해라
- 애널리틱스 채택을 확대하는 테크놀로지를 최대한 활용해라
- 이해관계자의 동의를 확보해라
- 다이렉트 마케팅이 아닌 리버스 마케팅을 활용해라
- 정량화가 가능한 사업적 성과로 전달해라

2016년 알렉시스의 첫 번째 목표는 'HR 기능 전체로 애널리틱스 조직문화 조성'이라는 비전을 명확하게 만드는 것이었다. 팀은 비전을 달성하려면 비즈니스 프로세스 표준을 만들어 통합하고, 매일 증가 중인 3억 5천만 명 이상의 피플 데이터 포인트에 접근이 가능하면서도 HR 기능과 비즈니스 현업 인력이 쉽게 이해할 법한 단일 글로벌 뷰view를 생성해야 한다는 사실을 알고 있었다.

알렉시스와 팀은 이러한 비전에 따라 전략적 HR 비즈니스 파트너HRBP와 협력해 고위 임원진에게 접촉하여 사업을 포함한 기업 경영활동에서 사업 전략과 연계된 가장 중요한 전략과제나 도전과제를 공유해 줄 것을 요청했다. 알렉시스는 이렇게 말한다. '피플 애널리틱스를 비즈니스 관행으로 도입하는 것은 말 한 마리를 물가로 이끄는 것과 같았어요. 사람들에게 피플 애널리틱스를 선보일 수는 있지만 참여하고 사용할지에 대한 것은 또 다른 문제이지요. 팀이 작업을 가시적인 성과로 실현하는 방식을 통해 경영진에게 사업 성과에 기여하는 피플 애널리틱스의 가치를 보여줄 자격을 만들어가는 것은 당연하게도 또 다른 다음 단계에서 수행할 작업이었지요.'

전사로 피플 애널리틱스 작업을 확장하려는 전략에서 토대가 되었던 것은 피플 애

널리틱스가 비즈니스 현업으로 가치를 전달할 수 있는 방식을 실사례로 입증해내는 것이었다. 하나의 사례가 여기 제시되어 있다.

어떤 비즈니스 현업 리더가 핵심 포지션의 상세 프로파일profile을 가지고 후임자를 탐색 중이었다. 데이터가 해당 사안에 대한 해결책이 있다며 컴퓨터 화면에 연관 내용을 강조해서 표시하고 있었던 덕분에 피플 애널리틱스 팀과 HR 비즈니스 파트너는 일정 기간 내 상위 포지션으로 이동이 가능한 핵심 인재hi-potential talent로서 주어진 프로파일과 정확히 일치하면서 다음 경력 단계로 이동해야 할 타 비즈니스 인재의 비즈니스 현업 리더와 후보자 탐색 중인 비즈니스 현업 리더를 연결할 수 있었다. 비즈니스 소속이 다른 HR 비즈니스 파트너 두 사람은 이러한 데이터로 무장한 상태에서 해당 핵심 인재를HiPo 그 비즈니스 부문에서 대상이 된 비즈니스 부문으로 이동시킴으로써 비즈니스 현업 리더가 직면하는 도전과제를 해결할 솔루션을 새롭게 만들 수 있다는 것을 발견했다. 과거에 HR 비즈니스 파트너는 이러한 분석적 관점과 연관 데이터 접근 권한을 가지고 있지 않아서 이러한 유형의 상호 작용이 우연히 간헐적으로 발생하고는 했다. 그러한 상호 작용이 일어났었다고 해도 각기 다른 비즈니스 부문을 담당하는 HR 비즈니스 파트너 두 사람이 우연히 서로 알게 된 경우에서만 이러한 인재 이동과 배치가 가능했다. 이에 대해 알렉시스는 '데이터, 토론, 이동성, 기회가 한데 어우러져서 완성된 결과였어요.'라고 언급한다.

비교적 단순한 이러한 유형의 상황은 애널리틱스가 사업을 포함한 기업 경영활동에서의 사업 성과 도출 목적의 전략과제 혹은 도전과제와 인력 운용상의 난제를 연결 지어서 해결하는 방법을 보여주는 작은 집 짓기 블록building blocks 여러가지 중에 하나였

탁월한 피플 애널리틱스를 위한 9가지 관점

다. 이러한 유형의 단순한 시나리오에서는 팀의 접근이 효과가 있었지만 팀의 영향력을 전사 전체로 확장하는 방법은 또 다른 과제였다.

피플 애널리틱스 팀 규모는 제한되어 있었고 소규모 프로젝트만을 다룰 수 있었다. 여러 솔루션을 그룹 수준까지 넓게 확대하려면 규모가 큰 여러 단계가 필수적으로 진행되어야 했다. 팀은 여러 전략 프로젝트를 수행하는 동시에 전사 HR 담당자 커뮤니티가 데이터를 이용하면서 해석할 수 있도록 환경을 조성해야 했다.

피플 애널리틱스 확대는 반드시 필요했기 때문에 팀은 전사로 애널리틱스와 테크놀로지를 기업 경영활동에 내재화하는 다음 단계로 넘어갔다. 팀은 첫 번째 버전의 글로벌 피플 애널리틱스 플랫폼을 실행했다.

머크사가 HR 커뮤니티를 제대로 활성화하려면 모든 HR 동료와 비즈니스 현업 리더에게 피플 데이터 접근 권한을 투명하게 제공해야 했다. 팀은 이를 용이하게 하기 위해 연관 데이터를 다루는 다수의 개인 정보 보호 팀 이외에도 노사 협의회와 긴밀하게 협력했다. '그들은 늘 상당한 도움을 주고자 했어요. 우리는 전략적이며 투명한 상호관계를 기반으로 자사의 상당히 견고한 윤리와 함께 데이터 개인 정보 보호 표준을 늘 보호하고 비즈니스 현업 전체로 효과를 전파하는 능력을 갖추게 되었지요.'

그 결과 피플 애널리틱스는 오늘날 자사 HR 동료들이 매우 민첩agile해지도록 돕는 환경을 마련했다. HR 담당자는 비즈니스 상황이나 인력 운용 상황이 변화하는 속도만큼 빠르게 실시간으로 현황을 파악하고 확인하면서 상황에 적응하거나 새로운 전략을 개발할 수 있다. 머크에는 '인력 운용 계획 없이는 사업 계획도 없다'는 기업 운영 기조가 존재하고 피플 애널리틱스가 그 토대를 견실하게 떠받치고 있는 셈이다.

알렉시스는 말한다. '자사에서 HR 기능의 전략 인재경영 컨설턴트strategic people consultant는 원동력을 제공하는 구심점이기도 해요. 전략 인재경영 컨설턴트는 전사 데이터 전체에 대한 용이한 접근 권한을 가지고 비즈니스 현업 리더에게 전략적인 지원을 사업 전략과 연계하여 제공할 수 있어요. 저희 팀은 HR 동료가 사업 목표를 인력 운용 전략으로 해석할 수 있도록 돕고 동시에 이들이 어플리케이션app으로 수치를 참조하여 비즈니스 현업과 실시간으로 그 수치를 공유하고 추적할 수 있도록 무장시키거든요.'

비즈니스 현업에서 피플 애널리틱스 가치가 인식되기 시작하고 팀에 대한 신뢰가 쌓이면서 흥미를 갖는 HR 동료들도 늘어났다. 머크는 이 과정에서 고위 비즈니스 이해관계자와의 지속적인 관계 구축이 훨씬 더 많이 필요하다는 사실을 깨달았다. 팀이 HR 기능과 내부 커뮤니케이션 기능이 사용하는 기존 방법론을 활용하여 글로벌 전사로 다수의 고위 비즈니스 이해관계자와 관계를 설정한다는 것은 상당히 어려운 일이었다. 그래서 팀은 여러 이해관계자와의 동의를 확보할 수 있는 대안을 탐색했다(그림 9.3 참조).

세 갈래 접근 방식의 토대는 리버스 마케팅reverse marketing(공급업체의 마케터가 고객을 찾는 것이 아니라 고객이 공급업체를 찾도록 하는 방법)을 활용하는 것이었다. 팀은 리버스 마케팅 방식을 차용하여 여러 고위 리더와 HR 커뮤니티가 자신의 일상 질문에 대한 답변을

탁월한 피플 애널리틱스를 위한 9가지 관점

찾기 위해 피플 애널리틱스를 (플랫폼을 통해) 조직적으로 활용하도록 홍보했다.

이를 위해 팀은 2017년 초 몇 달 동안 목표 청중target audience을 검토하고 세분화해서 상세히 분류된 자아상persona과 비즈니스 현업 관리자를 대상으로 하는 사용자 여정 지도를 개발했다. 알렉시스는 이에 대해 설명했다. '우리는 피플 애널리틱스를 일정 도구로 홍보하는 활동으로부터 "고객 여정" 전체로 피플 애널리틱스를 매끄럽게 통합시키는 활동으로 방향을 전환했어요. 테크놀로지가 아닌 가상 인물personas을 인식시키는 과정에서 고도로 개인화되고 관련성이 높은 솔루션과 함께 '알고 계시나요'라는 명칭의 소규모 단위 통찰 사항이 생성되었고 그 결과 단 몇 개월 만에 채택adoption이 기하급수적으로 증가했습니다.'

그림 9.3   피플 애널리틱스가 가진 잠재성을 홍보하기 위한 세 갈래 전략

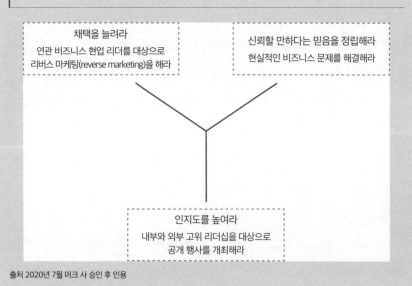

채택을 늘려라
연관 비즈니스 현업 리더를 대상으로
리버스 마케팅(reverse marketing)을 해라

신뢰할 만하다는 믿음을 정립해라
현실적인 비즈니스 문제를 해결해라

인지도를 높여라
내부와 외부 고위 리더십을 대상으로
공개 행사를 개최해라

출처 2020년 7월 머크 사 승인 후 인용

예를 들어, 머크의 비즈니스 현업 리더는 일반적으로 7월에서 10월 사이에 차년도 계획 입안planning을 시작한다. 이에 따라 피플 애널리틱스 팀은 업무 수행역량 필수요건capability requirements, 조직 체제 최적화 대안possible organizational set-up optimization, 발전, 자연적 인력 감소를 포함한 (비)자발적 퇴사율 예측anticipated attrition rate 같은 여러 우려 사항을 강조하여 보여 주는 동시에 작은 정보 단위의 '알고 계시나요?'를 통해 통찰 사항을 알림으로 전달했다. '알고 계시나요?'의 통찰 사항은 차년도 계획 입안 과정에서 사업 전략을 반영한 HR 전략과 인력운영 계획안people plans을 연계하여 수립할 때에 피플 애널리틱스 팀이 도움을 주는 방식을 간결한 정보로 설명하고 있었다.

가상 인물 접근방식persona approach은 상당히 효과가 있었다. 비즈니스 현업, HR 비즈니스 파트너 그리고 피플 애널리틱스 팀 간의 토론이 촉진되고 상호 개방이 이뤄지면서 HR 내부에서의 채택 활동adoption 곡선은 6개월 만에 9배가 증가했다. 2017년 말 즈음에는 HR 담당자의 거의 절반이 피플 애널리틱스 플랫폼을 정기적으로 사용하고 있었다.

동시에, 2017년 팀은 글로벌 경영진 위원회Global Executive Committee 행사에서 글로벌 피플 애널리틱스 수행 역량을 발표하도록 요청을 받았다. 최상위 글로벌 리더 약 200명이 본 행사에서 매해 함께 모여 기업 전략과 함께 성과와 결과를 논의한다. 알렉시스와 피플 애널리틱스 팀은 개발 중인 신약, 최첨단 연구와 개발 프로세스, 정교한 휴머노이드 로봇과 대화형 VR 헤드셋 등의 틈에 끼여서 피플 애널리틱스 수행 역량과 성과 사례를 시범적으로 발표했다. 그 결과 피플 애널리틱스 팀은 최다 방문 부스로 상을 수상하기도 했다! 글로벌 리더는 글로벌 경영진 위원회 행사에서 선보인 모든 놀라운 계획안과 프로젝트 중 피플 애널리틱스에 가장 많은 관심을 보였다.

피플 애널리틱스 팀에게 글로벌 경영진 위원회Global Executive Committee는 전환점이 된 행사였다. 팀은 2017년부터 계속 HR 내부에서 채택을 증가시키는 동시에 지금까지 고위 임원진에게 피플 데이터가 가진 저력을 실사례로 입증하고 있다.

피플 애널리틱스 팀은 최근에 전략적 피플 애널리틱스 로드맵을 실행하는데 전념하고 있다. 그 세 가지 초점 영역에는 자사 피플 애널리틱스 기능의 지속적인 진보, 피플 애널리틱스 활용을 가속화하여 일의 미래 모습을 잡아가는데 유용한 사업 전략과 연계된 재직인재군 운용 계획strategic workforce planning 추진, 어드밴스드 피플 애널리틱스와 함께 머신 러닝을 통한 미래 대비 등이 있다. 피플 애널리틱스 팀은 그 예로서 잠재 성과자의 스킬potential employee skills을 추론하여 미래 업무수행 능력치를 개발하기 위해 텍스트 애널리틱스를 시범적으로 운용piloting해 보면서 사업 전략과 연계된 여러 전략과제를 점증적으로 해결하고 있다. 피플 애널리틱스 팀은 조직 네트워크 분석ONA을 사용해 인수한 기업의 사활을 결정하는 연구 인재를 식별하고 이들을 자사로 효과적으로 배치 전환해서 유지하는 방법을 찾고 있기도 하다. 더 나아가 피플 애널리틱스 팀은 여러 다양성과 포용성 팀과 협력해 특정한 팀의 다양성 프로파일diversity profiles이 혁신을 최대치로 이끌어내는 방식을 증명해 내고 있다.

알렉시스는 이렇게 결론지었다. '이제 회사의 모든 사람은 "피플 애널리틱스"가 무엇인지 알고 있어요.' 이어서 그는 이렇게 제안한다. '모든 사람이 피플 애널리틱스를 사용하지는 않지만, 누구나 그것이 무엇이고 아닌지를 말하는 것이 가능하지요. 그리

고 개인 모두 피플 애널리틱스가 해당 비즈니스 기능에 더하여 주는 이점이 무엇인지 파악하고 있지요.'

'지금까지 긴 여정이었고, 끝나지 않았어요. 우리는 아직 갈 길이 멀지만 자사의 HR 기능은 확실히 데이터를 토대로 업무를 수행하는 방식을 가진 조직이 되었지요.'

TOP TIP

애널리틱스 조직문화를 발전시키려면 명확한 비전과 끈기가 필요하다. 특히 데이터를 토대로 업무를 수행하는 조직문화를 장기간에 걸쳐 발전시키고자 하는 태도를 유지해라.

HR 기능 전체로 애널리틱스 수행 능력치 개발하기

피플 애널리틱스의 가치가 실사례로 입증되어 환경적 여건이 마련된 기업에서는 HR 담당자가 데이터를 토대로 업무를 수행하는데 필요한 스킬을 활용하는 능력치를 개발함으로써 HR 담당자 스스로 분석적 통찰을 향상시키게끔 하는 것이 일반적으로 중요하다. 4장(스킬)은 피플 애널리틱스 팀 자체가 보유하는 필수 스킬에 중점을 두지만 여기서는 데이터를 토대로 업무를 수행하는 방식으로의 변화를 위해 자신만의 탐색 과정에 있는 HR 담당자 다수에게 필요할 여러 스킬에 초점을 맞춘다.

2021년 Insight222에서 수행한 작업을 통해 가치 시대에서 HR 담당자에

그림 9.4 미래 HR 담당자를 위한 9가지 스킬

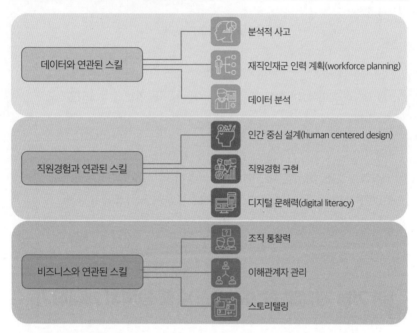

출처 2021년 2월 Insight222 승인 후 인용

게 필요할 미래 필수 스킬이 분명하게 정리되었다. 그림 9.4는 3가지 비즈니스와 연관된 스킬, 데이터와 연관된 스킬, 직원경험과 연관된 스킬 범주로 전체 9가지 스킬을 제시한다.

데이터와 연관된 스킬

HR 전문가에게 필요한 데이터와 연관된 스킬을 고려하는 과정에서 특히 중요한 세 가지 주요 스킬이 있다. 그것은 바로 분석적 사고, 재직인재군

인력 계획workforce planning, 데이터 분석이다.

분석적 사고 — '분석가처럼 생각해라'

일반적으로 HR 담당자에게 요구되는 분석적 사고는 사업을 포함한 기업 경영활동에서의 여러 문제를 비즈니스 현업 리더와의 대화를 토대로 질문과 가설로 구조화하는 능력이다. HR 담당자는 비즈니스 사안을 질문과 가설로 전환한 이후에 이해관계자의 요청 사안을 솔루션, 정보, 통찰 사항이나 통찰 결과로 전환하기 위해서 피플 애널리틱스 팀의 여러 데이터 분석가 이외에도 컨설턴트와 함께 협력한다. 마지막으로 HR 담당자는 정량적 정보를 다양한 비즈니스 현업 이해관계자가 처한 비즈니스 맥락에 맞추어 해석하는 방법을 이해해서 실행을 위한 여러 권장 사항과 대안이 무엇일지 파악한다. 이 주제는 피플 애널리틱스 영역의 전문가 역할specialist role인 '통역사'에 대한 내용으로 4장(스킬)에 논의되어 있다.

재직인재군 인력 계획(workforce planning) — '전략가처럼 행동해라'

전략가처럼 행동하라고 조언했다고 해서 여러분이 재직인재군 인력 계획workforce planning의 세부 사항에 대해 '통달'해야 한다는 것은 아니다. 그렇다고 해도 사업 전략이 재직인재군 의사 결정에 영향을 미치는 방식과 함께 스킬 관점에서 임원진이 필요로 하는 인력 수요와 내외부 인재 시장에서의 인력 공급이 여러 사업 기회에 영향을 미치는 방식을 파악하는 것은 도움이 된다. 노동 비용을 기준으로 재직인재군 인력 계획cost-based workforce planning[3]을 보는 관점과 미래 필요 스킬에 대한 보유 유무와 확보 가능성을 기준으로 재직인재군 인력 계획skill-based workforce planning[4]을 보는 관점 간의 차이점을 이해하는 것도 중요하다

데이터 분석 — '과학자가 되라'

데이터 분석 수행 능력을 가진 여러 개인과 팀은 사업을 포함한 기업 경영활동에 필요한 여러 사항을 지원하는 과정에서 사업 성과에 기여하는 가치를 실현하기 위해 여러 통찰 사항이나 통찰 결과를 제공할 데이터를 수집하고 분석하여 그 의미를 해석해 내는 것이 가능하다. 이때 중요한 자질로는 통계, 경향성 파악trends, 데이터 시각화를 위한 MS Excel[5]과 함께 대시보드dashboarding 도구를 사용할 줄 아는 능력 등으로 구성된 여러 기본 스킬이 있다. 철학적 관점에서 모든 분야의 데이터 과학을 항상 파악하려 하면서도 그 기회를 포착하고자 하는 자질도 중요하다.

직원경험과 연관된 스킬

이 범주로는 세 가지 주요 스킬이 있다. 세 가지 주요 스킬을 통해 HR 담당자들은 동시대 최신 테크놀로지와 '근로자'를 대상으로 적용하는 테크놀로지에 따라 사용이 가능한 애플리케이션을 파악할 수 있게 된다. 이 세 가지 주요 스킬로는 인간 중심 설계human-centered design, 직원경험 구현, 디지털 문해력이 있다.

인간 중심 설계 — '직원 입장으로 생각하라'

HR 담당자는 인간 중심 설계 스킬을 가지고 소비자인 직원 개인의 관점에서 직원경험EX을 검토해 볼 수 있게 된다. 인간 중심 설계 스킬에는 학습 활동 설계 기법, 공동 창작co-creation과 협업으로 구성된 애자일 방법론, '접점'과 '중요한 순간'을 측정하고자 하는 피플 데이터 채집 기법이 포함된다. 이러한 주제는 텍스트 같은 데이터 출처data source의 등장을 다루는 7장(재직인재군 직원경험)과 6장(데이터)에 논의되어 있다.

직원경험 구현 — '일정한 제도를 지지하는 사람(marketeer)처럼 행동해라'

직원경험 구현에서 필요한 스킬이 제대로 활용되려면 직원경험을 개선할 새로운 솔루션을 만들어 현실화하려는 비즈니스 현업 리더와의 협력이 반드시 있어야 한다. 또한 소비자 중심주의, 개인화와 디지털화와 같은 여러 마케팅 프로세스와 개념을 학습하는 것이 핵심이다. 해당 개념은 7장(재직인재군 직원경험)에서 어느 정도 자세히 논의되어 있다.

디지털 문해력 — '기술 전문가(technologist)가 되라'

디지털 문해력Digital literacy은 6장(데이터)에서 제공된 다양한 유형의 데이터 또는 대학이나 경영자 교육 과정, 다른 서적에서의 기초 교육 수준 이상을 뛰어 넘는다. 적용 중인 인공지능과 반복 업무 자동화RPA가 가진 잠재적 기회와 함께 서비스 이행service delivery을 개선하기 위해서는 인공지능과 반복 업무 자동화를 HR 기능에 적용할 수 있는 방법에 대한 지식을 갖추는 것이 필수적이다. 우리가 경험한 것을 보면 이런 지식을 갖추는 최고의 방법은 테크놀로지에서의 발전 양상을 지속해서 최신 정보로 업데이트 하는 것이다. 다시 말해 테크놀로지 발전 양상이 목표 재직인재군에 영향을 주는 방식과 함께 근로자를 지원하는 여러 디지털 도구를 더 효과적으로 사용하는 방법에 대한 정보를 최신으로 유지하는 것이다.

비즈니스와 연관된 스킬

우리가 미래 HR 담당자에게 강조하는 주요 스킬 세 가지는 조직 통찰력, 이해관계자 관리, 스토리텔링이다. 이를 각각 차례대로 검토해 보자.

조직 통찰력 — '임원진처럼 생각해라'

조직 통찰력은 조직의 비전 및 전략과 함께 그 비전과 전략을 여러 HR 프로그램과 새로운 계획안들에 연계하는 방법을 파악하는 능력이다. 강력한 조직 통찰력을 갖춘 개인은 새로운 개념과 여러 솔루션을 도입하려 할 때 조직 역학을 파악해 팀 전체로 미치는 영향력을 해석하는 정치적 인식 능력과 기민함을 갖추고 있다. 마지막으로 조직 통찰력이란 한 개인이 끊임없이 변화하는 환경에서 학습하며 꾸준히 성장을 지속하며 모호함을 다룰 수 있는 경우를 시사하기도 한다.

이해관계자 관리 — '외교관처럼 행동해라'

3장(이해관계자 관리)은 피플 애널리틱스 팀과 관련해 이 주제를 간략히 설명한다. 이해관계자 참여라는 점에서 개념이 동일하다고 해도 조직문화 맥락에서 이해관계자 관리는 일반적으로 HR 담당자와 더 관련이 있다. 여러 비즈니스 현업 리더가 가지는 다양한 관점, 우려 사항, 사업을 포함한 기업 경영활동에서의 전략과제나 도전과제를 파악하기 위해 비즈니스 현업 리더와 파트너십을 구축하는 능력, HR 프로그램과 새로운 계획안 채택을 지원하기 위해 관계를 전사적으로 식별해 형성하는 능력, 신뢰와 신뢰할 만한 믿음을 쌓는 방식으로 이해관계자에게 동기를 부여하면서 관심을 유도해 참여하도록 하는 능력이 이해관계자 관리를 구성하는 필수적인 스킬이다.

스토리텔링 — '이야기꾼이 되라'

애널리틱스를 이해 가능한 통찰 사항이나 통찰 결과와 실행 가능한 권고 사항으로 전환하는 데 있어 스토리텔링은 꼭 필요하며 청중에 따라 스토리텔링을 조정하는 것이 좋다. 모든 HR 담당자에게 데이터를 사용하는 이야기꾼이라는 정체성은 각각의 모든 비즈니스 현장을 대면하는 툴킷toolkit으로서 그들 자신의 중요한 일부가 되고 있다. 피플 애널리틱스에서 성공적인 스토리텔링 자질로서 세 가지가 필요하다. 수치 문해력numerical literacy, 창의성, 여러 이해관계자와 공감하면서 개별 청중에 맞춤화 한 일관된 맥락의 단일 스토리로 다양한 정보 조각을 연결하는 능력은 성공적인 스토리텔링에 필요한 자질이다. 데이터를 사용한 스토리텔링과 다른 의사소통 스킬과 관련된 자세한 내용은 4장(스킬)을 참조하거나 콜누스바우머 내플릭Cole Nussbaumer Knaflic의 'Storytelling with Data(2015)'를 참조해라.

실전에서의 스킬

위에서 설명한 9가지 스킬을 개발하는 용도로 수백 가지 자료가 존재한다. myHRfuture.com[6] 출처의 자료는 비디오, 팟캐스트, 기사와 같은 미디어를 매개로 '소단위bite-sized' 교육 모듈로 구성된 조합을 사용하기 때문에 현대화된 방식으로 학습할 수 있는 많은 기회를 제공한다.

HR 기능 전반적으로 HR 담당자가 위에 나열한 복잡하고 새로운 스킬을 학습하게끔 하는 최고의 방법은 공동 창작co-creation과 협업 프로젝트에 이들이 참여하게 만드는 것이다. HR 담당자는 이러한 공동 창작과 협업 활동을 통해 사업을 포함한 기업 경영활동에서의 실제 전략과제나 도전과제 여러가지를 수행하면서 여러 스킬을 습득할 수 있다. 다음 사례연구 'Rabobank: HR 기능을 참여시켜서 데이터 중심의 조직문화를 시작해보도록 환경을 조성하는 방법'에서 관련 내용을 다룬다. 라보은행Rabobank의 성공은 강력한 원칙을 토대로 하며, 그 원칙은 '경험'할 때에만 원하는 바를 '얻는다'이다. 다음 사례연구는 '실행이 가능한 데이터와 통찰 사항이나 통찰 결과를 HR 팀에 위임하는 방식으로 데이터를 토대로 업무를 수행하는 조직문화를 창조해라'를 핵심 메시지로 전달한다.

HR 기능이 데이터 토대로 업무를 수행해 보도록 환경을 조성하는 방법: Rabobank[7]

네덜란드의 농부들은 한 세기가 넘도록 서로 함께 협동해 왔다. 협동 조합 은행인 Rabobank는 이러한 기반 위에 당당하게 자리를 잡고 성장세를 지속하고 있다. 협업과 지속 가능성에 뿌리를 둔 가치 체계와 함께 여전히 사회와 긴밀하게 연결되어 기회를 제공함으로써 사람들을 돕는다는 비전을 가진 라보은행Rabobank은 여러 디지털 도구와 지점 내 여러 서비스를 조합하여 고객을 돕는다는 휴먼-디지털 은행으로 빠르게 진화 중이다. 라보은행은 지역 사업을 통해 '함께 성장하는 더 나은 세상'이라는 비전을 실천하고 있으며 주주가 아닌 회원을 보유하고 있다. 라보은행이 2010년대 중반에 분산되어 있는 여러 시스템을 중앙으로 보다 집중화한 협동 구조로 바꾸었던 시점에 협업 방식을 새로운 차원으로 끌어 올렸다.

최고 인사 책임 임원 재닌 보스Janine Vos는 '행복한 사람, 행복한 고객'이라는 선언문에 대한 신념을 늘 유지해 왔다. 이 비전은 라보은행의 협동 방식과 피플 애널리틱스에 또 다른 훌륭한 기본 토대를 제공한다.

테르티아 비덴호프Tertia Wiedenhof는 라보은행의 피플 애널리틱스와 통찰People Analytics & Insights 제품 담당자product owner이다. 그녀가 자신을 포함해 팀에게 가장 먼저 던진 문제 의식은 '행복한 사람이란 누구이며'와 '행복한 사람이 고객에게 가치를 전달하는 방식은 무엇인가'였다.

테르티아는 피플 애널리틱스 팀과 함께 2020년 사업에 미친 효과에 대해 성찰했다. "'HR 기능 영역에서 일을 시작한 후 근로자와 여러 팀이 내는 이익에 데이터와 통찰 사항이나 통찰 결과를 활용해 보는 활동"은 계속 저의 관심사였어요. 저는 이제 리더의 지원, 데이터 접근 권한, 연구원과 과학자의 도움으로 라보은행에서 제 관심사를 제대로 실현할 수 있어요.'

재닌과 테르티아는 모두 데이터를 토대로 업무를 수행하는 HRdata-driven HR 기능을 옹호하는 사람들이다. 테르티아 자신이 HR 정보 시스템HRIS 분야에서 탄탄한 경험을 갖추고 있어서인지 기술을 토대로 업무를 수행하는 HR 기능이 가지는 이점과 연관해 심층적인 통찰을 지니고 있다고 하더라도 인간적 감성으로 그 이점을 바라보고는 한다. '훌륭한 HR 기능은 최첨단이어야 하고 인간 감성의 접점에 위치하고 있는 게 좋다고 우리는 생각했어요. 이러한 관점이 저에게는 데이터 사용을 의미한다고 해도 데이터 사용에 경험과 직관을 결합시키는 것 또한 의미합니다. 그리고 우리는 HR 기능이 사용하기 수월한 혁신적인 테크놀로지와 결합하면 속도와 규모에 맞춰 모든 계층에서 직원경험 또한 개선할 수 있다는 점을 알고 있어요.'

2018년까지 테르티아와 동료들은 HR 관리자, 비즈니스 파트너, 그 외 다른 HR 담당자를 대상으로 정기적으로 애널리틱스의 가치에 대해 실례를 사용하여 설명했다. 피플 애널리틱스 팀은 HR 담당자에게 데이터가 가진 가치를 입증해 보여 주면서 데이터를 토대로 업무를 수행하는 HR 기능을 주제로 하여 광범위한 쌍방대화형 프로그램을 개발했다. HR 비즈니스 파트너HRBP와 다른 HR 담당자 대부분이 현재 자신이 담당하고 있는 비즈니스 현업에 점진적으로 더 가까이 다가갈 수 있게 되고 가치를 창출하는 여러 사안에서 결정을 정보에 입각해 내리기 위해 데이터를 적절히 사용할 수 있게 된 상황을 보면 그 접근 방식이 효과가 있었던 것처럼 보인다.

테르티아가 목표 청중을 염두에 두고 필요로 했던 것은 각 개인 모두를 한데 모으면서도 피플 데이터가 가진 가치 크기를 증명해 낼 수 있는 훌륭한 계획안 단 하나였다. 그녀는 동료들이 더 너른 세상에서 일하며 운영해 나가는 모습을 관찰하는 것만으로도 영감을 받았다. 외부 환경이 급변하고 작업 방식이 실무 차원의 현장으로 옮겨가면서 개인 각각이 아닌 여러 팀이 점점 더 복잡한 작업을 마무리 지었다. 이러한 관찰 결과는 또 다른 계시이기도 했다. 테르티아는 깨달음을 이렇게 분명하게 얘기한다. 'HR 기능은 개인 한 사람에게 비중을 두는 경우가 빈번합니다. 하지만 협업과 팀워크는 현대 근로자의 근로 환경에서 당연한 요소이기도 해요.' 피플 애널리틱스 팀은 의사 결정 활동을 지원할 협업 중인 여러 팀에게 결과를 전달할 수 있는 방법을 고심했다.

같은 시기에 라보은행은 애자일 체제agile framework로 전사적 전환을 진행하고 있었다. '애자일 방식을 수용한다는 것은 매우 빠르게 협업을 촉진한다는 것을 의미한다는 점에서 우리 프로젝트는 개인에게도 유용할 뿐만 아니라 실제 사업 맥락에도 맞아야 했어요.' 이 점은 그 작업을 채택하는데(그리고 가치를 파악하는데도) 상당히 중요했다.

이러한 조직적 변화 덕에 테르티아와 그녀의 팀은 협업을 주제로 애널리틱스 프로젝트를 시작할 기회를 얻었다. HR 기능은 데이터를 분석해 도출한 통찰 사항이나 통찰 결과가 가지는 가치를 다시 경험하면서도 동시에 그 프로젝트를 시범적으로 운영pilot 해 보았던 최초의 부서가 되었다.

탁월한 피플 애널리틱스를 위한 9가지 관점

피플 애널리틱스 팀은 개인 정보 보호 위원회와 노사 협의회로부터 도움을 받아 2019년 9월 최소 기능 제품Minimum Viable Product을 출시했다. 최소 8명으로 구성된 4개의 HR 팀을 대상으로 하여 익명의 캘린더 메타데이터와 팀 설문조사 데이터(그림 9.5 참조)를 제공받아서 수동 네트워크와 설문조사 데이터에 대한 분석이 수행되었다. 간결하고 실행이 가능한 통찰 결과 다수가 팀 차원에서 대상 팀에게 다시 보고되었다.

여기에 참여했던 팀은 몇 주 이내로 그 계획안에 답을 전달해 주었다. 참여 팀들은 팀 자체의 협업 스타일 추적이 가능하다는 것으로도 언제 어디서 서로 상호작용을 하고 개입해야 하는지 파악할 수 있었다. 사례들은 여러 특정 부서와 협업이 일정보다 늦

그림 9.5   달력들과 고성과 팀 특성을 주제로 했던 팀 설문조사에서 수집된 협업 데이터

캘린더 데이터

- 회의 횟수
- 45분 이상 소요된 회의 횟수
- 회의에서의 그룹 규모
- 네트워크 분포: 부서와 팀 간 또는 내부 회의 횟수

팀 설문조사 데이터

- 리커트 척도 1-5
- 권한 위임을 받은 근로자: 내재적 동기 부여, 개인 활력
- 성공적인 고성과 팀: 생산적인 팀 역학, 통합된 팀 구조, 애자일 방식에서의 효과적인 협업
- 협력적 조직: 은행 내부 네트워크, 이해관계자 관리

출처 2020년 9월 라보은행 승인 후 인용

어진 지점이 어디인지, 혹은 참여 팀 내부의 심리적 안전감을 개선하기 위해 조치가 취해졌던 시점에 대한 통찰 사항을 포함하고 있었다. 이러한 상황은 더 자율적으로 운영하게 된 여러 팀을 지원하는 동시에 참여 중인 여러 팀이 고객 가치를 실현하는 영역을 개선해 나가도록 환경을 조성해 주기도 했다.

또 다른 유의미한 혜택 또한 있었다. 테르티아는 빠르고 실행가능한 통찰 결과가 즉각적인 결과로 이어져 다수의 팀이 피플 애널리틱스에 진심으로 열광하게 되었던 것에 주목하면서 설명했다. '개인보다 팀을 기준으로 분석해서 도출하는 통찰 사항은 다양성과 포용성 이외에도 일터에서 진정한 나 되기를 주제로 하는 팀 내 일상 대화가 가능해지는 시점을 빠르게 앞당기지요.' 2020년 중반에 이르자 대상 프로젝트는 팀 25개의 450명으로 구성된 모든 HR 기능으로 배포되었다.

HR 기능은 집계 결과 보기 기능이 개선되자 데이터가 더욱 뒷받침된 새로운 여러 관행을 HR 기능 내부의 팀들 전체에서 정립할 수 있었다. 권고사항을 실행하는 것은 더 까다로워졌다. 테르티아는 이 점을 주목하며 이와 같이 말했다. '관리자는 애자일 조직에서 통제를 아예 포기해야 해요. 관리자가 아닌 팀들에 데이터와 정보 제공을 통해 권한을 부여하면 팀 자율성은 향상되지만 이러한 방식은 사람들이 익숙해져야 하는 부분이거든요.' 그럼에도 불구하고 테르티아와 그녀의 동료들은 인내심을 가지고 의사소통을 광범위하게 하면서 여러 HR 관리자와 근로자를 만나 여러가지 이점을 설명하는 것을 멈추지 않았다. 물론 재닌에게 데이터를 토대로 업무를 수행하는 훌륭한 리더가 있다면 도움이 된다. (스폰서십이 핵심이다!).

탁월한 피플 애널리틱스를 위한 9가지 관점

코로나-19의 대유행이 단 하룻밤 사이에 라보은행의 모든 곳에서 근무 관행을 변화시킨 그 때에 데이터를 토대로 업무를 수행하는 조직문화는 그 열매를 하나 둘 경험하기 시작하던 중에 시험대에 올랐다. '은행이 그 상황에 대응할 수 있게 우리가 즉각적으로 도울 수 있으려면 새로운 통찰 사항을 분석을 통해 도출할 수 있어야 한다는 것을 인식했지요.'

테르티아와 동료들이 작년에 얻어낸 동의와 스폰서십 덕분에 팀은 새로운 애널리틱스를 매우 빠르게 동원할 수 있었다. 피플 애널리틱스 팀은 5일 이내에 코로나-19 기간의 여러 지원 사항과 직원 요구 사항을 주제로 하여 직원경험 분석과 개선 목적의 여러 가지 근로자 피드백 수집 설문조사employee listening surveys를 설계하고 개발해 배포했다. 팀은 계몽 목적의 또 다른 기사(Keunen, Wiedenhof and Wiertz, 2020)에서 설명했던 것처럼 근로자에게 정보와 설문을 발송하는 활동, 의견 청취 활동, 직원 피드백을 기준으로 빠르게 개선하는 활동 간에 균형을 적절하게 유지했다.

근로자는 피드백 제공에 열성적이었고 리더는 피플 애널리틱스가 제공하는 통찰 사항과 통찰 결과를 경청할 준비가 되어 있었다. '사람들이 우리에게 개방적이었던 덕분에 우리는 수많은 통찰 사항과 통찰 결과를 찾아 내서 라보은행이 국가와 노동계 전반을 사로잡았던 의무 "재택 근무" 교대제에 대응할 수 있도록 도왔어요. 사람들이 제공했던 피드백 덕분에 우리는 앞으로 계속 해야 할 일과 이들이 필요로 하는 지원 사항의 종류가 무엇인지를 어렴풋이 알게 되었어요.'

테르티아가 위기 상황에서 완료한 작업과 협업 프로젝트 계획안을 수행하는 과정에서 믿음을 갖게 된 점은 라보은행 전체가 피플 애널리틱스를 수용하고 있다는 사실이다. 'HR 기능이 우리가 여러 HR 비즈니스 파트너와 함께 수행한 작업으로 혜택을 받은 사람을 통해 은행에 그 메시지를 전달하고 있어요. 그분들이 "우리는 여러 팀에게 힘을 실어주는 제품을 구축하고 있어요."라거나 "우리는 우리 고객을 도울 수 있도록 지원하려는 중이지요."라고 이야기하면서 자신의 경험을 공유해 주시기만 해도 근로자는 관심을 갖게 되지요.'

마케팅에서 얻을 수 있는 좋은 교훈은 사람들이 해당 제품을 직접 경험했을 때 더 열성적이고 적극적인 경우가 많다는 점이다! 'HR 기능에서 권한 위임을 받았던 HR 팀들이 데이터를 토대로 업무를 수행하는 조직문화에 대해서는 최고 옹호자이자 지지자가 되었어요.'

TOP TIP

동료들을 대상으로 하는 애널리틱스 솔루션의 사례에서는 간단한 최소 기능 제품MVP들로 개발해라.

구조를 창조하고 신뢰를 구축해라

피플 애널리틱스 조직문화를 통해 가치가 전달되도록 만든다는 것은 HR 기능에서도 특히 HR 비즈니스 파트너 다수가 다른 관점으로 생각하도록 설득하는 활동을 의미한다. 9장 전반부 문화 피라미드(그림 9.2 참조)에서 우리가 요약 설명한 4가지 요소 중 앞의 두 가지는 '가치를 입증해라'와 '수행 능력치를 개발해라'이다. 이 두 가지 모두 9장에서 논의되었다. 이제 마지막 두 가지인 '구조를 새롭게 만들어라'와 '신뢰를 구축해라'에 대해 검토한다.

이를 통해 우리는 글로벌과 현지에 산재해 있는 여러 팀을 활성화하는 활동과 함께 이들을 위해 심리적으로 안전한 환경을 창조하는 활동에 대해서도 고려해본다.

글로벌 팀들과 현지 팀들에게 하는 한마디

글로벌 팀과 현지 팀이 원활하게 협력할 수 있는 조직 구조를 구축하는 것은 여러 상황이 얽혀 있어 어렵다. 두 가지 유형의 조직 모두에게는 각자의 주요 역할과 책임이 할당되어 있다. 우리가 경험한 것과 2020년 Insight222에서 착수한 리서치를 참고하면 글로벌 기업 60개사 중 거의 2/3에 해당하는 대다수 피플 애널리틱스 팀이 고도로 중앙집중화가 되어 있는 구조의 조직에서 작업을 수행하고 있는 것으로 나타난다. 그리고 이 모든 기업에서 사람들이 자신의 거주지에 따라 물리적으로 여러 장소에 배치되어 있더라도 피플 애널리틱스 팀은 글로벌 보고 체계 안에 소속되어 있다.

여기서 핵심은 해당 피플 애널리틱스 팀이 데이터를 토대로 업무를 수행하는 조직문화를 전사적으로 구축하는 활동을 지원하는 과정에서 전 세계 현지와 국가 단위의 여러 HR 담당자를 신중하게 고민해 봐야 한다는 점이다. 사례연구 'PepsiCo: 글로벌 범위로 구축하고 현지에서 실행이 가능하게 해라'는 데이터를 토대로 업무를 수행하는 조직문화 구축 활동을 전사 차원에서 효과적으로 수행했던 방식을 보여주는 좋은 사례이다.

심리적 안전감(Psychological safety)

조직문화와 관련된 마지막 주제는 HR 기능 전체가 애널리틱스와 여러 디지털 스킬을 학습하고 개발할 때에 심리적 안전감을 느끼도록 지원하는 활동에 대한 것이다. 이 책의 처음부터 계속 개괄적으로 설명한 것처럼 HR 기능이 분석에 정통할 정도의 수준이 되어서 사업 성과에 기여하는 효과를 도출하는 동시에 가치를 제공하도록 지원하는 과정은 어려울 수도 있다. 그럼에도 불구하고 많은 사례연구와 1부(피플 애널리틱스 사례)에서 입증된 것처럼, HR 기능이 분석에 정통해져서 사업 성과에 기여하는 효과를 도출하면서 가치를 제공하게끔 시도해 보면 얻을 수 있는 혜택은 상당하다.

향후 데이터를 토대로 업무를 수행하는 조직문화를 성공적으로 구축하면서 이 기회를 여러 비즈니스 최종 결과물로 전환하려면 많은 노력 이외에도 성공에 대한 자신감 또한 반드시 필요하다. 데이터가 중심이 된 근거를 토대로 업무를 수행하는 조직문화를 구축하면서 이러한 조직 문화가 여러 비즈니스 최종 결과물로 귀결되도록 하기 위해서는 심리적 안전감이라는 주제가 무엇보다 중요하다.

심리적 안전감은 1990년 윌리엄 칸William Kahn의 가장 명확한 정의처럼

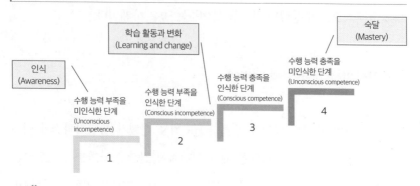

그림 9.6　잠재적 수행 능력(competence) 4단계

학습 활동과 변화
(Learning and change)

숙달
(Mastery)

인식
(Awareness)

수행 능력 충족을
미인식한 단계
(Unconscious competence)

수행 능력 충족을
인식한 단계
(Conscious competence)

수행 능력 부족을
인식한 단계
(Conscious incompetence)

수행 능력 부족을
미인식한 단계
(Unconscious incompetence)

INSIGHT

출처 2019 Evolution Culture

'본인의 이미지, 지위나 경력에 미치는 여러 부정적 결과를 두려워하지 않고 개인 자신의 모습을 드러내 보이면서도 동시에 진정한 자신되기를 할 수 있는 상태'이다. 뇌가 여러가지 스킬을 학습해 통합하는 방법(그림 9.6 참조)에 따른 관점으로 보면 심리적 안전감은 미래에 수행할 업무에서의 능력 미달을 인식한 상태에서 숙달 수준으로 이어지는 학습 진화 과정에서 필수적으로 요구되는 결정적인 육성 환경이기도 하다.

최고 인사 책임 임원이 심대한 인과적 여러 결과를 고려하지 않아도 되는 실패를 허용하는 것은 큰 도움이 된다. 이를 보통 '빠른 실패'라고 한다. 혁신을 조성하는 업무 방식은 (말만 하지 않고) '빠른 실패'의 사고방식을 적극적으로 수용하는 것이다.

HR 담당자 모두가 디지털과 데이터가 풍부한 환경에서 성공하도록 하려면 일반적인 역량 수준이 낮은 상태일 때부터 심리적 안전감을 느끼게 하는 것이 상당히 현실적이다. 여러분이 심리적 안전감의 역할에 대해 영감을 더 얻고 싶어한다면 우리는 피플 애널리틱스 프로젝트에서 가장 저명한 사례 중 하나인 '구글Google의 프로젝트 아리스토텔레스(Project Aristotle, re:Work, 2016)'를 읽어 보는 것을 추천한다.

뉴욕 타임즈 매거진(The New York Times Magazine, Duhigg, 2016) 기사에서 광범위하게 소개된 이 연구는 '구글에서 팀을 효과적으로 만드는 요소는 무엇인가?'라는 질문에 대한 답을 모색하고자 했다. 결국 피플 애널리틱스 팀은 효과적인 팀의 팀 역동성에서 상위 요소가 심리적 안전감이라는 사실을 발견했다. 구체적으로 말하면 팀원은 위험을 감수하면서 서로가 취약함을 드러낸 상태에서도 안전하다고 느꼈다는 것이다. 이 학습 방식은 HR 담당자가 9장에서 설명한 스킬을 습득하게끔 지원해 주는 노력에도 적용될 수 있다.

다음은 9장의 마지막 사례연구다. 'PepsiCo: 글로벌 범위로 구축하고 현지에서 실행이 가능하게 해라.'라는 이 사례는 대상 기업의 피플 애널리틱스 팀들이 실재적인 가치를 글로벌 재직인재군 전체로 제공할 현지 맞춤적용local adaptation, 과업에 대한 권한과 책무의식ownership, 피플 애널리틱스 문화 등을 활성화하려는 목적을 가지고 중앙으로 집중화된 강력한 지식 구조를 활용하는 방식을 제시하는 훌륭한 예이다. 핵심 메시지는 다음과 같다. '피플 애널리틱스가 실용적인 툴킷toolkits을 가진 작은 단위 조각으로 분해

되는 시점이 되면 현지에서도 수행을 할 수 있는do-ability 조직문화를 활성화한다.'

글로벌 범위로 구축하고 현지에서 실행이 가능하게 해라: PepsiCo[8]

펩시코PepsiCo의 제이슨 나로Jason Narlock는 2020년 코로나-19 위기가 한창일 때 미네소타의 호수 옆 임대 피난처에서 화상 통화를 했다. 그는 고립되어 있어도(대부분의 직업에서도 그랬듯이) 글로벌 피플 애널리틱스 담당 수석이사Senior Director로서 흥이 나는 자신의 상황을 설명했다. 제이슨이 먼저 말을 건넨다. '바빠요! 여러 면에서 바쁜 이 상황 덕에 피플 애널리틱스 전문가가 살아가는 것이겠지요. 재직인재군을 살펴보고 사업 유지에 유용할 거라고 생각되는 데이터를 한 단계 더 강화해 제공하라는 요청이 계속 들어오고 있어요.'

'펩시코 팀은 사람과 함께 매출과 비용을 책임지는 비즈니스 단위인 팀, 부서, 사업이나 사업부의 환경을 조성하는 데에 열성적이어서 우리는 지금처럼 혼란스러운 상황에서도 지속적인 성장세를 위해 현재 상황을 헤쳐 나갈 체계framework를 이미 마련해 놓았지요.'

식품 및 음료 기업이 가진 접근 방식과 장기적 관점의 사업 전략과 연계된 재직인재군 운용 계획strategic workforce planning의 구현은 이러한 체계에서 하나의 부분이다.

펩시코는 섹터 단위로 구조화가 되어 있다. 다시 말해 미국에서는 섹터가 음료 및 식품 카테고리로 나뉘어 있고 미국 이외의 지역에서는 지역으로 섹터들이 나눠져 있다. 사업 전략은 각 시장이 스스로의 특정 필요 사안에 따라 전략을 조정해 현지에 집중하도록 유사하게 구조화되어 있다. 펩시코의 피플 애널리틱스 전문가 조직People Analytics Center of Excellence은 2012년에 처음으로 장기적 관점의 사업 전략과 연계된 재직인재군 운용 계획strategic workforce planning에 대한 요청을 받았다. 사업 전략과 연계된 재직인재군 운용 계획을 요청한 대상 시장은 빠르게 부상하고 있었고, 모집recruitment과 스킬 영역에서 지원을 필요로 하고 있었다. 현지 HR 팀이 필요로 하는 여러 스킬을 어디서 찾을 수 있는지에 이어서 현지 시장의 사업 전략에 따라 필요한 스킬을 보유한 인재를 확보하는 방식과 관련한 지원 요청이었다.

제이슨은 이에 대해 설명했다. '제품 또는 섹터를 담당하는 여러 팀은 펩시코의 사업 전략과 연계된 재직인재군 운용 계획 접근 방식을 단계적으로 실행하고 진전시키는 과정에서 필수불가결한 역할을 수행합니다.'

'피플 애널리틱스 전문가 조직은 사안을 분석해thought leader 연관 이론, 최첨단 테크놀로지, 아이디어를 활용하는 툴킷toolkit을 제공하는 역할을 수행해요. 동시에 제품 또는 지역 단위 섹터 피플 애널리틱스 팀은 현지 활동을 활성화하는 추가 도구 및 프로세스를 개발하면서 가치를 더하지요.'

현재까지 사업 전략과 연계된 재직인재군 운용 계획의 기존 목적은 적정 스킬을 갖춘 보유자를 적합한 장소로 적시에 확보하는 것이었다. 스킬, 사람, 포지션, 시기에서 '적합성'의 기준이 무엇인지를 결정해 동의를 얻은 다음 미래에 목표로 하는 상태를 적절한 방식으로 달성하는 활동은 공통적인 도전과제이기도 하다. 펩시코는 이 진부한 접근 방식을 현대적인 버전으로 재창조하기 시작했다.

펩시코는 양식화가 되어 있는 여러 전략 기획 문서와 수석 임원진 팀 인터뷰를 포함해 대상이 된 시장의 사업 전략을 파악하기 시작했다. 사업 전략과 연계된 재직인재군 운용 계획에서 고유한 새로운 접근 방식이 가진 오류를 수정하고 보완했던 첫 사례는 SHRM, People + Strategy(Tarulli and DeLuca, 2019) 기사로 상세히 게재되었다.

그 기사가 게재될 당시 Jason은 라틴 아메리카 지역 피플 애널리틱스 디렉터People Analytics Director 자격으로, 그 툴킷과toolkit 체계framework를 현지에서 받아 본 사람이었다. 제이슨은 글로벌 리더십 역할을 담당하는 자리로 승진하였고 이제 지난 몇 년간의 강력한 전개 양상을 유지하면서도 사업 전략과 연계된 재직인재군 운용 계획에 대한 권한을 확장하려 한다. '피플 애널리틱스 전문가 조직은 제품 또는 지역 단위 섹터와 매우 긴밀하게 협력했어요. "우리가 당신을 대신해서 이 일을 하러 왔다"라는 경우가 결코 아니었습니다. 피플 애널리틱스 전문가 조직은 제품 또는 지역 섹터 단위에서 사람들이 자율적으로 사업 전략과 연계된 재직인재군 운용 계획을 현지에 적합하게 실행할 수 있게끔 하면 그들이 실용적인 툴킷toolkits을 가지고서 실제 사용되는 추적 절차를 포함한 방법tracking mechanism과 최대한 많은 동의를 만들어 낸다는 사실을 빠르게 깨우쳤어요.'

해당 프로젝트를 성공적으로 이끈 또 다른 부분은 피플 애널리틱스 그룹(피플 애널리틱스 전문가 조직과 섹터 팀 모두), 현지 여러 HR 비즈니스 파트너와 시장을 담당하는 고위 비즈니스 현업 임원진과의 파트너십을 중심으로 하여 사업 전략과 연계된 재직인재군 운용 계획이 구축되었다는 점이다. 피플 애널리틱스 전문가 조직은 이 파트너십을 '삼 원 연합 체제triumvirate'라는 용어로 표현한다.

펩시코의 유럽 수석 데이터 과학자이자 유럽 지역 담당 피플 애널리틱스 부문 리더 였던 필립 마일즈Philip Miles는 이렇게 회상했다. '삼원 연합 체제는 사업 전략과 연계된 재직인재군 운용 계획에서 결정적일 정도로 중요한 부분이었습니다.'

'사업 전략을 여러 대규모 인력 운용 사안으로people challenges 치환하기 위해서는 여 러 현지 HR 비즈니스 파트너 이외에도 비즈니스 현업과의 협력 활동이 필연적으로 따 라서 일어나야 해요. 협력 활동의 양상trends에서 일부는 전사적으로 유사해도 성공적 인 결과를 유도하는 과정에서 핵심은 현지 스폰서십과 현지 인재 영역에서의 애로 사 항talent pain points을 해결해서 얻는 연관 과업에 대한 수행 권한 확보이거든요.' 유럽 섹 터는 '중간에서 매개하는 팀'의 역할을 수행하면서 전략적 사업 목표에서 명확한 시야 를 가지고 있는 비즈니스 현업 리더가 당면한 인재 영역에서의 여러 사안을 파악하도 록 지원했다. 그 결과 HR 기능이 사업 성과에 기여하는 가치를 장기적 관점에서 파악 할 수 있는 여건이 마련되었다.

근래에 유럽 같은 섹터들은 이러한 프로세스를 3개월로 간소화했다고는 하지만 과 거 각 현지의 사업 전략과 연계된 재직인재군 운용 계획 프로젝트는 6개월 이상이 소 요되었다. 이러한 시간 투자는 모든 대상 데이터를 수집해 이를 유동적으로 변화하는 비즈니스 현업의 시장에 일치시키는 복잡한 과정 때문이다. 현지 팀이 쉽고 수월하게

탁월한 피플 애널리틱스를 위한 9가지 관점

그림 9.7   사업 전략과 연계된 재직인재군 운용 계획에서의 세 가지 핵심 구성 요소

인재 유량	미래 재직인재군과 연관된 여러 프로젝트를 포함한 모집(recruitment), 자연 감소 (attrition: 자발적 퇴사, 비자발적 퇴사, 정년에 의한 퇴직, 포지션 제거 포함), 승진 등을 그림 및 정량적 수치로 표시
외부 데이터	정부 기관이나 현지 기관의 데이터가 함께 결합된 모집 활동(recruitment) 부서의 타겟 인재 가용성과 노동 시장 데이터
예측 모델 (prediction models)	자연 감소, 성과, 급여, 승진을 포함한 이러한 여러 요인이 사업 성과에 기여하는 효과에 대한 모델과 툴킷(toolkits)

출처 2020년 8월 PepsiCo 승인 후 인용

실행할 수 있게끔 할 뿐만 아니라 프로세스를 계속해서 간소화하면서 해당 최종 결과물에 집중하도록 돕기 위해 사업 전략과 연계된 또 다른 최신 재직인재군 운용 계획은 여러 구성 요소 중에 세 가지 핵심 구성 요소인 인재 유량talent flows, 외부 데이터, 예측 모델prediction model로 구성된다(그림9.7 참조). 이러한 핵심 구성 요소들은 독립된 소프트웨어 모듈에서 독립적인 업무 단위로 개발되어 시스템 유지 보수 시 교체 가능한 구성 요소들 중에 일부분이기도 하다.

섹터 팀들은 처음부터 대상이 된 비즈니스 현업과 협력해 사업 전략과 연계된 재직인재군 운용 계획을 일정한 글로벌 프레임워크로 개발한 다음에 이를 실행하면서 조금씩 변화를 주고 다듬으면서 생명을 불어넣었다. 또한 개별 섹터에 적합한 모델만 아니라 현지 시장 인재 데이터도 추가해 사업 전략과 연계된 재직인재군 운용 계획을 확대해 나갔다.

제이슨은 이에 대해 이렇게 설명한다. '결국 현지 팀이 피플 애널리틱스 전문가 조직보다 자체 시장과 실행상의 전술적 방법을 더 잘 알아요.' 그러나 이것이 작업의 끝은 아니었다(그림 9.8 참조).

피플 애널리틱스 전문가 조직은 글로벌 프레임워크를 향상시키기 위해 섹터들을 대상으로 정기적으로 피드백을 얻는다. 팀은 해커톤hackaton이나 스프린트sprints를 통해 협력해서 모델들을 조금씩 다듬어 사업 전략과 연계된 재직인재군 운용 계획의 전체 프로세스를 개선한다. 필립은 이렇게 말했다. '이렇게 피플 애널리틱스 전문가 조직은 연결자 역할을 한다면 관련 섹터는 실행자, 개발자, 혁신가 역할을 동시에 수행해요.'

피플 애널리틱스 전문가 조직은 글로벌 전사 차원의 사업 전략과 연계된 재직인재군 운용 계획 프레임워크를 지원이 필요한 새로운 섹터들로 신속하게 배치했다. 오늘날까지도 펩시코에서 운영 역할을 수행 중인 기능은 브라질, 멕시코, 중국, 인도, 러시아, 터키와 같은 신흥 시장과 스페인, 영국 및 기타 서유럽 국가를 포함한 선진국에서 사업 전략과 연계된 재직인재군 운용 계획을 성공적으로 구현해 오고 있다.

우리가 섹터 리더이자 현 글로벌 리더인 제이슨에게 무엇을 배웠는지 묻자 그는 자신 앞에 놓인 거대한 평야를 곰곰이 생각해 보더니 잠시 머뭇거리더니 답했다.

'우리가 배웠던 한 가지는 비즈니스 현업 임원진과 현지 HR 리더와 같은 고위 리더 계층에게서 받은 스폰서십입니다. 사업 전략과 연계된 재직인재군 운용 계획을 지속적으로 구현하는 활동을 추진하려면 리더의 스폰서십이 상당히 중요해요. 우리가 이

그림 9.8 단계적으로 진행된 피플 애널리틱스 전문가 조직의 사업 전략과 연계된 제지인제고 운용 계획

1. 매출과 비용을 책임지는 단 위인 팀, 부서, 사업이나 사 업부 단위의 목표, 전략, 전 술을 파악해라

2. 제지인제고 현황에 대한 선 명한 사업 이슈를 확보해라

3. 필요 업무 수행 역량, 수치, 조직 건전성, 조직문화 관 점으로 전략을 해석해라

4. 사업 전략과 연계된 제지인 제고 운용 계획을 분석하고 새롭게 만들어라

5. 현지 팀이 해당 사업 전략 과 연계된 제지인제고 운용 계획을 구현하면서 실행하 도록 환경을 조성하고 지원 해라

6. 각 사업부 단위로 현지에서 운영 중인 사업 전략과 연 계된 제지인제고 운용 계획 을 통합해라

7. 현지에서 운영 중인 사업 전 략과 연계된 제지인제고 운 용 계획과 글로벌 전사 현황 을 함께 반영하고 미세한 조 정 활동을 통해 개선해라

8. 향후 수년의 기간을 대비해 롤링들을 업데이트해라

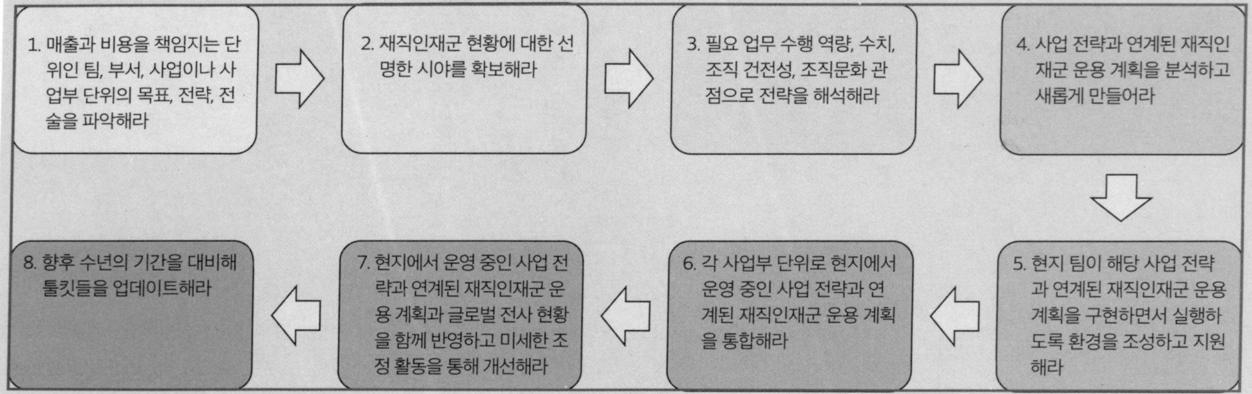

출처 2020년 8월 PepsiCo 승인 후 인용

러한 지원을 받아야만 견인력을 얻게 되지요. 그렇지 않으면 계획은 중단되거든요.'

현재 펩시코의 사업 전략과 연계된 재직인재군 운용 계획은 모든 섹터의 총괄 관리자General Managers와 인사 책임자에게 지속적으로 관심을 얻는 대상이다. 피플 애널리틱스 팀에 그러한 우위를 제공하는 것은 바로 피플 애널리틱스 전문가 조직과 대상 섹터 간의 조화이다.

TOP TIP

글로벌 전사 수준으로 구축하고 현지에서 활성화되어 진화하도록 만들어라. '사업 전략과 연계된 재직인재군 운용 계획을 담 너머로 툭 던지듯이 현지로 대충 넘기려 하지 마라.

요약

피플 애널리틱스를 지속 가능한 장기적 가치로 실현하려는 어느 조직이든지 데이터를 토대로 업무를 수행하는 방식을 HR 기능 전반의 조직문화로 만들어야 한다. 다음은 이를 달성하기 위해 최고 인사 책임 임원과 피플 애널리틱스 책임자가 함께 취할 수 있는 몇 가지 단계 중 일부이다.

- 피플 애널리틱스가 가지는 고유의 가치를 소통하는 동시에 실사례를 통해 입증해 냄으로써 애널리틱스에 대한 신념 기반platform이 생성이 되도록 만들어라.

탁월한 피플 애널리틱스를 위한 9가지 관점

- 가까운 미래에 필요한 스킬을 갖춘 HR 담당자HR professionals를 육성하기 위해 교육과 학습에 투자해라.
- HR 기능 전반적으로도 모든 수준의 애널리틱스 활동에 사람들을 참여시킬 도구와 활동을 개발해라.
- HR 담당자가 사업 전략과 연계된 실제 전략과제나 도전과제를 해결하며 스킬을 학습할 수 있도록 해라.
- 데이터를 토대로 업무를 수행하는 방식으로 사고방식을 전환하도록 장려하면서 명확하고 일관된 커뮤니케이션 활동으로 사고방식의 전환을 강화해라

각주

1 엘레니 자카다(Eleni Zarkada)가 University of Edinburgh Business School에서 이 연구를 국제 인적 자원 관리 석사 과정의 일부로 수행했다. 일부 HR 담당자가 People Analytics에 저항하는 이유를 다룬 그녀의 논문과 People Analytics 전문성 구축 방법을 Insight222 Limited에서 후원했다. 엘레니는 석사 학위로 우수상을 받았다. 저희는 2019년 이 연구를 수행하면서 보여준 그 분의 헌신에 다시 한번 감사함을 돌린다.

2 Merck KGaA는 독일 다름슈타트에 본사를 두고 있는 독일계 다국적 과학 및 테크놀로지 기업이다. 대부분 소유자는 여전히 설립자의 후손이다. 1668년에 설립되었으며 2020년 현재 66개국에 56,000명 이상의 직원이 근무하고 있다.
(https://www.merckgroup.com/en/ 참조). company.html(https://perma.cc/G633-TG4U에 보관됨), 2021년 2월 7일 최종접속).

3 용어집: 비용 기반 인력 계획을 참조. 재직인재군 인력계획(workforce planning) 활동이 전략, 운영 또는 전술적이든지 간에 그 초점은 노동 비용과 조직에 미친 그와 관련된 영향에 맞춘다.

4 용어집: 스킬 기반 인력 계획을 참조. 재직인재군 인력계획(workforce planning) 활동이 전략, 운영 또는 전술적이든지 간에 그 초점은 조직 전체의 성과 달성을 위한 미래 필수

스킬에 맞춘다.

5 MS Excel은 스프레드시트 응용 프로그램으로 계산, 그래프 도구, 피벗 테이블 및 비주얼 베이직 응용 프로그램이라는 매크로 프로그래밍 언어가 특징적이다. Microsoft Corporation 제품이며 진보적인 비즈니스 전문가가 마스터해야 하는 가장 기본적인 도구다.

6 myHRfuture는 HR 담당자를 위한 학습 플랫폼으로 애널리틱스, 디지털과 '일의 미래'를 주제로 800개 이상의 콘텐츠를 제공한다.

7 Rabobank는 네덜란드 위트레흐트에 본사를 둔 네덜란드계 다국적 은행 및 금융 서비스 기업이다. 식품 및 농업 금융과 지속 가능성을 지향하는 은행 분야의 글로벌 리더이다. (https://www.rabobank.com/en/about-rabobank/profile/index.html 참조(https://perma.cc/63QB에 보관). -NKQ3), 2021년 2월 7일 최종접속).

8 PepsiCo는 1898년에 설립된 미국계 다국적 식품, 스낵 및 음료 기업이며 본사는 뉴욕주 Purchase에 위치한다.

2018년 연간 매출은 640억 달러 이상이며 직원 수가 260,000명 이상이다.

(https://www.pepsico.com/about/about-the-company 참조(https://perma.cc/에 보관). L2VV-HYZ4), 2021년 2월 7일 최종접속).

Part 3

피플
애널리틱스의
다음 단계

피플
애널리틱스
트랜스포메이션

다음으로 해야 할 것은 무엇인가?

우리는 비즈니스 현업 임원진, HR 리더나 피플 애널리틱스 실무자와 함께 대화를 나누며 9가지 관점을 논의할 때마다 다음으로 해야 할 것은 무엇인가란 질문을 항상 받는다.

해당 기업이 피플 애널리틱스를 처음 도입했든지, 토대를 확고하게 구축을 했든지 또는 선도적인 역할을 하고 있든지 상관없이 리더와 임원진은 보다 큰 가치를 제공하면서 성과를 창출하고자 무엇을 해야 하는지 파악하는데 열성적이다. 해당 질문의 실제 의도는 다음 단계로 관심을 집중시키고자 하는 것이기도 하다.

9가지 관점 모델로도 찾아 낼 기회는 많이 있고, 또 일부에게는 사용 가능한 대안의 숫자가 상당히 벅차게 보일 수도 있다. 이러한 상황에서 어떤 조직이든지 피플 애널리틱스 현황을 심층 진단해 보는 것은 분명히 상식적인 반응일 것이다. 피플 애널리틱스 현황 심층 진단은 조직이 다음 단계를 시작하도록 지원하기 위해 우리가 수없이 맡아왔던 작업이기도 하다. 결과적으로 우리가 파악한 것은 언제나 많은 사람들이 다음과 같은 질문으로 '즉시 효과가 드러나는 응급 처치quick fix'를 얻기 원한다는 점이다.

- 다음 취해야 할 조치 사항은 무엇인가?
- 고려할 주요 주제는 무엇인가?
- 어떻게 더 많은 가치를 창출할 수 있는가?
- 피플 애널리틱스를 활용해 추가로 어떤 성과를 만들 수 있는가?
- 내년에 무엇에 집중해야 하는가?

우리는 다음 세 가지 활동으로 '비즈니스 우선주의' 접근 방식(그림 10.1 참조)을 채택하도록 조언한다.

1 비즈니스 현업 이해관계자와의 관계 네트워크를 연결해라.
2 '성공적 결과가 빨리 도출되는 프로젝트'와 '성공하면 효과가 큰 프로젝트'을 찾는 것에 우선순위를 두어라.
3 피플 애널리틱스의 포부를 정의해라.

피플 애널리틱스의 다음 단계

그림 10.1 3단계로 구성된 '비즈니스 우선주의' 접근 방식을 채택해라

'비즈니스 우선주의' 접근 방식을 채택해라

1 비즈니스 현업 이해관계자와의 관계 네트워크를 연결해라.

조직 전반의 비즈니스 현업 리더와 임원진이 참여하게 만들고, 이해관계자의 비즈니스를 파악해라. 또한 이해관계자의 우선순위 사항을 배워 나가라. 이해관계자의 목표, 기회, 도전과제가 무엇인지 경청해라. 이해관계자가 자신의 목표를 달성하도록 도움을 제공하기 위해 피플 애널리틱스에서 할 수 있는 사항들을 논의해라.

2 '성공적 결과가 빨리 도출되는 프로젝트'와 '성공하면 효과가 큰 프로젝트'을 찾는 데 우선순위를 두어라.

우선순위를 역동적이면서도 유연하게 지정할 수 있게 하는 일정한 우선순위 모델(prioritization model)을 구축해라. 기준(범주)을 정의하고, 우선순위 모델과 그에 따른 기준(범주)을 개발할 때 이해관계자, 특히 HR 임원진을 참여시켜라. 영향력이 큰 '성공적 결과가 빨리 도출되는 프로젝트'와 '성공하면 효과가 큰 프로젝트'를 발굴해라.

3 피플 애널리틱스의 포부를 정의해라.

피플 애널리틱스 팀의 포부를 파악해라. 포부를 정립하는 과정에 다양한 이해관계자와 애널리틱스 전문가를 참여시켜라. 명확한 목표와 사명(mission)을 설정하고 피플 애널리틱스 브랜드를 창조해라.

위 세가지 활동을 차례대로 하나씩 논의하면서 각 단계마다 자신감을 북돋울 가장 중요한 여러 측면을 강조해 보자.

비즈니스 현업 이해관계자와의 관계 네트워크를 연결해라

피플 애널리틱스 리더가 맡아해야 할 활동이 단 하나 있다면 바로 이해관계자와의 관계 네트워크 연결이다.

무엇보다 비즈니스 현업 이해관계자의 말을 경청하며 대화해라. 이해관계자의 경험 수준, 포부가 무엇이든지 비즈니스 현업 임원진의 의견을 경

청하는 행위는 이루 말할 수 없을 정도로 가치가 크다.

우리는 3장(이해관계자 관리)에서 이해관계자 유형과 이해관계자를 매핑해 다가가는 일반적인 과정을 논의했다. 우리는 다른 모든 이해관계자보다도 비즈니스 현업 리더로부터 이를 시작해 보도록 권장한다.

이들은 사업과 관련된 주요 목표를 달성할 책무accountability를 지닌 사람들이다. 그들은 시장을 파악하고 고객, 경쟁, 기회, 영업, 마케팅, 연구, 개발, 제품 혁신, 재무, 규정 준수compliance와 사람에 대해 식견을 가지고 있다.

비즈니스 현업 임원이 생산, 판매나 제공 영역에서 현업을 면밀하게 파악할수록 기업 전략corporate strategy을 기업 경영활동business operations으로 전환하는 방법을 더 잘 파악하고 있을 것이다.

비즈니스 현업 임원진은 자사 성과 개선 방법을 가장 많이 고민하기 때문에, 자신의 팀 성과 개선을 위해 스스로가 할 수 있는 사항 또한 곰곰이 생각해 보고 있을 것이다. 이들은 사업상 해당 비즈니스와 관련해 실제로 이해한 것과 장단기적으로 무엇이 필요한지를 제공해 줄 것이다. 또한 이들은 본인의 기업 경영활동 개선을 위해 완료되어야 할 사안에 대해 자신의 도전과제, 기회, 신념, 의견을 탐색하며 논의하려 할 것이다. 즉, 비즈니스 현업 임원진은 피플 애널리틱스 리더가 '그들 스스로 계속 밤을 새며 고민하는 여러 사안'을 파악하도록 도울 것이다.

피플 애널리틱스의 다음 단계

다음은 우리가 지금까지 리서치 중에 발견했던 주제 중 일부이다.

• 생산성: '개발 스태프의 생산성을 향상시킬 수 방법은 무엇인가?
  저는 2,000명 이상의 사람을 관리하고 있고, 그 사람들은 컴플라이언스
  compliance와 관련된 활동과 기타 비즈니스 프로세스 주제에 매주 관여하
  고는 하지요. 우리가 컴플라이언스compliance와 같은 다른 비즈니스 활동
  을 더 효율적으로 다루게 되면서 더 많은 관심을 제품 개발로 돌릴 수
  있었어요. 우리가 할 수 있었던 것들을 파악해 보고 싶어요.

• 시장경쟁력
  저는 올해 지금까지 퇴사한 인력을 충원하는 데 모든 채용 예산을 사용
  하기보다 그 일부를 미래에 필요한 스킬을 가진 인력을 채용하는 활동
  으로 전환해서 시장을 앞서 나가고 싶어요. 미래에 필요한 가장 중요한
  스킬과 자사 핵심 시장에 존재하는 스킬 파악이 가능했다면 우리는 미
  래 채용 활동에 집중할 예산을 자신 있게 예측할 수 있었을 겁니다.

• 조직문화
  매일, 매주, 매월 단위로 미세하게 조정하면서 향후 경쟁에 필요한 새
  로운 조직문화로 나아가기 위해 사람들이 회사에 대해 생각하는 게 무
  엇인지 실시간으로 어떻게 파악할 수 있을까요?

- 부동산

세계적으로 유행하는 전염병인 코로나가 원격 근무remote working 방식을
어떻게 바꾸었나요? 자사 제품 주기와 신제품 출시를 반영해서 재택
근무 패턴, 사무실 공간 비용, 시장에서 확보 가능한 스킬과 자사 고객
인구 통계를 기준으로 자사 사무 공간 중 향후 5년 내 필요한 사무 공간
은 무엇이 있을까요? 재무 관점만이 아닌 여러 관점으로 자사 부동산
을 검토해 봅시다.

- 영업

지역 영업 전략sales territory strategies과 인센티브 계획incentive plans만 기준으
로 삼지 않고 스킬, 행동 역량과 비즈니스 관계 네트워크를 기준으로
영업 사원을 대상으로 하는 완전한 요건profile은 무엇일까요? 고객 전
환, 지갑 점유율, 고객 유지율을 개선하기 위해 영업 사원을 대상으로
하는 요건을 어떻게 활용할 수 있을까요?

일단 비즈니스 현업 임원진이 참여한다면, 피플 애널리틱스 의제agenda의
우선순위를 재설정 하는 것이 중요하다.

특히 이와 관련된 한 대화가 '비즈니스 이해 관계자는 성공의 가장 중요
한 요소: Syngenta, 3장(이해관계자 관리)' 사례연구에 포함되어 있다. 해당 사례
에서 우리는 마두라 차크라바르티Madhura Chakrabarti가 이전 다른 HR 이해관
계자로부터 얻은 의견과 함께 비즈니스 현업 이해관계자와의 대화를 활용

피플 애널리틱스의 다음 단계

해 피플 애널리틱스 로드맵을 의미 있게 개발했던 방법을 배웠다. 마두라가 HR 리더십 팀HRLT에게 그 로드맵을 발표했을 때 HR 리더십 팀이 비즈니스 현업 이해관계자의 새로운 아이디어와 주제에 동의한다는 사실을 발견했다. 그녀는 그 전략과 이에 따른 우선순위 사항과 관련해 HR 리더십 팀의 동의를 얻었고 이어 HR 리더십 팀은 피플 애널리틱스 기능에 투자하게 되어 기대감으로 매우 들떠 있었다.

피플 애널리틱스 로드맵은 비즈니스 현업 리더와 HR 임원진의 의견을 바탕으로 한 비즈니스 의제에 비중을 두고 있었다. 그 덕분에 마두라는 피플 애널리틱스 기능을 구축하면서 자신의 향후 여정을 훨씬 더 수월한 상황으로 만들었다. 그녀가 사례연구에서 조언한 것처럼 고위 임원진과 대화할 때는 용기를 가져야 한다.

메시지는 분명하다. 비즈니스 현업에서 요구하고 필요로 하는 사안을 기준으로 계획을 세워라. 비즈니스 현업 이해관계자의 참여는 피플 애널리틱스 변혁 활동을 위한 다음 단계 중에서 가장 중요한 부분이다.

'성공적 결과가 빨리 도출되는 프로젝트'와 '성공하면 효과가 큰 프로젝트'를 찾는 것에 우선순위를 두어라.

다수의 프로젝트로 구성된 포트폴리오와 HR 임원진의 끊임없는 새로운 요청을 고려해 보면 많은 피플 애널리틱스 리더가 더 많은 이해관계자, 특히 잘 모르는 비즈니스 현업 이해 관계자와 대화하는 것을 주저하는 상황이 놀라운 것은 아니다. 피플 애널리틱스 리더는 대화만으로 이해관계자의 기대치가 높아지는 상황과, 기대 이하의 가치가 제공될 위험을 두려워할 뿐이다. 설상가상으로 실제 수행 능력 이상으로 약정하고 기대치 이하로 가치를 구현해서 피플 애널리틱스 기능의 평판이 손상될 수 있다는 점이 두려운 것이다. 일부는 그들 자신에 대한 신뢰가 손상될까 두려워하기도 한다.

우리는 다수의 이해관계자를 만나 중요한 프로젝트와 연관해 의견을 수집해 볼 것을 조언한다. 이를 위해서는 피플 애널리틱스 리더는 여러 대안을 두고 우선순위를 지정하는 것에 능숙해야 한다. 우리는 2장(방법론)에서 우선순위 지정을 위한 기법을 제시했으며, 여기에 기준(범주)을 바탕으로 우선순위를 지정하는 탄탄한 접근 방식을 기술해 두었다.

더 나아가 우리는 우선순위를 지정하는 과정에서 여러 다수의 이해관계자가 관여되게끔 만드는 활동을 제안한다. 우리는 우선순위가 정해진 목록이 '기정 사실fait accompli'로 전달될 때 우선순위 지정 결과가 기대치를 충족하지 못하는 것을 경험해 왔다.

우리는 기정사실로 정해진 우선순위 목록을 전달하는 행위가 그럴싸하기도 하고, 분석 경험을 가진 리더가 다른 사람을 참여시키지 않고 우선순위를 지정해 보는 과정을 어떻게든 해 보는 것 또한 훨씬 더 그럴싸하다는

피플 애널리틱스의 다음 단계

사실도 안다. 우선순위를 지정하는 활동은 스프레드시트와 호기심으로 수행할 수 있는 흥미로운 연습이기도 하다. 간단히 말해 우선순위 지정 매트릭스prioritization matrix 구성하기는 꽤 간단한 분석 활동이다.

그러나 이해관계자를 이 활동에 포함시키지 않고 이를 수행하는 것은 실수이다. 모든 임원진 각자가 우선순위 지정 기준에 결함이 있으며 자신의 아이디어, 프로젝트나 작업이 여전히 훨씬 더 중요하다고 주장할 것이다.

대형 다국적 은행, 글로벌 제약 기업, Fortune 100대 테크놀로지 기업과 수십 개 다른 기업에서의 우선순위 지정 활동에 이해관계자 개입 여부에 대한 답도 위와 같다. 우선순위 지정 방법론을 모든 사람이 활용하도록 해서 해당 사안을 검토하고 논의할 수 있도록 해라. 우선순위를 지정하는 과정을 투명하게 진행해라.

우리는 2장(방법론)에서 설명한 것과 같이 최고 인사 책임 임원이 '자신의' 프로젝트가 '애착' 프로젝트pet project(이해관계자 애착 프로젝트)로 불린 상황을 탐탁치 않아 하던 대형 유럽 기업을 떠올린다. 그들은 단지 그 상황을 받아들이고 싶지 않았을 뿐이다. 그래서 피플 애널리틱스 리더는 중요한 작업을 모두 수행하고 마지못해 추가로 영향력이 낮은 프로젝트를 수행하는 것 외에는 선택의 여지가 없었다. 모든 일을 해 내는 것도 어려웠지만 특정한 '최고 인사 책임 임원의 프로젝트'는 다른 일보다 복잡하고 잠재 가치도 더 낮다는 것을 알기 때문에 피플 애널리틱스 팀에게 작업을 수행하도록 동기를 부여하는 것은 훨씬 더 힘겨웠다. 이러한 문제는 우선 순위 지정 프로세스가 처음부터 개방적이고 투명하지 않았던 데에 있다.

다른 글로벌 테크놀로지 기업에서는 올바른 기준(범주)을 선택하고 이를 고위 임원진과 다른 여러 이해관계자와 공유하는 것과 같은 우선순위를 지정하는 프로세스에서 3개월이 소요되었다. 그럼에도 불구하고 이러한 시간 소요는 그만한 가치를 가지고 있었다. 특히 HR 리더십 팀이 관심을 갖게 되어 해당 프로세스에 '관여'하게 되었다. HR 리더십 팀은 우선순위 지정 프로세스를 역동적으로 만드는 방법에 대해 제안하기 시작했다. HR 리더십 팀이 일정 프로젝트 수명 주기 처음부터 끝까지 기존 작업의 유효성을 확인하고 새로운 작업 요청에 대한 우선순위 지정이 동일하게 엄격히 처리되도록 하기 위해 우선순위 지정 프로세스를 계속 이어서 진행하는 주기로 사용할 수 있었던 방식은 무엇일까? 이 모든 과정이 피플 애널리틱스 리더가 '합의된 우선순위 사안'을 실행할 목적으로 투자를 요청할 때 더욱 자신감을 갖도록 만들었다.

우선순위 지정 프로세스와 관련해 갖게 되는 이러한 모든 관심 때문에 우리는 종종 이 질문을 받고는 한다. 우선순위 지정 프로세스에 왜 그렇게 높은 비중을 두게 되는가? 왜 그렇게 정확하고 엄격한 방식으로 우선순위 지정 프로세스를 수행하게 되는가?

우리는 우선순위 지정 프로세스가 피플 애널리틱스 리더에게 동시에 세

피플 애널리틱스의 다음 단계

가지 이점을 새로이 창출한다고 대답한다.

1 우선순위 지정 프로세스는 사업 성과에 기여하는 효과가 가장 큰 작업을 선정할 수 있는 가장 객관적인 방법을 제공한다.

2 우선순위 지정 프로세스는 스킬, 테크놀로지 또는 데이터 용도로 투자 사례를 창조하는 가장 효과적인 수단으로서 그 역할을 이행한다.

3 우선순위 지정 프로세스는 가치가 낮은 '효과가 적은 프로젝트trivial endeavors'나 '이해관계자 애착 프로젝트pet project' 경우와 관련하여 근거를 토대로 생산적인 대화가 이뤄지도록 돕는다.

우선순위 지정 활동은 수행이 잘 되기만 한다면 피플 애널리틱스 기능이 신뢰를 얻어 사업 성과에 기여하는 효과를 도출하고 조직 전체로 의미 있고 높은 가치의 작업물을 전달하는 중요한 방법이다.

피플 애널리틱스의 포부를 정의해라.

마커스 아우렐리우스Marcus Aurelius는 '사람의 가치는 그의 포부보다 크지 않다'고 말한 바 있다.

이 말은 피플 애널리틱스 팀에게도 동일하게 적용된다. 팀의 포부를 정의하는 활동은 열망치를 결정하는 하나의 단계로서 중요하다. 우리가 여러 피플 애널리틱스 팀 이외에도 HR 팀과 협력 작업으로 발견한 것은 애널리틱스에서 포부가 명확한 사람들이 더 많은 가치를 전달한다는 사실이다.

포부는 특히 최고 인사 책임 임원, 피플 애널리틱스 리더, HR 리더십 팀, 피플 애널리틱스 팀의 핵심 구성원과의 '열망'과 관련된 대화를 통해 그 핵심을 추출해 내는 게 좋다. 이외 다른 모든 이해관계자는 일반적으로 '내부 고객'(비즈니스 현업 리더들)이거나 '성공 조력자'(테크놀로지와 재무 팀들)이다.

우리는 1장(관리 및 통제 체계)과 해당 사례연구(신뢰성을 향상시키는 피플 애널리틱스 브랜드 창조하기: Trimble)에서 다룬 명확한 브랜드와 사명으로 피플 애널리틱스의 포부를 팀 전체 포부의 일부로 공고히 하도록 권고한다. 포부를 정의하고 그 포부를 실현한다는 것은 상대적으로 적은 인원의 애널리틱스 팀으로도 자신의 조직에 유의미한 가치를 제공할 수 있다는 것을 의미한다.

마지막으로, 우리는 포부, 목표, 특히 피플 데이터 용도의 윤리 기준을 광범위하게 의사소통하는 것을 강력하게 지지한다(1장의 관리 및 통제 체계 Lloyds Banking Group 피플 애널리틱스의 윤리 기준 구축하기 사례 참조). 비즈니스 현업 임원진, 관리자, 근로자와 다른 기능 부문의 동료들을 포함한 이해 관계자에게 해당 사안을 소통하는 것이 좋다.

말하지만 또 소통해라! 최고 인사 책임 임원의 지원과 스폰서십을 받아 전 세계 HR 기능 전체로 피플 애널리틱스의 사명을 널리 알려라. 포부를 널리 알려 피플 애널리틱스 팀이 추진력을 얻도록 해라.

이러한 행위는 재직인재군 모두가 누릴 수 있는 혜택을 창출하려는 목적으로 구체화되는 프로젝트의 성공에 대해 소통하는 견고한 플랫폼을 새로이 만들어 낸다.

요약하자면 '다음으로 무엇을 해야 하는가?'라는 질문을 받는다면, 우리는 가장 중요한 단계로서 여러 비즈니스 현업 이해관계자를 참여시키고 투명하게 우선순위 지정 활동을 공유해서 피플 애널리틱스 팀이 가진 포부를 의사소통하는 활동이라고 대답할 것이다. 나머지는 단지 '작업'일 뿐이다.

사례연구

트랜스포메이션 실행하기: Allstate[1]

올스테이트 코퍼레이션Allstate Corporation, Allstate은 오랫동안 피플 애널리틱스를 맡아 수행해 왔으며 2019년 HR 조직은 피플 애널리틱스의 활용도가 낮다고 판단했다. 피플 애널리틱스 기능이라면 그 모습을 탈바꿈해야 하고 '보이는 밝은 곳으로' 나와야 했다.

집필하는 동안 우리가 리서치를 하고 협력한 모든 기업 중에 올스테이트는 짧은 시간 안에 유의미한 변화를 만들 수 있는 능력을 지니기 위해 변혁transformation을 위한 피플 애널리틱스 기회를 포착하여 사업 전략과 그러한 변혁을 연계시켰던 가장 좋은 사례를 보여 준 피플 애널리틱스 팀이다. 그들의 이야기는 많은 사람들에게 도움이 되는 하나의 사례라고 생각한다.

변혁을 진행하는 이유를 파악해라.

보험 회사와 단순히 보험 사업을 운영하는 데 필수적인 모든 가격 정책, 가격 정책 모델링, 분석 과업 수행 능력치 전부를 신중하게 고려해 보면, 해당 사례는 정말 굉장하다. 올스테이트는 데이터를 사용한 오랜 역사를 가지고 있으며 CEO 톰 윌슨Tom Wilson은 '자신이 보험 회사 자체가 아닌 데이터와 테크놀로지 기업을 운영하고 있다고 믿는다(Morgan, 2019).'

올스테이트는 이와 관련해 데이터와 테크놀로지 역량이 특히 사람 중심의 HR 기능에서 어떻게 번역되고 보험 사업의 나머지 전체로 뿌리를 내리는지에 대해 의문을 가졌다. 2019년 사업 전략과 연계된 재직인재군 운용 계획Strategic Workforce Planning 담당 이사인Director 제시 모킨Jesse Moquin, 재직인재군 통찰Workforce Insights 담당 이사인 Director 루디 게직Rudy Gezik, 피플 애널리틱스 팀은 정확히 이와 관련된 질문을 했다.

당시 올스테이트는 피플 애널리틱스를 보완해 주는 요소인 구성원 조직 몰입 설문, 여러 이해관계자를 대상으로 하는 일부 링크, 정직한 보고 활동, 숙련된 HR 비즈니스 파트너, 사업 전략과 연계된 재직인재군 운용 계획 등을 갖추고 있었다. 올스테이트에는 심지어 피플 애널리틱스를 전담하는 전일제 직원도 일부 있었다. 올스테이트는 다른 많은 기업들과 마찬가지로 '피플 애널리틱스 수행' 기능을 갖추고 있었지만 그 기능을 제대로 활용하지 못하고 있었다. 변화 이외에도 좀 더 유의미한 사업 성과 도출이 실제로 필요했다.

제시와 루디는 '피플 애널리틱스를 더 잘 해내야 한다!'라는 전환점이 되었던 순간도 콕 짚어낼 수 없었다. 그 두 사람은 그러한 전환점이 될 만한 상황에 대한 통찰epiphany을 쉽게 찾을 수 없었다. 사업체로서 올스테이트는 성과를 훌륭하게 내고 있었다. 즉 다급하게 변화해야 하는 상황burning platform이 존재하지 않았다. 그러나 변화가 필요하다는 징후는 분명히 존재했다. 데이터를 토대로 업무를 수행하는 것을 지향하는 CEO가 근로자를 소비자처럼 대우하고자 했던 덕분에 HR 리더십이 그 전에 디지털 트랜스포메이션, 데이터, 테크놀로지, 피플 애널리틱스로 막대한 투자를 끝냈던 것을 보면 말이다.

루디는 이렇게 말했다. '우리가 섬기는 고객은 모두 올스테이트 비즈니스 고객이기 때문에 우리가 그와 동일하게 사업 주도적이며 데이터 지향적data-driven이길 기대합니다. 우리 모두는 HR 기능이 데이터를 토대로 업무를 수행하는 방향으로 더 변해야 하고 동시에 피플 애널리틱스가 더 많은 가치를 실현해야 한다는 사실이 얼마나 중요한지 알거든요.' 제시 또한 '모두 각자가 노력하고 있었지만 뭔가 잘 되지 않았어요. 우리는 사업 성과에 기여하는 효과를 도출하는 관점에서 한계에 도달하게 된 구체적인 사유 하나도 콕 짚어낼 수 없었어요.'라고 회상한다.

그러나 캐리 블레어Carrie Blair가 수석 부사장 겸 최고 인사 책임 임원으로 취임하면서 그 상황에서 필요했던 것이 확고해졌다. 2019년 후반에 캐리와 HR 리더십 팀이 HR 기능을 변혁하자 전략적 비즈니스 파트너 같은 기능으로서 데이터를 토대로 하여 HR 비전을 실현하려는 소망이 명확해졌다. 2019년 12월 19일, 올스테이트가 변혁적 성장 계획(Transformative Growth Plan, Allstate Newsroom, 2019)이라는 새로운 전략안에서 그 방향을 발표했던 당시 이 비전은 진일보한 구체적인 모습으로 강화되어 있었다.

변혁(transformation)을 향한 단계적 접근

처음부터 HR 경영진은 재구성된 팀을 매개로 하여 사업 성과에 기여하는 효과를 빠르게 도출하고자 새로운 운영 모델을 가지고 시작해 보기를 원했다. 이와는 반대로 제시와 루디는 보다 심층적인 접근 방식을 취하면서 피플 애널리틱스와 연관된 모든 기회를 종단간 방식end-to-end으로 살펴보기를 원했다.

이를 위해 제시와 루디는 제일 먼저 사업 전략을 파악하기로 결정했다. 이 두 사람은 캐리, HR 리더십 팀의 나머지 구성원 및 사업 전반의 다양한 상위 이해관계자와 협력하면서 변혁 과정에서의 HR 역할을 파악했다. 먼저 사업 전략을 파악하는 활동은 피플 애널리틱스를 수행하는 이유, 데이터가 중요한 이유, 올스테이트 내부에 피플 애널리틱스가 존재하는 이유, 굳이 고생을 사서 하는 이유 같은 여러 '이유'를 해석하는 과정에서 핵심 포인트였기 때문이다.

특히 HR 리더십 팀의 한 사람은 여러 이유를 해석하는 방향을 모색하는 과정에서 중요한 역할을 수행했다. 인재 관리, 직원경험, 포용성과 다양성Talent Management, Employee Experience and Inclusive Diversity 담당 수석 부사장인 크리스티 해리스Christy Harris는 인재 개발과 데이터 활용에 열정을 가지고 있었다. 크리스티는 그 다음 몇 달간 피플 애널리틱스 기능의 변혁 과정을 안내하는 데 도움을 주었다.

크리스티는 이렇게 설명한다. '우리는 외부 전문가의 지도 아래 변혁 활동에서 단계적인 접근 방식을 취했어요. 외부 전문가는 특히 피플 애널리틱스와 관련된 깊이 있는 지식을 가져왔고, 우리는 이를 통해 처음부터 끝까지 변혁 과정을 총체적으로 면밀하

피플 애널리틱스의 다음 단계

그림 10.2 변혁 활동(transformation)에서의 단계적 접근

1 단계
자사의
전략을
파악해라

2 단계
이해
관계자를
만나라

3 단계
가치를 파악하는
동시에 이에
대해 우선순위를
지정해라

4 단계
해당 팀
구조를
간소화해라

5 단계
견고한
토대를 구축해
나가라

6 단계
사업 성과에
기여하는
효과와 성과를
측정해라

사업 성과에
기여하는 가치를
제공해라

출처 2020년 10월 울스테이트 승인 후 인용

게 생각을 해 볼 수 있었지요.'

피플 애널리틱스 팀은 변혁의 두 번째 단계에서 이해관계자와 체계적으로 가능한 많은 만남을 가졌다. 3장(이해관계자 관리)에서 제시된 것과 유사한 이해관계자 지도map를 활용해 팀은 도전과제, 사업을 포함한 기업 경영활동과 연관된 사안, 각 이해관계자가 달성하고자 하는 목표를 논의하려는 노력을 조정해 나갔다. 이전에 이미 이해관계자와 만난 적이 있다 해도 팀은 그들과 다시 만나기로 결정했다. 여기서 단 하나의 규칙만이 적용되었다. 제시는 이렇게 설명한다. '이번에 한 대화는 HR 기능이나 피플 애널리틱스에 대한 것이 아니었어요. 우리는 사실 발견fact-finding과 이해관계자가 가진 비즈니스 사안에 논의의 초점을 맞추어 경청을 통해 신뢰를 구축하고 싶었지요. 우리가 이해관계자의 비즈니스 성과에 기여하는 효과를 도출할 수 있는 방식을 파악하려면 먼저 그 사람들의 비즈니스를 파악해야 했거든요.' 고객의 필요에 초점을 맞추는 outside-in 방식은 다양한 이해관계자를 이해하는 결과로 이어졌다. '우리는 이야기 방식을 변경했고 피플 애널리틱스가 올스테이트로 가치를 전달하는 방법을 더 나은 방향으로 바꿀 수 있을 것이라고 느꼈어요.'

올스테이트 변혁의 세 번째 단계는 가치를 이해하는 방식에서의 변화였다. 리더들은 피플 애널리틱스 문화를 투입물이 업무 수행 방식을 결정하는 것이 아니라 최종 결과물을 염두에 두고 업무를 수행하는 방식으로 조직문화를 전환할 것을 결정했다.

제시와 루디는 작업 이외에도 올스테이트의 새로운 피플 애널리틱스 팀이 되는 요건으로서 다양한 팀을 대상으로 두 사람이 받아 놓았던 모든 요청 작업의 우선순위를

　　　　피플 애널리틱스의 다음 단계

결정하는 효과적인 방법을 신경 써야 한다는 것을 깨달았다.

제시는 이를 회고해 본다. '피플 애널리틱스 팀이 대상이 된 비즈니스 현업의 요청에 끌려 다니면서 다급하게 만들어진 프로젝트에 빠르게 응답해야 사람들이 피플 애널리틱스를 가치 있게 여길 것이라고 생각하는 함정에 쉽게 빠지게 되지요. 하지만 우리는 "최종 결과물, 사업 성과에 기여하는 가치, 재무 가치"를 검토하려는 의지를 가지고 있다면 요청을 받은 여러 작업을 평가하는 엄격한 방법을 개발해야 한다고 깨닫게 되었지요.' 팀은 요청을 받은 작업과 데이터, 테크놀로지에 맞는 고유의 접근 방식을 정립하고자 우선순위 지정 연습을 수행한 다음에 4주에 걸쳐 그림 2.2에 표시된 것과 유사한 복합성-효과성 모델complexity-impact model을 정립했다. 그리고 나서 2020년 3월에 이 모델을 HR 리더십 팀과의 중요한 회의를 포함해 다양한 이해관계자에게 발표하고 논의했다.

당시 그 때는 사업을 포함한 기업 경영활동에서 사업 전략과 연계된 가장 중요한 주제와 해당 주제 분석에 필요한 사안으로 초점이 옮겨지는 순간이었기 때문에 복합성-효과성 모델을 발표하고 논의하는 회의가 중요했다. 회의가 진행되었던 결과로서 비즈니스 사례 하나가 마무리되었다. 이 덕분에 피플 애널리틱스를 향한 투자도 증가했다.

다음 단계인 네 번째 단계에서 제시와 루디는 여러가지 새로운 목표를 반영해서 운영 모델 하나를 제대로 구현해낼 수 있었다. 이 지점까지는 사람 과학, 재직인재군 통찰, 사업 전략과 연계된 재직인재군 운용 계획People Science, Workforce Insights and Strategic Workforce Planning 등 다른 기능의 세 리더들에게 보고했던 세 팀이 피플 애널리틱스 기능을 수행했다(그림 10.3 참조). 각 팀은 다양한 이유로 다른 기간에 구성되었으며 각자 다른 목표를 가지고 있었다. 그러나 그들은 동일한 목표를 달성하기 위해 폭넓게 모두 노력하고 있었다. 그 동일한 목표는 리더가 애널리틱스와 분석으로 도출된 통찰 사항과 통찰 결과를 사용해 사람과 연관된 인재경영 사안에서 더 나은 결정people decision을 내리도록 안내하는 것이었다. 루디는 이를 회상하며 말했다. '대단한 일을 하는 여러 훌륭한 사람에 대한 사례였지만 모두 각자 자신의 본분을 수행하고 있을 뿐이었어요. 우리가 같은 방향으로 노를 저을 수 있었다면 얼마나 더 많은 것을 성취해낼 수 있는 상태였는지 상상해 보세요.'

그림 10.3 3개로 고립되어 있던 팀을 통합이 된 연합 팀 하나로 구성하기

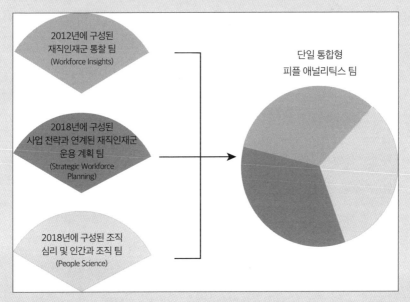

출처 2020년 10월 올스테이트 승인 후 인용

피플 애널리틱스의 다음 단계

세 팀의 리더와 핵심 테크놀로지 리더는 2019년 11월 일리노이주에서 춥지만 화창한 날에 처음으로 만남을 가졌다.

그 후 그들은 몇 달간 매주 만남을 가졌다. 회의실 안에는 좀처럼 만나지 못했던 사람들이 모여 하나의 미션을 위해 힘을 합쳤다. 창을 통해 쏟아져 들어오는 햇볕 아래, 플립 차트와 열성적인 대화로 가득했던 그 모습은 마치 그 변화를 위한 에너지를 제공하고 있는 듯했다. 제시는 떠올린다. '우리가 한 팀one team, 즉 하나된 힘으로 우리가 할 수 있던 여러가지 특별한 것을 깨닫던 그 순간 우리는 정말 기대감으로 상기되어 있었어요.'

비즈니스 현업의 여러 요구 사안과 개인 스킬 세트를 만족시킬 미래 피플 애널리틱스 기능을 설계하는 것은 몇 개월이 소요되었지만 2020년 중반 즈음 네 팀의 리더는 피플 애널리틱스 사명 하나와 전략, 로드맵을 구성하고 그들의 팀을 하나의 기능으로 통합했다.

다섯 번째 단계에서 3개 팀 리더들은 실재적인 사업 성과에 기여하는 가치를 피플 애널리틱스를 통해 전달하는데 반드시 필요한 토대를 정립해야 했다. 1장(통제와 관리체제)의 통제와 관리체제 구조와 윤리 헌장처럼 통합된 팀이 비중을 두었던 구조적 구성 요소 대부분은 책에서 다루었다. 통합된 팀은 변혁적 성장 계획transformative growth plan과 연계를 확보하는 동시에 고유의 구조를 새롭게 만들기 위해서 전사 애널리틱스 enterprise analytics, 법률, IT, 재무 및 마케팅 분야의 사람들과 협력했다.

마침내 통합된 팀은 전략에 대한 이해, 사업 성과에 기여하는 가치를 지속적으로 추구하는 태도, 기초를 이루는 탄탄한 토대, 우선순위를 지정하고 최종 결과물을 매핑mapping하는 능력을 바탕으로 투자 수익ROI과 사업 성과 창출에 기여하는 효과impact를 측정하는 활동에 대한 고민을 시작할 수 있었다. 제시와 루디는 평가표scorecards, 측정 지표metrics 외에도 실재적인 성과 혹은 사업 성과 창출에 기여하는 효과impact를 구별하는 것을 가장 어려운 부분으로 기억한다. 루디는 이렇게 말했다. '애널리틱스가 많은 양의 멋진 최종 결과물 여러가지를 드러내어 제시한다고 하더라도 우리는 최종 결과물과 창출하려는 사업 성과에 기여하는 가치에 비중을 두고 있어야 했어요.'

제시는 '궁극적으로 계획된 목적을 따라 시도해 보는 방식으로 피플 애널리틱스를 활용해 보려고 조금 더 애를 쓰고 있었어요. 우리는 피플 애널리틱스가 그 어느 때보다도 더 가치 있고 확장이 가능하면서 그 의사 결정 프로세스에서 더 진보적으로 활용되기를 원해요.'라고 말하기도 했다. 그러나 이러한 변화는 쉽지 않았다. 과거에도 조직은 전략 차원에서 피플 애널리틱스의 기능을 활용하는 데 익숙하지 않았었다. 그러나 올스테이트의 경우, HR 리더십이 피플 애널리틱스를 우선순위 사안으로 선언하는 상황 덕에 사업 전략에 피플 애널리틱스를 보다 밀접하게 연계하는 활동에서 변화가 일어났다. 통합된 팀은 변혁적 성장 계획에 기여하려는 노력의 일환으로 애널리틱스 작업의 가치와 재무 관점의 편익을 정하기 위해 재무 기능과 협업했다. 제시와 루디는 사람과 프로세스를 중심으로 고민하는 조직에서, 비즈니스 최종 결과물을 중심으로 고민하는 조직으로 변화해야 한다는 것을 알고 있었다. 그리고 이러한 접근 방식은 지금 올스테이트에서 부가 가치 실현을 목적으로 피플 애널리틱스 기능과 작업이 조직화되는 방식이기도 하다.

피플 애널리틱스의 다음 단계

올스테이트는 변혁 과정에 있는 피플 애널리틱스 기능을 다룬 대표적 사례이다. 기존 피플 애널리틱스 기능은 이미 가치를 실현하고 있었으나 사업을 포함한 기업 경영 활동의 성과 창출에 기여하는 효과나 그 성과에서 더 높은 수준으로 올라서게 된 것이다. 피플 애널리틱스 기능과 HR 기능 모두가 각자의 노력을 기울여 일정한 비즈니스 우선 원칙의 장기 전략을 기준으로 제공할 여러 강점 모두를 결합하여 3개 팀을 하나의 피플 애널리틱스군force으로 통합해 왔다. 통합된 팀은 명확한 리더십 구조, 기업 임원진으로 구성된 거버넌스 이사회, 이해관계자와의 생산적 관계 이외에도 피플 데이터의 윤리적 사용 헌장 등을 포함하여 운영하고자 하는 다양하고 강력한 구조를 정립해 왔다. 이러한 상황을 바탕으로 피플 애널리틱스 팀은 피플 애널리틱스를 통해 더 큰 가치를 실현하기 위해 또 다른 새로운 사명mission을 바탕으로 통합한 팀을 조정하고 있다.

피플 애널리틱스 기능은 이러한 모든 활동의 실행을 통해 최고 인사 책임 임원CHRO인 캐리에게 직접 보고하는 전담 피플 애널리틱스 리더와 더 많은 내부 투자금과 새로운 인력도 유치하고 있다. 제임스 갈먼James Gallman이 바로 이 경우에 해당한다.

제임스는 이렇게 말한다. '영리적 의사 결정을 위해 그 정도의 상당한 데이터 활용 이력을 가진 조직에 합류하는 것만으로도 매우 흥미롭습니다. 게다가 피플 애널리틱스가 이미 그 모습을 혁신적으로 변화시키고 있다는 사실이 정말 놀라워요. 그 결과 우리가 피플 데이터를 사업 성과에 기여하는 가치로 전환하는 데 집중할 수 있으니까요.'

올스테이트에서 피플 애널리틱스를 수행하는 모든 사람은 각자 일정한 공통 사명

mission과 명확한 전략 목표를 가지고 있다. 이들은 프로젝트마다 지속적으로 가치를 증명해야 한다는 사실을 잘 알고 있지만 모든 기반을 가진 상태에서 가치 증명을 해내는 방식으로 스스로가 구조화되어 있다고도 확신하고 있다.

References

Allstate Newsroom (2019) Allstate 변혁적 성장 계획 발표
[보도자료] https://www.allstatenewsroom.com/news/allstate-announces-transformative-growth-plan/ (보관 https://perma.cc/QC94-GJKT) [2021년 2월 7일 최종 접속]

Morgan, B (2019) Allstate는 현재 데이터 및 테크놀로지 기업이다.
Forbes 1월 10일자 CEO 톰 윌슨(Tom Wilson)의 인터뷰
https://www.forbes.com/sites/blakemorgan/2019/01/10/allstate-is-now-a-data-andtechnology-company-my-ces-interview-with-ceo-tom-wilson/?sh=bf540a7665fe(보관 https://perma.cc/KA4F-84H8) [2021년 3워 25일 최종 접속]

각주

1 The Allstate Corporation은 1967년부터 일리노이주 노스필드 타운십에 본사를 둔 미국계 보험사이다.
1931년 Sears, Roebuck and Co.의 일부로 설립된 이 회사는 1993년에 분사되었다. 오늘날 이 회사는 자동차, 주택 및 생명 보험을 포함한 여러 브랜드와 유통 채널을 통해 1억 1,300만 개의 독점 보험 상품을 제공한다.
(https://www.allstate.com/about.aspx?intcid=ILC-OurStory-141201:AllstateOverview(archived at https://perma.cc/6BGK-E7JM), 2021년 2월 7일 접속).

끝맺는 말: 피플 애널리틱스의 미래

피플 애널리틱스의 사례는 분명하다. 이 책의 처음부터 끝까지 우리는 피플 애널리틱스가 조직과 그 조직의 재직인재군에게 막대한 가치를 제공할 수 있는 방법을 제시했다. 실제로 피플 애널리틱스 팀이 맡았던 작업은 성장하는 수많은 기업의 매출과 이익에 수백만 달러로 기여했다.

따라서 하나의 분야로서 피플 애널리틱스가 HR 영역과 비즈니스 모두에서 더욱 중요해질 것이라는 사실은 당연한 것이며, 성장을 이뤄낼 가능성도 높다. 장기적으로 전도유망한 미래만 아니라 그 미래가 HR 직업 영역에 기여하는 방식에 대해서 아직 많은 것들이 발견되지 않은 상황에서 피플 애널리틱스가 비즈니스의 미래를 형성할 모습에 대해 예측만이 무성하다.

우리는 지금까지 피플 애널리틱스의 지속적인 성장을 주도할 4가지 주제와 향후 몇 년 동안 HR 영역을 뛰어 넘어 점점 더 다양한 이해관계자 그룹에 제공할 가치를 파악했다.

4가지 테마는 다음과 같다.

- 인간의 근로 경험
- CEO가 경험할 스킬 관련 영역에서의 난제
- 투자자 요구 사항
- 사회 공동체 개선 활동

인간의 노동 경험

7장(재직인재군 경험)에서 논의한 바와 같이 지난 10년 간 일터workplace에서 디지털화된 소비자와 같은 수준으로 세밀하게 개인화된 의미를 가진 경험을 목표로 하는 직원의 기대치는 예상을 뛰어넘는 수준으로 높아졌다. 실제로 2020년 초 즈음에 다수의 HR 담당자 스스로가 조직 인재를 유치하고 유지하는 방식을 변화시키고 있는 최고의 트렌드는 직원경험EX이라고 인식하기도 했다(LinkedIn, 2020).

데이터와 애널리틱스가 마케팅 기능에서 고객경험 분야의 성장을 주도하는데 유용했던 것과 마찬가지로 피플 데이터와 애널리틱스 또한 HR 기능에서 직원경험 분야의 발전을 활성화하는 주요 요소enabler이다.

직원경험과 연관된 권고사항에는 직원 개인이 경험하는 '경험 여정의 접점touch points'과 '중요한 순간'을 모니터링할 데이터가 필요하기 때문에 피플 애널리틱스의 기능이 매우 중요하다. 근본적으로 애널리틱스 없이 직원경험을 측정하고 개인 맞춤화해서 개선하는 것은 불가능하다. 직원경험은 피플 애널리틱스와 결합될 때에만 재직인재군만 아니라 사업을 포함한 기업 경영활동에도 상당한 가치를 제공할 수 있다.

직원경험은 일정한 기획안으로서 HR 영역에서 태어날 수 있었지만, 지금은 HR 영역의 비즈니스 전체를 초월하여 넘어섰다. TI People의 2019년 연구에 따르면 HR 이외의 비즈니스 기능이 직원 개인 경험 여정의 접점 touch points 필수 36개 중 35개를 소유하고 있다고 결론 짓는다(Jacobs, 2019). 따라서 직원경험을 효과적으로 관리하기 위해서는 HR 기능은 피플 애널리틱스를 배치하는 동시에 IT, 부동산, 조달, 규정 준수compliance, 재무와 같은 다른 기능과 협력해 라인 관리자의 관심과 참여를 이끌어 내고 그들을 해당 작업에 관여하도록 만들어야 한다.

하나의 기능으로서 HR 기능은 과거의 '모든 사람에게 맞는' 프로그램으로부터 개별적이며 자유 재량적personalized인 성격을 가진 연관 경험을 근로자에게 제공하는 활동에 초점을 두는 전환만으로도 HR 기능이 전략적 핵심 조직powerhouse이 되도록 환경을 조성할 것이다(Smith and Cantrell, 2015). 이는

HR 기능을 프로세스의 중재자에서 제공가치offerings와 경험의 창조자로 변화시킬 것이다.

CEO가 경험할 스킬 관련 영역에서의 난제

CEO의 4분의 3은 주요 스킬의 가용성과 함께 이 가용성이 사업 성장 주도에 필요한 인재를 획득해 개발하고 유지하는 활동에 어떤 제약을 줄 것인지에 대해 우려하고 있다(Stubbings and Sethi, 2020). 2025년까지 모든 근로자의 50%는 9,700만 개의 새롭게 등장하는 일자리로 새로운 영역에서 재숙련reskilled되어야 하는 반면에 기계가 인간의 노동을 대신하여 8,500만 개의 일자리가 대체될 것으로 추산된다(World Economic Forum, 2020).

세계적으로 창궐한 전염병은 이러한 지각 변동의 혼란을 더욱 악화시켰다. 결과적으로 원격 근무로 인해 조직에 증가된 압력과 극적으로 재구성된 공급망은 모든 시나리오 계획을 넘어서는 스킬 영역의 도전과제를 더 복잡하게 만들었다. Gartner(2020)에 따르면 스킬과 관련된 이러한 난제는 가치 시대의 HR 리더에게는 최우선 우선순위 사안이기도 하다.

피플 애널리틱스 팀은 직무에서 훨씬 심층적인 스킬 분석으로 초점이 전환되는 중심에 있기 때문에 현재 재직인재군 운용 계획workforce planning을 재편하고 스킬, 학습 활동, 경력을 통합 중에 있다. 집필 목적으로 리서치를

피플 애널리틱스의 다음 단계

진행하면서 우리는 거의 모든 글로벌 피플 애널리틱스 조직이 재직인재군 인력 운용 계획에서 스킬 기반 접근 방식을 구축하기 원한다는 사실을 발견했다. 그러나 우리가 리서치를 진행한 회사 중 4분의 1만이 이를 적극적으로 수행하고 있었다.

재직인재군 인력 계획에서 스킬 기반 접근 방식으로 전환해 온 조직의 피플 애널리틱스 팀은 근로자 스킬 데이터에서 가치를 추론하고 창출하는데 점점 더 많이 관여하고 있다. IBM[1](Bailie, 2020년; Green, 2020년), Unilever(Fleming, 2019년), Schneider Electric(Anderson, 2020년)과 Johnson & Johnson(Hoffman 및 Kofford, 2020년)을 포함한 기업들은 스킬에 큰 무게를 두는 조직문화를 구축하고 있다. 이를 위해 해당 기업들은 개인이 자유 재량적으로 사용할 수 있도록 하면서 지속적으로 성장하는 내부 인재 시장을 창조하는 스킬 데이터와 테크놀로지를 토대로 학습 활동, 경력개발, 내부 이동 같은 여러 HR 프로그램을 통합하고 있다(Gantcheva et al, 2020).

우리는 개인이 자유재량으로 학습 활동을 하도록 만드는 것과 인재 시장의 개발을 주도하기 위한 스킬 데이터 분석에 초점을 맞추는 것이 향후 몇년 동안 피플 애널리틱스 팀의 주요 업무가 될 것이라고 예상한다. 이 작업이 잘 수행되면 스킬 영역에서의 난제를 해결하는 데 큰 도움이 될 것이다.

투자자 요구 사항

이사회와 기업 투자자는 결국 피플 애널리틱스 리더의 책상 위로 놓이게 되는 복잡한 질문을 점점 더 많이 던진다. '우리 기업의 재직인재군의 가치는 어느 정도인가?', '인재 투자 수익ROI은 얼마인가?'와 같은 질문은 본질적으로 매우 복잡하다. 피플 애널리틱스는 투자자와 이사회가 인적자본을 일정한 무형 자산에서 측정이 가능한 자산으로 전환할 수 있도록 도움을 줄 수 있는 기회를 획득하고 있다.

David McCann의 2019년 기사 '일정한 요건에 속하는 기업에서 재직인재군 관련 필수 데이터를 공개하는 것이 곧 표준이 될 것이다'에서 주목했던 것처럼, 일련의 이벤트가 결합하면서 이러한 추진력을 만들어 냈다. 또한 주목할 만한 이정표는 국제 표준 기구ISO가 인적자본 측정 기준 표준(ISO 30414)(ISO, 2018; Naden, 2019)의 첫 번째 세트를 발표했던 2018년 12월에 나왔고 동시에 조직 경비의 최대 70%를 구성하는 재직인재군 비용으로 '효과적인 HR 전략이 조직 성과organizational performance에 긍정적인 영향을 미칠 수 있다'는 사실이 주목받았다.

인적자본과 관련된 정보 기관에 의한 광범위한 공개를 가리키는 또 다른 두 번째 사례는 미국 증권 거래 위원회SEC가 미국령에서 증권을 판매하는 모든 기업의 인적자본 공개를 의무화한 2020년 8월에 나왔다(Vance, 2020). 이 규정은 2020년 11월 9일부터 시행되었다.

피플 애널리틱스의 다음 단계

변화를 주도하는 것은 규제 기관, 규정 준수 기관이나 표준 기관standards bodies만이 아니다. 기업들은 더 광범위한 이해관계자 맥락에서 스스로의 존재 목적purpose을 재평가하고 있다. 2019년 8월 미국에서 최대 180 여개 조직으로 구성된 비즈니스 라운드 테이블 그룹은 주주에만 초점을 두던 것에서 모든 이해관계자(주주만 아니라 소비자, 근로자, 공급업체, 커뮤니티)로 맞춰진 초점으로 자신의 존재 목적purpose을 재정의하는 성명을 발표했다(Business Roundtable, 2019).

이 획기적인 변화와 사업 성공 과정에서 조직의 사람들이 수행하는 중추적 역할과 관련된 인식이 증가한다는 것은 2020년대와 그 이후의 모든 상장 기업이 전에는 필요하지 않았던 인적자본 영역의 내용을 보고해야 할 가능성을 의미한다. 또한 이러한 변화와 인식의 증가는 2020년의 위기에 의해 가속화되어 오기도 했다. 이로 인한 파급 효과는 상당히 크다. 피플 데이터의 가치에 대한 이사회와 투자자의 높은 관심이 촉발되면서 기업을 구별하는데 유용한 공개 정보가 제공되게 되었고 개인 데이터와 관련된 개인정보 보호와 보안에 대한 논의가 늘어나게 되었다. 이러한 상황 변화는 피플 애널리틱스 팀의 분석표와 그래프profile 및 작업의 수준을 더욱 높일 것이다.

사회공동체 개선 활동

평등 같은 사회적 주제를 지원하는 추가 규정이 시행되고 있다. 이는 현재 영국과 같은 여러 국가에서 법적 의무에 의거한 성별 임금 격차 보고 활동으로 나타나며, 해당 국가의 경우 근로자가 250명 이상인 기업은 성별 임금과 관련된 데이터를 공개해야 한다(GOV.UK, 2020).

피플 애널리틱스의 부상은 단순히 숫자, 통계, 추세trends를 보고하는 활동을 넘어 다양함, 평등, 포용성 관련 주제를 다루려는 근로자와 기업의 광범위한 인적 구성이 점증적으로 증가하는 기대치에 합치되어 온 결과이기도 하다. Microsoft(McIntyre, 2020), PwC(Ryan et al, 2020), Netflix(Myers, 2021), Target(2020) 같은 더 많은 기업이 인재운용상의 대표성 의무representation(근로자 신분에서부터 임원 신분까지 다양한 인종, 연령, 민족, 성별의 직원 보유 의무)와 함께 개별 기업이 그 주제와 관련해 시행하는 새로운 계획initiative을 투명하게 제공하는 연례 다양성 및 포용성 보고서를 발행한다.

피플 애널리틱스 기능은 이러한 사회적 주제에 광범위하게 점점 더 많이 관여하고 있다. 예를 들어, 조직들은 코로나-19로 인한 격리isolation와 재택 근무에 대응해 정신적 웰빙에 뚜렷한 관심을 보여 오고 있다. 성희롱과 인종 차별 문제를 전면에 내세우는 미투MeToo운동과 흑인 생명은 소중하다Black Lives Matter와 같은 정치 활동 및 운동으로 인해 평등에 대한 사회적 욕구가 크게 높아진 상태다.

피플 애널리틱스는 현재 이용할 수 있는 여러 도구 덕분에 이러한 도전 과제에 적절하게 대응할 수 있다. 예를 들자면 현재 여러 팀들이 조직 네트워크 분석 테크놀로지를 사용해 유사한 성향을 지닌 사람들과 어울리려는 성향homophily[2]을 측정할 수 있다(Arena, 2019). 이를 통해 조직은 규제 표준이나 법률 준수 요건을 충족할 목적으로 '다양성'을 보고할 때, 보통 수행해 오던 것보다 '포용성'을 더 큰 주제로 다룰 수 있다.

기업, HR 기능, 피플 애널리틱스 팀이 이와 같은 필수적이며 전 세계적인 사명mission을 적절하게 다루는 것을 보게 되는 현상은 고무적이다. 이러한 사명들이 조직에 가치를 직접 더하는 것 이상으로 영향력을 확대하고 있기 때문이다.

피플 애널리틱스 기능의 미래

위에서 논의한 4가지 주제는 비즈니스 리더와 최고 인사 책임 임원으로부터 더 많은 관심을 받고 있고, 피플 애널리틱스 기능을 구축하는 데 유용하다. 4가지 주제 모두 피플 애널리틱스 팀의 작업 범위 및 규모에 대한 관심을 증대시킨다.

제시된 주제는 피플 애널리틱스 기능의 미래 이외에도 HR 기능과의 관계와 근접성을 중심으로 이것이 무엇을 의미하는지 생각을 촉발시킨다.

비즈니스 리더와 최고 인사 책임 임원CHRO 다수가 아래에 제시된 질문을 던진다.

- 피플 애널리틱스 기능은 최고 인사 책임 임원CHRO에게로 직접 보고하는 것이 좋은가?

선도적인 조직에서는 이에 대해 '동의'를 답으로 내어 놓는다. 집필 목적으로 리서치를 하면서부터 지금에 이르기까지 분명하게 정리된 것은 바로 피플 애널리틱스 기능이 가치를 실현하는 것을 목적으로 두기 위해서라도 최고 인사 책임 임원CHRO에 대한 접근성을 확보해야 한다는 사실이다. 그러나 최고 인사 책임 임원CHRO으로의 접근성에 동의한 한 조직은 2020년 동안 조사한 기업의 5분의 1에 불과하다. 최고 인사 책임 임원CHRO에게로 보고하거나 이것이 가능하지 않은 기업에서 최고 인사 책임 임원CHRO에 대한 피플 애널리틱스의 접근성 확보는 피플 애널리틱스가 가치를 제공할 수 있도록 하기 위해서라도 반드시 이루어져야 한다.

- 피플 애널리틱스 기능은 HR 기능이 아닌 전사 애널리틱스 기능enterprise analytics에 보고하는 것이 좋은가?

현재 이러한 경우는 극히 일부 기업에 해당된다. 이 경우 적용되는 사례의 원인에 대해 우리가 가진 가설은 상위 범주의 주제가 단지 HR 기능과 연관된 주제가 아니기 때문이라는 것이다. 이 장의 전반부에서 설명했듯이 이러한 상위 범주의 주제는 피플 애널리틱스 기능 및 HR 기능의 책임을 훨씬 뛰어 넘는 수준으로 범주가 확대된다. 그러므로 이러한 사례를 해결하기 위해서는 해당 사안과 관련된 여러 부문과 협업을 하려는 노력이 필요하다. 더 광범위한 전사 애널리틱스 기능에 피플 애널리틱스가 포함이 되도록 하는 것이 이러한 사례를 해결할 수 있는 핵심일 수 있다.

• 전체 HR 기능이 데이터 문해력을 갖게 된다면 또 다른 정의된 피플 애널리틱스 기능이 필요할까?

대학원과 대학원 졸업 수준의 애널리틱스가 중요해지면서 미래 HR 담당자 다수가 분석에 더 능숙해지고 데이터 문해력을 갖게 되고 정량적이고 정성적인 애널리틱스가 HR 담당자 모두의 또 다른 핵심 기능이 될 것인지에 대한 의문이 제기된다. 그렇게 되면 전체 HR 기능 자체의 스킬 세트가 바뀌게 된다. 이러한 시나리오에서 최첨단 통계 분석과 인지 컴퓨팅 테크놀로지를 사용하면 특정 피플 애널리틱스 기능은 가장 복합적이며 진일보한 활동 영역을 제외하고는 전혀 필요하지 않을 가능성이 상당히 높다.

우리는 위의 세 가지 질문으로 피플 애널리틱스 직업 분야의 리더가 미래 일어날 일이 무엇이라고 생각하는지와 피플 애널리틱스의 미래 방향은 어떻게 될지가 궁금해진다.

우리는 이를 고려하면서 전 세계의 피플 애널리틱스 기능에서의 몇몇 전문가 리더에게 말을 건네 보았다. 우리는 우버Uber의 자체적이고 혁신적인 조직문화를 감안해 우버와 글로벌 People Analytics 리더인 알제이 밀노르 RJ Milnor를 피플 애널리틱스의 미래가 진화하는 방식에 대한 사례연구로 제시한다.

사례연구

피플 애널리틱스의 미래: Uber[3]

우버 테크놀로지스Uber Technologies, Inc, 'Uber'는 전 세계 10,000개 이상 도시의 택시 산업에서 계속해서 혁신을 일으키고 있다. 우버는 'iPhone이 출시된 지 2년 후인 2009년부터 택시 산업 부문에서 절실히 필요로 했던 파괴 덕에 테크놀로지 부문의 거물'이 된 기업 중 하나이기도 하다(Dans, 2019). 글로벌 피플 애널리틱스 리더인 알제이는 투자 은행 분야에서 첫 취업을 하고 수익성과 주주 수익에 인재가 미치는 영향을 발견했다. 알제이는 그 이후 거의 20년 동안 데이터가 주도하는 전략을 활용해 조직 성과를 개선하고 측정함과 동시에 맥케슨McKesson과 쉐브론Chevron을 포함한 여러 기업의 피플 데이터로 그 가치를 실현했다.

'내가 이끄는 팀은 우버 구성원을 매개로 하여 사업을 포함한 기업 경영활동에 성과를 제공하지요. 우리는 데이터를 분석하여 도출한 통찰 사항이나 통찰 결과, 리서치, 기회를 이끌어 내고, 생산성을 향상시키며 전사 조직 몰입과 건강한 삶의 방식wellbeing을 확대하는 제품을 제공해서 사업 성과 창출에 기여하거든요. 우리에게는 구성원과 다른 유형의 데이터를 활용해서 사업을 포함한 기업 경영활동과 근로자를 위해 더 나은 최종 결과물을 이끌어내는 이중 의무가 주어져 있어요.'

'저는 우버에서 혁신 활동을 위해 데이터를 사용하는 방법과 데이터 사용을 실천하는 행동 차원에서 피플 애널리틱스 분야 스스로가 미래에 변화하고 진화해야 하는 방식을 계속해서 생각해요. 피플 애널리틱스는 어떤 모습이 될 것인가란 한 가지 질문을 항상 유념하지요.'

'저는 우리가 어떤 일을 할 것인지에 대해 생각하지 않아요. 왜냐하면 일은 항상 존재하니까요! 그보다는 피플 애널리틱스 스킬 세트와 존재 목적이 더 광범위한 피플 애널리틱스 비즈니스 영역에서 진화해 나아갈 방향이 궁금하거든요. "피플 애널리틱스"가 HR 기능이 될까? 모든 HR 담당자가 HR 데이터와 애널리틱스를 너무 잘 파악해서 언젠가는 HR 기능이 피플 애널리틱스가 될 수 있을까? "피플 애널리틱스"는 이 HR 기능 내에서 별도의 전문가 조직CoE, Center of Excellence으로 남을 것인가? 아니면 전사 애널리틱스 조직과 통합되어 HR 기능을 완전히 떠나게 되는가?'

'피플 애널리틱스 분야는 시야를 넓혀야만 해요. 우리는 자사 사업과 근로자 모두가 성공을 이룰 수 있는 환경을 조성하고 실행 가능한 통찰과 권고사항을 제공하기 위해서라도 단순히 구성원이나 HR 데이터 외의 데이터를 사용할 수 있어야 해요. 우리가 재직인재군 인력 계획과 함께 위치 전략 및 예산 계획을 검토해 보면 이 모든 것들이 함께 따라오거든요. 최상의 결과를 내어 놓는 피플 애널리틱스는 단지 HR 데이터만 다루지 않아요. 최상의 결과를 내는 피플 애널리틱스는 자사 사업에 도움이 되는 방식으로 모든 유형의 데이터를 통합하고 있고, 그 결과 보다 전체를 포괄하는 방식으로 근로자에게 혜택을 주거든요. 피플 애널리틱스는 사업을 앞서게 하고 자사 근로자는 끊임없이 스스로를 뛰어 넘어 자신의 잠재력을 최대한 발휘할 수 있도록 도움을 주지요. 이것이 바로 이중으로 부과된 의무라는 겁니다.'

'HR 담당자들은 의심할 여지없이 보다 더 분석적으로 변화하리라 봐요. HR 기능 전반의 미래는 데이터에 뿌리를 두게 되는 거지요. 데이터 가용성, 컴퓨팅 성능, 진일보한 통계 분석 접근성에서 기하급수적인 증가 현상을 고려해 보면 HR 기능은 그 변화가 일어나는 맥락에 걸맞게 데이터를 적극적으로 수용해야만 해요.'

'이러한 이유로 오늘 저의 대화 중 많은 부분이 데이터와 디지털 영역에서 보다 더 높은 문해력을 갖추기 위한 HR 기능 구축 활동에 할애되어 있어요. 피플 애널리틱스 팀이 하이테크와 데이터의 장벽에 둘러 싸인 채 자체 스태프를 육성하면서 스스로의 칸막이silo에 갇혀 있다고 가정하는 경우가 많아요. 그러나 그것은 오해거든요. 실제로 피플 애널리틱스 실무자는 HR 기능에 깊이 관여하고, 데이터과 테크놀로지를 커리큘럼으로 체계화하여 교육해서 결과적으로 팀 전체로 분석적 통찰을 구축하는 책임을 지고 있어요. HR 기능에서 데이터 사고방식은 더 이상 경쟁 차별화 요소가 아니기 때문에 빠르게 사장되는 밑천table stakes(잃은 위험을 감수하고 내는 도박장의 판돈)으로 변화하고 있지요. 저희 HR 동료들은 피플 애널리틱스의 작업물을 해석하고 우리의 여러 솔루션을 해당 비즈니스 영역으로 확장하고자 이러한 데이터와 분석 스킬을 필요로 하고 있어요.'

피플 애널리틱스의 다음 단계

'이러한 이중 임무를 맡는 행위는 우버에서 우리가 가치를 제공해 온 방식과 제공할 계획에서 중심이 되었어요. 예를 들어 재직인재군 인력 계획 과정에서 우리는 학습 및 개발팀과 재직인재군 인력 계획 팀 사이에서 우버에 적합한 스킬을 중심으로 일정한 공동 통화와 언어를 해당 팀에 제공했어요. 또 이를 통해 데이터, 애널리틱스, 테크놀로지로 작업을 가능하게 하면서 팀이 이러한 스킬을 학습하도록 지원함으로써 협업을 촉진해 오고 있지요.'

'지난 20년 동안 축적되어 온 역사적 증거가 데이터와 애널리틱스를 도입한 임원진이 조직 전략을 추진할 때보다 더 큰 영향력을 갖게 되었다는 것을 분명히 가리키고 있어요. 피플 애널리틱스 분야가 진화하는 방식과 상관없이 향후 몇 년 뒤 가장 필수적인 우리 역할 중 하나는 HR 임원진에게 보다 더 많은 데이터에 기반한 의견을 제공함으로써 해당 비즈니스가 훨씬 더 큰 가치를 열어 보이도록 돕는 것이지요.'

'우리는 이를 우버에서 실현하고자 직원 개인과 팀 수준에서의 생산성, 모든 구성원을 고려한 건강한 삶의 방식well-being, 우버와 구성원이 성공하도록 환경을 제공하는 재직인재군, 커뮤니티와 사회에 필요한 포용성 같은 인기 있는 주제에 초점을 맞추고 있어요. 피플 애널리틱스의 선두 주자로서 이러한 주제를 다뤄 보는 것은 정말로 "흥분해서 벌떡 일어서게 할 정도의" 작업이거든요. 해당 주제는 범위가 크고 복잡하면서도 혁신적이며 파괴적이지요. 무엇보다도 목적성에서도 의미가 있고요.'

'피플 애널리틱스 분야를 정의할 혁신과 구조는 아직 나타나지 않았지만 우리의 임무는 분명해요. 피플 애널리틱스의 존재 목적은 바로 가치 전달입니다.'

각주

1 어드밴스트 애널리틱스와 테크놀로지로 가치 확장하기: IBM , 사례연구, 8장(비즈니스 결과)

2 용어집: homophily 참조. 사람들이 자신과 비슷한 사람을 찾거나 끌리는 경향. 다양성 및 포용 주제 조사와 관련된 분석에 자주 사용된다.

3 2009년 3월에 설립된 Uber Technologies, Inc(일반적으로 Uber)는 차량 대여, 음식 배달, 소포 배달, 택배, 화물 운송, 전기 자전거 및 전동 스쿠터 대여 서비스를 제공하는 미국계 기업이다. 우버의 9,100만 월간 활성 플랫폼 소비자들은 63개국에서 거의 400만 명의 운전자와 22,000명의 직원들의 서비스를 제공받는다. (https://www.uber.com/en-GB/newsroom/company-info/ 참조(https://perma.cc/PP9S-2WA8에 보관), 2021년 2월 7일에 마지막으로 액세스).

피플 애널리틱스의 다음 단계

맺음말

피플 애널리틱스는 성년이 되어가는 과정에 있다.

지난 수십 년간 피플 애널리틱스 분야는 HR 기능 내부에서 데이터를 분석하던 소수의 행동 심리학자와 함께 직원 몰입 같은 주제에 초점을 맞추었다. 현재 피플 애널리틱스가 세계적으로 창궐하는 최악의 전염병을 처리하는 과정에서 중심이 된 후에는 최고 경영진 및 최고 인사 임원이 매주 매일 복잡한 의사 결정을 관리하도록 도움을 제공한다.

피플 애널리틱스는 발견의 시대, 실현의 시대, 가치의 시대에 등장한 혁신을 통해 진일보해 왔고 현재는 재직인재군; HR 기능, 비즈니스 현업 이해관계자, 사회를 대상으로 최종 결과물을 제공할 준비가 되어 있다.

가치의 시대에서 일반적으로 조직, HR 기능, HR 기능과 비즈니스 현업 임원진을 이끄는 것이 최고 인사 임원이라면 Shook, Knickrehm and Sage-Gavin (2019) 등 다수가 수치로 정량화해 온 가치를 재직인재군 데이터로 제시하는 방식을 학습하는 것이 좋다. 덧붙여 설명하면 Shook, Knickrehm and Sage-Gavin (2019)은 발굴되지 않은 재직인재군 데이터의 추가 가치를 3조 1천억원 달러(약 3천 700조원)로 추정했다.

피플 애널리틱스로 발생하는 가치가 (규모에 따라, 반복적으로, 사업 전체로 그리고 세계적으로) 수용되어 실현되면, 피플 애널리틱스는 탁월한 피플 애널리틱스의 시대로 이전할 것이다. 모든 조직의 피플 애널리틱스 리더 각자가 발굴되지 않은 재직인재군 데이터의 잠재력을 개화시키는 것을 목적으로 자신의 스킬을 활용해 탁월한 피플 애널리틱스 수준에 도달해야 한다.

비즈니스 우선의 접근 방식으로 전체 주요 기능의 다양한 이해관계자와 협력하면서 직접 비즈니스 현업 임원진과 협력하는 리더는 피플 애널리틱스 활동이 전사에 가장 필수불가결한 주제로 정렬되도록 할 것이다. 모든 조직에서 이러한 상황이 가능하게 되면 가치에서 그 잠재력은 개화하고 모두 각자가 성공이라는 경험을 하게 된다.

근로자와 노동자는 그 혜택을 받게 되고, 기업은 가치를 현실로 만들 것이며, HR 기능 스스로도 데이터 문해력에서 보다 더 진일보하게 된다. 그리고 보다 더 광범위한 사회로 그 혜택이 돌아간다.

이 책 처음부터 끝까지 우리는 피플 애널리틱스에서 탁월함을 달성하는 9가지 관점을 논의하고 정리해 왔다. 피플 애널리틱스 기능과 그 활동은 각각의 관점에 초점을 맞춤으로써 가치를 전달하고 기업, 근로자, 노동자, 제품과 서비스를 제공하는 소비자에게 일정한 자산이 된다.

피플 애널리틱스의 모든 권한이 이사회에서부터 아래의 조직 구조로 포함되고 피플 애널리틱스가 모든 HR 업무 수행 방식에서 HR 기능 조직문화

의 일부가 될 때 비로소 우리는 '탁월한 피플 애널리틱스'를 성취할 수 있게
될 것이다.

용어집

반응형 데이터 수집(active data collection)

설문조사 및 웨어러블과 같은 능동적인 의견 취합 방법을 통한 피플 데이터 수집. 데이터 수집에 직원이 참여하기 때문에 반응형이라고 함. 반응형 데이터 수집의 반대는 비반응형 데이터 수집

어드밴스드 애널리틱스(advanced analytics)

조직이 데이터에서 깊은 통찰력을 얻고, 예측을 수행하며 권고안을 체계적으로 제시하도록 하는 정교한 분석 방법 및 도구. 때로 분석 도구는 인공지능, 머신 러닝 및 인지 컴퓨팅을 포함함

애자일(agile)

다기능 팀과 최종 사용자의 협업을 통해 솔루션이 진화하는 소프트웨어 및 프로젝트 개발 기술과 방법론

알고리즘(algorithm)

예측 또는 분류 등의 분석 목표 달성을 위해 계산 시 따르는 일련의 단계별 규칙

애널리틱스 대시보드(analytics dashboards)

분석 방법론을 사용하여 도출한 대시보드. 피플 애널리틱스에서 애널리틱스 대시보드는 두 번째 파동 체계를 의미함(5장 기술 참조)

응용 프로그래밍 인터페이스(API, application programming interface)

소프트웨어 응용 프로그램을 구축하고 서로 다른 소스의 소프트웨어 구성 요소가 서로 통신할 수 있도록 하기 위한 정의, 프로토콜 및 도구의 집합

인공지능(AI)

시각 및 음성 인식, 의사 결정 및 언어 번역 같이 일반적으로 인간 지능이 필요한 특정 작업을 수행하기 위한 기계 프로그래밍

성공하면 효과가 큰 프로젝트(Big Bet)

영향력이 크고 복잡도가 높은 프로젝트(복합도-영향도 매트릭스 참조)

감시 통제 문화(big brothers)

조지 오웰(George Orwell)의 소설 1984(Nineteen Eighty-Four)에서 유래한 것으로, 지속적이고 억압적인 감시라는 주제를 의미함. 해당 용어는 오늘날 사람들의 삶을 완전히 통제하고 감시하는 사람,

조직 또는 정부를 나타내는 데 널리 사용되고 있음

빅 데이터(big data)

너무 크고 복잡하여 기존 데이터 도구 및 애플리케이션으로 적절하게 처리와 분석을 할 수 없는 정형 및 비정형 정보 데이터 세트

피플 애널리틱스 이사회(board of people analytics)

피플 애널리틱스 기능에 대한 방향과 지원을 제공하기 위해 만나는 조율 그룹

다급한 상황(burning platform)

사람들이 변하지 않았을 경우 그 결과를 알 수 있도록 돕는 과정을 설명하는 데 사용되는 용어. 현상이 그대로 유지되면 어떻게 되는지에 대해 충분한 우려가 사람들 안에 촉발되도록 하면 사람들은 그 변화를 수용하기 시작함

비즈니스 통찰(business acumen)

비즈니스 상황을 이해해서 해석하고 처리하는 데 예리함과 민첩함

인과성(causality)

한 변수가 다른 변수에 미치는 영향(원인과 결과). 변수 하나의 변화가 다른 변수의 변화를 일으키면 두 변수는 인과 관계가 있음

전문가 조직(CoE, Center of Excellence)

관심 영역 관련 리더십, 모범 사례, 연구, 지원 및 교육을 제공하는 팀 또는 단체. 종종 학습, 인재 확보, 보상 등과 같은 전문 분야의 전문성을 갖춘 HR 기능을 의미

변화관리(change management)

필요한 비즈니스 성과 달성을 위해 사람 측면을 변화를 관리하는 프로세스, 도구 및 기법

영국 소재 HR 관련 기관(CIPD, Chartered Institute of Personnel and Development)

더 나은 일터와 직장 생활을 대변하며 헌신하는 구성원으로 구성된 세계적 커뮤니티를 가진 HR 및 인재 개발 목적의 전문 기관. 영국 런던에 본사를 두고 있음

챗봇(Chatbot)

음성 또는 텍스트를 통해 인간의 대화를 시뮬레이션하고 처리하여 사용자에게 실제 사람과 의사소통이 일어나고 있다는 인상을 주는 응용 프로그램

최고 애널리틱스 책임 임원(Chief Analytics Officer)

전사 애널리틱스 분야 모두를 담당하는 최상위 고위직. 때로 최고 데이터 책임 임원의 역할이 결합

된 역할을 수행함

최고 데이터 책임 임원(CDO, Chief Data Officer)

데이터의 전략, 정책, 통제와 관리 체계 및 관리 등의 모든 측면의 감독 책임이 있는 조직(또는 기능)에서의 최상위 고위직. 때로 최고 분석 책임 임원의 역할과 결합된 역할을 수행함

최고 경영자(CEO, Chief Executive Officer)

전체 사업 전략, 운영 및 성과를 책임지는 조직의 최고위직

최고 재무 책임 임원(CFO, Chief Financial Officer)

재무 및 위험 관리의 모든 측면을 감독하는 책임을 가진 조직의 최고위직.

최고 인사 책임 임원(chief human resource officer) 또는 최고 인재 책임 임원(Chief People Officer)

HRM, 전략, 정책, 관행 및 운영 측면을 감독하는 책임을 가진 조직의 최고위직. Chief People Officer 의 또 다른 표현

최고 개인 정보 보호 책임 임원(Chief Privacy Officer)

데이터 개인 정보 보호를 담당하는 조직의 최고위직. 데이터 개인 정보 보호 및 데이터 개인 정보 보호 책임자 참조

클라우드 컴퓨팅(cloud computing)

서버, 스토리지 및 애플리케이션 같은 다양한 서비스가 인터넷을 통해 조직이나 개인 컴퓨터와 장치로 제공되는 인터넷 기반 테크놀로지

인지 컴퓨팅(cognitive computing)

인간 두뇌의 작동 방식을 모방하며 인간 수행 능력의 향상을 위해 자연어를 사용하여 인간과 상호 작용하면서 이해, 학습, 추론하는 시스템

복합도-영향도 매트릭스(Complexity-Impact Matrix)

피플 애널리틱스 작업 평가 및 우선순위를 지정하는 모델로 상대적 복잡성과 영향에 따라 분류. Complexity-Impact Matrix는 Nigel Guenole, Jonathan Ferrar 및 Sheri Feinzig으로 저작권 귀속

HR 기능의 소비자 중심주의(consumerization of HR)

근무처의 테크놀로지 경험이 개인화되고 그 경험이 소비자로서 갖게 되는 테크놀로지 경험과 유사해질 것이라는 근로자의 기대치

코어 HR(core HR)

피플 애널리틱스의 맥락에서의 First Wave 시스템(5장 ─ 테크놀로지 참조). 코어 HR 시스템 참조

코어 HR 시스템

급여 및 복리 후생 데이터와 같은 직원 정보를 중앙 데이터베이스 및 기록 시스템에 저장하고 관리하는 소프트웨어

상관관계(Correlation, Pearson Product-Moment Correlation, 피어슨 적률상관)

두 변수의 관련성 정도를 나타내는 통계적 측도. 양의 상관관계의 경우 한 변수가 증가하면 다른 변수도 증가하고, 음의 상관관계의 경우 한 변수가 증가하면 다른 변수는 감소함

비용 기반 재직인재군 인력 계획(cost-based workforce planning)

인력 계획의 목적이 전략, 운영 또는 실무적인지에 따라 인력 계획 활동의 초점을 노동 비용과 해당 비용이 조직에 미치는 영향에 맞춤. '스킬 기반 인력 계획'의 대안

C 레벨 임원진(C-level executives)

조직의 가장 최고위 임원으로 특정 기능이나 사업 단위 조직의 최고위급 인재를 지칭함

고객경험(CX, customer experience)

기업의 제품과 서비스에서 고객이 하게 되는 경험. 상품 취급, 제품 사용, 서비스 수령 시 구매 기업 인력과의 상호 작용, 회사 웹사이트 같은 디지털 플랫폼과의 상호 작용을 포함한다. CX 측정은 고객의 기대를 기업이 충족하는지 평가하는 데 유용함

고객 순수 추천 지수(cNPS, customer Net Promotor Score)

순수 추천 고객 지수(NPS) 참조

사이버 보안(cyber security)

애플리케이션, 네트워크, 장치, 프로그램 및 데이터 같은 시스템을 해킹, 공격, 손상 또는 무단 접속으로부터 보호하기 위한 테크놀로지, 프로세스, 정책 및 활동

대시보드(dashboard)

사용자가 해석하기 쉬운 양식과 시각 자료를 사용해 일련의 주제 관련 정보를 구성, 저장 및 표시. 데이터(복수); 데이텀(단수). 참조 또는 분석 목적으로 함께 수집된 사실, 정보 및 통계

데이터 집계(data aggregation)

여러 시스템에서 데이터를 수집해 요약 형태로 통합하는 프로세스로 종종 통계 분석 또는 시각화 이전의 상태

데이터 분석(data analysis)

통찰 발견, 결론 도출 및 의사 결정 정보 제공을 목표로 데이터를 검사, 정제, 변환 및 모델링하는 프로세스

데이터 분석가(data analyst)

데이터를 수집 및 연구해 의미 있는 패턴과 통찰을 드러내는 일을 하는 사람

데이터베이스(database)

손쉽게 접속, 관리 및 업데이트할 수 있도록 구성된 정보 모음

데이터 범용화(data democratization)

데이터와 통찰 사용법으로 혜택을 받을 조직 전체 훨씬 더 광범위한 사람을 대상으로 데이터 및 통찰 사용을 손쉽게 만드는 과정. '데이터의 민주화'와 상호 전환해 사용 가능

데이터 윤리(data ethics)

애널리틱스에서 데이터 수집, 저장, 사용 및 배포를 관장하는 옳고 그름에 대한 기본적이고 법적, 도덕적 원칙

데이터 통제와 관리 체계(data governance)

조직에 적용된 해당 데이터의 가용성, 사용성, 무결성 및 보안에 대한 전체 관리

데이터 레이크(data lake)

먼저 데이터를 어떤 순서나 미리 정의된 형태로 구조화하지 않고 정형 및 비정형 데이터를 대규모로 저장할 수 있는 중앙 집중식 저장소

데이터 관리(data management)

데이터 조직, 처리, 저장 및 사용에 있어 정책 및 규정 범위 내에서 구조를 제공하는 목적으로 사용되는 일련의 규율 및 프레임워크

데이터 소유자(data owner)

데이터 이용, 편집, 사용과 배포 권한에 대해 결정하는 개인 또는 팀

데이터 개인 정보 보호(data privacy)

데이터 수집, 구성, 처리, 저장 및 사용과 특히 정보 공유 대상에 대한 기대치를 둘러싼 법적, 정치적, 윤리적 문제. 피플 애널리틱스의 맥락에서 데이터 개인 정보 보호의 초점은 근로자와 노동자임

데이터 개인 정보 보호 책임자(data privacy officer)

데이터 개인 정보 보호를 담당하는 조직의 인력. 해당 기능을 수행하는 조직의 최고위직 인물로 최고 개인 정보 보호 책임자라고 함

데이터 과학(data science)

방대한 양의 데이터에서 통찰을 추출하려는 목적으로 과학적 및 통계적 방법, 프로세스 및 알고리

즘을 결합하는 전문 분야

데이터 과학자(data scientist)

추세 및 기타 관련 정보 파악 목적으로 많은 양의 데이터로 통계 분석, 데이터 마이닝 및 저장과 재생 또는 검색 프로세스를 수행하는 사람

데이터 보안(data security)

중요하고 민감한 데이터를 보호하는 관행

데이터 표준(data standards)

합의되어 일관되게 적용되는 데이터 관리 목적의 정의와 프로토콜

데이터 안전과 관리 영역의 책임자(data steward)

조직 또는 기능 내에서 데이터 콘텐츠, 품질 표준 및 제어를 관리하는 책임자

사회적 책무에 따른 데이터 관리 책임(data stewardship)

조직 또는 기능 내에서 데이터 콘텐츠, 품질 표준 및 제어를 관리하는 프로세스

데이터 저장(data storage)

디지털 정보를 수집하고 유지하는 데 사용되는 방법 및 기술

데이터 시각화(data visualization)

청중이 어려운 개념이나 패턴을 쉽게 이해할 수 있도록 그림이나 그래픽 형식으로 표현된 정량적 정보

데이터 저장소(data warehouse, 데이터 웨어하우스)

하나 이상 출처에서 유래한 현재와 과거 데이터를 한 곳에 저장하기 위한 통합된 데이터 중앙 저장소. 사전 정의된 구조 및 프로토콜을 사용해 데이터가 저장되도록 데이터 웨어하우스 형식을 지정함

기술 분석(descriptive analytics)

과거 추세와 통찰을 파악할 뿐만 아니라 현재 데이터 제공을 목적으로 데이터를 수집하고 요약하는 애널리틱스 분야의 한 갈래

디지털 HR(digital human resources)

일반적으로 소셜, 모바일, 애널리틱스와 클라우드 기술을 사용해 HR 서비스 및 프로세스 변환

다운스트림 시스템(downstream systems)

다른 시스템의 데이터를 수신하고 이에 의존하는 시스템

드라이브: 피플 애널리틱스의 다섯 시대(DRIVE: Five Ages of People Analytics)

저자가 피플 애널리틱스의 역사와 미래를 다섯 단계로 설명하기 위해 개발한 모델:

발견의 시대(1910s−2010) The Age of Discovery

실현의 시대(2010~2015) The Age of Realization

혁신의 시대(2015~2020) The Age of Innovation

가치의 시대(2020~2025) The Age of Value

탁월성의 시대(2025년 이후) The Age of Excellence

DRIVE: 5시대의 People Analytics는 Jonathan Ferrar와 David Green의 저작권으로 귀속

목적에 의한 애널리틱스 8단계 모델 (Eight Step Model for Purposeful Analytics)

모든 수준으로 애널리틱스 프로젝트를 설계하고 제공하기 위한 모델. '사람의 힘: 성공적인 조직이 재직인재군 애널리틱스를 사용해 사업 성과를 개선하는 방식(Pearson, 2017)' 저자 승인 후 인용. 목적에 의한 애널리틱스 8단계 모델은 Nigel Guenole, Jonathan Ferrar, Sheri Feinzig으로 저작권 귀속

감성 지능(emotional intelligence)

자신과 다른 사람의 감정을 인식, 통제 및 평가하는 능력

직원 몰입(employee engagement)

직원이 자신이 속한 조직에 대해 갖는 정신과 정서적 헌신의 강도. 수십 년 동안 다양한 형태로 시행되어 온 직원 몰입 설문조사를 사용해 측정함

직원경험(employee experience)

조직에서 근로자가 일하며 갖게 되는 경험을 나타내는 용어. 직원경험을 측정하여 조직이 근로자의 기대치를 충족하는지 여부를 평가함

직원경험 파악과 개선을 위한 근로자 피드백 수집(employee listening)

직원경험의 이해와 개선을 목적으로 중요 주제와 '중요한 순간' 관련 정성적 혹은 정량적인 데이터 형태로 근로자로부터 피드백을 수집하는 활동. 피플 애널리틱스에서 근로자 피드백 수집 활동에는 지속적으로 실시간 데이터를 수집하고 분석하는 최고급 분석 기법이 포함됨

직원 순수 추천 지수(employee Net Promoter Score, eNPS)

Net Promoter Score를 기반으로 하는 직원 충성도 측정 지표(Net Promoter Score 참조). eNPS는 일반적으로 직원에게 [회사 이름]을(를) 일하기 좋은 곳으로 추천하시겠습니까? 질문으로 조직명 하나를 지칭함

암호화(encryption)

특정인만 읽을 수 있도록 정보를 특정 형식으로 변환하는 프로세스

전사 애널리틱스(enterprise analytics)

조직 전체의 사업 전략과 실행 조치를 지원하는 애널리틱스의 기능

윤리 헌장(ethics charter)

직원과 조직 보호 목적으로 인력 관련 데이터 수집, 분석, 관리, 보안 및 사용 방법에 대한 투명성을 규정한 특정 목적의 문서

가치의 공정한 교환(fair exchange of value)

일반적으로 합리적이고 정직한 거래 근거로서 두 가지 동일한 가치의 교환을 의미함. 피플 애널리틱스에서 가치의 공정한 교환은 분석적 작업을 수행할 수 있도록 직원이 조직과 데이터를 공유하는 대가로 애널리틱스에 의해 받는 개인적 혜택을 의미함. 코어 HR 시스템에 비중을 두는 피플 애널리틱스의 1차 파동 테크놀로지 채택(5장 — 테크놀로지 참조)

초점-효과-가치 모델(Focus-Impact-Value Model)

사업 성과 실현을 목표로 피플 애널리틱스 작업을 수행하는 방법을 설명하는 모델. Focus-Impact-Value Model은 Jonathan Ferrar와 David Green으로 저작권 귀속

표준 증분(fully loaded)

개인의 직접 비용(즉, 급여, 기타 보상 및 혜택)에 표준 증분 비용을 더한 직원 비용. 재무 기능은 일반적으로 부동산 점유, IT 비용 및 본사 직원 비용과 같은 항목을 포함하는 이러한 증분 비용을 계산함

동성애자(homophily)

사람들이 자신과 비슷한 사람을 찾거나 끌리는 경향. 다양성 및 포용 주제 조사와 관련된 분석에서 자주 사용됨

HR 비즈니스 파트너(HRBP, human resources business partners)

고위 리더와 긴밀히 협력해 조직의 전반적 목표를 지원하는 사람의 관리 의제를 개발하는 HR 담당자. 제너럴리스트이며 일반적으로 HR 하위 기능에 전문화되어 있지 않음

HR 리더십 팀(HRLT, human resources leadership team)

HR 기능의 최고위 경영진으로, 일반적으로 최고 인사 책임 임원을 직속 보고 라인으로 하는 하위 조직

가설(hypothesis)

관찰 및 이전 리서치에 의해 정보를 얻는 검증 및 반증이 가능한 진술 형태의 가정

통찰(insight)

분석에 의거한 명확한 심층적 이해

탁월한 피플 애널리틱스를 위한 9가지 관점(Insight222 Nine Dimensions for Excellence in People Analytics®)

통제와 관리 체계, 방법론, 이해관계자 관리, 스킬, 테크놀로지, 데이터, 재직인재군 직원경험, 비즈니스 결과와 문화 등의 9가지 관점으로 해당 모델을 설명함. 해당 모델의 등록 번호는 10926588이며 잉글랜드 및 웨일즈 등록 기업 Insight222 Limited의 등록 상표임

피플 애널리틱스 용도의 Insight222 운영 모델(Insight222 Operating Model for People Analytics)

영향력이 큰 피플 애널리틱스 작업에 필수적인 구조와 역할을 설명하는 모델. 해당 모델의 등록 번호는 10926588이며 잉글랜드 및 웨일즈 등록 기업 Insight222 Limited의 지적 재산권 및 상표임

무형 자산(intangible asset)

본질적으로 물리적 실체가 없는 자산. 소프트웨어, 프랜차이즈, 특허 및 저작권 같은 것이 있음. 인적자본은 일반적으로 무형 자산으로 간주

내부 수익률(IRR, internal rate of return)

잠재적 투자의 수익성 추정 목적으로 재무 분석에 사용되는 측정 지표

국제 표준화 기구(ISO, International Organization for Standardization)

독립 비정부 국제 기구로, 회원을 통해 전세계 전문가를 모아 다양한 산업 및 전문 분야 국제 표준을 개발. 본사는 스위스 제네바. ISO 30414 국제 표준화 기구 간행물 '인적 자원 관리 - 내부 및 외부 인적자본 보고 지침'. 2018년 출판된 첫 번째 ISO 인적자본 측정 기준 세트

핵심 성과 지표(KPI, key performance indicators)

기능이나 사업 성공을 판단하는 기준이 되는 변수 또는 측정 지표

노동 시장 데이터(labour market data)

인재시장 데이터 참조

리커트 척도 평가 시스템(Likert scale rating system)

사람들의 태도, 의견 또는 인식을 측정하도록 설계된 심리 측정 척도. 일반적으로 설문지에 '매우 동의합니다', '동의합니다', '중립' 등과 같은 답변이 필요한 질문에 적용됨. 1932년 렌시스 리커트 (Rensis Likert)가 고안

기계 학습(machine learning)

인공지능(AI) 분야로, 지속적이고 자동으로 하는 학습을 데이터로 하며 프로그래밍이 되지 않은 상태에서 시간이 지나면서 스스로 성능을 개선하는 애플리케이션을 개발함

마스터 데이터(master data)

사업 운영에 필수적인 비즈니스 활동 관련 일관되고 균일한 핵심 데이터. 직원 레코드는 마스터 데

이터의 예임

성숙도 모델(maturity model)

사람들이 개인 또는 그룹의 현재 효과를 평가하고 모델의 다음 수준으로 순차적으로 이동하는 데 필수적인 수행 역량을 설명하는데 유용한 단계별 도구

메타데이터(metadata)

다른 데이터에 대한 데이터(예: 디지털 자산이 생성된 날짜 또는 파일 형식)

측정 지표(metrics)

조직이 기업 상태 평가를 목적으로 추적 및 모니터링하는 비즈니스 프로세스의 효과를 나타내는 사실과 수치

최소 기능 제품(MVP, minimum viable product)

충분한 기능을 갖춘 제품 또는 솔루션의 버전으로 그 용도에 따라 기능하며 개선과 적용 목적의 Iteration(반복)에 사용자가 피드백을 제공함

사명 선언문(mission statement)

조직 또는 기능의 비즈니스, 해당 목표와 관련 목표 달성을 위한 접근 방식을 설명함

중요한 순간들(moments that matter)

직원의 하루 일과와 근속 기간 동안 기업 근무 경험에 가장 큰 영향을 미치는 순간. 개별적인 순간으로 개인이 업무 수행 방식 관련 의사 결정을 내리거나, 심지어 극단적인 경우에는 조직에 남을지 떠날지 여부를 결정함

자연어 처리(NLP, natural language processing)

인공지능, 컴퓨터 과학과 언어학의 한 분야로 컴퓨터가 인간의 언어를 이해, 해석 그리고 조작하도록 도움

순 현재 가치(NPV, net present value)

일정 기간 현금 유입의 현재 가치와 현금 유출의 현재 가치 차이 측정을 목적으로 재무 분석에서 사용하는 측정 지표

순수 추천 지수(NPS, Net Promoter Score)

Fred Reichheld, Bain & Company, Satmetrix Systems, Inc에서 개발한 고객 충성도 측정 지표로 Reichheld의 2003년 Harvard Business Review 기사 '성장해야 하는 하나의 숫자'에서 처음 소개됨

네트워크 분석(network analysis)

조직 네트워크 분석(ONA) 참조

9가지 관점(Nine Dimensions)

'Insight222 탁월한 피플 애널리틱스를 위한 9가지 관점®'의 약칭

미래 HR 담당자를 위한 9가지 스킬(Nine Skills for the Future HR Professional)

HR 담당자가 미래 자신의 업무에 가치를 더할 능력 확보를 위해 습득하거나 개발해야 하는 9가지 필수 스킬을 설명하는 모델. 해당 모델 등록 번호는 10926588로 잉글랜드 및 웨일즈에 등록된 기업 Insight222 Limited로 지적 재산권 및 상표 귀속

넛지 또는 넛지 이론(nudge or nudge theory)

행동 경제학, 정치 이론 및 행동 과학 개념으로 Richard H Thaler와 Cass R Sunstein의 저서 넛지: 건강, 부, 행복관련 의사결정 개선(Yale University Press, 2008)으로 대중화됨. 팀, 직원 그룹 또는 관리자 같은 그룹 또는 개인 행동과 의사 결정에 영향을 미치는 방법으로 긍정적인 강화와 간접적인 제안을 제시하며 조직에서 일반적으로 테크놀로지에 의해 활성화됨

온프레미스 테크놀로지(on-premise technology)

기업 현장(온프레미스)에 물리적으로 위치한 컴퓨터에 설치 및 실행되는 소프트웨어

운영 모델(operating model)

그룹, 팀 또는 기능이 최상의 상태로 운영되고 임무를 수행하기 위해 조직될 수 있는 방법을 설명함

조직 네트워크 분석(ONA, organizational network analysis)

커뮤니케이션, 정보, 협업 그리고 의사 결정이 조직에서 유통되는 방식을 시각화하는 구조화된 방법. '관계 분석' 및 '네트워크 분석'이라고도 함

수동(데이터 수집) 또는 비반응형(passive, data collection)

이메일, 캘린더 및 협업 도구 같은 기업 커뮤니케이션 시스템에서 생성된 데이터의 지속적인 흐름을 통해 데이터를 수집함. 데이터 수집에 직원이 관여할 필요가 없어서 수동이라 표현함. 수동 데이터 수집의 반대는 능동(또는 반응형) 데이터 수집임

피플 애널리틱스(people analytics)

직원 개인들과 재직인재군 데이터 분석으로 통찰을 드러내고 비즈니스 성과 개선 목적의 권고사항을 제공

피플 애널리틱스 가치사슬(People Analytics Value Chain)

사업 전략 및 이해관계자 난제 같은 고객 동인이 해당 작업을 결정하고 영리적 가치와 직원경험 같

은 비즈니스 결과가 산출물로 실현되는 피플 애널리틱스의 이해관계자 니즈 기반 관점(outside-in approach). 해당 모델 등록 번호는 10926588로 잉글랜드 및 웨일즈에 등록된 기업인 Insight222 Limited로 지적 재산권 및 상표 귀속

사람 과학(people science)

행동 과학, 조직 심리학 그리고 데이터 과학 같은 분야를 결합해 조직이 정보에 입각한 결정을 내릴 수 있도록 재직 관련 심층적 통찰력 제공

가상 인물(personas)

가상 캐릭터에 대한 설명으로 서비스의 일반적 사용자를 나타내며 요구, 경험, 행동과 다양한 사용자 유형별 목표 이해를 위해 만들어짐

영향이 적고 복잡성이 높은 프로젝트(Pet Projects)

(복잡도-영향 매트릭스 참조)

시범 운용(pilot)

가설 또는 프로젝트의 타당성, 기간 및 비용 검증을 위해 수행되는 소규모 예비 연구 또는 실험. 가설이나 프로젝트는 일반적으로 대규모 구현 이전에 검증됨

예측 분석(predictive analytics)

미래 이벤트에 대한 예측을 수행하는 데 사용되는 어드밴스드 애널리틱스의 분파

처방적 분석 또는 솔루션 지향적 분석(prescriptive analytics)

특정 분석 통찰력에 대한 최상의 조치를 찾는 데 사용되는 어드밴스드 애널리틱스의 분파

현황진단 설문조사(pulse survey)

고용 관련 다양한 주제에 대한 데이터를 수집할 목적으로 실시되는 설문조사. 사용되는 질문의 수가 적고 정기적인 빈도로 실시됨. 직원 몰입 설문조사 대안 혹은 추가로 사용되는 경우가 많음. 일반적으로 펄스(pulse)로 알려짐. 직원 몰입 근로자 피드백 수집 참조

파이썬(Python)

통계 프로그래밍 및 데이터 분석을 위해 피플 애널리틱스 팀에서 사용하는 통계 컴퓨팅 및 그래픽 목적의 프로그래밍 언어 및 무료 소프트웨어 환경. 파이썬은 파이썬 프로그래밍 언어에 대한 지적 재산권을 보유하는 501(c)(3) 비영리 기업인 PSF(Python Software Foundation)의 제품임

영향력이 크고 복잡도가 낮은 프로젝트(Quick Win)

영향력이 크고 복잡도가 낮은 프로젝트(복잡도-영향 매트릭스 참조)

R

1995년에 처음 출시된 통계 프로그래밍 및 데이터 분석을 위해 피플 애널리틱스 팀에서 사용하는 통계 컴퓨팅 또는 그래픽용 프로그래밍 언어와 무료 소프트웨어 환경

원시 데이터(raw data)

이전 처리되지 않은 출처에서 직접 수집된 데이터

관계 분석(relationship analytics)

조직 네트워크 분석(ONA) 참조

리포팅(reporting)

설명, 그래픽 또는 표 형식으로 구성된 정보를 포함하는 문서를 반복 가능하고 규칙적으로 생성하는 기능 또는 활동

제안 요청서(RFP, request for proposal)

요청자(즉, 고객)에게 요구 사항을 전달하려는 잠재적 공급업체가 요청된 요구 사항을 요약한 문서. 공급업체 문서를 제안서로 제공함. 일반적으로 고객이 각 공급업체가 제안의 일부로 답변하기를 바라는 여러 질문으로 구성. RFP 문서 발행은 일반적으로 요구 사항을 제공 비즈니스에 '입찰'하도록 공급업체를 초대하는 신호

견적 요청서(RFQ, request for quotation)

RFP와 유사하지만 일반적으로 잠재적 공급업체로부터 서비스 또는 제품에 대한 견적을 요청하기 위해 더 짧게 RFP 전 단계에서 사용

투자 수익률(ROI, return on investment)

투자의 이익을 투자 비용으로 나눈 값으로, 일반적으로 백분율로 표시되며 종종 금전 가치로 환산됨

반복 업무 자동화 기술 (RPA, robotic process automation)

비즈니스 프로세스 실행을 목적으로 인간 행동을 디지털 방식으로 모방하고 통합하도록 컴퓨터 소프트웨어를 설정하는 테크놀로지

성과표(scorecard)

특정 측정 지표의 목표와 비교해 조직의 현재 성과를 통합된 주기적 스냅샷으로 제공하는 시각적 보고서. 애널리틱스 대시보드 초점의 피플 애널리틱스의 2차 파동 테크놀로지 채택 5장 테크놀로지 참조

수요의 7가지 동인 모델(Seven Forces of Demand)

비즈니스 수요 7가지 공통 영역을 파악하는 모델로 비즈니스 수요는 피플 애널리틱스의 동인임. 사람의 힘: 성공적인 조직이 재직인재군 애널리틱스를 사용해 사업 성과를 개선하는 방식 (Pearson,

2017) 저자 승인 후 인용. Seven Forces of Demand는 Nigel Guenole, Jonathan Ferrar 및 Sheri Feinzig으로 저작권 귀속

7가지 유형 이해관계자(Seven Types of Stakeholders)

피플 애널리틱스 7가지 유형 이해관계자 그룹의 참여를 위한 지침을 설명하고 제공하는 모델. 비즈니스 임원, HR 리더들, 관리자들, 모든 유형의 근로자와 노동자, 기능 부서 이해관계자, 기술 및 데이터 소유자, 노사 협의회 및 직원 그룹. 7가지 유형 이해관계자 모델은 Jonathan Ferrar와 David Green에게 저작권 귀속

성공에 필요한 6가지 스킬(Six Skills for Success)

피플 애널리틱스 팀이 필요로 하는 6가지 핵심 스킬 영역을 설명하는 모델. 사람의 힘: 성공적인 조직이 재직인재군 애널리틱스를 사용해 사업 성과를 개선하는 방식(Pearson, 2017) 저자 승인 후 인용. Six Skills for Success는 Nigel Guenole, Jonathan Ferrar 및 Sheri Feinzig으로 저작권 귀속

스킬 기반 인력 계획(skills-based workforce planning)

인력 계획의 목적이 전략, 운영 또는 실무적인지에 따라 인력 계획 활동의 초점을 미래 조직 성과 실현에 필요한 스킬에 맞춤. '비용 기반 인력 계획'의 대안. 인적 자원 관리 협회(SHRM). 세계 최대 HR 전문 협회이자 HR 담당자 요구에 부응해 자원을 제공하며 HRM 관행을 발전시키는 선두 업체. 미국 버지니아주 알렉산드리아에 본사 위치

SaaS(SaaS, software as a service)

소프트웨어가 클라우드에서 원격으로 호스팅이 되고 인터넷 브라우저를 통해 접속되는 소프트웨어 라이선싱 및 제공 방식

후원자(sponsor)

재정적 수단이나 개인적 보증을 통해 프로젝트 또는 활동을 지원하는 사람 또는 그룹

이해관계자(stakeholder)

프로젝트 또는 활동 및 그 결과에 기득권을 가진 조직의 인력

이해관계자 지도(stakeholder map)

참여가 가장 중요한 이해 관계자의 시각적 프로필. 피플 애널리틱스 용어로 7가지 유형 이해 관계자 개요임.

사업 전략과 연계된 재직인재군 운용 계획(strategic workforce planning)

조직과 그 경쟁 환경의 장기 목표와 노동 수요를 파악함으로써 조직 필요 및 우선순위와 재직인재군 니즈 및 그 우선 순위를 연계하는 프로세스

SPSS

사회 과학 분야의 데이터 과학자 지원을 위해 특화되어 설계된 통계 패키지. 대화식 또는 일괄 통계 분석에 사용되는 소프트웨어 패키지. SPSS Inc의 오랜 생산 제품으로 2009년 IBM에 인수됨

통계 분석(statistical analysis)

패턴과 추세를 파악하기 위한 데이터 수집, 구성 및 탐색

통계 모델링(statistical modelling)

변수 간의 관계를 예측하거나 설명하기 위해 일련의 가정을 기반으로 수학적 등식 사용

계층화 샘플링(stratified sampling)

관심 모집단을 계층이라고 하는 더 작은 그룹으로 나누는 과정. 이 다음 이러한 계층에서 샘플을 추출하고 규모가 더 큰 관심 모집단에 대해 추론을 가능하게 하기 위해 분석을 수행함

인재 시장 데이터(talent market data)

지리, 사람, 스킬, 직업, 급여, 기능 및 경쟁자와 관련된 외부 데이터를 수집 및 분석하여 내부 데이터와 결합하면 더 쉬운 의사 결정이 가능함. 노동시장 데이터도 참조

재능 시장(talent marketplace)

기업이 공석(예: 작업, 과제, 멘토십 및 프로젝트 기반 역할)을 광고한 다음 공석의 자격 요건과 '일치'되는 조직 내 다른 사람과 매칭을 가능하게 하는 조직의 디지털 플랫폼. 플랫폼에 요구 데이터를 입력한 다음 인재를 모집 포지션으로 연결하기 위해 애널리틱스를 사용함

테일러리즘(Taylorism)

1911년 시작된 테일러주의 운동. 테일러리스트 참조

테일러리스트(Taylorist)

1911년 Frederick Taylor의 출판 서적인 Principles of Scientific Management에서 영감을 받아 관리 관행을 따르는 개인 또는 조직

권한 위임 사항(terms of reference)

프로젝트 팀 또는 통제와 관리 체계 위원회 같이 범위와 책임 영역에 대한 공통 이해를 조성함으로써 함께 작업하기로 동의한 사람으로 구성된 그룹의 목적과 구조를 정의하는 문서

텍스트 분석(text analysis)

일반적으로 패턴, 추세 및 정서 파악을 위해 전문 소프트웨어를 사용해 대량의 텍스트에서 통찰을 도출하는 프로세스

발견의 시대(The Age of Discovery, 1910년대~2010년).

DRIVE: Five Ages of People Analytics 모델에 정의된 피플 애널리틱스의 첫 번째 '시대'. 테일러리즘에서 2010년까지 100년 동안 이 분야에 대한 관심이 점진적으로 증가

우수성의 시대(The Age of Excellence, 2025년 이후).

DRIVE: Five Ages of People Analytics 모델에 정의된 다섯 번째 피플 애널리틱스 '시대'. 규모에 따라 그리고 HR 직무 영역에서 피플 애널리틱스가 전 세계 다양한 국가의 조직에서 탁월한 수준으로 도달하게 되면 2025년으로 예상되는 그 시점부터 우수성의 시대로 진입 예상

혁신의 시대(The Age of Innovation, 2015-2020).

DRIVE: Five Ages of People Analytics 모델에 정의된 피플 애널리틱스의 세 번째 '시대'. 이 시대는 새로운 모델, 새로운 테크놀로지 사용, 전문화, 피플 애널리틱스 분야 진출 실무자 수의 증가, 사업 성과에 기여하는 가치 창출을 위한 새로운 접근 방식이 특징임

실현의 시대(The Age of Realization, 2010-2015).

DRIVE: Five Ages of People Analytics 모델에 정의된 피플 애널리틱스의 두 번째 '시대'. 성숙도 모델 개발과 대기업, 특히 테크놀로지 분야의 선도적 피플 애널리틱스 사례 출현이 특징임

가치의 시대(The Age of Value, 2020—2025).

DRIVE: Five Ages of People Analytics 모델에 정의된 네 번째 '시대'. 2020년 세계적인 전염병 유행, 인종 불평등, 재정적 불확실성의 3가지 위기로 피플 애널리틱스 활동과 투자에서 기업이 더 많은 가치를 요구하는 새로운 '시대'로 진입한 것이 특징임. 가치 시대의 활동은 직장에서의 신뢰, 포용, 목적 및 평등의 네 가지 기둥에 의해 뒷받침됨

문화 피라미드(The Culture Pyramid)

문화 구축의 4단계를 설명하는 모델: 가치 입증, 역량개발, 구조 생성 및 신뢰 구축. 커스틴 레버모어(Kirsten Levermore)의 허가를 받아 원본 모델을 수정('저자 소개' 참조)

피플 애널리틱스의 네 가지 책임 영역(The Four Responsibilities of People Analytics)

근로자, 관리자, 임원진 그리고 재직인재군에게 개인화된 경험을 제공하는 데 있어 피플 애널리틱스 팀의 책임을 설명하는 모델. 피플 애널리틱스의 네 가지 책임은 조나단 페라(Jonathan Ferrar)와 데이비드 그린(David Green)으로 저작권 귀속. 전문 피플 애널리틱스 테크놀로지에 초점을 맞춘 피플 애널리틱스 영역의 제3의 파동 테크놀로지 채택(5장 ─ 테크놀로지 참조)

영향이 적고 복잡성이 낮은 프로젝트(Trivial Endeavour)

영향이 적고 복잡성이 낮은 프로젝트(복잡도-영향 매트릭스 참조)

신뢰 배당(trust dividend)

데이터 사용과 관련해 직원 신뢰가 재무 성과에 미치는 영향. 이 용어는 Accenture 2019년 연구 Decoding Organizational Data: Trust, data and Unlocking value in the digital workplace에서 사용됨

미국 증권 거래 위원회(SEC, US Securities and Exchange Commission)

자본 형성을 촉진하고 공정한 질서와 효율적인 시장 유지를 통해 투자자를 보호하는 사명을 가진 미국 연방 정부의 독립 기관. 미국 워싱턴 DC에 본사 위치

재직인재군 애널리틱스(workforce analytics)

'피플 애널리틱스'의 다른 용어

재직인재군 인력 계획(workforce planning)

인력의 현재 및 원하는 미래 상태를 모두 분석하기 위한 프로세스와 기법. 사업 전략과 현재 및 미래의 근로자 간의 연계 활동. 재직인재군 인력 계획은 본질적으로 전략적, 운영적, 전술적임. 비용 기반 인력 계획, 스킬 기반 인력 계획 및 사업 전략과 연계된 재직인재군 운용 계획 참조(저자 주: 위의 정의 중 일부는 사람의 힘: 성공적인 조직이 재직인재군 애널리틱스를 사용해 사업 성과를 개선하는 방식(Pearson, 2017)의 저자 허락 후 복제. 피플 애널리틱스 직업군 전반으로 일관성과 표준화가 이뤄지도록 하기 위해 출판 서적의 용어와 일치시키려 함)

피플
애널리틱스

초판 1쇄 인쇄	2022년 09월 01일
초판 1쇄 발행	2022년 09월 13일

지은이	조나단 페라, 데이비드 그린
옮긴이	최태경
감 수	윤승원, 한승현

펴낸이	최익성

편 집	최익성

마케팅 총괄	임동건
마케팅	이유림, 김민숙, 임주성, 홍국주, 김아름, 신현아, 김다혜, 이병철, 송현희, 김신혜
마케팅 지원	안보라, 안민태, 우지훈, 박성오, 신원기, 박주현, 배효진
경영지원	임정혁, 이순미
펴낸곳	플랜비디자인
디자인	롬디

출판등록	제2016-000001호
주 소	경기도 화성시 첨단산업1로 27 동탄IX타워 A동 3210호
전 화	031-8050-0508
팩 스	02-2179-8994
이메일	planbdesigncompany@gmail.com

ISBN	979-11-6832-031-4 03320